两晋之际的琅邪士族研究

沂蒙文化与中华文明丛书

孙丽 著

九州出版社 JIUZHOUPRESS | 全国百佳图书出版单位

图书在版编目（CIP）数据

两晋之际的琅邪士族研究 / 孙丽著. —— 北京 ：九
州出版社，2019.4
ISBN 978-7-5108-8043-8

Ⅰ．①两… Ⅱ．①孙… Ⅲ．①士－群体－研究－中国
－晋代 Ⅳ．①D691.2

中国版本图书馆CIP数据核字(2019)第085095号

两晋之际的琅邪士族研究

作　　者	孙　丽　著
出版发行	九州出版社
地　　址	北京市西城区阜外大街甲 35 号（100037）
发行电话	(010)68992190/3/5/6
网　　址	www.jiuzhoupress.com
电子信箱	jiuzhou@jiuzhoupress.com
印　　刷	北京九州迅驰传媒文化有限公司
开　　本	787 毫米×1092 毫米　16 开
印　　张	19.75
字　　数	420 千字
版　　次	2019 年 11 月第 1 版
印　　次	2019 年 11 月第 1 次印刷
书　　号	ISBN 978-7-5108-8043-8
定　　价	68.00 元

"沂蒙文化与中华文明"丛书总序

一

文化是民族的血脉，是人民的精神家园，更是民族生存与发展的重要力量。有着 5000 余年文明史的中华民族创造了无比丰富、博大精深的中华文明。沂蒙文化就是在中华民族文化哺育下，以沂蒙山区及其辐射地区（包括沂、沭河流域全境）为依托而形成的一种地域文化，是中华文明百花园中的一枝风姿绰约的奇葩。它既继承了民族文化的优秀因子，又在若干方面丰富和发展了中华民族文化。

远古时期，沂蒙文化即已萌芽发育。距今约五十万年前，"沂源猿人"已繁衍生息于古老的海岱之地，中华文明的东方初曙已然放出微光，沂蒙地区因此成为孕育中华民族文明最早的地区之一。东夷文化作为沂蒙地域文化生成发展的第一个阶段，经过长期的孕育、沉淀、丰富与发展，积淀了极为丰富的以细石器、陶器等为代表的物质文明，以古老文字、凤文化等为代表的精神文化，形成了兼容并蓄、经世性强、与时俱进等鲜明的地域文化特征。东夷文化在与中原文明的碰撞与交融中，共同熔铸了熠熠生辉的中华文明。

西周以来，随着周文化向东方的推进和齐、鲁文化的形成传播，儒学文化逐渐成为沂蒙文化的主要内容。今天临沂市的西部、中部的广大区域当时为鲁国辖地，孔子本人亦曾亲游沂蒙，登临东山，就教于郯子，其弟子中有影响者亦有多人出生或出仕于沂蒙，因此沂蒙地区成为儒学传播最早、影响最深的区域之一。影响所及延至秦汉，沂蒙儒学之光依然璀璨无限。

魏晋南北朝时期，沂蒙地区人才辈出。"蜀得其龙，吴得其虎，魏得其狗"的诸葛氏家族，以"悬鱼"名闻士林的羊续家族，"建江左之策"、开一代规模的王导及其家族，开齐梁二朝、赢得粗安局面的兰陵萧氏家族，以道德、书法、文章显名于士林的颜氏家族，都各领风骚，名垂千古。因郯子论官而名显的古郯之地，汉代以来亦人才济济，如东海于氏、徐氏及王朗、王肃家族。此外，随晋室南渡的大批文人学士后称雄于东晋南朝文坛，亦值得重视，足证沂蒙文化之于中华文明的重要贡献。

隋朝统一南北，唐继之而兴，琅琊王氏、萧氏余焰犹烈，各出宰相多人。而颜氏尤以文化取胜，在经学、史学、文学、文字学、音韵学、书法、艺术等方面成就非凡，特别是书法成就名冠千古。宋元时期，沂蒙文化的发展相对平缓，至明清时期沂蒙文化的发展又出现了走向高峰的趋势，涌现出一批有重要影响的文化家族，如蒙阴公氏、费县王氏（王雅量）、莒南大店庄氏、临沂宋氏、沂水刘氏等，均以科甲连第、家族繁盛而著称。

近代以来，沂蒙地区在西方文化的熏染与逼迫下，近代化历程蹒跚起步。20世纪以后，尤其是马克思列宁主义传入沂蒙地区，赋予沂蒙文化发展以时代新机。在马克思主义的影响与中国共产党的领导下，沂蒙地区成为山东军民抗日战争的最重要战略基地、扭转解放战争局势的关键枢纽，为中华人民共和国的创建付出了巨大的努力和牺牲，留存下来的沂蒙红色文化资源——尤其是党政军民共同铸就的沂蒙精神，将沂蒙文化推向了新的境界。

二

沂蒙文化上承东夷文化之脉，赓续齐鲁文化之风，其所衍生的物质文明与精神文化宏阔深远，博大精深，成为今日为学者探究发掘的文化宝库。上古时期的东夷文化，先秦及秦汉时期的沂蒙儒学与兵书兵学，影响及于当代的荀学思想与书法、画像石等传统艺术，魏晋南北朝时期的沂蒙家族文化，隋唐迄至明清时期的沂蒙历史名人、文化家族、乡贤文化，近代以来以沂蒙精神为文化内核的沂蒙红色文化，当代沂蒙人民艰苦创业、自力更生的伟大实践等等，向当代沂蒙学人提出了新的命题和问题，"沂蒙文化与中华文明"丛书即是对这些命题和问题的回应。该丛书力图以专题研究、文集论丛、文艺创作等不同形式再现沂蒙文化的历史风貌。

本丛书也是对学界已有沂蒙文化研究的继续与深化。自20世纪80年代起，以王汝涛、王瑞功等诸先生为代表的老一辈历史学家立足沂蒙地域文化，从历史学、方志学、文献学、语言学、文学及历史地理学等不同角度展开了对琅琊文化、沂蒙名门望族文化、沂沭河流域历史地理等的专题与综合研究，积淀形成了深厚的研究根基与学术传统。1986年，临沂师范专科学校历史系设立沂蒙历史人物研究所，展开对琅琊王氏、颜氏、诸葛氏等家族文化及历史名人的研究，成果丰硕，初步奠定了沂蒙文化研究在海内外学界的影响和地位。1998年，为进一步挖掘、研究、弘扬沂蒙文化，沂蒙历史人物研究所更名为沂蒙文化研究所，积极对接临沂经济社会发展需求，逐步凝练形成沂蒙古代文化、沂蒙革命（红色）文化、沂蒙环境变迁与经济社会发展研究3个研究方向，通论性与专题性研究论著迭次出现，"沂蒙文化研究丛书"相继推出了《沂蒙教育史》《山东沂沭河流域古文化兴衰的环境考古研究》

《琅琊王氏家族的历史与文化》《六朝沂蒙文学》等系列专题研究成果，将沂蒙文化研究向前推进了一大步。2011 年 7 月，临沂大学整合沂蒙文化研究力量，组建沂蒙文化研究院，吸纳专门从事沂蒙文化研究的科研人员，在挖掘沂蒙历史文化、服务地方经济社会发展方面做出了新的努力与尝试，沂蒙红色文化研究的优势和特色逐渐凸显。2015 年 12 月，新的沂蒙文化研究院组建成立，进一步凝练沂蒙精神研究、沂蒙艺术研究、山东抗日根据地研究三个学科方向，着力推进沂蒙文化研究的重生与新生。2016 年 12 月，新组建的历史文化学院从沂蒙古代历史文化、现代革命文化两个方向上着力推进基于历史学学科的沂蒙文化研究，进而带动中国史学科建设。"沂蒙文化与中华文明"丛书就是在这样的背景下启动并展开的。

"沂蒙文化与中华文明"丛书将沂蒙历史文化、文化赋存、文化现象等纳入研究视野，在全面梳理沂蒙文化历史的基础上，选取对中国历史发展产生重大影响的沂蒙文化主要节点进行研究，以进一步拓展沂蒙文化与齐鲁文化及其他区域文化的比较研究，深挖沂蒙文化内在特征，这是一项对提高沂蒙人民群众的自豪感、自信心都十分有意义的事，对学院的学科建设、师资队伍建设、教育教学质量的提升都具有重要的意义。

三

需要说明的是，本丛书在形式上不仅限于专题研究、理论分析与逻辑思维，也运用文艺形式书写沂蒙地区的风土人情与历史文化。不同类型的书写样式，不同学科视野的多维关照，有助于在更宏阔的视野下全面呈现沂蒙文化与中华文明的内在关联。如《风雨满征程》电视剧本就是以文艺的形式展现莒南大店庄氏文化。

我们深知学海无涯，学无止境，对沂蒙文化的探究也将永无止境，即使完成以上各项课题的写作，还不能说就是完成了"沂蒙文化与中华文明"关系的研究，但无疑会将沂蒙文化研究向前推进一步，为后续研究打下良好基础。

丛书由临沂大学历史文化学院、沂蒙文化研究院组织编纂。在丛书即将出版之际，编纂者不揣浅陋，草成以上数言，聊为丛书之序。但愿本丛书的编辑出版能为认识与理解、传承与传播、开发与利用沂蒙文化聊助绵薄之力，也祝愿各位研究者、写作者发扬殚精竭思、勉力而为的精神，尽快取得丰硕成果。

本丛书的编辑与出版还得到九州出版社的大力支持与帮助，他们为丛书出版倾注了大量心血，衷心感谢他们为此付出的辛劳与努力！

临沂大学历史文化学院（沂蒙文化研究院）

2017 年 5 月 20 日

目 录

前　言

　　两晋之际是风云激荡的时代，也是中国文化重心开始南移的时代。这一阶段的史学研究，关注重点不仅在王朝的更替，更着意于文化承载者——士族的研究，并逐步形成了家族研究的学术研究热潮。诸如琅邪王氏、陈郡谢氏、太原王氏、兰陵萧氏等侨姓士族，江东顾、陆、朱、张等吴姓士族，赵郡李氏、范阳卢氏、清河崔氏等北方士族，其源流、仕宦、婚姻、家学、家风、地域影响等方面皆为研究者关注，不断拓展研究领域。

　　具体到琅邪士族，琅邪王氏、琅邪诸葛氏和琅邪颜氏的研究都有丰硕成果。

　　以琅邪王氏为主要研究对象的成果颇多，1999年出版的王大良《中国古代家族与国家形态：以汉唐时期琅邪王氏为主的研究》，从琅邪王氏与汉唐政局以及王氏家族的人口、仕宦、婚姻、文化、经济基础等层面展开研究，揭示了家族与国家之间的关系。2007年出版的王汝涛《琅邪王氏考信录》，从琅邪王氏得姓开始考证，论述了先秦、两汉、魏晋、南北朝、隋唐时期王氏家族历史和不同时代的发展特点。2010年出版的姚晓菲《两晋南朝琅邪王氏家族文化研究》，介绍了琅邪王氏家族的世系及其在两晋南朝时期政治地位的变迁、经史学和玄学对王氏家族文化的影响、琅邪王氏与两晋南朝文学艺术的繁荣等内容。2012年出版的《汉唐时期的琅邪王氏家学》，笔者着重分析琅邪王氏家族在面临着不同的社会环境时，其家学逐渐走向儒玄佛道交融的多元发展之路。2013年出版的刘占召《王羲之与魏晋琅邪王氏》，介绍了王吉、王祥、王导、王羲之等王氏家族代表人物的政治活动和历史影响。2013年出版的王连儒《汉魏六朝琅邪王氏家族政治与婚姻文化研究》，对汉魏六朝王氏家族的政治地位及婚姻构成、学术文化等问题作了比较系统的分析研究。

　　关于琅邪诸葛氏的研究，20世纪80年代后出现了大批以诸葛亮为主的学术论文。1988年出版的王汝涛、于连凯、王瑞功主编《诸葛亮研究三编》，汇集31篇学术论文，如《诸葛亮研究之我见》《蜀汉兵制初探》等。1996年出版的余明侠《诸葛亮评传》，从其政治活动和思想成就两方面评述了诸葛亮的千秋功业。1997年出版的张崇琛《武侯鼎蜀　诸葛亮世家》，对诸葛亮及其家族重要人物的事迹进行了精心考证和研究。成都武侯祠博物馆自2005年起，已经出版了八卷册《诸葛亮与三国文化》，每卷都纂集数十篇涉及诸葛亮、三国历史与文化的论文。2010年和2013年相继出版的汲广运《山东文化世家研究书系：琅邪诸葛氏家族研究》《琅邪诸葛氏家族文化研究》，前者以诸葛亮为中心，介绍了诸葛家族代表人物的政治成就，以及诸葛氏的文化遗存，后者的研究重点在诸葛氏家族的家学、家风及文化影响。

涉及琅邪颜氏的有 2003 年出版的于连凯主编《颜子研究论丛》，分为颜子思想研究和颜子家族文化与家世研究两部分，从不同角度阐述了颜子思想和颜子家族文化。2004 年出版的汲广运、高梅《颜子家族的历史与文化》，主要阐述了颜氏家族渊源、颜回生平、不同历史阶段颜氏家族的发展和文化遗存。2013 年出版的孙艳庆《中古琅邪颜氏家族学术文化研究》，着重介绍了中古时期琅邪颜氏家族的社会地位升降及其家族文化的主要表现，涉及经学、史学、宗教和文学等方面。

这些研究成果，搜集了大量相关家族的史料，内容丰富，并出现了不断细化的研究倾向，从关注某一家族的历史发展、家族名人到研究其家学、家风、地域文化影响。然而，目前士族研究的对象大部分集中于高门士族或文化名族，对底层士族涉及较少。琅邪士族研究方面，也以王氏、诸葛氏、颜氏为主，对孙氏、刘氏关注较少，尤其是孙秀这种颇有争议的历史人物研究更少，纵有涉及，也多是附属其他历史人物或历史事件的简单介绍。而且，琅邪士族研究主要以家族个案研究为主，并没有将他们作为关键历史阶段的一个群体深入展开研究。

两晋之际，是琅邪士族最强盛、影响最大的历史时期，在西晋王朝崩溃和东晋王朝建立的过程中，都可以看到他们活跃的身影。本书即以琅邪王氏、诸葛氏、颜氏、孙氏、刘氏为代表，以他们在两晋之际的政治活动和文化影响为线索，介绍琅邪士族在这一时期的家族发展和历史影响。

以琅邪孙氏为代表的底层士族，在门阀政治背景中由积极向上到不择手段抗争皇权与高门士族的压制，孙秀参与了西晋后期废太子、废皇后、废晋惠帝、扶植司马伦称帝等一系列政治事件，残酷诛杀异己，最后被皇室和门阀士族联手绞杀。从孙秀执政开始，争夺最高统治权的"八王之乱"（291—306 年）由宫廷内讧发展为诸王混战，大批宗室贵族、士族官僚在内讧中死于非命，普通百姓或死于战火，或背井离乡逃难，削弱了西晋王朝的统治基础。随之而来的"五胡乱华"，使中原一带的战争更为频繁和残酷，西晋王朝最终为匈奴政权所灭，北方自此进入了长达一百多年的五胡十六国动荡时期。

当中原经济惨遭破坏，中原文化备受摧残之时，永嘉元年（307 年），以琅邪王司马睿为首的部分北方士族和百姓南渡长江，联合南方的士族、百姓，在建康（今江苏省南京市）逐步站稳脚跟。317 年，司马睿称帝，重建晋政权，史称东晋，与北方少数民族政权形成了南北对立的格局。

在这一历史变革时代，以琅邪诸葛氏、颜氏、刘氏为代表的中等士族，一方面尽忠皇室，依仗皇室维系自己的家族，诸葛恢、颜含、刘超在琅邪王司马睿渡江前后身兼要职，为东晋政权的建立和巩固做出了贡献。另一方面，他们承袭家学，以儒学为处身立世的准则，从文化层面确保家族稳固。

　　以琅邪王氏为代表的高门士族，在西晋末动荡的朝局中竭力保全宗族，他们主导了中原士族的永嘉南渡，联合江东士族在江南建立了东晋政权，既将家族推向了"王与马，共天下"的巅峰，又在一定程度上起到了保存中原文化、推动南北文化融合的作用。

第一章　古代琅邪与琅邪文化

一、琅邪得名及其疆域演变

琅邪（láng yá），或作琅琊、琅耶、琅玡、瑯琊。三国以前的史籍文献都称为"琅邪"，至唐代编修《晋书》，宋代编修《资治通鉴》，仍作"琅邪"，陈寅恪、田余庆、王汝涛等近现代著名学者亦称"琅邪"。魏晋流传至今的文集、字画、碑帖中，"琅邪""琅耶""琅玡""琅琊"皆有，其中，"琅邪"是传承已久的名字，"琅耶""琅玡"使用较少，大约是取其字形相近、读音相同。《现代汉语词典》中"邪"作地名时与"琊"相通。今人多用"琅琊"，而不是用"琅邪"古名，应该是为了避免将带有明显贬义的读作"xié"的"邪"字用作地名。

"琅邪"之名起自何时已不可考，最初应为今天青岛市黄岛区琅琊镇的山名：琅邪山；春秋后期成为行政区划名：琅邪邑，并出现了修筑于琅邪山上的建筑：琅邪台；秦朝统一六国，设琅邪郡；东汉时期成为封国名：琅邪国。

（一）琅邪山

有关琅邪山的相关史料，保留在司马迁的《史记》中。西周初年，姜子牙被分封到齐国，祭祀八神，即天主、地主、兵主、阴主、阳主、月主、日主、四时主，其中四时主祠就建在琅邪山上：

> 始皇遂东游海上，行礼祠名山大川及八神，求仙人羡门之属。八神将自古而有之，或曰太公以来作之。……其祀绝莫知起时。八神：一曰天主，祠天齐（今山东省淄博市临淄区南郊山下的天齐渊）。……二曰地主，祠泰山梁父（今山东泰山脚下梁父山）。……三曰兵主，祠蚩尤（今山东省巨野县蚩尤墓）。……四曰阴主，祠三山（今山东省莱州市三山岛）。五曰阳主，祠之罘（今山东省烟台市芝罘区）。六曰月主，祠之莱山（今山东省龙口市莱山）。……七曰日主，祠成山（今山东省荣成市成山头）。成山斗入海，最居齐东北隅，以迎日出云。八曰四时主，祠琅邪。琅邪在齐东方，盖岁之所始。[①]

此外，《山海经》《水经注》等古籍也有琅邪山和琅邪台的记载。《山海经》卷八《海内东经》：

---

① ［汉］司马迁：《史记》卷二十八《封禅书》，中华书局，1959年版，第1367页。

琅邪台在渤海间，琅邪之东。

郭璞注《山海经·海内东经》：

今琅邪在海边，有山嶕峣特起，状如高台，此即琅邪台也，琅邪者，越王勾践入霸中国之所都。①

《水经注》卷二十六《潍水注》：

琅邪，山名也，越王勾践之故国也。勾践并吴，欲霸中国，徙都琅邪。②

据上述史料可知，至迟在西周初期，就有了"琅邪"之名，主要是指四时主祠所在地琅邪山，至春秋后期，越王勾践迁都琅邪，并依山修筑了琅邪台。

琅邪之所以成为山名，应该与"琅"字本意相关。东汉许慎《说文解字》解释"琅"：

琅玕，似珠者。从玉良声。

段玉裁注释：

《尚书》：璆琳琅玕。郑（郑玄）注曰：琅玕，珠也。王充《论衡》曰：璆琳琅玕，土地所生，真玉珠也。鱼蚌之珠，与《禹贡》琅玕皆真珠也。《本草经》：青琅玕。陶贞白（陶弘景）谓，即《蜀都赋》之青珠。而某氏注《尚书》，郭（郭璞）注《尔雅》《山海经》皆曰：琅玕，石似珠。玉裁按，出于蚌者为珠，则出于地中者为似珠，似珠亦非人为之。故郑、王谓之真珠也。③

明代李时珍《本草纲目·卷八·金石二·青琅玕》曰：

琅玕，象其声也。可碾为珠，故得珠名。

……而《山海经》云：昆仑山有琅玕，若然是石之美者，明莹若珠之色，而状森植尔。……孔安国云：石之似珠者。《总龟》云：生南海石崖间，状如笋，质似玉。《玉册》云：生南海崖石内，自然感阴阳之气而成，似珠而赤。《列子》云：蓬莱之山，珠玕之树丛生。据诸说，则琅玕生于西北山中及海山崖间。其云生于海底网取者，是珊瑚，非琅玕也。在山为琅玕，在水为珊瑚，珊瑚亦有碧色者。今回民地方出一种青珠，与碧靛相似，恐是琅玕所作者也。《山海经》云：开明山北有珠树。《淮南子》云：曾城九重，有珠树在其西。珠树即琅玕也。④

综合以上诸说，琅有多重含义，最基本的是指珠状之石，其次是指神话传说中的仙树，无论是珠状石还是仙树，琅多为青绿色。三国时期曹植《美女篇》：

头上金爵钗，腰佩翠琅玕。⑤

---

① 袁珂：《山海经校注》，巴蜀书社，1993 年版，第 383 页。

② [北魏] 郦道元著，陈桥驿注释《水经注》，浙江古籍出版社，2000 年版，第 426 页。

③ [汉] 许慎著，[清] 段玉裁注《说文解字注》，中州古籍出版社，2006 年版，第 18 页。

④ 钱超尘、董连荣主编《〈本草纲目〉详译》上，山西科学技术出版社，1999 年版，第 389 页。

⑤ 张可礼编选《曹操曹丕曹植集》，凤凰出版社，2014 年版，第 176 页。

　　唐代杜甫《郑驸马宅宴洞中》:

　　　　主家阴洞细烟雾，留客夏簟青琅玕。①

　　"翠琅玕""青琅玕"都是形容其青翠之色。今青岛市的琅琊山三面环海，海拔虽仅有 183.4 米，却高于海边众山之上，植被茂盛，远观一片苍翠，宛若海边的一颗青玉珠。相传，西周初被封为齐国国君的姜子牙，初见此山便脱口而出"琅邪"，正是取"琅"字的青玉之意，而"邪"字在此处当为语气词。传说未必真实，但风景优美的琅邪山自此成为齐国祭祀四时主的主要场所。

　　古人所说的"四时"，并不是四个时辰，而是春夏秋冬"四季"，《淮南子·本经训》曰:

　　　　四时者，春生夏长，秋收冬藏；取予有节，出入有时，开阖张歙，不失其叙；喜怒刚柔，不离其理。②

　　四时主就是传说中掌管季节的神，自然界的时令转换、寒来暑往、雨雪风霜都由他安排。在生产力水平极为低下的古代社会中，人们把四时主视为农业神，认为他主宰庄稼的生长，决定农业的收成，与百姓的生活最为密切。因此，四时主在古代社会具有崇高的地位，上至帝王，下至百姓，都要定期祭祀，祈求风调雨顺、国泰民安。这是姜子牙在琅邪山修造四时祠，秦始皇、汉武帝等帝王频频造访琅邪台的主要目的。

　　四时主的传说形成于何时，早在秦始皇时期，人们已经搞不清楚是自古就有，还是姜子牙祭祀八神主所致，"自古而有之，或曰太公以来作之。……其祀绝莫知起时。"古到什么时候，只能依据有限的史籍资料推测。《尚书》卷一《虞夏书·尧典》记载:

　　　　（尧）乃命羲和，钦若昊天，历象日月星辰，敬授民时。③

　　《史记》卷一《五帝本纪》:

　　　　乃命羲、和，敬顺昊天，数法日月星辰，敬授民时。

　　传说尧帝时期，总结前人经验修订新历法，为了验证新历法的准确性，尧帝委派羲仲、羲叔、和仲、和叔四位官员分驻东南西北四方边陲，各司春夏秋冬四时，通过观察记录日出日落、昼夜长短、星宿变化、鸟兽迁移，验证四时节气。这四位官员所驻之地，应该就是最早的四时祠的处所。从人类科学发展史的角度来看，尧帝设立四时祠是认识自然、探索自然规律的重大举措，是中国古代天文学史的重大事件。正因为有了四时祠的观测、记录和总结，才使得古代历法更加精确，为农业

---

　　① ［唐］杜甫著，［清］陈兆鳌注《杜诗详注》，中华书局，1979 年版，第 47 页。
　　② ［汉］刘安著，［汉］许慎注，陈广忠校点《淮南子》卷八《本经训》，上海古籍出版社，2016 年版，第 185 页。
　　③ ［汉］马融、郑玄注，［南宋］王应麟撰集，［清］孙星衍补集《古文尚书》，中华书局，1991 年版，第 36 页。

生产提供了重要的气象、气候信息。其后的舜帝分别于二月、五月、八月、十一月巡视东岳、南岳、西岳和北岳，协调春夏秋冬四时的月份，确定天数，也是"敬授民时"的重大活动。自此形成定制，舜帝每隔五年巡视一次，祭祀四时主逐渐成为国家大典，并不单是对季节之神的盲目崇拜，同时也是王权的象征和国家稳定的标志。

夏商时期，由于朝代更替，新旧历法变革，分散四方的四时祠逐渐荒废，直至西周初才被姜子牙再度恢复起来。《史记》卷三十二《齐太公世家》：

> 太公望吕尚者，东海上人。其先祖尝为四岳，佐禹平水土甚有功。

四岳即尧帝时期分派四方的官员，也是舜帝时期按季节变化重点巡视的四岳主官，据"东海"一词，可知姜子牙的先祖应是派驻东方的官员。昔年，羲仲被派驻到东方日出之地：郁夷旸谷，其大概位置目前有日照、连云港等不同说法，与"东海"相合。中国早期的官吏制度多采用世卿世禄制，某一职掌在固定的家族中承袭。姜子牙的先祖曾主持四岳巡视之事，长久的家学熏习，使姜子牙熟悉四时祭祀的仪典、章法，了解人们祭祀季节神，祈求国家安定、农业丰收的主要目的。而齐国的崛起，为姜子牙复兴先祖之业提供了条件。

西周初，姜子牙被封到齐国。《史记》卷一百二十九《货殖列传》记载：

> 齐带山海，膏壤千里，宜桑麻，人民多文采布帛鱼盐。

齐国既有适宜农业生产的广袤平原，又有渔盐资源丰富的沿海地区，姜子牙针对其自然地形特点，制定了农业、渔业和工商业并举的治国方针：

> 太公劝其女功，极技巧，通渔盐，则人物归之，繦至而辐凑。故齐冠带衣履天下，海岱之间敛袂而往朝焉。①

很快，齐国的经济逐渐发展起来，周边百姓多归附齐国。周成王时期，齐国又取得了代替周天子征伐东方诸侯的专征之权：

> 东至海，西至河，南至穆陵，北至无棣，五侯九伯，实得征之。②

时东方有很多原属商朝的方国，大多曾参与商纣王之子武庚以及周初三监（管叔、蔡叔和霍叔）的叛乱，周朝授予姜子牙专征之权，主要目的是让他镇压东部的不稳定势力，稳固周政权。凭借专征之权，齐国可以合法地开疆拓土，很快由一个方圆百里的小国发展成为东方大国。齐国不断壮大的国势，为姜子牙将分散各地的四时祠集于齐国一并祭祀提供了条件。

至于选择琅邪山为四时主祠的主要场所，则是由其独特的地理位置决定的。琅邪山临海而立，高于周边众山之上，视野开阔，可以清楚观测到各种天象，这里是我国早期的天文观象台遗址之一，有长达3000多年的观星历史。古人依据日月星

---

① 《史记》卷一百二十九《货殖列传》，第 3255 页。
② 《史记》卷三十二《齐太公世家》，第 1480 页。

辰在天空中的位置变化测定和设置四时节气，而琅邪山上的天文观测可以得到一个完整的星空图，容易确定节气时令。尤其琅邪山是岁星运行的起始之地，《史记》卷二十八《封禅书》载：

> 琅邪在齐东方，盖岁之所始。

岁星指的是木星，中国古代将周天分为十二分，人们很早就注意到木星围绕太阳公转一周约需十二年，于是就利用岁星的运行规律来计岁分年。琅邪正是岁星开始运行的地方，每隔十二年，岁星就会出现在琅邪山上空，提醒人们又一个周期开始了。且琅邪山的东南是斋堂岛，东北是灵山岛，冬至时太阳始现于斋堂岛北端，夏至则从灵山岛北端出现，春分、秋分时，日出位置正好在斋堂岛北端与灵山岛北端连线的中间点。所以，琅邪山有极好的观察日出的坐标，可以据此准确判断出二十四节气的日期。另外，琅邪山四季分明，春夏秋冬的天数各占一年的四分之一，立春、立夏、立秋、立冬四个节气在琅邪山非常"灵敏"，比如立秋前一天还闷热无比，一到立秋马上清爽起来。四季分明的气候，便于古人确定四季，自然非常符合季节之神住所的设定，在琅邪山建四时主祠也就成为必然。

（二）琅邪邑

春秋时期，琅邪不仅是四时主祠所在地，还发展成为北方重要海港，齐桓公、齐孝公和齐景公都曾巡游到此。《管子·戒》载：

> 桓公将东游，问于管仲曰："我游犹轴转斛，南至琅邪。司马曰：'亦先王之游已。'何谓也。"[1]

《列女传》卷四《贞顺》记载了华孟姬为齐孝公夫人：

> 既居久之，公游于琅邪，华孟姬从。

《孟子·梁惠王下》：

> 昔者齐景公问于晏子曰："吾欲观于转附（之罘，今山东省烟台市芝罘区）、朝舞（成山，今山东省荣成市成山头），遵海而南，放于琅邪。吾何修而可以比于先王观也？"

汉代赵岐注：

> 琅邪，齐东南境上邑也。[2]

齐桓公、齐孝公和齐景公在位时，都是齐国势力相对强盛时期，他们效仿先王巡游名山大川，祭祀各类神主，四时主祠所在的琅邪是必到之地。齐景公甚至在琅邪待了很长时间，《说苑·正谏篇》记载：

> 齐景公游于海上而乐之，六月不归。令左右曰："敢有先言归者，致死不

---

① ［春秋］管仲著，［唐］房玄龄注，刘晓艺校点《管子》，上海古籍出版社，2015年版，第183页。

② ［战国］孟轲著，李学勤主编《十三经注疏·孟子注疏》，北京大学出版社，1999年版，第40页。

赦。"①

据《孟子·梁惠王下》的记载，此处"海上"应该主要包括转附、朝舞和琅邪三地。但琅邪既是必到之地，又是风景优美之地，齐景公停留的时间稍长一些是有可能的，在他之后二百多年，秦始皇初次到琅邪，就留居三个月之久。"南登琅邪，大乐之，留三月。"②

春秋后期，齐国设琅邪邑，中国历史上有确切文献记载、可以考证的第一场大规模海战就发生在琅邪。公元前485年，吴王夫差兵分两路从内陆和海上进攻齐国，海上首先进攻的正是齐国的重要海港琅邪，齐国水师在琅邪海域迎战，以逸待劳击败了长途奔袭而来的吴国水师。虽然齐国海战取胜，但次年在艾陵之战中，吴国全歼齐国十万大军，齐国实力大损，再加上国内田、鲍、国、高四姓争权夺利，内乱不休，很多疆土被吴国吞并。《国语》卷十九《吴语》记载：

> 吴王夫差既杀申胥，不稔于岁，乃起师北征。阙为深沟，通于商、鲁之间，北属之沂（今山东省临沂市沂水县），西属之济，以会晋公午于黄池。③

自沂水东至海的广阔地区，包括琅邪山地区，这时都在吴国势力控制之下。但吴国称霸时间未久，越王勾践即起兵攻吴，齐国趁吴国无暇北顾之机逐步收复失地，再度将疆域扩展到琅邪一带。公元前481年，田常弑齐简公，立其弟齐平公，从此拉开了田氏代齐的序幕，而琅邪也成为田氏家族的封邑。《史记》卷四十六《田敬仲完世家》记载：

> 田常于是尽诛鲍、晏、监止及公族之强者，而割齐自安平（今山东省青州市西北）以东至琅邪，自为封邑。封邑大于平公之所食。④

公元前473年，勾践灭吴，随即北上争霸，占据了包括琅邪在内的大片疆土。《史记》卷四十一《越王勾践世家》记载：

> 勾践已平吴，乃以兵北渡淮，与齐、晋诸侯会于徐州，致贡于周。周元王使人赐勾践胙，命为伯。……当是时，越兵横行于江、淮东，诸侯毕贺，号称霸王。⑤

《越绝书》卷一《越绝外传本事》：

> 越伐强吴，尊事周室，行霸琅邪。⑥

为更好控制北方，勾践将都城由会稽（今浙江省绍兴市）迁到琅邪，并在琅邪山上修筑观台，方圆七里，其目的除了观测天象、祭祀四时主，还用于登高回望故

---

① [汉] 刘向著，王瑛译注《说苑全译》，贵州人民出版社，1992年版，第368页。
② 《史记》卷六《秦始皇本纪》，第244页。
③ [春秋] 左丘明著，鲍思陶点校《国语》，齐鲁书社，2005年版，第295页。
④ 《史记》卷四十六《田敬仲完世家》，第1884页。
⑤ 《史记》卷四十一《越王勾践世家》，第1746页。
⑥ [东汉] 袁康著，俞纪东译注《越绝书全译》，贵州人民出版社，1996年版，第4页。

国，寄托思乡之情。

勾践迁都琅邪之事①，《史记》正文无载，后人的《史记》注文中却有提及。《史记》卷六《秦始皇本纪》载：

> 南登琅邪，大乐之，留三月。乃徙黔首三万户琅邪台下，复十二岁。作琅邪台，立石刻，颂秦德，明得意。

刘宋人裴骃《史记集解》引《地理志》：

> 越王勾践尝治琅邪县，起台馆。

唐人张守节《史记正义》引《括地志》：

> 密州诸城县南百七十里有琅邪台，越王勾践观台也。台西北十里有琅邪故城。

此外，勾践北上争霸，迁都琅邪并修筑琅邪台一事，汉晋史书中也多有提及。《汉书·地理志》记载：

> 琅邪，越王勾践尝治此，起馆台，有四时祠。②

《越绝书》卷八《越绝外传记地传》曰：

> 勾践伐吴，霸关东，徙琅邪，起观台，台周七里，以望东海。③

《吴越春秋》卷十《勾践伐吴外传》亦云：

> （越王勾践二十五年）越王既已诛忠臣，霸于关东，徙都琅邪，起观台，周七里，以望东海。……
>
> 越王使人如木客山取元常之丧，欲徙葬琅邪。……
>
> 勾践乃使使号令齐、楚、秦、晋皆辅周室，血盟而去。④

郭璞注《山海经·海内东经》：

> 今琅邪在海边，有山嶕峣特起，状如高台，此即琅邪台也，琅邪者，越王勾践入霸中国之所都。⑤

《水经注》卷二十六《潍水注》记载：

> 琅邪，山名也，越王勾践之故国也。勾践并吴，欲霸中国，徙都琅邪。⑥

以上史料，多出自西汉以后，离越王勾践的时代颇为遥远，时间相近的先秦时期史料也有部分涉及。如西晋时期，自战国魏襄王墓（或曰魏安釐王）发掘出的《竹书纪年》记载：

---

① 不同时代的学者，都提到越国迁都琅邪，但又众说纷纭，何时迁都，琅邪是作为都城还是陪都或是普通城邑，越国在琅邪统治多少年都有不同说法，此问题非本书所重点关注的问题，在此不予过多展开。

② ［汉］班固：《汉书》卷二十八上《地理志上》，中华书局，1962年版，第1586页。

③ ［东汉］袁康著，俞纪东译注《越绝书全译》，第163页。

④ ［东汉］赵晔著，张觉校注《吴越春秋校注》，岳麓书社，2006年版，第286、287、288页。

⑤ 袁珂：《山海经校注》卷八《海内东经》，第383页。

⑥ ［北魏］郦道元著，陈桥驿注释《水经注》，第426页。

（周）贞定王元年（公元前 468）癸酉于越徙都琅邪。①

有些史料没有明确说越国迁都，却能以越国的军事活动间接证明迁都之事。《墨子·非攻中》记载：

> 东方有莒之国者，其为国甚小，间于大国之间，不敬事于大，大国亦弗之从而爱利。是以东者越人夹削其壤地，西者齐人兼而有之。计莒之所以亡于齐、越之间者，以是攻战也。②

《战国策》卷十二《齐五》载：

> 昔者莱、莒好谋，陈、蔡好诈，莒恃越而灭，蔡恃晋而亡。③

莒国的国都在今山东省日照市莒县，正位于琅邪之西，从"东者越人来削其壤地"句，可证琅邪确为越国所有。

此外，莒国西部的鲁国也曾遭到越国军队的袭扰。《孟子·离娄下》记载：

> 曾子居武城，有越寇。④

武城（今山东省临沂市平邑县）时属鲁国，接近当时季孙氏⑤控制的鄪（今山东省临沂市费县）。《吴越春秋》卷十《勾践伐吴外传》记载：

> （勾践）二十六年，……冬，鲁哀公以三桓之逼来奔，越王欲为伐三桓。⑥

鲁哀公曾欲借助越国力量攻打季孙氏，曾子在武城时的"越寇"，应该不是来自江南，而是来自琅邪。

鲁国周边的滕国（今山东省滕州市）、郯国（今山东省临沂市郯城县）和缯国（也称鄫国，今山东省临沂市兰陵县）相继被越国所灭。《史记》卷四十一《越王勾践世家》索隐引《纪年》：

> 于粤子朱句三十四年，灭滕，三十五年，灭郯，三十七年卒。⑦

《战国策》卷二十五《魏四》载：

> 缯恃齐以悍（捍）越，齐和子之乱而越人亡缯。⑧

越王朱句统治时期是勾践之后越国势力最强的时期，他在公元前 414 年、公元前 413 年，相继出兵吞并了滕国和郯国。缯国曾依仗齐国对抗越国，公元前 405 年，田和出任齐国相，次年，三晋伐齐，越国趁机出兵灭亡缯国。此举一度加剧了齐国和越国之间的矛盾，只是当时越国国势强盛，齐国刚经历战乱，一时也无法与之对抗。《吕氏春秋》卷九《季秋纪·顺民》载：

---

① 杨宽：《战国史料编年辑证》上，上海人民出版社，2016 年版，第 78 页。
② [战国]墨翟著，[清]毕沅校注，吴旭民校点《墨子》，上海古籍出版社，2014 年版，第 76 页。
③ [汉]刘向著，张彦修注说《战国策》，河南大学出版社，2010 年版，第 279 页。
④ 《十三经注疏·孟子注疏》卷八《离娄下》，第 237 页。
⑤ 孟孙氏、叔孙氏、季孙氏皆出自鲁桓公，合称"三桓"，一度操纵鲁国国政。
⑥ [东汉]赵晔著，张觉校注《吴越春秋校注》，第 289 页。
⑦ 《史记》卷四十一《越王勾践世家》，第 1747 页。
⑧ [汉]刘向著，张彦修注说《战国策》，第 535 页。

齐庄子请攻越，问于和子。和子曰："先君有遗令曰：'无攻越。越，猛虎也。'" ①

上述史料记述了越国削莒、侵鲁、亡缯、灭滕、灭郯，这些征战多在山东，说明越国曾在此地有多次大的军事行动。如果越国都城仍在绍兴，从计划出兵到开赴山东，长途奔袭，兵力、物资耗损巨大，根本无法与齐国和晋国较量，又如何能侵扰鲁国、削弱莒国、灭缯国、滕国和郯国，甚至"号令秦、晋、齐、楚皆辅周室，歃血盟"，成为一时霸主。

总之，自越王勾践迁都琅邪，琅邪即成为越国的政治、经济、军事、文化中心，勾践一度成为春秋后期的霸主，曾在琅邪接受小国朝拜，号令诸侯，甚至改立小国国君。《国语》卷十九《吴语》记载：

越灭吴，上征上国，宋、郑、鲁、卫、陈、蔡执玉之君皆入朝。②

《吴越春秋》卷十《勾践伐吴外传》记载：

（勾践）二十六年，越王以邾子无道而执以归，立其太子何。③

此后，越国经历了鼫与、不寿、朱句、翳几代越王的统治，在此期间，越国专制东方，夺占莒国东方之地，灭滕、郯、缯等小国，占有泗水、沂水间的大片地区，与齐、晋、楚四分天下。《墨子》卷六《非攻下》记载：

今天下好战之国，齐、晋、楚、越，……今以并国之故，四分天下而有之。④

越国强盛约有百年，此后在与北方齐国和南方楚国的斗争中实力日渐削弱。越王翳三十三年（公元前379年），越国在北方的统治已经难以为继，不得不还都吴地，最终为楚所灭，琅邪归于楚。《史记》卷四十一《越王勾践世家》记载：

楚威王（公元前339年—前329年在位）兴兵而伐之，大败越，杀王无疆，尽取故吴地至浙江，北破齐于徐州。而越以此散，诸族子争立，或为王，或为君，滨于江南海上，服朝于楚。⑤

其后的齐楚相争中，齐国乘楚国鞭长莫及之机再占琅邪，因此，《战国策》卷八《齐一》记载苏秦为赵国合纵，游说齐宣王（公元前319年—前301年在位）时说：

齐南有太山，东有琅邪，西有清河，北有勃海，此所谓四塞之国也。⑥

这说明，战国后期，琅邪已经成为齐国东部的一个重要地区了。

---

① [汉]高诱注，[清]毕沅校，徐小蛮标点《吕氏春秋》，上海古籍出版社，2014年版，第178页。
② [春秋]左丘明著，鲍思陶点校《国语》，第307页。
③ [东汉]赵晔著，张觉校注《吴越春秋校注》，第289页。
④ [战国]墨翟著，[清]毕沅注校，吴旭民校点《墨子》，第82、85页。
⑤ 《史记》卷四十一《越王勾践世家》，第1751页。
⑥ [汉]刘向著，张彦修注说《战国策》，第231页。

（三）琅邪郡

公元前 221 年，秦始皇统一六国，分天下为三十六郡（此后不断增置，有四十六、四十八郡之说），原齐国划分为齐郡和琅邪郡两郡①，齐郡治在齐国原都城临淄，琅邪郡治在琅邪（今山东省青岛市黄岛区琅琊镇）。此后十余年，秦始皇五次出巡，四次巡游山东沿海，三次驻跸琅邪。

公元前 219 年，秦始皇第二次出巡，主要目的是巡行东方郡县，震慑齐国旧地。《史记》卷六《秦始皇本纪》记载：

> （二十八年）南登琅邪，大乐之，留三月。乃徙黔首三万户琅邪台下，复十二岁。作琅邪台，立石刻，颂秦德，明得意……

秦始皇在琅邪留居三个月，除了被滨海风景吸引和委派徐福带数千童男童女入海求仙药，更主要的目的是为了在原齐地建立一个能与临淄分庭抗礼的政治、经济、军事中心，起到监视、牵制齐国故都的作用。琅邪历经齐国、越国、楚国的多年治理，此时已经成为东方重镇，也是重要海港之一，后来徐福两次出海，都是从琅邪起锚远航，返回时又是在琅邪抛锚靠岸。为进一步提升琅邪的地位，秦始皇迁徙三万户百姓于琅邪台下，免除了他们十二年的赋役，以此推动琅邪开发，发展当地的经济。同时，修治了以琅邪为起点的四条驰道，西北连通临淄，东北直至成山头，西线经洛阳直通咸阳，南线直达会稽、钱塘。毫无疑问，秦始皇为稳固在东方的统治所做的政治、经济、军事安排，在一定程度上推动了琅邪的快速发展。

当然，作为四时主祠所在地，秦始皇也不会忽视可以彰显国家统一、皇权至上的祭祀活动，他命人在勾践所筑观台基础上重筑琅邪台，《水经注》卷二十六《潍水注》记载：

> 遂登琅邪大乐之山，作层台于其上，谓之琅邪台。台在城东南十里，孤立特显。出于众山，上下周二十余里，傍滨巨海。……所作台基三层，层高三丈，上级平敞，方二百余步，广五里。刊石立碑，纪秦功德。②

所谓"作层台于其上"，显然是在越王勾践观台之上。由于秦琅邪台较越国观台更高，所以台顶周长也由越国时期的七里缩减为五里。经历了两千年风雨侵蚀后，残存的琅邪台顶周长尚有 150 米，上面覆盖的黑土厚 30 多米，其夯土层至今仍依稀可见，且屡有秦代文物出土，如陶水管、陶罐、建筑石板和分别刻有"千秋万岁""延年""秦并天下"铭文的秦代瓦当等。

公元前 218 年，秦始皇第三次出巡，由之罘入海，复登琅邪。

公元前 210 年，秦始皇第五次出巡，也是最后一次巡行天下，《史记》卷六《秦

---

① 此后的增置有三种说法，一为济北、临淄、胶东、琅邪四郡；一为济北、临淄、胶东、薛、琅邪五郡；一为东海、齐、琅邪、胶东、济北五郡。

② ［北魏］郦道元著，陈桥驿注释《水经注》，第 427 页。

始皇本纪》记载甚详：

> 三十七年十月癸丑，始皇出游。左丞相斯从，右丞相去疾守。少子胡亥爱慕请从，上许之。十一月，行至云梦，望祀虞舜于九疑山。浮江下，观籍柯，渡海渚。过丹阳，至钱唐。临浙水波恶，乃西百二十里从狭中渡。上会稽，祭大禹，望于南海，而立石刻颂秦德。……还过吴，从江乘渡。并海上，北至琅邪。方士徐市等入海求神药，数岁不得，费多，恐谴，乃诈曰："蓬莱药可得，然常为大鲛鱼所苦，故不得至，愿请善射与俱，见则以连弩射之。"始皇梦与海神战，如人状。问占梦，博士曰："水神不可见，以大鱼蛟龙为候。今上祷祠备谨，而有此恶神，当除去，而善神可致。"乃令入海者赍捕巨鱼具，而自以连弩候大鱼出射之。自琅邪北至荣成山，弗见。至之罘，见巨鱼，射杀一鱼。遂并海西。

秦始皇率左丞相李斯、少子胡亥等出巡，经云梦至浙江，相继祭祀了虞舜和大禹，由吴地入海，北上琅邪，数年间靡费大量钱财求仙药而不得的徐福害怕受到谴责，诈称海中有大鱼，以致仙药难得，秦始皇听其蛊惑派将士入海射杀大鱼，并亲自护送徐福从琅邪到达之罘，目送徐福船队启航东渡，秦始皇也登陆西行回京城，行至沙丘（今河北省邢台市广宗）病死。

公元前 209 年，秦二世胡亥为威服众人，效仿其父巡行东方郡县，路线基本与秦始皇相同，每至一地，都要刻诏书于始皇帝所立石旁，以彰显始皇帝的功业。琅邪是秦始皇四次东巡三次停驻之地，胡亥自然会重登琅邪，并刻石颂德。尽管秦始皇时期的琅邪刻石已经湮灭，但秦二世所留刻石历尽沧桑，至今犹存 13 行 87 字，现藏中国国家博物馆。

秦朝二世而亡，历史进入两汉时期，琅邪的相关记录，多载于《史记》《汉书》和《后汉书》。按时间梳理，大致如下：

汉高祖刘邦时期，承袭秦制，置琅邪郡，下设琅邪县。《汉书》卷二十八上《地理志上》记载：

> 琅邪郡，秦置。莽曰填夷。属徐州。户二十二万八千九百六十，口一百七万九千一百。有铁官。县五十一：东武，莽曰祥善。不其，有太一、仙人祠九所，及明堂。武帝所起。海曲，有盐官。赣榆，朱虚，凡山，丹水所出，东北至寿光入海。东泰山，汶水所出，东至安丘入维。有三山、五帝祠。诸，莽曰诸并。梧成，灵门，有高柘山。壶山，浯水所出，东北入淮。姑幕，都尉治。或曰薄姑。莽曰季睦。虚水，侯国。临原，侯国。莽曰填夷亭。琅邪，越王勾践尝治此，起馆台。有四时祠。被，侯国。柜，根艾水东入海。莽曰被同。虷，侯国。邞，胶水东至平度入海。莽曰纯德。雩叚，侯国。黔陬，故介国也。云，侯国。计斤，莒子始起此，后徙莒。有盐官。稻，侯国。皋虞，侯国。莽曰盈庐。平昌，长广，有莱山莱王祠。奚养泽在西，秦地图曰剧清池，幽州薮。有盐官。横，故

山，久台水所出，东南至东武入淮。莽曰令丘。东莞，术水南至下邳入泗，过郡三，行七百一十里，青州浸。魏其，侯国。莽曰青泉。昌，有环山祠。兹乡，侯国。箕，侯国。《禹贡》潍水北至都昌入海，过郡三，行五百二十里，兖州浸也。椑，夜头水南至海。莽曰识命。高广，侯国。高乡，侯国。柔，侯国。即来，侯国。莽曰盛睦。丽，侯国。武乡，侯国。莽曰顺理。伊乡，侯国。新山，侯国。高阳，侯国。昆山，侯国。参封，侯国。折泉，侯国。折泉水北至莫入淮。博石，侯国。房山，侯国。慎乡，侯国。驷望，侯国。莽曰泠乡。安丘，侯国。莽曰宁乡。高陵，侯国。莽曰蒲陆。临安，侯国。莽曰诚信。石山。侯国。

西汉时期的琅邪郡，东临黄海，北邻东莱郡、胶东国、高密国、北海郡，西接泰山郡、城阳国，南邻东海郡，共有五十一县，郡治东武（今山东省诸城市），其疆域大致包括了今天的山东省青岛市东部沿海、烟台市东南沿海、日照市全部、潍坊市和临沂市的部分，以及江苏连云港市的北部。汉初琅邪以富饶闻名，田肯曾将齐地与关中相提并论，他对刘邦说：

夫齐，东有琅邪、即墨之饶，南有泰山之固，西有浊河之限，北有勃海之利，地方二千里，持戟百万，县隔千里之外，齐得十二焉。故此东西秦也。非亲子弟，莫可使王齐矣。[①]

刘邦听从田肯的建议，将长子刘肥封为齐王，统辖七十三城，是当时诸侯王中疆域最大的。

公元前181年，在朝执政的太后吕雉为扩大诸吕势力，将营陵侯刘泽（婆吕太后妹妹吕媭之女）立为琅邪王，割齐地琅邪郡为王国。但刘泽的琅邪国存在的时间仅有两年，汉文帝元年（公元前179年），徙琅邪王刘泽为燕王，琅邪恢复郡名，重归齐国。

汉武帝时期，击败匈奴后，国家强盛，汉武帝欲向海外开疆拓土的政治抱负和祈求长生不死的渴望促使他多次到山东沿海，自元鼎四年（公元前113年）至征和四年（公元前89年）曾九次巡视山东，四次抵达琅邪（一说五次）。《史记》卷十二《孝武本纪》记载，元封元年（公元前110年）三月：

上遂东巡海上，行礼祠八神。齐人之上疏言神怪奇方者以万数，然无验者。乃益发船，令言海中神山者数千人求蓬莱神人。

汉武帝东巡海上，行礼祠八神，四时主祠所在地琅邪是必经之地。元封五年（公元前106年），汉武帝南巡，北至琅邪。《汉书》卷六《武帝纪》：

五年冬，行南巡狩，……遂北至琅邪，并海，所过礼祠其名山大川。

太始三年（公元前94年）二月，

幸琅邪，礼日成山。登之罘，浮大海，山称万岁。

---

① 《史记》卷八《高祖本纪》，第382页。

太始四年（公元前93年）四月，

　　幸不其，祠神人于交门宫，若有乡（向）坐拜者。作《交门之歌》。

应劭注：

　　神人，蓬莱仙人之属也。

晋灼曰：

　　琅邪县有交门宫，武帝所造。

不其初为山名，即今崂山，秦始皇时期置县，属琅邪郡。汉武帝东巡，在不其城内建交门宫，在女姑山建太一祠、仙人祠和明堂。《汉书》卷二十八上《地理志上》：

　　不其，有太一、仙人祠九所，及明堂，武帝所起。

交门宫是汉朝京畿之地以外唯一的国家宫殿，太一是西汉时期至高无上的神灵，明堂是汉朝规格最高的礼制建筑，古人认为，明堂可上通天象，下统万物，是体现天人合一的神圣之地，一般用作朝会、祭祀、选士、庆赏和发布政令。据《汉书·地理志》记载，天下明堂共有三处，分别在长安、泰山和不其女姑山。汉武帝在琅邪建交门宫，在不其建太一神祠和明堂，这两地在大汉王朝中的重要位置可见一斑。

汉武帝巡幸琅邪，表面上是与当地盛传的神仙传说有关，也不能完全排除汉武帝求仙的想法，但其主要目的还是在政治、经济和军事方面。

首先，是为了稳固山东地区。汉初，刘邦在山东分封了齐国、淄川国、济南国、胶东国、高密国、城阳国和东平国七个诸侯国，他们实力强大，时有离心倾向。文帝时期，齐王和济北王叛乱，景帝时爆发的七国之乱，山东即有四国：济南国、淄川国、胶西国和胶东国，虽然叛乱很快被镇压，各诸侯国的封地也因之缩小，但山东的不稳定因素仍然存在。汉武帝时期，为进一步限制封国势力，颁行"推恩令"，规定诸侯王除由嫡长子继承王位外，其他诸子都可以在王国范围内分到封地，成为侯国。如淄川王刘志的13个儿子被封为侯，城阳王刘延的20个儿子被封为侯，其他如齐、济北、胶西、胶东等王国，也采用类似的分封办法，如此一来，山东各诸侯国地盘日小，"大国不过十余城，小侯不过数十里，上足以奉供职，下足以供养祭祀，以蕃辅京师。"① 除此之外，各诸侯国之间还夹杂着中央直接统辖的郡县，与封国犬牙交错，而且郡县往往控制各地要塞，逐渐形成了中央势大、地方诸侯弱小的形势。另外，汉武帝还作左官律，设附益法，严禁封国官吏与诸侯王互相勾结，结党营私，从而达到削弱、孤立诸侯王的目的。甚至不惜寻找各种借口不断对诸侯夺爵削地。因此，汉武帝时期，诸侯王只封土不治民，仅能"衣食租税"而已，对中央已构不成大的威胁。与此同时，汉武帝为强化对地方的控制，将全国划分为十三州，每州设刺史，专门督察地方郡县和各诸侯国，如青州刺史就曾先后奏淄川王

---

① 《史记》卷十七《汉兴以来诸侯王年表》，第803页。

和齐王子女有罪，并获中央允准加以惩办。州刺史的设置，是加强对地方控制的一个重要举措，其真正效果，是汉武帝东巡视察需要亲自了解的。此外，汉武帝时期，山东地区多次出现水旱灾害，爆发了数起小规模农民起义，这让汉武帝不得不关注山东，将稳定山东局势、巩固在山东的统治列为东巡的主要目的。从汉武帝东巡的行程看，除了在琅邪等地祭祀四时主、太一等神仙，在泰山举行封禅，宣扬自己的功德以外，更重要的是利用封禅活动，将山东各地诸侯和官员汇集于泰山脚下，通过接见、考查地方官员，详细了解山东情况，加强对地方的控制，在一定程度上巩固中央集权。

另外，山东一地，自战国时期即盛行儒道墨法等多种思想，虽经秦朝统一，但时间过短，思想领域各种流派活动频繁，尤其汉初齐地再度流行的黄老思想，甚至一度影响了汉高祖刘邦直至汉景帝时期的国策。汉武帝即位后，力倡儒家学说，削除其他学派的影响，齐地的多元思想状态，是山东难以稳固的思想基础，不得不慎重对待。汉武帝东巡沿海、封禅泰山、祭祀众神等活动，每次带大批人马、船只，甚至还有西域和中亚的使臣，毫无疑问是炫耀汉朝实力，也有收拢山东民心，降低离心力的目的。

其次，推动山东地区经济发展。山东在战国时期就是经济发达之地，秦汉之际的战乱并未造成较大影响。司马迁在《史记》中评论汉初山东经济状况时认为："自泰山属之琅邪，北被于海，膏壤二千里。"[1]西汉初，山东已成为仅次于关中的经济实力强大的地区，其经济发展对全国都有至关重要的影响，无论是对外用兵，还是维持庞大的官员、军队的开支，山东地区的赋税收入都是重要来源。汉武帝时期，实行盐铁官营，山东在这两项上堪为纳税大户。汉初全国设盐官 35 处，山东有 11 处，琅邪即有海曲、计斤和长广 3 处，盐的产量达到全国的三分之一。当时，全国共设铁官 48 处，山东即有 18 处之多，分布在琅邪（1 处）、临淄、历城等地，铁的产量占全国的四分之一。此外，山东还是全国纺织中心之一，临淄、定陶、元文（今山东省济宁市）是西汉三大丝织业生产基地，当时大批山东丝绸运往洛阳、长安，再经丝绸之路运往中亚、西亚各国。其中，临淄的三服官手工工场，还是专门为皇室生产丝织品的场所。琅邪人贡禹在汉元帝继位时曾提及"故时齐三服官输物不过十笥，方今齐三服官作工各数千人，一岁费数巨万。"[2]西汉时期，山东商业也非常繁荣，时有"宛、周、齐、鲁，商遍天下"[3]之说。如此重要的经济地位，山东自然成为汉武帝重点关注的地区，他希望能通过东巡稳固山东局势，推动经济发展，巩固赋税之源。

---

① 《史记》卷三十二《齐太公世家》，第 1513 页。
② 《汉书》卷七十二《贡禹传》，第 3070 页。
③ [汉]桓宽著，王利器校注《盐铁论》卷二《力耕》，天津古籍出版社，1983 年版，第 27 页。

汉初，山东地区经济发展较快，除了战乱少，广大劳动人民辛勤劳作外，封建统治者的重视无疑也是一个重要因素。汉武帝东巡时曾亲临黄河决口工地，沉白马玉璧于河中祭祀，命随从人员将军以下全部去背柴薪堵塞决口，治理黄河水患，表明汉统治者对山东经济的关注。此后在山东形成了治水热潮，《史记》卷二十九《河渠书》载：

> 用事者争言水利……东海引钜定；泰山下引汶水：皆穿渠为溉田，各万余顷。佗小渠披山通道者，不可胜言。

大量水利工程的兴修，推动了农业生产的发展，《太平御览》卷一百八十引《郡国志》曰：

> 密州高密西有郑玄宅，亦曰郑城。玄后移葬于属阜。墓侧有稻田万顷，断水造鱼梁，岁收亿万，世号万匹梁。

再次，汉武帝东巡，与训练水师、海外用兵相关。西汉初，燕人卫满率千余人到朝鲜北部，推翻箕子朝鲜，建立了卫氏政权，汉惠帝时成为汉朝的藩属，归辽东太守节制。到卫满的孙子右渠执政时，卫氏朝鲜不仅不肯向汉朝通商朝贡，而且破坏朝鲜半岛上其他小国如真番、辰韩与汉朝的朝贡通商。元封二年（公元前109年）夏，汉武帝派使节涉何赴朝谈判，结果谈判破裂，涉何回国不久即被右渠发兵杀死。汉武帝东巡琅邪、东莱一带，其目的之一就是为武力讨伐朝鲜进行实地考察，并且借助琅邪等地的海港训练水师。同年秋，汉武帝派兵从水陆两路进攻朝鲜，左将军荀彘从辽东陆路进发，楼船将军杨仆率水军自山东渡渤海。冬十二月，两军会师王俭城（今朝鲜平壤）下。次年，右渠被主和的大臣所杀，朝鲜投降。不久，汉武帝在朝鲜半岛北部设置乐浪、临屯、玄菟、真番四郡，由汉政府直接管辖。此次征伐朝鲜，水师立下大功，这与汉武帝东巡视察山东沿海、排兵布阵是分不开的。

自春秋时期发展起来的琅邪海港，直至汉武帝后期仍发挥了较大作用，但本始四年（公元前70年）的一次大地震却将此海港完全破坏。《汉书》卷八《宣帝纪》载：

> 夏四月壬寅，郡国四十九地震，或山崩水出。诏曰："盖灾异者，天地之戒也。朕承洪业，奉宗庙，托于士民之上，未能和群生，乃者地震北海、琅邪，坏祖宗庙，朕甚惧焉。丞相、御史其与列侯、中二千石博问经学之士，有以应变，辅朕之不逮，毋有所讳。令三辅、太常、内郡国贤良方正各一人。律令有可蠲除以安百姓，条奏。被地震坏败甚者，勿收租赋。"大赦天下。上以宗庙堕，素服，避正殿五日。

《汉书》卷二十七下之上《五行志》记载：

> 本始四年四月壬寅，地震河南以东四十九郡，北海琅邪坏祖宗庙城郭，杀六千余人。

此次地震波及范围广，"河南以东四十九郡"，震中之地北海、琅邪，竟至"山崩水出",死亡六千余人。这次地震使黄海漫上来六十里,春秋以来的琅邪古城和琅邪港遭到毁灭性的破坏,琅邪和不其的城郭、宗庙、交门宫、明堂、仙人祠堂等皇家建筑尽数毁坏。汉宣帝为此"素服,避正殿五日",并大赦天下,免除震区灾民的租赋。因琅邪港在大地震中被彻底摧毁,重建琅邪城也就没有了必要,汉宣帝下诏将琅邪郡治西迁到东武(今山东省潍坊市诸城市)。自西周至西汉,历经千年逐渐发展起来的古琅邪,自此逐步衰落。然琅邪山仍是祭祀四时主的主要场所,所以在甘露三年(公元前51年),宣帝东巡琅邪,祭祀四时主于琅邪台。

其后直至西汉末,琅邪平稳向前发展,一度成为经学传承的重要地区,涌现出大批经学名家,琅邪贡禹、王吉等皆名重一时。

公元8年,王莽代汉自立,建立新朝,此后开始了全面的社会改革,涉及官名、地名(公元14年,改琅邪郡为填夷)、土地、币制、商业、民族等诸多层面。但王莽改制并未能挽救西汉末年日趋尖锐的社会矛盾,反而使其进一步激化。天凤四年(17年),蝗灾、旱灾频发,饥荒四起,各地农民纷起反抗,琅邪海曲(今山东省日照市)女子吕母聚党数千人,在沿海打击官军,是最早反抗王莽统治的农民起义领袖之一。天凤五年(18年),琅邪樊崇起兵于莒,这就是赤眉军,此后数年,他们与绿林军一起埋葬了新朝。

(四)琅邪国

公元25年,光武帝刘秀建立东汉政权。东汉时期,琅邪由郡改国,其政治中心和所辖疆域都有了重大变化。

建武十五年(39年),刘秀封皇子刘京为琅邪公。建武十七年(41年),晋封刘京为琅邪王,以原来的琅邪郡和城阳国为琅邪国。《后汉书》卷四十二《光武十王列传》:

> (明帝)永平二年(59年),以太山之盖、南武阳、华,东莱之昌阳、卢乡、东牟6县益琅邪。五年(62年),乃就国,光烈皇后崩,帝悉以太后遗金宝财物赐京。京都莒(今山东日照市莒县),好修宫室,穷极伎巧,殿馆壁带皆饰以金银。数上诗赋颂德,帝嘉美,下之史官。京国中有城阳景王祠[1],吏人奉祠。神数下言宫中多不便利,京上书愿徙宫开阳,以华、盖、南武阳、厚丘、赣榆五县易东海之开阳、临沂,肃宗许之。

《后汉书》志二十一《郡国三》:

> 琅邪国秦置。建武中省城阳国,以其县属。雒阳东一千五百里。十三城,户二万八百四,口五十七万九百六十七。开阳故属东海,建初五年属。东武 琅邪 东莞有郓亭。有邳乡。有公来山,或曰古浮来。西海 诸 莒本国,故属城阳。有铁。有峥嵘谷。东安故属城阳。阳都故属城阳。有牟台。临沂故属东海。有丛亭。即丘侯国,

---

① 西汉刘章,刘邦长子刘肥的次子,原封朱虚侯,诛灭诸吕有功,晋封城阳王,都莒。

故属东海，春秋曰祝丘。缯侯国，故属东海。有概亭。姑幕

根据《后汉书》的记载，琅邪国的政治中心，最初是在莒，原为西汉城阳王刘章封地，立有祭祀刘章的祠堂，香火颇盛。刘京或许是因为不满在自己的国都有凌驾于自己之上的前朝封王影响，或许是觊觎东南的平原地带，因此，在建初五年（80 年），以城阳王祠神谕为借口，上书汉章帝，请求以原封国西北一带的华、盖、南武阳、厚丘、赣榆五个县交换东海郡的开阳（今山东省临沂市）、临沂，经章帝允准后，他将国都由莒迁到开阳。

此后直至汉末，又传刘宇、刘寿、刘尊、刘据、刘容五位琅邪王，刘容于初平元年（190 年）继位，在位八年，因刘容无子，在他之后，虽有琅邪国，却没有封琅邪王，只有琅邪相作为地方长官，《三国志》卷七《魏书·吕布传》注引《九州春秋》：

时有东海萧建为琅邪相，治莒，保城自守，不与布通。[1]

《资治通鉴》卷六十二，建安二年（197 年）：

泰山贼帅臧霸袭琅邪相萧建于莒，破之。

臧霸击败琅邪相萧建，获取了大批物资，与孙观等人屯驻开阳。建安三年（198 年），曹操征讨吕布，臧霸先是率兵支持吕布，后降曹操，被曹操任命为琅邪相，掌控青、徐二州。《三国志》卷十八《魏书·臧霸传》：

太祖之讨吕布也，霸等将兵助布。既禽布，霸自匿。太祖募索得霸，见而悦之，使霸招吴敦、尹礼、孙观、观兄康等，皆诣太祖。太祖以霸为琅邪相，敦利城、礼东莞、观北海、康城阳太守，割青、徐二州，委之于霸。

建安十一年（206 年），因刘容弟刘邈曾有恩于曹操，曹操遂将刘邈的儿子刘熙过继给刘容，立刘熙为琅邪王。建安二十一年（216 年），曹操杀刘熙，琅邪国被废除。

公元 220 年，曹丕称帝，历史进入三国时期。太和六年（232 年），魏明帝将曹操孙曹敏由范阳王改封为琅邪王，《三国志》卷二十《武文世王公传》：

范阳闵王矩，早薨，无子。建安二十二年，以樊安公均子敏奉矩后，封临晋侯。黄初三年追封谥矩为范阳闵公。五年，改封敏范阳王。七年，徙封句阳，太和六年，追进矩号曰范阳闵王，改封敏琅邪王。景初、正元、景元中，累增邑，并前三千四百户。敏薨，谥曰原王。子焜嗣。

曹魏琅邪王仅传两代，再加上实行限制封王的措施，琅邪国的面积大大减少，其北部划给了东莞郡，东部划归城阳郡，自此，琅邪与海洋彻底隔离开。

公元 265 年，西晋建立，晋武帝司马炎大封宗室，司马懿的第九子司马伦被封

---

① ［晋］陈寿著，［宋］裴松之注《三国志》卷七《魏书·吕布传》，中华书局，1959 年版，第 226 页。

为琅邪王，咸宁三年（277年），晋武帝调整宗室封地，改易诸王：

> 八月癸亥，徙扶风王亮为汝南王，东莞王伷为琅邪王，汝阴王骏为扶风王，琅邪王伦为赵王……①

司马伷（227—283年）是司马懿第五子，咸宁三年（277年）由东莞王改封为琅邪王，此后西晋未再封东莞王，主要是因为东莞有"帝王之气"：

> 咸宁初，风吹太社树折，社中有青气，占者以为东莞有帝者之祥。由是徙封东莞王于琅邪，即武王也。②

《晋书》卷二十七《五行上》载：

> 武帝咸宁元年八月丁酉，大风折大社树，有青气出焉，此青祥也。占曰："东莞当有帝者。"明年，元帝生。是时，帝大父武王封东莞，由是徙封琅邪。孙盛以为中兴之表。晋室之乱，武帝子孙无子遗，社树折之应，又常风之罚。

改封之前，司马伷任镇东大将军，都督徐州诸军事，坐镇下邳，负责长江下游的伐吴事宜。"伷镇御有方，得将士死力，吴人惮之。"也许是考虑到司马伷的重要军事作用，在他由东莞王改封为琅邪王时，西晋政府将东莞划入了琅邪国，"加开府仪同三司，改封琅邪王，以东莞益其国。"③

咸宁五年（279年），已经励精图治十余年的晋武帝，完成了国内的北固边防、西练水师、南强战备的伐吴准备。而此时的孙吴政权，却走到了穷途末路。早在孙权晚年，由于赋役苛重，吴国百姓的反抗时有发生，社会矛盾不断加剧。孙权死后，孙亮幼年继位，诸葛恪、孙峻、孙綝相继辅政，争权夺利，纷争不已，旷日持久的内斗严重削弱了孙吴国力。统治集团与百姓的矛盾也日趋激化，大规模的农民起义和士兵暴动频繁发生，动摇了孙吴的统治。自263年司马昭灭蜀后，吴国更是孤掌难鸣。吴元兴元年（264年），孙皓即位后，荒淫暴虐，在内大兴土木，广选美女，以剥皮、凿眼等酷刑擅杀大臣，对外则穷兵黩武，不断进攻西晋的江夏、襄阳、合肥、交趾等地，国力耗损极大，终致吴国"国无一年之储，家无经月之畜"④，百姓被迫揭竿而起，朝臣离心离德，加速了孙吴的灭亡。

咸宁五年（279年）十一月，晋武帝乘孙吴国势衰弱之机，发动了灭吴之役。20万大军兵分六路，在沿长江千余里的战线上，同时展开进攻。当时的战略部署是：在长江上游，龙骧将军王濬和巴东监军唐彬自巴蜀顺江而下；在长江中游，镇南大将军杜预自襄阳向江陵方向进军，平南将军胡奋自荆州向夏口方向进军，建威将军王戎自豫州向武昌（今湖北省鄂州）方向进军，他们的主要任务是迅速夺取夏口以西各战略要点，以策应王濬和唐彬所率领的水陆大军顺流而下；在长江下游，

---

① ［唐］房玄龄等撰《晋书》卷三《武帝纪》，中华书局，1974年版，第68页。
② 《晋书》卷六《元帝纪》，第157页。
③ 《晋书》卷三十八《琅邪王伷传》，第1121页。
④ 《三国志》卷六十五《吴书·贺邵传》，第1458页。

安东将军王浑自寿春向横江（今安徽省和县）方向进军，司马伷自下邳向涂中（今安徽省滁县）方向进军，直逼孙吴都城建业，牵制吴军主力，使其不能增援长江中游和上游，待至王濬的大军赶到，再与他一起南下东进，夺取建业。

值得注意的是，在这次统一南北的战争中，六路大军有两路大军的统帅与琅邪有关。

王戎，时为琅邪王氏家族的代表人，他奉命自豫州向武昌方向进军，以策应王濬所率的七万水陆大军。当王濬顺江而下之时，王戎派遣参军罗尚、刘乔为前锋，迅速南下，向武昌发动猛烈进攻。待王濬配合胡奋军攻克夏口，王戎即亲自督大军至长江沿岸，会同王濬攻克武昌，吴将杨雍、孙述及江夏太守刘朗各率众归降王戎。王戎督军乘胜前进，吴牙门将孟泰见势不敌，遂以蕲春、邾县二县降于王戎。至此，晋军主力已完全控制了长江上游地区。

司马伷，西晋琅邪王，根据作战方略，他前期的主要任务是威逼建业，策应长江中游的杜预、王戎诸军。自出兵后，迅速进至涂中，令琅邪相刘弘率兵进抵长江，与建业隔江对峙，以牵制孙吴军力；同时派长史王恒率军渡过长江，歼灭孙吴沿江守军五六万人，兵临建业城下。当时，王浑和王濬也已经逼近建业，吴主孙皓见败局已定，便采用光禄勋薛莹、中书令胡冲等人的计策，分别派遣使者向王浑、王濬和司马伷请降，意欲挑唆三人互相争功，引发晋军内讧。这三人中，司马伷是晋武帝叔父，地位最高，因此，使者先把孙吴印玺送给司马伷。很快，王濬率部先攻入建业，孙皓投降，孙吴政权灭亡。自汉末分裂割据将近百年的局面至此宣告结束，三国归于统一。

因司马伷功勋卓著，晋武帝下诏书封他两个儿子为亭侯，封邑各三千户，赐绢六千匹。不久，"并督青州诸军事，加侍中之服。进拜大将军、开府仪同三司。"[①] 虽然司马伷的官位提升了，但封国面积却减少了，"太康元年（280 年），……分琅邪置东莞郡。"[②] 司马伷地位尊贵，又是参与灭吴战争的唯一藩王，擅长搞政治势力平衡的晋武帝，既要用其才，又防备他的势力过大，因此就采用了一边升官一边削减封地的方法。也许是心中不满，但又无法反抗，灭吴后仅过了三年多，司马伷就去世了，年仅五十七岁，长子司马觐继任琅邪王。

太熙元年（290 年）二月，年仅三十五岁的司马觐去世。其子司马睿嗣位琅邪王，时年十五岁，他就是后来的东晋开国皇帝，史称晋元帝。

自东汉琅邪王刘京将国都迁到开阳（今山东省临沂市），直至西晋永嘉元年（307 年）琅邪王司马睿渡江南下，琅邪国的疆域虽有变化，但政治、经济、文化中心始终在开阳，后世所称琅邪王氏、琅邪诸葛氏、琅邪颜氏等琅邪大族，其族望都

---

① 《晋书》卷三十八《琅邪王伷传》，第 1121 页。
② 《晋书》卷十五《地理下》，第 451 页。

是在两汉形成，也都是以今天的临沂市为主要生活范围，即便以后迁居江南，他们仍坚持着琅邪郡望，也正是由于这些大族的影响，琅邪文化真正进入了辉煌时期。

二、琅邪文化

琅邪文化，是指先秦琅邪邑、秦西汉琅邪郡和东汉魏晋琅邪国所辖地域的文化。先秦时期，琅邪以今天的胶南为核心，疆域较小。秦、西汉时期的琅邪郡和东汉时期的琅邪国，面积大体相同，只是所辖疆域并不完全一致，根据《汉书·地理志》的记载，西汉琅邪郡共有五十一县，《后汉书·郡国志》记载东汉琅邪国共十三城，其核心区域，先是在胶南，后来迁徙至临沂一带，其疆域大体在山东半岛东南部，包括今天的山东青岛、烟台、日照、潍坊、临沂部分地区和江苏连云港市的北部。曹魏西晋时期，琅邪国的疆域与秦汉时期的琅邪郡、琅邪国相比大大缩减，只涵盖了今临沂市的部分地区。

（一）先秦琅邪文化

先秦时期，琅邪地区最初为东夷文化发源地之一，后李文化、北辛文化、大汶口文化、龙山文化、岳石文化等在琅邪都有丰厚的历史文化积淀，遗址多达上千处。

在历史演进中，尤其是西周初在山东分封齐、鲁两大国后，东夷文化逐渐分化为齐文化和鲁文化，归根结底，齐、鲁文化的鲜明区别源于他们不同的立国方针，也就是开国之君带到齐国、鲁国的周文化与当地的东夷文化是交融还是取代的问题。

齐国的始封之君是姜子牙，鲁国的始封之君是周公旦，他们治国理政的方针大不相同。《吕氏春秋》卷十一《长见》：

> 吕太公望封于齐，周公旦封于鲁，二君者甚相善也。相谓曰：“何以治国？”太公望曰：“尊贤上功。”周公旦曰：“亲亲上恩。”①

《汉书》卷二十八下《地理志下》：

> 昔太公始封，周公问：“何以治齐？”太公曰：“举贤而上功。”
> ……
> 周公始封，太公问：“何以治鲁？”周公曰：“尊尊而亲亲。”

姜子牙与周公都是周王室的重臣，治国方针差异如此之大，主要是因为他们的身份不同，功业不同。《史记》卷三十二《齐太公世家》：

> 周西伯昌之脱羑里归，与吕尚阴谋修德以倾商政，其事多兵权与奇计，故后世之言兵及周之阴权皆宗太公为本谋。……天下三分，其二归周者，太公之谋计居多。
> 文王崩，武王即位。九年，欲修文王业，东伐以观诸侯集否。师行，师尚

---

① ［汉］高诱注，［清］毕沅校，徐小蛮标点《吕氏春秋》，上海古籍出版社，2014年版，第223页。

父左杖黄钺，右把白旄以誓……

　　……武王将伐纣，卜，龟兆不吉，风雨暴至。群公尽惧，唯太公强之劝武王，武王于是遂行。十一年正月甲子，誓于牧野，伐商纣。纣师败绩。……迁九鼎，修周政，与天下更始。师尚父谋居多。

　　于是武王已平商而王天下，封师尚父于齐营丘。

周文王时，姜子牙就为之出谋划策，"多兵权与奇计""谋计居多"，终能使天下三分而西周有其二。到了周武王时，姜子牙"谋居多"，在盟津大会八百诸侯、牧野之战灭商中都发挥了较大作用。可见姜子牙被封为齐国国君，主要是赏其在西周立国过程中出谋划策的功绩。姜子牙以谋策和军功起家，推己及人，他在齐地推行"尊贤上功""举贤而上功"的基本国策，也就是顺理成章的事情了。

《史记》卷三十三《鲁周公世家》记载：

　　周公旦者，周武王弟也。自文王在时，旦为子孝，笃仁，异于群子。及武王即位，旦常辅翼武王，用事居多。武王九年，东伐至盟津，周公辅行。十一年，伐纣，至牧野，周公佐武王，作牧誓。……封周公旦于少昊之虚曲阜，是为鲁公。周公不就封，留佐武王。

　　……

　　其后武王既崩，成王少，在强葆之中。周公恐天下闻武王崩而畔，周公乃践阼代成王摄行政当国。……而使其子伯禽代就封于鲁。周公戒伯禽曰："我文王之子，武王之弟，成王之叔父，我于天下亦不贱矣。然我一沐三捉发，一饭三吐哺，起以待士，犹恐失天下之贤人。子之鲁，慎无以国骄人。"

这段史料详细记载了周公的身份和功业，"文王之子，武王之弟，成王之叔父"，他长时间掌控周王室的大权，尤其在周武王死后，周成王幼年继位，国势面临动荡之时，周公留在国都镐京辅政，派长子伯禽前往鲁国封地，承担部分稳固东方的重任。周公以维护周王室为己任，作为周王室的骨肉至亲，他注重宗法血缘关系，正是"亲亲上恩""尊尊而亲亲"施政方针的思想基础。

姜子牙"尊贤上功"，周公旦"亲亲上恩"，两种不同的治国理念，很大程度上决定了两国不同的道路和命运。《史记》卷三十三《鲁周公世家》记载：

　　鲁公伯禽之初受封之鲁，三年而后报政周公。周公曰："何迟也？"伯禽曰："变其俗，革其礼，丧三年然后除之，故迟。"太公亦封于齐，五月而报政周公。周公曰："何疾也？"曰："吾简其君臣礼，从其俗为也。"及后闻伯禽报政迟，乃叹曰："呜呼！鲁后世其北面事齐矣。夫政不简，民不有近；平易近民，民必归之。"

姜子牙和伯禽到达封地后，采取的施政方针差异极大，向中央汇报的速度也不同，归根结底，是因为他们对当地东夷文化的态度是不同的。

姜子牙初到封国，就面临着与东夷人争抢地盘的难题，"莱侯来伐，与之争营丘。莱人，夷也。会纣之乱而周初定，未能集远方，是以与太公争国。"待姜子牙建都于营丘后，为缓和与东夷部族的矛盾，采取了"因其俗，简其礼"的政策。在文化上，承袭当地的东夷文化，尊重齐地原住民的习俗和礼仪，因势利导将其旧俗旧礼予以简化，以周文化逐步浸染、适度改造东夷文化，引导其变革。在经济上，借滨海之利，发展本地的渔业、盐业，推动工商业发展，"通商工之业，便鱼盐之利。"① 姜子牙采取的政策比较适合齐国初建的国情，不仅使社会秩序很快得到稳定，齐国经济迅速发展起来，而且使其地域文化打上了明显的开拓进取和追求功利的烙印，"举贤而上功"正是在这种宽松的政治文化环境中逐步发展起来。《汉书》卷二十八下《地理志下》云：

> 初太公治齐，修道术，尊贤智，赏有功，故至今其士多好经术，矜功名，舒缓阔达而足智。

在这种文化的熏陶之下，后来齐国涌现出了许多足智多谋的历史人物，如管仲、晏婴、孙武、孙膑等人。

伯禽到达封国不久，徐戎、淮夷追随管叔、蔡叔反叛，他迅速起兵平叛，迫使徐戎、淮夷南退淮水一带。之后，伯禽用了三年时间"变其俗，革其礼"，对鲁地原住民的习俗和礼仪进行彻底变革、改造，大力推行西周的政治制度和习俗。鲁国的除旧布新方略，使当地东夷文化大部被西周的礼乐文化取代，直至春秋时期，晋国韩宣子使鲁，还感慨"周礼尽在鲁矣。"② 鲁国是内陆国，经济上以农业为主，"宜五谷桑麻六畜""好农而重民。"③ 伯禽以后的历代国君，大多坚持以农为本的方针，秉持西周的礼乐制度，重视人伦，重视道德，形成了厚重的鲁文化，主要表现在"其民好学，上礼义，重廉耻。"④ 尊重传统、注重礼仪成为此地的一大特色，孔子创立的儒家学说也在此地广为流传。

西周和春秋前中期，琅邪基本处于齐鲁两大诸侯国的交界地带，在其地界上，还有夷、莒、其、阳、鲜牟、向、郱、缯、颛臾、郯等小诸侯国，这些小国，后来多被齐国和鲁国吞并。在局部统一的过程中，伴随着疆域的统一是民族和文化的统一，除了小部分本国的文化留存，大部分改换为齐文化或鲁文化。在这并不广阔的区域内，背山面海优越的地理位置，发达的经济，促使齐文化和鲁文化进一步交融，构成了琅邪地区独特的兼容文化，既有齐文化的尚智尚功、积极进取的心态，逐利工商的传统，又有鲁文化崇礼尚德、重视宗法血缘的习惯，以农为本的根基。农商并重，开拓与保守并存，本性质朴和足智多谋兼具，融齐文化与鲁文化的精华为一体，这就是早期发展过程中的琅邪文化。

---

① 《史记》卷三十二《齐太公世家》，第1480页。
② 杨伯峻：《春秋左传注》，中华书局，1990年版，第1227页。
③ 《史记》卷一百二十九《货殖列传》，第3270页。
④ 《汉书》卷二十八下《地理志下》，第1662页。

春秋后期至战国时期,琅邪有很长一段时间处于越国统治之下①。越王勾践迁都琅邪,他北上之时,带了大批南方士兵和民众,《越绝书》卷八《越绝外传记地传》云:

> 勾践伐吴,霸关东,徙琅邪,起观台,台周七里,以望东海。死士八千人,戈船三百艘。②

近万名士兵,还有其他随军北上的越国官员,修建新都、筑琅邪台所需的工匠、民夫,应该不少于士兵数量。此后,他们的家属、奴仆等陆续迁徙到琅邪地区,总数当在数万人以上。大批南方军民在琅邪定居,与本土民众逐渐融合,南方的农业种植方法、手工业技艺、越国的风俗习惯等不断融入琅邪文化之中。琅邪地区曾出土大量陶器,多是带有越国特色的席纹、方格纹印纹硬陶。越人好勇尚武,铸剑技术高超,越王勾践剑知名于世,今天青岛、日照、临沂等地博物馆中所收藏的春秋末、战国初的青铜剑,虽长度不一,但大多是剑首呈圆箍形,剑刃两度弧曲,前锋尖细,形制与越王勾践剑相同。

楚国灭亡越国后,楚国势力延伸至琅邪地区,楚国的钱币、青铜器、漆器等在青岛、临沂等地多有出土。琅邪逐渐受到楚文化的濡染。楚文化成长于礼教束缚较松的南方地区,不同于北方文化的厚重、质朴,逐渐形成了神秘、浪漫和瑰丽的风格,其最有代表性的文学、哲学更是影响深远,屈原、宋玉等人创作的楚辞,老子、庄子的道家哲学,曾风靡一时。

总之,春秋战国时期的琅邪地区,大部分处在齐国和鲁国的交界地带,但相继归属齐、越、楚三国,政权的交替、文化的传播,使琅邪汇聚了不同的文化:开放、进取的齐文化,崇仁、重礼的鲁文化,质朴、悍勇的越文化,与瑰丽深邃、富于浪漫色彩的楚文化交融在一起,构成了琅邪独特的文化氛围。

先秦时期,尽管琅邪文化呈现出多元发展的格局,但以齐、鲁文化为主。齐国"举贤而上功"之习,使琅邪地区学术传承蔚然成风,"初太公治齐,修道术,尊贤智力,赏有功,故至今其士多好经术,矜功名,舒缓阔达而足智。"同时,由于琅邪一部分地区曾属于儒学大行的鲁国,其他部分离鲁国较近,不可避免地受到鲁文化的影响,"其民好学,上礼义,重廉耻。"③"犹有周公遗风,俗好儒,备于礼。"④因此,儒家思想逐渐成了当地思想文化的主流。琅邪地区曾有一部分孔子的嫡传弟子,如曾晳、曾参、仲由、澹台灭明、高柴等,这些孔门弟子又转相授徒,儒学得以广泛传播,儒家思想的影响较其他地区更明显。战国时期,儒学大师荀子长期在兰陵

---

① 《越绝书》卷二《越绝外传记吴地传》:"越王勾践徙琅邪,凡二百四十年。"[东汉]袁康著,俞纪东译注《越绝书全译》,第71页。

② [东汉]袁康著,俞纪东译注《越绝书全译》,第163页。

③ 《汉书》卷二十八下《地理志》,第1661、1662页。

④ 《史记》卷一百二十九《货殖列传》,第3266页。

（今山东省临沂市兰陵县）授徒讲学，《史记》卷七十四《孟子荀卿列传》记载：

> 荀卿，赵人。年五十始来游学于齐。……齐襄王时，而荀卿最为老师。齐尚修列大夫之缺，而荀卿三为祭酒焉。齐人或谗荀卿，荀卿乃适楚，而春申君以为兰陵令。春申君死而荀卿废，因家兰陵。

自荀子定居兰陵，极大地推动了当地儒家经典的流传和儒家思想的传播，虽历经战国时期战火洗劫、秦朝焚书之祸仍能传承不辍。楚汉战争中，刘邦"举兵围鲁，鲁中诸儒尚讲诵习礼乐，弦歌之音不绝。"[①]

（二）秦汉琅邪文化

秦朝时期，琅邪是统治者重点关注的区域，秦始皇和秦二世多次巡视到此。秦代的主导思想法家思想必然盛行于此地，尽管秦朝统治时间短暂，二世而亡，历代统治者也不可能抛弃此治国理政的实用思想。故法家的思想理论仍在琅邪广泛传播，从汉代琅邪诸葛丰执法严明，直至诸葛亮以法治国，晋元帝司马睿以《韩非子》赐太子，想要"用申韩以救世"[②]，都是法家思想传承的结果。

汉承秦制，其政治制度、经济制度、司法制度等基本与秦相同，统治思想方面却有较大差异。

西汉初建，百废待兴，惠帝以曹参为相，奉行黄老"无为而治"思想，推行休养生息政策。此后，文帝"本修黄、老之言，不甚好儒术，其治尚清静无为，以故礼乐庠序未修，民俗未能大化。"[③]黄老思想形成于战国时期的齐国稷下学宫，盛行一时，琅邪正在其传播范围之内，即便到了儒学独尊的时代，有些经学大家仍熟知黄老学说，甚至用以上书进谏。如琅邪人王吉，任昌邑（今山东省巨野县东南）中尉时，恰值汉昭帝（公元前94年—公元前74年）崩，无子，大将军霍光迎昌邑王刘贺（公元前92年—公元前59年）继位。刘贺急于赴京，半天时间就从昌邑跑至定陶，行程一百三十五里，侍从的马一匹接一匹死在路上。王吉随行入京途中，上书告诫刘贺谨慎从事：

> 臣闻高宗谅闇，三年不言。今大王以丧事征，宜日夜哭泣悲哀而已，慎毋有所发。且何独丧事，凡南面之君何言哉？天不言，四时行焉，百物生焉，愿大王察之。大将军仁爱勇智，忠信之德天下莫不闻，事孝武皇帝二十余年未尝有过。先帝弃群臣，属以天下，寄幼孤焉，大将军抱持幼君襁褓之中，布政施教，海内晏然，虽周公、伊尹亡以加也。今帝崩，亡嗣，大将军惟思可以奉宗庙者，攀援而立大王，其仁厚岂有量哉！臣愿大王事之敬之，政事一听之，大王垂拱南面而已。愿留意，常以为念。[④]

---

① 《史记》卷一百二十一《儒林列传》，第3117页。
② 《晋书》卷四十九《阮籍传》附《阮孚传》，第1364页。
③ [汉]应劭著，王利器校注《风俗通义校注上》，中华书局，1981年版，第96页。
④ 《汉书》卷七十二《王吉传》，第3061页。

当时，霍光辅政多年，大权在握，而刘贺正当年轻气盛，从他入京后亲取皇帝符节、重赏掌管机要的侍中、破格提拔昌邑属官等做法看，刘贺急于将权力从霍光手中夺回。王吉预测到君臣之间必然会发生矛盾冲突，他长期在刘贺身边，深知刘贺无论德才均不及霍光，"大将军……虽周公、伊尹亡以加也。"且刘贺以外藩入继大统，与朝臣尚需磨合，若与辅政大将军相争，必致朝廷动荡。在当时复杂的政治背景下，为了帮助刘贺顺利即位，王吉没有坚持君为臣纲、君臣绝不可易位的儒家思想，而是借用黄老思想的无为主张，劝刘贺无为而治，听从霍光执政，"愿大王事之敬之，政事一听之，大王垂拱南面而已。"王吉是经学名家，他的黄老思想，应该就是久居琅邪受其熏习的结果。可惜刘贺不听劝谏，即位二十七天即被废黜，后被封为海昏侯。霍光后来迎立的汉宣帝刘询，倒是严格按照王吉的说法做的，一直到霍光死后三年，才将霍光一门灭族。

建元元年（公元前 104 年），汉武帝采纳董仲舒的建议，"罢黜百家，独尊儒术"，儒学逐渐成为主流的意识形态。四年后，在长安设立太学，招收博士弟子，以儒家经书教授，通一经即可入仕为文学掌故，成绩特别突出者可以为郎中，此后的公卿大臣也多以儒学入仕。儒学与政治的结合，使儒学的传播更广泛，社会影响日益加强，吸引了一大批知识分子研读儒家经典。《汉书》卷八十八《儒林传》载：

> 自武帝立《五经》博士，开弟子员，设科射策，劝以官禄，讫于元始，百有余年，传业者寖盛，……大师众至千余人，盖禄利之路然也。

皮锡瑞在《经学历史·经学极盛时代》中说：

> 汉初不任儒者，武帝始以公孙弘为丞相，封侯，天下学士靡然乡风。元帝尤好儒生，韦、匡、贡、薛，并致辅相。自后公卿之位，未有不从经术进者。青紫拾芥之语，车服稽古之荣。黄金满籝，不如教子一经。以累世之通显，动一时之美慕。……武帝为博士官置弟子五十人，复其身。昭帝增满百人。宣帝末，增倍之。[1]

汉武帝以后，琅邪经学昌盛，出现了一批造诣很深的经学家，如王臧、缪生、徐偃、褚大、梁丘贺、孟卿、孟喜、后苍、于定国、疏广、疏受、萧望之、匡衡等人。他们多设馆授徒，培养了一大批儒生，对两汉时期的儒学发展产生了重要影响，也使琅邪成为两汉时期的文化学术中心，有学者称："两汉时代，论经学之发达，习经人数之多，治经面之广，无出琅邪之右者。"[2]

西汉时期，琅邪地区儒家经典的传习概况和师承关系，大多载于《汉书》卷八十八《儒林传》。

《易》：秦朝禁书时，因《易》为占卜之书，不在焚毁之列，遂能传习不绝。琅

---

[1] [清] 皮锡瑞：《经学历史》，中华书局，1959 年版，第 101 页。

[2] 张崇琛：《汉代琅邪地区的学术氛围与诸葛亮思想的形成》，载《中国典籍与文化》，1995 年第 1 期。

邪人较早学《易》的是琅邪东武孙虞，孙虞又授田何，田何因是齐国田氏大族，汉初被迁徙到杜陵，号杜田生，教授了琅邪东武王同、洛阳周王孙、丁宽、齐服生等人，王同他们都著《易传》数篇，大行于世。此外，《易》学的大师还有莒县衡胡、琅邪鲁伯、邴丹、曼容、王璜，琅邪诸县人梁丘贺、兰陵孟喜、白光、毌将永、殷嘉等，多以《易》入仕为官。

《尚书》：秦博士伏生在汉初传授今文《尚书》，流布山东，影响极大。习欧阳《尚书》的琅邪殷崇因明经而拜为博士，琅邪王璜则传习古文《尚书》。

《诗经》：传习《鲁诗》的有兰陵王臧、缪生、徐偃和琅邪人王扶，汉景帝时王臧为太子少傅，教授太子刘彻《诗经》，缪生仕至长沙内史，徐偃仕至胶西中尉，王扶官至泗水中尉。习《齐诗》的有辕固、后苍、翼奉、萧望之、匡衡、师丹、伏理、皮容等人，其中翼奉、萧望之和匡衡都是后苍的弟子。当时的《齐诗》影响较大，形成翼、匡、师、伏之学，习《齐诗》者"皆至大官，徒众尤盛。"[1] 习《毛诗》的有琅邪人王璜。习《韩诗》的有琅邪王吉、东海发福。

《礼》：兰陵孟卿授后苍《礼》，后苍注《礼》数万言，号《后氏曲台记》。琅邪徐良师从戴德，后为博士，拜州牧、郡守，家世相传，形成"大戴徐氏学"。《汉书》卷八十八《儒林传》载：

> 仓说《礼》数万言，号曰《后氏曲台记》，授沛闻人通汉子方、梁戴德延君、戴圣次君、沛庆普孝公……由是《礼》有大戴、小戴、庆氏之学……大戴授琅邪徐良斿卿，为博士、州牧、郡守，家世传业。小戴授梁人桥仁季卿、杨荣子孙。仁为大鸿胪，家世传业，荣琅邪太守。由是大戴有徐氏，小戴有桥、杨氏之学。

徐良是《大戴礼》的直接传人，而且"家世传业"，对《大戴礼》的传世做出了重要贡献，扩大了《大戴礼》的影响。

《春秋》：兰陵褚大、孟卿、疏广，琅邪王中、公孙文、东门云、贡禹、管路、左咸等传习《公羊春秋》，徒众甚盛。习《谷梁春秋》的有琅邪房凤，在《谷梁春秋》学中有"房氏之学"。

在上述诸人中，影响较大的是梁丘贺、孟卿、孟喜、后苍、王吉等人。

梁丘贺，字长翁，琅邪诸（今山东省诸城市）人。先师从太中大夫京房学《易经》，京房出任齐郡太守后，梁丘贺转到田王孙门下，与后来的经学名家施雠、孟喜成为同门。汉宣帝听说京房治《易经》很有名望，于是在京寻求他的弟子，找到了梁丘贺。梁丘贺当时为都司空令，因为犯法要被贬为庶人。恰逢宣帝召他入宫，其学术言谈颇得宣帝赞赏，于是被封为郎官。不久，宣帝要到汉昭帝庙中祭祀，车队前列一面旌旗上的旄头掉落下来，旄头剑首垂直插入了泥中，剑刃正指向皇帝的

---

[1] 《汉书》卷八十八《儒林传》，第 3613 页。

马车，马也受惊了。宣帝心中不安，召梁丘贺占卜吉凶，结果却是"有兵谋，不吉。"①于是宣帝中途折返，让下属官员办理祭祀仪式。当时，霍光的女婿代郡太守任宣因谋反被杀，其子任章逃亡到了渭城（今陕西省咸阳市东北）境内，为了替父亲报仇，任章乘夜色着黑衣潜入昭帝庙，混杂在穿黑色制服的郎官之中，他拿着戟站在庙门旁，准备等皇帝到来时伺机行刺。由于梁丘贺的占卜，侍卫们提高了警觉性，刺客很快被捕获并处死。梁丘贺的占卜得到了应验，使得本来就赏识他的汉宣帝对他更加宠幸，很快提升他为太中大夫、给事中，一直到九卿之一的少府。梁丘贺为人小心周密，深得宣帝的信任和器重。甘露三年（公元前 51 年），汉宣帝绘十一名功臣图像于麒麟阁，梁丘贺即是其中之一，其他十人是：霍光、张安世、韩增、赵充国、魏相、丙吉、杜延年、刘德、萧望之、苏武，时人以为荣耀。

梁丘贺是今文《易》学"梁丘学"的开创者，其学说与施雠、孟喜、京华同被列为学官，对后世影响很大。梁丘贺之子梁丘临，学承其父，也入宫为汉宣帝说《易经》，仕至黄门郎。甘露年间，梁丘临奉旨问诸儒于石渠阁，宣讲学说。因为梁丘临学问精熟，汉宣帝选了高材郎十人，随他学习。连当时以五经闻名的博士王吉对梁丘临也深为佩服，让其子王骏拜梁丘临为师，专学《易》学。

孟卿、孟喜父子，东海兰陵（今山东省临沂市兰陵县）人，孟卿长于《礼》和《春秋》，并将《礼》传于后苍，《春秋》传于疏广，"世所传《后氏礼》《疏氏春秋》，皆出孟卿。"②孟喜自幼受其父影响，又奉父命拜到田王孙门下学《易经》，后来自成一家，称"孟氏易学"，成为《易经》四官学之一。

后仓是东海郯（今山东省临沂市郯城县）人，师从夏侯始昌学《诗》《礼》，后为博士，仕至少府。后仓设帐收徒，培养了一大批儒生，门下弟子萧望之和匡衡都成为西汉著名政治家、经学家。

王吉，字子阳，是琅邪王氏的先祖，"少好学明经"，曾赴长安学习，"少时学问，居长安。"学成之后，回到家乡做了郡吏，"以郡吏举孝廉为郎，补若卢右丞，迁云阳令。举贤良为昌邑中尉。"③正是在昌邑中尉一职上，王吉常常劝谏游猎无度的昌邑王刘贺，逐渐开始显名。汉宣帝时期，王吉为谏大夫，屡屡上疏劝谏。针对宣帝任法轻儒的举措，王吉强调要推广礼制，广延儒生，竭力宣扬儒家的治国之道；鉴于宣帝崇信外戚，王吉建议除任子之令，明令求贤，对外戚可多赏赐财物，而不宜使其居高位。王吉的主张，以教化为主，是以儒学的政治理想，来解决当时日益严重的社会问题，尤其限制外戚的措施很有见地，后世比较开明的君主多用此法。汉宣帝是一个多用文法吏，以刑名绳天下的皇帝，公开宣称："汉家自有制度，本以霸王道杂之，奈何纯任德教，用周政乎！且俗儒不达事宜，好是古非今，使人眩于

---

① 《汉书》卷八十八《儒林传》，第 3600 页。
② 《汉书》卷八十八《儒林传》，第 3599 页。
③ 《汉书》卷七十二《王吉传》，第 3058 页。

名实，不知所守，何足委任！"① 他自然不把王吉的迂阔之言放在心上，对王吉也不甚尊宠。而且，当时外戚的势力极大，王吉的政治主张触动了达官贵戚的利益，牵连深广，势必难以推行。王吉因自己的政治主张不能施于朝廷，从此对仕途心灰意冷，遂称病回老家琅邪，终宣帝之世，未再入仕。

远离官场的王吉，隐居乡里，布衣蔬食，他将大部分时间和精力投入到研习经学、教授弟子中。两汉时期，士人多专攻一经：

> 汉时贤俊，皆以一经弘圣人之道。上明天时，下该人事，用此致卿相者多矣。②

皮锡瑞在《经学历史·经学极盛时代》中曾说：

> 前汉多专一经，罕能兼通。经学初兴，藏书始出；且有或为雅，或为颂，不能尽一经者。若申公兼通《诗》《春秋》，韩婴兼通《诗》《易》，孟卿兼通《礼》《春秋》，以为难能可贵。夏侯始昌通五经，更绝无仅有矣。③

皮锡瑞显然漏掉了王吉，《汉书》卷七十二《王吉传》载：王吉博学多才，"兼通《五经》，能为驺氏《春秋》，以《诗》《论语》教授。"《汉书》卷三十《艺文志》载：

> 《春秋》所贬损大人当世君臣，有威权势力，其事实皆形于传，是以隐其书而不宣，所以免时难也。及末世口说流行，故有《公羊》《谷梁》《邹》《夹》之传。四家之中，《公羊》《谷梁》立于学官，《邹氏》无师，《夹氏》未有书。

王吉能为驺氏《春秋》，在当时是很罕见的，足见其经学造诣之高。驺氏《春秋》可能在王氏家族中一度传承，王应麟《汉艺文志考证》录有邹氏传十一卷、夹氏传十一卷，注曰：

> 《七录》云：建武（东汉光武帝年号，25—55 年）中，邹夹氏皆绝。王吉能为驺氏《春秋》。隋志王莽之乱，邹氏无师，夹氏亡。范升奏曰：《春秋》之家又有驺夹。④

姚振宗《汉书艺文志条理》录邹氏传十一卷、夹氏传十一卷有录无书，注曰：

> 《隋书·经籍志》：汉初，公羊、谷梁、邹氏、夹氏四家并行，王莽之乱，邹氏无师，夹氏亡。
>
> 公羊疏曰：五家之传，邹氏、夹氏口说无文，师既不传，道亦寻废。⑤

---

① 《汉书》卷九《元帝纪》，第 277 页。
② [北齐] 颜之推撰，王利器集解《颜氏家训集解》卷三《勉学》，中华书局，2002 年版，第 176 页。
③ [清] 皮锡瑞：《经学历史》，第 126 页。
④ 王应麟：《汉艺文志考证》，二十五史刊行委员会编《二十五史补编》第二册，中华书局，1955 年版，第 1401 页。
⑤ 姚振宗：《汉书艺文志条理》，《二十五史补编》第二册，第 1559 页。

王吉既然能为驺氏《春秋》，极有可能传之生徒和子孙，直至王莽之时，其学尚存，只是到了建武年间，因无师而失传。

王吉所精通的《诗》乃是学自蔡义的韩氏《诗经》，《汉书》卷八十八《儒林传》载：

> 赵子，河内人也，事燕韩生，授同郡蔡谊①，……谊授同郡食子公及王吉。食生为博士，授泰山栗丰。吉授淄川长孙顺。顺为博士，丰部刺史。由是《韩诗》有王、食、长孙之学。丰授山阳张就，顺授东海发福，皆至大官，徒众尤盛。

韩氏《诗经》分为三家，王吉是其中之一，其学生长孙顺亦占其一，王吉的韩诗造诣可见一斑。他以诗劝谏昌邑王，并将韩氏《诗经》传授生徒和子孙。

王吉向生徒传授的《论语》是《齐论语》：

> （《论语》）有齐、鲁之说。传《齐论》者，昌邑中尉王吉、少府宋畸、御史大夫贡禹、尚书令五鹿充宗、胶东庸生，唯王阳名家。传《鲁论语》者，常山都尉龚奋、长信少府夏侯胜、丞相韦贤、鲁扶卿、前将军萧望之、安昌侯张禹，皆名家。张氏最后而行于世。②

张禹曾从王吉学《齐论语》，后来却成了《鲁论语》的名家，他曾为汉成帝讲授《论语》，综合了王吉和胶东庸生两人的学说，写了《论语章句》献给汉成帝。此书出后，流传很广，世人称"欲为《论》，念张文"③，此后，王吉、夏侯胜、萧望之等人的《论语》注释便日渐衰微，王吉的部分思想，很可能从《论语章句》中保存了下来。汉末魏晋时期，《齐论语》失传。2015 年，在江西南昌海昏侯刘贺墓中出土了《齐论语》，至今尚未完全释读，但大体可以推测，当年王吉多次劝谏刘贺的儒家思想理念，应该就是王吉最熟悉的韩氏《诗经》《齐论语》等，刘贺以之陪葬，焉知不是忆起当年的昌邑中尉，痛悔未听其劝谏。

王吉学韩氏《诗经》能自成一家，传长孙顺《诗经》则推出了长孙氏《诗经》，授张禹《齐论语》却造就了一位《鲁论语》名家，由此可知，王吉在学习、传授经典的过程中采取了灵活的方式，未完全拘泥于师法、家法，而是融会贯通，为自己和弟子以后的学习预留了空间。

汉代经学的传授除了官方的太学和地方学校，更多的是各地儒士开办的私学，一些经学名家往往采取家学传承的方式，父子相传，世习某经，家族发展成为学术集团，甚至能够决定经学学术的走向。王吉除了授徒以外，还将经术传授给了自己的儿子王骏，形成了琅邪王氏家族以儒学为主的家学，这对琅邪王氏家族的发展有重要意义。自汉武帝独尊儒术之后，以利禄吸引士人读经，邹鲁民间谚语称："遗子

---

① 《汉书》卷十九下《百官公卿表》、卷六十六《蔡义传》皆作"蔡义"。
② 《汉书》卷三十《艺文志》，第 1717 页。
③ 《汉书》卷八十一《张禹传》，第 3352 页。

黄金满籝，不如一经。"[1] 而且，经学也与门第密切相关。钱穆先生曾说："自东汉以来，因有累世经学，而有累世公卿，于是而有门第之产生。自有门第，于是而又有累世之学业。"[2] 东汉中后期，出现了一些累世专攻一经的家族，如汝南袁氏世传《孟氏易》，弘农杨氏家传《欧阳尚书》，他们的弟子动辄数百人甚至数千人，多以通经入仕，从而形成了一些累世公卿的家族。汝南袁氏自袁安以后，四世中居三公之位者多至五人；弘农杨氏自杨震之后，四世皆位至三公。在"士病不明经术；经术苟明，其取青紫如俯拾地芥"[3] 的时代，王吉以"明经"为进身之阶，由白衣至谏大夫。正因为如此，王吉特别重视对后代的儒学教育，他亲授儿子王骏经术，后来陈咸推荐王骏时，称他"经明行修，宜显以厉俗。"[4] 当然，王吉并没有让子孙局限于自己所学，他善于接受当时影响较大的学术思想。汉宣帝时，梁丘贺的《易》流传很广，颇受统治者的重视，王吉自知不及梁丘贺在《易》学上的成就，便让当时已经是郎中的王骏上书汉宣帝，拜梁丘贺儿子梁丘临为师，学习梁丘氏《易》。王骏受父亲较为开明的学风影响，也没有局限于父亲所传经术，《汉书》卷三十《艺文志》著录《论语》有"鲁王骏说"二十篇，可见王骏对《鲁论语》有独到见解，并没有完全照搬王吉的《齐论语》。这种家学传统，使琅邪王氏比其他儒学世家更容易接受新的学术思想，在此后的发展过程中始终处于文化主导地位，这是汉以后，尤其是思想文化潮流多变的魏晋南北朝时期，琅邪王氏能够历久不衰的重要原因之一。

东汉时期，经学更盛于西汉，《后汉书》卷七十九上《儒林列传上》载：

> 及光武中兴，爱好经术，未及下车，而先访儒雅，采求阙文，补缀漏逸。先是，四方学士多怀协图书，遁逃林薮。自是莫不抱负坟策，云会京师，范升、陈元、郑兴、杜林、卫宏、刘昆、桓荣之徒，继踵而集。于是立《五经》博士，各以家法教授，《易》有施、孟、梁丘、京氏，《尚书》欧阳、大小夏侯，《诗》齐、鲁、韩，《礼》大小戴，《春秋》严、颜、凡十四博士，太常差次总领焉。

《后汉书》卷七十九下《儒林列传下》载：

> 光武中年以后，干戈稍戢，专事经学，自是其风世笃焉。其服儒衣，称先王，游庠序，聚横塾者，盖布之于邦域矣。若乃经生所处，不远万里之路，精庐暂建，赢粮动有千百，其著名高义开门受徒者，编牒不下万人，皆专相传祖，莫或讹杂。

自光武帝刘秀大力提倡经学，竭力发展经学教育，甚至以经治国，引经断狱，使经学得到了广泛、深入的传播，各个领域无不打上了经学的烙印，在社会中的影

---

① 《汉书》卷七十三《韦贤传》，第3107页。

② 钱穆：《略论魏晋南北朝学术文化与当时门第之关系》，载《中国学术思想史论丛》卷三，安徽教育出版社，2004年版，第164页。

③ 《汉书》卷七十五《夏侯胜传》，第3159页。

④ 《汉书》卷七十二《王吉传》，第3066页。

响越来越大，儒家思想一方面逐步成为以后两千多年封建王朝的正统思想，另一方面渐渐深入到民间社会中，成为百姓日用而不知的思想行为准则。东汉时期，儒家文化空前繁荣，儒家的伦理道德规范也成为这一时期的社会主流的思想意识和思维方式，忠孝信义既是朝廷以察举、征辟选拔人才的衡量标准，也是当时人的行为信条，崇尚名节逐渐成为时代主旋律。赵翼《廿二史札记》"东汉尚名节"举郭亮、杨匡、孙斌等十余例，言此风自战国始有，至东汉，"其风益盛。盖当时荐举征辟，必采名誉，故凡可以得名者，必全力赴之，好为苟难，遂成风俗。"①

在浓重的儒学文化氛围中，本就是经学传承重地的琅邪，经学得到进一步发展，正如赵翼《廿二史札记》卷五"累世经学"条所云：

> 古人习一业，累世相传，数十百年不坠。盖良冶之子必学为裘，良弓之子必学为箕，所谓世业也。工艺且然，况于学士大夫之术业乎。②

后世以琅邪为地望的王氏、诸葛氏、颜氏等家族，都是以经学传家，尤其琅邪王氏家族的王祥、王览兄弟，分别名列"二十四孝"和"二十四悌"，成为孝悌典范，是儒学家风在其日常行为中的体现。

到东汉末，经学被加入了大量谶纬的内容，使儒家经典趋于荒诞无稽，经师训诂章句也过于烦琐、空疏，以致"说五字之文，至于二三万言"，自"幼童而守一艺，白首而后能言，安其所习，毁所不见，终以自弊。"③经学已经失去了生命力，随着军阀割据局面的出现，经学无助于解决社会实际问题，最终走向没落。

曾经的经学传承重心琅邪，也因曹操、陶谦、袁绍、吕布等人长期征战和以臧霸为代表的青徐豪霸长期盘踞而陷入战乱，儒学世家多逃离此地，如王祥"扶母携弟览避地庐江（时属扬州，今安徽六安县）"④，诸葛玄携诸葛瑾、诸葛亮兄弟逃往扬州，后又转赴荆州。长期的动荡和大批经学人才或死于战火，或逃离琅邪，琅邪的经学一落千丈。

（三）曹魏西晋琅邪文化

220年，曹魏建立，北方基本统一，局势趋于稳定。魏文帝曹丕登基未久，就一改曹操时期倡行名法、"唯才是举"之策，自称"吾备儒者之风，服圣人之遗教"⑤，下诏尊孔子，立太学，规定选拔官员必须考其儒家六艺，大力弘扬推广经学。此方针一直延续至西晋建立，无论是魏明帝"尊儒贵学""贡士以经学为先""其浮华不务道本者，皆罢退之"⑥，还是晋武帝立国子学，选拔儒士，都使儒学进一步复

---

① [清]赵翼著，王树民校正《廿二史札记校正》，中华书局，1984年版，第74页。
② [清]赵翼著，王树民校正《廿二史札记校正》，第72页。
③ 《汉书》卷三十《艺文志》，第1723页。
④ [唐]房玄龄等撰《晋书》卷三十三《王祥传》，中华书局，1974年版，第987页。
⑤ 《三国志》卷二《魏书·文帝纪》注引《魏书》，第84页。
⑥ 《三国志》卷三《魏书·明帝纪》，第94、97页。

兴。

曹魏初，久经战乱的琅邪开始稳定下来，曾遭破坏的地方官学逐步恢复。《三国志》卷二十九《魏志·管辂传》注引《辂别传》保留了管辂（209—256 年）在琅邪求学的史料：

> 父为琅邪即丘（今临沂市）长，时年十五，来至官舍读书。始读《诗》《论语》及《易》本，便开渊布笔，辞义斐然。于时黉上有远方及国内诸生四百余人，皆服其才也。

管辂十五岁，是黄初五年（224 年），是时中央立太学未久，即丘官学中即有学生四百余人，而即丘仅是琅邪九县之一，整个琅邪郡的地方官学发展情况可见一斑。

至于琅邪士族的家学传承，亦可从琅邪王氏等家族中得窥一二。

王祥、王览出自儒学世家，都是以儒家士大夫的形象载于史册，虽然现存历史文献中并未详载他们在儒学方面的理论建树，但其言行与所任官职都可透露出家学传承的蛛丝马迹。

王祥以孝闻名，就是在家传儒学的熏陶下，以纲常名教为立身处世根本的结果。他曾任太常，从中亦可知其儒学素养。《后汉书》志二十五《百官二》载：

> 太常，卿一人，中二千石。本注曰：掌礼仪祭祀。每祭祀，先奏其礼仪；及行事，常赞天子。每选试博士，奏其能否。大射、养老、大丧，皆奏其礼仪。每月前晦，察行陵庙。

太常是九卿之首，掌管礼仪祭祀和文化教育，非深明儒学者不能充任，曹魏时期的历任太常如高柔、王肃、夏侯玄等都是知名学者。从王祥能出任太常看，他的经术水平应不会与王肃等人相差太多。

王览以友爱兄长知名，从晋武帝赞他"少笃至行，服仁履义，贞素之操，长而弥固"[①] 来看，他与王祥的思想、学风应当不异。王览的次子王基任治书御史、三子王会任侍御史、四子王正任尚书郎、六子王琛任国子祭酒，都是高级文官，儒学素养应是最基本的条件。尤其国子祭酒一职，对儒家经术的要求更高。《晋书》卷二十四《职官志》载：

> 咸宁四年，武帝初立国子学，定置国子祭酒、博士各一人，助教十五人，以教生徒。

《晋书》卷七十五《荀崧传》载：

> 昔咸宁、太康、永嘉之中，侍中、常侍、黄门通洽古今、行为世表者，领国子博士。一则应对殿堂，奉酬顾问；二则参训国子，以弘儒训；三则祠、仪二曹及太常之职，以得质疑。

"通洽古今、行为世表"方能为国子博士，国子祭酒更在其上，王琛能任此职，

---

① 《晋书》卷三十三《王祥传》，第 991 页。

其才学应是当时知名的。

此外，琅邪诸葛氏、颜氏家族也有悠久的经学传承，使他们在曹魏西晋时期，仍能保留儒学家风。

诸葛氏家族起自西汉诸葛丰，他与王吉是同时代人，也是以明经起家，传之子孙，至诸葛亮博综儒、法、兵诸家，其"鞠躬尽瘁，死而后已"正是儒家精神的体现。

颜氏为孔门弟子颜回之后，颜真卿在《世系谱序》中自述家史，"孔门达者七十二人，颜氏有八，回居四科之首。"[①] 传至曹魏初，颜钦"精《韩诗》《礼》《易》《尚书》，学者宗之。"西晋颜含"少有操行，以孝闻""儒素笃行"[②]，为世人称赞。

虽然儒学在不断恢复，但自曹魏正始年间兴起的玄学，已经逐渐成为学术主流，玄学清谈之风，从洛阳逐步向各州郡蔓延，由儒入玄、儒玄双修渐渐成为士族的文化标志，琅邪士族尤其是王戎、王衍、王敦、王导等人在这一过程中又发挥了重要作用。

王戎（234—305 年），字濬冲，自幼聪慧过人，善于思考。他六七岁时，曾与一群儿童在路边玩耍，"见李树多实，等辈兢趋之，戎独不往。或问其故，戎曰：'树在道边而多子，必苦李也。'取之信然。"[③]

王戎十五岁时，结识了父亲王浑的同僚，当时的大名士阮籍。《晋书》卷四十三《王戎传》载：

> 阮籍与浑为友。戎年十五，随浑在郎舍。戎少籍二十岁，而籍与之交。籍每适浑，俄顷辄去，过视戎，良久然后出。谓浑曰："濬冲清赏，非卿伦也。共卿言，不如共阿戎谈。"

王戎十五岁，是正始九年（248 年），正是何晏、王弼引领的玄学清谈风靡曹魏上层知识界之时，这一"谈"字，毫无疑问是玄学清谈。清谈类似于现代社会中的学术辩论会，并不限制谈者的身份、年龄和资历，但却要求有严密清晰的逻辑推理能力。清谈的典型形式是有一个主持人，甲、乙两个主辩人，再加上四座的听众。一般是甲先提出某个观点，乙对此观点发难，一问一答为一回合，叫作"一番"，甲、乙双方轮番进攻，反复诘难，理屈词穷者为败方，或者由听众根据其哲理辨析的深刻性、逻辑推理的严密性以及声音的抑扬顿挫等要素评判胜负。《世说新语·文学》记载了一场何晏主持，多人参加的清谈会：

> 何晏为吏部尚书，有位望，时谈客盈坐，王弼未弱冠往见之。晏闻弼名，因条向者胜理语弼曰："此理仆以为极，可得复难不？"弼便作难，一坐人便以

① 周绍良主编《全唐文新编》第二部，第二册，卷三三七《颜真卿》，吉林文史出版社，2000 年版，第 3863 页。
② 《晋书》卷八十八《颜含传》，第 2285、2286 页。
③ 《晋书》卷四十三《王戎传》，第 1231 页。

为屈，于是弼自为客主数番，皆一坐所不及。①

人数较少时，清谈也可能是两人互相辩论。《世说新语·文学》载：

> 孙安国往殷中军许共论，往反精苦，客主无间。左右进食，冷而复暖者数四。彼我奋掷麈尾，悉脱落，满餐饭中。宾主遂至莫忘食。殷乃语孙曰："卿莫作强口马，我当穿卿鼻！"孙曰："卿不见决鼻牛，人当穿卿颊！"②

正始年间的玄学清谈风靡洛阳思想界，阮籍名高于世，"博览群籍，尤好《庄》《老》"③，参加玄学清谈是毋庸置疑的。而王戎童年之时即神悟过人，又在盛极一时的论辩风气中长大成人，受其影响也是可想而知的。经阮籍介绍，王戎参加竹林之游，"善发谈端，赏其要会"④，与嵇康、阮籍、山涛、阮咸、向秀、刘伶号"竹林七贤"。

王衍是元康（291—299 年）玄学的领袖，《晋书》卷四十三《王衍传》载：

> 妙善玄言，唯谈《老》《庄》为事。每捉玉柄麈尾，与手同色。义理有所不安，随即改更，世号"口中雌黄"。……朝野翕然，谓之"一世龙门"矣。累居显职，后进之士，莫不景慕放效。选举登朝，皆以为称首。矜高浮诞，遂成风俗焉。

王敦和王导都是江左名士，他们引玄风南下，使玄学清谈风靡江东。（详见本书第六章）

魏晋之际，玄学取代儒学成为学术主流，并影响了文化世家的发展，"儒学家族如果不入玄风，就产生不了为世所知的名士，从而也不能继续维持其尊显的士族地位。"⑤王戎和王衍适应了文化潮流的变化，王戎名列竹林七贤，王衍是元康时期的名士领袖，他们由儒入玄，扭转了家族学风。

虽然王戎等人长期生活在洛阳，但作为琅邪士族领袖，依然可以代表琅邪文化，从他们身上，体现出的正是琅邪文化顺应魏晋文化潮流的转变，逐步接受玄学的历程。至东晋时期，儒玄双修就成为琅邪文化最重要的文化特色。

---

① [南朝宋] 刘义庆著，[南朝梁] 刘孝标注，余嘉锡笺疏《世说新语笺疏》，上海古籍出版社，1993 年版，第 195 页。
② [南朝宋] 刘义庆著，[南朝梁] 刘孝标注，余嘉锡笺疏《世说新语笺疏》，第 291 页。
③ 《晋书》卷四十九《阮籍传》，第 1359 页。
④ 《晋书》卷四十三《王戎传》，第 1232 页。
⑤ 田余庆：《东晋门阀政治》，北京大学出版社，1996 年版，第 356 页。

第二章　魏晋琅邪士族

士族，是起源于东汉时期的社会阶层。自汉武帝独尊儒术之后，以经术起家的官员越来越多，至东汉时期，逐渐形成了一批累世经学、累世公卿的家族，他们在政治上把持中央和地方政权，累世官宦，在经济上兼并土地，广建庄园，在文化上家学传承，领导文化潮流。曹魏施行九品中正制、西晋推行占田荫客制，将士族的政治特权和经济特权法律化、制度化，从此，士族真正强大起来，成为左右魏晋历史进程的重要力量，陈寅恪、唐长孺、王仲荦、田余庆、毛汉光等前辈学者多有论及[①]，在此不多叙。

本章所述琅邪士族，专指魏晋时期琅邪国内的士族。琅邪在两汉时期一度是重要的文化学术中心，凭借经学而知名的家族颇多，如王氏、颜氏、诸葛氏等。西晋建立后，琅邪先是司马伦的封国，后是司马仙、司马觐和司马睿祖孙三代的封国，他们与琅邪国内的士族多有结交。田余庆先生曾说：

> 西晋诸王，或随例于太康初年就国，在其封国内有一段较长的活动时间；或虽未就国，但与封国有较多的联系。他们一般都重视与封国内的士人结交，甚至姻娅相联，主臣相托，形成比较密切的个人和家族关系。[②]

士族与宗室诸王的合作，有的会加剧政局动荡，有些则会推动历史发展，如赵王司马伦和琅邪孙秀联手，搅动朝堂风云，西晋王朝从此战乱不休，生灵涂炭。永嘉年间，司马睿在琅邪王氏等家族辅佐下南渡，在江南重建晋政权，开启了中国经济重心和文化重心逐步南移的历史进程。

一、琅邪王氏

琅邪王氏是中国古代著名门阀士族，相传是东周灵王太子姬晋后裔。秦朝末年，秦将王离之子王元迁居琅邪。汉唐时期，琅邪王氏爵位蝉联、文才相继，作为一个政治、文化大族延续达 700 余年。

（一）迁居琅邪前的王氏家族

1. 姓氏渊源

---

① 参见陈寅恪《隋唐制度渊源略论稿》、唐长孺《魏晋南北朝史论拾遗》、王仲荦《魏晋南北朝史》、田余庆《东晋门阀政治》、毛汉光《两晋南北朝士族政治之研究》等书。

② 田余庆：《东晋门阀政治》，北京大学出版社，1996 年，第 3 页。

中国的姓氏起源非常早，一般认为起源于母系氏族社会时期。当时，人们只知其母，不知其父，姓就成为一个母系氏族区别于其他氏族的标志。故许慎《说文解字》说：

> 姓，人所生也。……因生以为姓，从女、生。①

目前所见的西周青铜器铭文中，可以明确考定的姓氏不到三十个，大多数都从女旁，如姬、姚、妊、姒、好、姜、嬴等，从中可见姓与女性和母系的关系。随着同一个氏族的不断发展壮大，母系氏族不断地分化出新的支系，这些新的支系既要保持原来氏族的名称和姓，以示其源，同时又要有自己新的识别符号，以示区别于其他分支，于是就出现了同姓之下的不同的氏。再者，伴随着母系氏族社会向父系氏族社会的转化，氏不仅体现了血缘的亲疏，也体现了地位和财富的不同。这样，每个人有了姓之后，又逐步形成了不同的氏。

先秦时期，姓与氏有着严格的区别，各有不同的社会作用。郑樵《通志·氏族略序》说：

> 三代之前，姓氏分而为二。男子称氏，妇人称姓。氏所以别贵贱，贵者有氏，贱者有名无氏。今南方诸蛮，此道犹存。古之诸侯，诅辞多曰"坠命亡氏，踣其国家"，以明亡氏则与夺爵失国同，可知其为贱也。故姓可呼为氏，氏不可呼为姓。姓所以别婚姻，故有同姓、异姓、庶姓之别。氏同姓不同者，婚姻可通。姓同氏不同者，婚姻不可通。②

《白虎通·姓名》曰：

> 人所以有姓者何？所以崇恩爱、厚亲亲、远禽兽、别婚姻也。……所以有氏者何？所以贵功德、贱伎力。或氏其官、或氏其事，闻其氏即可知其德，所以勉人为善也。③

这两则史料明确道出了远古时代姓和氏的社会作用。我国古代有严格的"同姓不婚"制度，一个"姓"通常就是一个通婚单位。进入父系氏族社会后，男子成为社会的主角，是社会财富的支配者，因而有身份地位的男子都称氏不称姓。这种情况一直延续到战国以后。顾炎武《日知录·姓》说：

> 自战国以下之人，以氏为姓，而五帝以来之姓亡矣。

《日知录·氏族》曰：

> 姓氏之称，自太史公始混而为一。本纪于秦始皇则曰姓赵氏，于汉高祖则曰姓刘氏。④

《通志·氏族略序》载：

---

① [汉]许慎著，[清]段玉裁注《说文解字注》，中州古籍出版社，2006年版，第612页。
② [宋]郑樵著，王树民点校《通志二十略》，中华书局，1995年版，第1—2页。
③ [汉]班固著，[清]陈立疏证《白虎通疏证》，中华书局，2007年版，第401—402页。
④ [清]顾炎武著，黄汝成集释《日知录集释》，上海古籍出版社，2014年版，第502—503页。

三代之后，姓氏合而为一，皆所以别婚姻，而以地望明贵贱。①

秦汉以后，姓即氏，氏即姓，姓与氏已不再有任何意义上的区别，都用以别婚姻，而此前氏的作用，被地望取代。地望，也称郡望，"地"或"郡"指行政区划，"望"指名门望族。两字连用，一般是指某地的望族，或者是指此望族的根源地或发迹地，以示与其他同姓人相区别。郡望初步形成于东汉后期，当时的豪强地主，逐渐发展为魏晋南北朝时期的门阀士族，全国各地相继出现了一批以地域和姓氏命名的世家大族，如汝南袁氏、弘农杨氏、颍川荀氏、太原王氏、琅邪王氏、陈郡谢氏、兰陵萧氏、清河崔氏、范阳卢氏、陇西李氏等，这些大族世代为官、经济实力雄厚、文化成就突出，对当时政治、社会生活与文化潮流有较大的影响，成为时代的特色。

由上述可知，中国的姓氏制度经历了一个漫长的演变过程，中国的大姓——王姓同样也经历了一个漫长的发展演变过程。王姓在汉以前就是著名大姓，也是中国各大姓中来源最复杂的一个姓，《通志·氏族略四·以爵为氏》：

王氏，天子之裔也。所出不一，有姬姓之王，有妫姓之王，有子姓之王，有虏姓之王。②

其中，姬姓之王是绝大多数王姓人的本源。姬姓之王共有五支，有的出自周文王第十五子毕公高，有的出自周平王孙姬赤，有的出自周桓王次子姬成父，有的出自周灵王太子姬晋，有的出自周考王之弟桓公姬揭，都是两周王室的后裔。

具体到琅邪王氏，其先祖一般被认为是东周灵王太子姬晋。姬晋，字子乔，是灵王的长子，或说因直谏被废为庶人，或说因年十七岁就死去，其事迹散见于《逸周书》《国语》《楚辞》王逸注、《列仙传》《风俗通义》和《潜夫论》等书。东汉王符《潜夫论·志氏姓》载：

周灵王之太子晋，幼有成德，聪明博达，温恭敦敏。谷、雒水斗，将毁王宫，王欲壅之。太子晋谏，以为不顺天心，不若修政。晋平公使叔誉聘于周，见太子，与之言，五称而三穷，遂巡而退，归告平公曰："太子晋行年十五，而誉弗能与言，君请事之。"平公遣师旷见太子晋，太子晋与语，师旷服德，深相结也。乃谓旷曰："吾闻太师能知人年之长短。"师旷对曰："汝色赤白，汝声清汙，火色不寿。"晋曰："然，吾后三年将上宾于帝。汝慎无言，殃将及汝。"其后三年而太子死。……世人以其豫自知去期，故传称王子乔仙。仙之后，其嗣避周难于晋，家于平阳，因氏王氏。其后子孙世喜养性神仙之术。③

《新唐书》卷七十二中《宰相世系表》载：

王氏出自姬姓。周灵王太子晋以直谏废为庶人，其子宗敬为司徒，时人号

① ［宋］郑樵著，王树民点校《通志二十略》，第2页。
② ［宋］郑樵著，王树民点校《通志二十略》，第157页。
③ ［东汉］王符著，张觉校注《潜夫论校注》，岳麓书社，2008年版，第560页。

曰"王家",因以为氏。①

《通志·氏族略四·以爵为氏》云：

    若琅邪、太原之王，则曰周灵王太子晋以直谏废为庶人，其子宗敬为司徒，时人号曰"王家"。②

《元和姓纂》卷五曰：

    王姓，出太原、琅邪，周灵王太子晋之后。③

上述史料皆认为琅邪王氏乃周灵王太子姬晋之后，其子宗敬得姓王氏。

此外，六朝时期的一些碑文、墓志、世系、谱录等也都谓琅邪王氏先祖与周灵王太子姬晋有关。如东晋孙绰《丞相王导碑》：

    公胄兴姬文，氏由王乔。玄圣陶化以启源，灵仙延祉以分流，贤俊相承，世冠海岱。④

南朝梁任昉《王文宪集序》注引《琅邪王氏录》：

    王氏之先，出自周王子晋。⑤

南朝梁徐勉撰写的《故永阳敬太妃墓志铭》：

    永阳敬太妃王氏，琅邪临沂人也。其先周灵王之后。⑥

《魏故辅国将军徐州刺史昌国县开国侯王使君（绍）墓志》：

    君讳绍，字安宗，徐州琅邪郡临沂县都乡南仁里人也。姬文以大圣启源，子晋以储仙命氏。⑦

根据上述史料，关于琅邪王氏的姓氏起源，基本可以归结为以下两点：

第一，因周灵王太子姬晋而得氏。姬晋因是东周王室太子，字子乔，故亦称王子晋，或称王子乔，子孙因以"王"为氏。

第二，因姬晋之子宗敬而得氏。姬晋虽因直谏被废，其子宗敬毕竟是周灵王之孙，又在朝中任司徒高官，故仍被当时的人视为"王家"，子孙遂以"王"为氏。

这两种说法虽在王氏来源问题上略有差异，但都认为琅邪王氏是姬姓之王，是周灵王太子姬晋的后裔。

2. 汉以前的王氏家族

琅邪王氏在汉代以前的家族世系，由于史料散佚，已经无法详考，部分资料记载于《新唐书》卷七十二中《宰相世系表》：

    周灵王太子晋以直谏废为庶人，其子宗敬为司徒，时人号曰"王家"，因

---

① [宋] 欧阳修：《新唐书》卷七十二中《宰相世系表》，中华书局，1975 年版，第 2601 页。
② [宋] 郑樵著，王树民点校《通志二十略》，中华书局，1995 年版，第 157 页。
③ [唐] 林宝：《元和姓纂》，中华书局，1994 年版，第 586 页。
④ [清] 严可均校辑《全上古三代秦汉三国六朝文·全晋文》，中华书局，1958 年版，第 1813 页。
⑤ [梁] 萧统编，[唐] 李善注《文选》，上海古籍出版社，1986 年版，第 2071 页。
⑥ 赵超：《汉魏南北朝墓志汇编》，天津古籍出版社，1992 年版，第 29 页。
⑦ 赵超：《汉魏南北朝墓志汇编》，第 82 页。

以为氏。八世孙错，为魏将军。生贲，为中大夫。贲生渝，为上将军。渝生息，为司寇。息生恢，封伊阳君。生元，元生颐，皆以中大夫召，不就。生翦，秦大将军。生贲，字典，武陵侯。生离，字明，武城侯。二子：元、威。元避秦乱，迁于琅邪。

姬晋之子宗敬，为东周司徒，始"以王为氏"，自宗敬至其第八世孙王错，中间数代世系传承都没有史书记载，王错的事迹见《史记》及《竹书纪年》①，他曾助魏惠王登上王位，任大夫，后又在惠王二年（公元前 368 年）出奔韩国。王汝涛先生认为，从宗敬到王错，正好处于自春秋向战国过渡的时期，世卿世禄制度破坏，封建官僚制度逐步建立，找不到世系传承，也就不足为怪了。王错之后又有五代人仅有姓名、官职载于史册，事迹大多不可考，他们"都是在魏国为官，到了王翦，才转而成了秦国的武将。因为王息为司寇，战国时只有魏有此官名。"②

战国后期至秦朝，王氏家族成为军功望族，相继出现了王翦、王贲、王离祖孙三代名将。《史记》卷七十三《王翦传》载：

王翦者，频阳东乡（今陕西省富平县东北）人也。少而好兵，事秦始皇。

在秦始皇发动的统一天下的战争中，王翦与其子王贲多次担任重要战役的统帅，功勋卓著。综合《史记·秦始皇本纪》《史记·王翦传》和《资治通鉴》的史料，可列出他们作为主将出战的详细时间表和主要战绩。

作战时间	主将	主要战绩
秦始皇十一年（公元前 236 年）	王翦	与桓齮等攻赵国阏与，大败赵军，拔九城。
秦始皇十八年（公元前 229 年）	王翦	率兵攻赵，与赵将李牧相持一年，最后施反间计令赵王杀李牧。
秦始皇十九年（公元前 228 年）	王翦	长驱直入赵国都城邯郸，俘赵王迁，赵亡。赵公子嘉逃到代郡，自立为代王。
秦始皇二十年（公元前 227 年）	王翦	率军进攻燕国，次年攻破燕都蓟（今北京市），燕王喜逃亡辽东。
秦始皇二十一年（公元前 226 年）	王贲	率军攻楚，连下十余城。
秦始皇二十二年（公元前 225 年）	王贲	率军十万攻打魏国，引黄河水灌魏国都城大梁（今河南省开封市），三个月后城坏，魏王假请降，魏亡。

---

① 《史记》卷四十四《魏世家》载："惠王元年，初，武侯卒也，子罃与公中缓争为太子。公孙欣自宋入赵，自赵入韩，谓韩懿侯曰：'魏罃与公中缓争为太子，君亦闻之乎？今魏罃得王错，挟上党，固半国也。因而除之，破魏必矣，不可失也。'"范祥雍在《古本竹书纪年辑校订补》（上海人民出版社，1957 年版）一书中说："据《史记·魏世家》，是武侯时未立太子，及武侯卒，罃、缓皆据地争立。王错立罃，即以缓所据之地封之。"裴骃《史记集解》注徐广曰："《汲冢纪年》惠王二年，魏大夫王错出奔韩也。"《史记》，第 1843 页。

② 王汝涛：《琅邪王氏考信录》，群言出版社，2007 年版，第 27 页。

秦始皇二十三年（公元前 224 年）	王翦	率领六十万秦军攻打楚国。
秦始皇二十四年（公元前 223 年）	王翦	消灭楚军主力，攻入楚都寿春，俘楚王负刍。
秦始皇二十五年（公元前 222 年）	王翦	乘胜向楚国在江南的领土以及降服于楚的越国进攻。不久，越军降秦，至此，楚国亡。
	王贲	率军相继进攻辽东和代郡，俘获燕王喜和代王嘉，消灭了燕国和赵国的残余势力。
秦始皇二十六年（公元前 221 年）	王贲	自燕南下攻齐，齐王建投降，齐国亡。

王翦、王贲父子都是在实战中崛起的战将，在秦始皇发动的灭六国、统一天下的战争中，相继担任统帅灭掉了赵、燕、魏、楚、齐五国，王翦因之被封为武成侯，王贲被封为通武侯，王氏家族成为当时的军功望族之一，史载"王氏、蒙氏功为多，名施于后世。"[①]

王翦、王贲父子在秦统一后相继去世，具体时间不详[②]。史书中涉及王贲的最后记载是秦始皇二十八年（公元前 219 年），王贲与其子王离随秦始皇东巡，《史记》卷六《秦始皇本纪》载：

> 南登琅邪，大乐之，留三月。乃徙黔首三万户琅邪台下，复十二岁。作琅邪台，立石刻，颂秦德，明得意。曰：
>
> 维二十八年，皇帝作始。……乃抚东土，至于琅邪。列侯武成侯王离、列侯通武侯王贲、伦侯建成侯赵亥、伦侯昌武侯成、伦侯武信侯冯毋择、丞相隗林、丞相王绾、卿李斯、卿王戊、五大夫赵婴、五大夫杨樛从，与议于海上。……

两年前王贲作为主将进攻齐国，应该是主要留在齐国都城临淄，此次他和王离随秦始皇留居琅邪长达三个月，是王氏家族第一次与琅邪有联系。这段时间里，当地的地理形势、自然风光和民风民俗必然给他们留下了深刻印象，这为后来王离之子王元迁居琅邪提供了契机。

秦二世时，王离初为蒙恬副将，驻守北部重镇上郡（治今陕西省榆林市东南），防备匈奴。秦二世杀蒙恬后，命王离统帅蒙恬部众。秦末大乱时，王离被调回镇压农民起义，在巨鹿之战中被项羽击败，王离被俘，正史再无其他记载，野史多言被项羽所杀。此说有较大可能，否则，如果王离还活着，当项羽分封诸王时，曾与王离在巨鹿共同作战的章邯以及司马欣、董翳都被封王，王离名望在他们之上，他若归降，地位定会在章邯之上。而若王离拒不投降，以他的地位和名望，项羽绝不可能放了他而只能杀掉。

---

① 《史记》卷七十三《王翦传》，第 2341 页。

② 公元前 222 年，王翦还是伐楚统帅，根据琅邪刻石，公元前 219 年，王翦武成侯的封爵已属其孙王离，故可大体推测王翦当卒于公元前 222 年至公元前 219 年之间。

巨鹿之战结束于公元前 207 年十二月，公元前 206 年十月刘邦攻入关中，不久项羽亦入咸阳，鸿门宴后，"项羽引兵西屠咸阳，杀秦降王子婴，烧秦宫室，火三月不灭。"① 秦朝法律苛酷，王离身为主将战败被俘，其子王元、王威必受牵连，就算当时未逃离咸阳，次年项羽入关，大肆烧杀，他们兄弟二人为逃命，也只得远走他乡。《新唐书》卷七十二中《宰相世系表》记载：

> 元避秦乱，迁于琅邪，后徙临沂（今山东省临沂市）。四世孙吉，字子阳，汉谏大夫，始家皋虞（今山东省即墨市东北部），后徙临沂都乡南仁里。②

王元至少应该是公元前 206 年逃亡，为"避秦乱"而逃到了琅邪郡，是琅邪台还是其他县，史无详载。当时已经是楚汉战争（公元前 206 年—公元前 202 年）时期，数年间，琅邪一带风云变幻，先是被项羽分封给了齐王田都，后田荣赶走了田都，自立为齐王，项羽出兵击败田荣，立齐王田假，田荣弟田横又击败田假，立田荣子田广为齐王，不久又为韩信所败，自此韩信据齐地。战乱之中，王元可能多次迁徙，所以有"迁于琅邪，后徙临沂"之说。尤其"后徙临沂"一句，应有两种可能：一、此句是衍文，将琅邪王氏后来的郡望书于此处；二、王元的确有一段时间居于临沂。当时的战争情况下，不可能划定新的郡县区域，只能保留秦代的行政区划，那时临沂是琅邪郡南部的一个县，王元若在琅邪郡内迁徙，可能到过临沂。若真是如此，那后来王氏家族迁居临沂，就是又回到了王元东迁之地。

王元之后几代人缺乏记载，直至其四世孙王吉定居皋虞，已经到了汉武帝统治时期③。西汉时期的琅邪郡下辖 51 个县，郡治东武（今山东省诸城市），皋虞是琅邪东北部的一个县。那时的临沂被划归琅邪郡南部的东海郡。据《后汉书·郡国志》记载，东汉时期设琅邪国，治开阳（今山东省临沂市）。汉章帝建初五年（公元 80 年），将原属东海郡的开阳、临沂、即丘、缯四县改属琅邪国管辖。王氏族人何时迁居临沂史无详载，一般认为是王吉的后裔于东汉时期由皋虞迁居琅邪临沂县都乡南仁里。正是在临沂，逐步形成了琅邪王氏的郡望。

（二）汉代琅邪王氏家族

琅邪王氏从秦朝时期的军功望族发展为魏晋南北朝时期的政治文化大族，其转折性的人物是西汉中期的王吉。

王吉是王氏家族迁居琅邪后第一位影响较大的人物。他生于学术荟萃的齐鲁之

---

① 《史记》卷七《项羽本纪》，第 315 页。
② 《新唐书》卷七十二中《宰相世系表》，第 2601 页。
③ 王吉生卒年不详。据《汉书》卷七十二《王吉传》记载，"元帝初即位，遣使者征贡禹与吉。吉年老，道病卒。"元帝即位是公元前 49 年十二月，公元前 48 年四月下诏招揽贤俊，公元前 47 年三月命二千石官员举荐直言极谏之士，王吉被召于哪一次已不可考，但其卒年应不会早于公元前 48 年。王吉因直谏显名于昭帝、宣帝时，宣帝在位二十五年（公元前 74—公元前 49 年），昭帝在位仅十三年（公元前 87—公元前 74 年），汉武帝的在位时间则长达五十四年（公元前 141—公元前 87），结合传中所言"年老"，大体可推知王吉生在汉武帝统治中期。

邦，成长于汉武帝独尊儒术之时，自少年时期即刻苦学习儒家典籍，终成经学名家。王吉仕至博士谏大夫，官位虽不高，但他心系国事，多次忠言进谏，又广收门徒，社会影响很大。王吉注重对儿孙的儒学教育，确立了以经学传家的传统，使琅邪王氏逐渐成为儒学世家，进而成为世代簪缨的士族。王吉的儿子王骏在汉成帝时任御史大夫，成为三公之一。王骏的儿子王崇，汉平帝时为大司空，封扶平侯。自王吉至王崇，祖孙三代官位一代比一代高，且道德学问一脉相承，"有累世之美"①，为琅邪王氏家族以后的贵显奠定了基础。正因如此，汉魏以后的琅邪王氏，无不以西汉的这段家族历史为荣，多自称"汉谏议大夫吉之后也。"② 现代的一些学者，也认为王吉是琅邪王氏真正的始祖。③

东汉时期的琅邪王氏，因政治地位和社会地位开始下降，以致世系不明，人员事迹无考，故史书记载极为简略。《新唐书》卷七十二中《宰相世系表》载：

> （王崇）生遵，字伯业，后汉中大夫，义乡侯。生二子：旹、音。音字少玄，大将军掾。四子：谊、叡、典、融。融字巨伟。二子：祥、览。

《三国志》卷四十六《吴书·孙坚传》注引《吴录》：王祥伯父王叡，汉灵帝时任荆州刺史，曾与长沙太守孙坚共同镇压零陵、桂阳地区的农民起义，"以坚武官，言颇轻之。"后孙坚起兵讨董卓，借机除掉了王叡，"荆州刺史王叡素遇坚无礼，坚过杀之。"④《晋书》卷三十三《王祥传》载："祖仁，青州刺史。父融，公府辟不就。"⑤据《汉书·王吉传》记载，王崇于西汉平帝元始三年（公元3年）被婢女毒死，据《三国志》和《晋书》可知，王叡、王融兄弟生活在东汉后期，而王融之子王祥、王览的活动年代已经是魏晋时期。那么，自王莽至东汉末近200年的历史，仅有王遵、王音、王融三代人，显然是不可能的，中间必有缺代，由于史料缺乏，这一时期其他王氏族人的名讳和经历，已经无法详细了解。

（三）魏晋南北朝时期的琅邪王氏家族

1. 曹魏西晋时期琅邪王氏门阀士族地位的确立

魏晋之际，王雄和王祥、王览兄弟步入政治舞台，琅邪王氏开始崛起。

王雄，生卒年不详，《三国志》没有专门为王雄立传，其事迹散见于《崔林传》

① 《汉书》卷七十二《王吉传》，第3067页。

② 《晋书》卷三十三《王祥传》，第987页。

③ 陈寅恪先生在《天师道与滨海地域之关系》一文中的"东西晋南北朝之天师道世家"部分，介绍琅邪王氏的由来，据《新唐书·宰相世系表》和《汉书·王吉传》得出如下结论："唐书表所载世系，其见于汉书王吉传者，自属可信。其后诸世当有脱误，然为王吉之后，要无可疑。"认为王吉为可以考知的琅邪王氏的始祖。陈寅恪《金明馆丛稿初编》，生活·读书·新知三联书店，2001年版，第19页。台湾学者毛汉光先生的《中古大氏族之个案研究——琅邪王氏》也认为，琅邪王氏始于王吉比较可信。

④ 《三国志》卷四十六《孙坚传》，第1096页。

⑤ 《晋书》卷三十三《王祥传》，第987页。

和《乌丸鲜卑东夷传》中。《三国志》卷二十四《魏书·崔林传》注引《王氏谱》说：

> 雄字元伯，太保祥之宗也。

注引《魏名臣奏》孟达举荐王雄：

> 臣昔以人乏，谬充备部职。时涿郡太守王雄为西部从事，与臣同僚。雄天性良固，果而有谋。历试三县，政成人和。及在近职，奉宣威恩，怀柔有术，清慎持法。臣往年出使，经过雄郡。自说特受陛下拔擢之恩，常励节精心，思投命为效。言辞激扬，情趣款恻。臣虽愚闇，不识真伪，以谓雄才兼资文武，忠烈之性，逾越伦辈。今涿郡领户三千，孤寡之家，参居其半，北有守兵藩卫之固，诚不足舒雄智力，展其勤干也。臣受恩深厚，无以报国，不胜悾悾浅见之情，谨冒陈闻。[1]

根据这些少量的资料，可以简单勾画出王雄的人生轨迹。王雄文武双全，胆略过人，相继担任过三个县的地方官，政绩突出，被提拔为涿郡太守。其同僚孟达深知王雄的才干和胆略，认为他任涿郡太守是大材小用，不能完全施展自己的才干，于是，孟达上表举荐王雄，不久，王雄被魏文帝任命为幽州刺史，承担起拱卫北部边防的重任。当时，北部少数民族势力较大的是鲜卑族，其首领轲比能具有非凡的智慧和能力，一统鲜卑诸部，"众遂强盛，控弦十余万骑。……余部大人皆敬惮之。"轲比能多次率部南下侵扰，幽州、并州深受其害。曹魏政权虽然采取离间鲜卑诸部和武力进攻并用的手段，却是"田豫有马城之围（228 年），毕轨有陉北之败（232年）"，未能从根本上解决问题。王雄上任后，为稳固边防，缓解北疆压力，于青龙三年（235 年）派勇士韩龙刺杀了轲比能，改立其弟。此后，鲜卑内部纷争不断，"种落离散，互相侵伐，强者远遁，弱者请服。由是边陲差安，（漠）南少事，虽时颇钞盗，不能复相扇动矣。"[2] 鲜卑对曹魏政权的北境威胁大大减轻了，王雄因之成为魏初名臣。

王雄之后，是王祥、王览兄弟的崛起。

王祥（184—268 年），字休征，生母早亡，继母不慈，常在父亲王融面前谗毁他，他因此失爱于父，常常要干最脏最累的工作，处境艰难。在这种冷漠无爱的家庭环境中，王祥却对父母愈加恭谨有礼，父母生病时，他衣不解带伺候在侧，汤药一定亲口尝过才奉给父母。父亲去世后，王祥尽心竭力奉养继母朱氏，其孝行被后人渲染，以"卧冰求鲤"名列"二十四孝"。

王览（206—278 年），字玄通，幼年之时，其生母朱氏经常虐待王祥，而王览

---

① 《三国志》卷二十四《崔林传》，第 679 页。
② 《三国志》卷三十《乌丸鲜卑东夷传》，第 839、832 页。

对兄长却十分敬重，每当朱氏打骂王祥，他都抱着母亲哭泣哀求，成年以后，更对母亲屡屡规劝。朱氏意欲除掉王祥，有一次吃饭时，给他倒了一杯毒酒，王览知道母亲居心不良，为保兄长性命，便抢着要喝，王祥怀疑酒中有毒，硬是不给，朱氏害怕毒死自己的亲生儿子，便把毒酒夺过来泼掉。自那之后，朱氏送给王祥的饭菜，王览都要先尝，朱氏无法再次下手，不得不打消了除掉王祥的念头。王览后以"王览争鸩"被收入"二十四悌"，与王祥一起成为孝悌典范。

汉末战乱，曹操在统一北方的过程中，急需谋臣猛将，本着"治平尚德行，有事赏功能"的方针，他数次下令求贤，征"有治国用兵之术"之人，而不拘其是否"负污辱之名，见笑之行，或不仁不孝。"[①]魏初，政局相对稳定下来，与曹操的"唯才是举"不同，魏文帝曹丕、魏明帝曹叡时期用人"先举性行，而后言才"[②]，王祥的孝子之名成为他进入仕途的阶梯。《三国志》卷十八《魏书·吕虔传》载：

> 文帝（曹丕）即王位（220年），……迁徐州刺史……请琅邪王祥为别驾，民事一以委之，世多其能任贤。

徐州一带是曹操与陶谦、刘备、吕布、袁绍等人互相争斗厮杀的战场之一，战争破坏特别严重。如初平四年（193年），曹操征讨陶谦，连破数城，"凡杀男女数十万人，鸡犬无余，泗水为之不流，自是五县城保，无复行迹。"[③]此后，被曹操击败的袁绍、吕布等人的残余势力、黄巾起义的余部、以臧霸为代表的处于半独立状态的青徐豪霸，都活跃在此地区，战争持续不断。接连不断的天灾人祸，迫使百姓或者沦为流民，或者成为"寇盗"，社会秩序始终无法完全建立。曹丕继位后，夺臧霸兵权，派吕虔出任徐州刺史。吕虔曾治泰山郡十余年，颇有政绩，调任徐州刺史后，深感责任重大，他知道，必须聘请一位出身当地大族，了解当地形势，有一定号召力、影响力的名士来辅助自己，才能将屡经战争破坏的徐州稳定下来。当时的琅邪王氏虽处于中衰时期，但从此前王叡曾任荆州刺史，王祥后来可以"纠合义众"看，其宗族势力仍是不可低估的。且王祥孝名日显，甚至有被神化的倾向，"卧冰求鲤""黄雀入幕"使乡里惊叹，以为是其孝行感动上天所致，恰好符合吕虔的要求。王祥出任徐州别驾后，竭尽全力稳定社会形势，在不长的时间内，把州中治理得井井有条，《晋书》卷三十三《王祥传》曰：

> 于时寇盗充斥，祥率励兵士，频讨破之。州界清静，政化大行。时人歌之曰："海沂之康，实赖王祥。邦国不空，别驾之功。"

黄初五年（224年）九月，魏文帝改易青州、徐州的守将，意欲逐步加强对此地区的控制。黄初六年（225年），利城（今山东省临沂市临沭县东南）爆发兵变，震动朝野，魏文帝不得不派出宿卫兵会合青州刺史、徐州刺史的兵力平叛，后来更

---

① 《三国志》卷一《魏书·武帝纪》注引《魏书》，第24、49页。
② 《三国志》卷二十二《魏书·卢毓传》，第852页。
③ [南朝宋] 范晔：《后汉书》卷七十三《陶谦传》，中华书局，1965年版，第2367页。

是亲赴徐州处理相关事宜。《三国志》卷二《魏书·文帝纪》载：

> 六月，利城郡兵蔡方等以郡反，杀太守徐质。遣屯骑校尉任福、步兵校尉段昭与青州刺史讨平之；……八月，帝遂以舟师自谯循涡入淮，从陆道幸徐。

《三国志》卷十八《魏书·吕虔传》载：

> 讨利城叛贼，斩获有功。

王祥时为吕虔的主要助手，在此次平叛中出力甚多。《北堂书钞》引王隐《晋书》，谓王祥"以州之股肱，纠合义众"①，钱大昕《二十二史考异》卷二十一谓：《王祥传》所指的"寇盗"，即《吕虔传》的"利城叛贼"②。正是在此次军事行动后，王祥的政治地位逐渐上升。

王祥出自儒学世家，且以孝行著称，符合统治者"以孝治国"的宗旨，任徐州别驾时又有荡平"寇盗"之功，显示出出众的治民之才和军事才华，正与曹丕、曹叡时期才德并重的选举标准相合，因此得以"举秀才，除温令，累迁大司农。"③

从小小的温县令到朝廷重臣大司农之间，王祥"累迁"何职已经不得而知。在他出任大司农前十年，正是曹爽与司马懿两大政治集团互相倾轧之际，元老重臣、青年权贵纷纷登台亮相。在动荡的朝局中，王祥的事迹史无详载，说明其官职并非显要，未搅入政局纷争。嘉平元年（249年）正月，司马懿父子发动政变，将曹爽集团一网打尽，原大司农桓范被杀，王祥升任大司农，自此成为司马氏政治集团中的重要一员。

王祥的官宦生涯，历魏文帝曹丕、魏明帝曹叡、齐王曹芳、高贵乡公曹髦、常道乡公曹奂、晋武帝司马炎六代帝王，除以孝名著称于世外，实无突出的政绩可言，他自己临终回首一生，也承认"无毗佐之勋。"④尽管如此，王祥还是屡经升迁，历任曹魏司隶校尉、太常、司空、太尉，西晋建立，王祥拜太保，封睢陵公，是时八公同列，王祥位居第一。王祥无功而能迅速升迁的主要原因是，在血腥的魏晋禅代道路上，司马氏为避开自身因篡权夺位，践踏君父大节而不便提倡的"忠"，打出"以孝治天下"⑤的大旗，朝堂之上，充斥着礼法之士。孝名甚高的王祥，成为司马氏装点朝堂的政治装饰品，故此在魏末青云直上，至西晋时期已经成为西晋最有名望的大臣之一。

王览随兄仕进，官至太中大夫。

王祥、王览兄弟生于乱世，在英雄辈出的时代，他们的功业几乎不值一提，但

① [唐]虞世南《北堂书钞》卷七十三《别驾》，中国书店，1989年版，第263页。
② [清]钱大昕著，孙开萍等点校《廿二史考异》，江苏古籍出版社，1997年版，第463页。
③ 《晋书》卷三十三《王祥传》，第988页。大司农是九卿之一，掌管铸币、粮谷、盐铁，负责中央政府的开支。
④ 《晋书》卷三十三《王祥传》，第989页。
⑤ 《晋书》卷三十三《何曾传》，第995页。

这一时期又恰巧是"以孝治天下"的特殊时代，王祥兄弟凭借"孝友恭恪"飞黄腾达，也为琅邪王氏下一代的发展筑就了阶梯。当时，正是九品中正制①大行之时，"台阁选举，途塞耳目，九品访人，唯问中正。故据上品者，非公侯之子孙，则当途之昆弟也"②，"计资定品"，"惟以居位为贵"③，遂使"上品无寒门，下品无势族。"④这种选官方式，对琅邪王氏家族的发展是极其有利的。王祥、王览身居高位，王祥五子、王览六子，除早亡者外，皆为西晋高官。唐长孺先生说："士族形成在魏晋时期，九品中正制保证士族在政治上的世袭特权，实质上就是保证当朝显贵的世袭特权，因而魏晋显贵家族最有资格成为士族。"⑤可以说，正是在王祥、王览时期，琅邪王氏高门士族的社会地位，真正确立起来了，从而拉开了数百年冠冕绵延的序幕。

西晋时期，琅邪王氏的代表人物是王雄的孙子王戎和王衍。

王戎（234—305年），字濬冲，与嵇康、阮籍、山涛、阮咸、向秀、刘伶号"竹林七贤"。竹林七贤的政治抱负并不相同，正始后期，他们置身山林，清谈自娱，只不过是为了避免卷入朝政纷争的暂时举措，他们始终密切关注着洛阳的政治风云变幻，待机而动。

景初三年（239年），魏明帝病重，太子曹芳（232—274年）年幼，魏明帝临终指定了两位辅政大臣：曹爽和司马懿。二人初时尚能合作，越到后期矛盾越多，渐渐不能相容。曹爽为专擅朝政，重用何晏、夏侯玄、丁谧、邓飏、李胜、桓范等人，培植自己的势力，排斥、贬抑司马懿、蒋济、刘放、孙资、孙礼、钟毓、卢毓、傅嘏、王肃等老臣，逐渐形成了两大政治集团。司马懿一派，大多是追随曹操起家的元老重臣，曾为曹魏政权的建立和巩固做过一定贡献，他们的政治、经济、军事措施也比较合乎实际，因此，在曹爽与司马懿互相倾轧之际，大多数朝臣都倾向于司马懿。连司马懿的政敌王凌子王广都曾说：

> 今曹爽以骄奢失民，何平叔虚而不治，丁、毕、桓、邓虽并有宿望，皆专竞于世。加变易朝典，政令数改，所存虽高而事不下接，民习于旧，众莫之从。故虽势倾四海，声震天下，同日斩戮，名士减半，而百姓安之，莫之或哀，失民故也。今（司马）懿情虽难量，事未有逆，而擢用贤能，广树胜己，修先朝之政令，副众心之所求。爽之所以为恶者，彼莫不必改，夙夜匪解，以恤民为

① 九品中正制是魏晋南北朝时期主要的选官制度。州设"大中正"，郡县设"小中正"，对全国知识分子（包括已任职的中下级官员），依他们的家世、才能和道德行为，分别评定为九个等级，称为"九品"，即上上、上中、上下、中上、中中、中下、下上、下中、下下。评定等级之后，"小中正"呈报"大中正"，"大中正"复核后呈报宰相，宰相审定后送吏部，作为官吏任免或升降的标准。
② 《晋书》卷四十八《段灼传》，第1374页。
③ 《晋书》卷三十六《卫瓘传》，第1058页。
④ 《晋书》卷四十五《刘毅传》，第1274页。
⑤ 唐长孺：《魏晋南北朝史论拾遗》，中华书局，1983年版，第54页。

先。①

在大多数朝臣的支持下，嘉平元年（249 年）正月，司马懿、司马师、司马昭父子借曹爽陪曹芳出城祭拜高平陵（魏明帝陵）之机发动政变，将曹爽集团一网打尽，何晏、邓飏等被诛三族。

高平陵政变使政局趋于明朗，竹林七贤也出现了分化。阮籍、山涛、王戎②先后入仕，嵇康被杀，向秀、阮咸、刘伶也相继进入官场。七贤中年龄最小的王戎，在其仕途前期，改变了"纵酒昏酣，遗落世事"③的竹林之习，"在职虽无殊能，而庶绩修理"④，历任吏部郎、散骑常侍、河东太守、荆州刺史、豫州刺史、侍中、光禄勋、吏部尚书、司徒。在豫州刺史任上，王戎参与伐吴之战，立下了赫赫战功（详见第一章）。平吴后，晋武帝加封王戎安丰县侯，增食邑 6000 户，并赐绢 6000 匹。不久，王戎被调到朝廷任侍中，既为名士，又有军功的王戎深受晋武帝的器重，至太康末年，仕至吏部尚书，掌管朝廷官员的选拔。

"八王之乱"中，王戎周旋于宗室、外戚间，竭力保全宗族（详见第三章）。永兴二年（305 年），王戎病死，终年七十二岁。此后，王衍成为琅邪王氏家族的代表。

王衍（255—311 年），字夷甫，少年时"神情明秀，风姿详雅"，曾拜访大名士山涛，山涛叹赏良久，目送他离去时，感慨道："何物老妪，生宁馨儿！然误天下苍生者，未必非此人也。"⑤王衍祖父王雄、伯父王浑、父亲王乂皆曾在西北边境担任高官，从兄王戎既为名士，又是功臣，出身如此家庭，王衍得以顺利入仕为官，相继任太子舍人、尚书郎、元城令，任职期间，虽终日清谈，而具体的政务也及时办理。其后，王衍在清谈场上的声名日高，又得王戎提携，王衍先后任中庶子、黄门侍郎、禁军将领北军中侯，元康七年（297 年），出任禁军高级将领领军将军，元康九年（299 年）迁尚书令。赵王伦专权，王衍被免官；齐王冏把持朝政，王衍被启用为中书令；成都王颖执政，以王衍为中军师，累迁尚书仆射，领吏部，后拜尚书令、司空、司徒；东海王越入朝秉政，与王衍共执朝政。

①　《三国志》卷二十八《魏书·王凌传》注引《汉晋春秋》，第 759 页。
②　阮籍是被动入仕，不敢回绝执掌生杀大权的司马懿。《晋书》卷四十九《阮籍传》："宣帝（司马懿）为太傅，命籍为从事中郎。及帝崩，复为景帝（司马师）大司马从事中郎。"山涛是利用裙带关系主动投靠司马氏。《晋书》卷四十三《山涛传》：山涛"与宣穆后有中表亲，是以见景帝。帝曰：'吕望欲仕邪？'命司隶举秀才，除郎中。"王戎是凭借父祖余荫和个人才干，由钟会举荐，被司马昭辟为掾，进入仕途。据《世说新语·德行》"王戎、和峤同时遭大丧"条引《晋诸公赞》曰："戎字濬冲，琅邪人，太保祥宗族也。文皇帝辅政，钟会荐之曰：'裴楷清通，王戎简要。'即俱辟为掾。"此处"文皇帝辅政"，在正元二年（255 年）。
③　[宋]司马光著，[元]胡三省注《资治通鉴》卷七十八，景元三年，中华书局，1956 年版，第 2463 页。
④　《晋书》卷四十三《王戎传》，第 1233 页。
⑤　《晋书》卷四十三《王戎传》附《王衍传》，第 1235 页。

　　"八王之乱"的最后胜利者东海王越，是司马懿弟司马馗之孙，属宗室远支，因不具备皇室近属的身份，号召力有限。正如田余庆先生所说，他必须在"士族名士中找到有足够影响的人物列于朝班之首，才能号召尽可能多的士族名士来支持他的统治。"王衍此时已是西晋王朝声望最高的名士，又累居显职，加之其身边围聚着王敦、谢鲲、庾敳、阮修等诸多名士，双方各自的需要促成了王衍与司马越的结合："司马越以其宗王名分和执政地位为王衍及其家族提供官位权势，王衍则为司马越网罗名士，装点朝堂。"而且，"在司马越、王衍操纵之下，另一个王与马相结合的政治中心正在形成，这就是晋琅邪王司马睿与琅邪王导在徐州开启的局面。"① 司马越和王衍的合作，基本奠定了东晋初年"王与马，共天下"政治格局的基础，成为琅邪王氏家族崛起过程中不可或缺的重要一环。

　　王衍与东海王越执政期间，安排王澄出任荆州刺史，让王导与琅邪王司马睿南下扬州，不久又将王敦调任扬州刺史，王氏兄弟控制了江南的两大军镇，正是王衍的如此安排，使琅邪王氏获得了向江南发展的有利条件。

　　永嘉四年（310 年），石勒、王弥等占领长江以北的地区，对西晋都城洛阳形成包围之势。为摆脱困局，十一月，司马越以讨伐石勒为名，率领精兵强将撤离洛阳，向东南转移。永嘉五年（311 年）三月，司马越病死于项城（今河南省沈丘县），六军无主，共推王衍为元帅，继续向徐州方向行进，不久被石勒追及，十余万晋军全军覆没。王衍及襄阳王司马范、任城王司马济、廷尉诸葛铨、豫州刺史刘乔等王公大臣被俘，石勒问晋朝败亡所由之事，众人畏死，多自陈述，王衍甚至不顾臣节，"为陈祸败之由，云计不在己。勒甚悦之，与语移日。衍自说少不豫事，欲求自免，因劝勒称尊号。"尽管如此，王衍仍未能免于一死，石勒怒斥他"君名盖四海，身居重任，少壮登朝，至于白首，何得言不豫世事邪！破坏天下，正是君罪"②，当夜派人推倒墙壁，将王衍"填杀"。

　　西晋时期，王戎、王衍相继为三公，声名显赫，他们利用自己在朝中的地位，借助九品中正制度，援引王氏子弟入仕，扩大了琅邪王氏的影响，更兼他们与皇室以及贾氏、郭氏等外戚、裴氏等世家大族联姻，极大地提高了琅邪王氏的政治地位和社会地位，从此，琅邪王氏真正成为一流门阀士族。

　　西晋后期爆发的"八王之乱"，搅乱了中国北方，也加速了西晋灭亡。这场浩劫将大批贵族官员和名门望族卷入其中，外戚杨氏、贾氏和朝臣名士张华、石崇、潘岳、欧阳建等，都被诛灭三族，卫瓘家族、裴頠家族皆遭重创。在西晋后期动荡的政局中，王戎、王衍身处政治斗争的旋涡中心，随时会有杀身灭门之祸，他们根据时局变化不断调整自己的处世方针，尽可能避免卷入皇权、外戚、宗室之间的政

---

① 田余庆：《东晋门阀政治》，北京大学出版社，1989 年版，第 9、10、11 页。
② 《晋书》卷四十三《王戎传》附《王衍传》，第 1238 页。

治纷争，他们利用一切可以利用的关系和手段，在危机重重中躲过了一次又一次权力纷争中的杀戮，尽量保全宗族，并在胡族入侵中原之际，为琅邪王氏向南方转移、开辟新的天地做好了铺垫。

2. 东晋时期琅邪王氏的鼎盛（详见本书第五章）

永嘉初年，王敦、王导兄弟辅助琅邪王司马睿渡江南下，为汉族政权，也为琅邪王氏家族寻找新的安身之地。过江之初，王导在建康（今江苏省南京市）主持政务，在错综复杂的政治局势中，笼络江东土著，安抚渡江南下的北方官员、百姓，为司马睿立国江东打下基础；王敦则统军征战，数年之间，定江州、平湘州、克荆州、占广州，基本扫平了江南的分裂势力，使司马睿的势力由扬州一地扩展到江南全境，也使汉政权在民族危亡关头具备了对抗胡族政权的基本条件。

318 年，司马睿称帝，建立东晋政权，为褒奖琅邪王氏家族在东晋建国过程中的功绩，尊王导为"仲父"，登基时"百官陪列，命导升御床共座。"①东晋初，王导身居相位，兼扬州刺史，在朝主政；王敦为大将军，都督江、扬、荆、湘、交、广六州军事、荆州刺史，拥重兵镇守武昌，即今湖北、湖南、广东、安徽、江苏等东晋大半势力范围都归王敦控制了。"江左大镇，莫过荆、扬"②，扬州为政治中枢、经济中心，荆州则是军事重镇，"敦总征讨，导专机政，群从子弟布列显要，时人为之语曰：'王与马，共天下。'"③琅邪王氏家族的政治地位和社会影响都发展到了巅峰。

由于琅邪王氏权势过盛，引起了晋元帝司马睿和其他士族的不满与猜忌，其削弱琅邪王氏权力的举措，激化了君臣矛盾。永昌元年（322 年）和太宁二年（324年），王敦两次起兵进攻建康，一度凌驾于皇权之上。随着王敦病死，琅邪王氏家族失去了对军队的控制之权，尽管王导内扶何充，外结郗鉴、温峤，也无法避免晋明帝庾皇后兄庾亮的排挤，琅邪王氏的政治鼎盛期结束了。

此后，东晋政局相继进入了颍川庾氏、谯国桓氏、陈郡谢氏和太原王氏把持朝政时期，琅邪王氏步入中衰阶段，能够进入权力中枢的王氏子弟唯有王彪之一人。

王彪之（305－377 年），字叔虎（见《淳化阁帖》《晋中兴书》等，《晋书》作"叔武"，是唐人修《晋书》时为避讳唐高祖李渊祖父李虎所改），他以佐著作郎起家，仕至尚书令，与谢安共掌朝政。王彪之精通礼学，熟悉典章制度，谢安曾言："朝之大事，众不能决者，谘王公无不得判。"④虽然王彪之一度权势显赫，但他为人方正，过分执于礼法，很少顾及到门户私利，因此，他并没有能够扭转琅邪王氏家族中衰的局面。其他王氏子弟，多担任中级官职，间或有高官，对当时的时局也

---

①　《晋书》卷六十五《王导传》，第 1749 页。
②　[梁] 萧子显：《南齐书》卷十五《州郡志下》，中华书局，1972 年版，第 274 页。
③　[宋] 司马光著，[元] 胡三省注《资治通鉴》卷九十一，太兴三年，第 2884 页。
④　《晋书》卷七十六《王彪之传》，第 2011 页。

影响不大。维系家族声望、扩大家族影响的，主要靠王彪之的礼学和王羲之、王献之等人的玄学、文学和艺术成就，尤其王羲之一度成为东晋中期的士族领袖，影响很大。

3.南朝时期琅邪王氏的发展与衰落

晋宋之际，是中古政治史上风云激荡的时代。先是孙恩、卢循搅乱江东八郡，后是桓玄篡晋自立，接着刘裕率北府兵诛讨桓玄，随即剪除刘毅、诸葛长民等北府将领，弑晋安帝，逼晋恭帝禅位，建立刘宋王朝，刘裕死后，顾命大臣徐羡之、傅亮和谢晦废宋少帝迎立宋文帝，宋文帝又杀顾命大臣，加强了皇权。

在这一历史阶段，王诞、王弘、王昙首、王华等王氏子弟积极参与了晋宋禅代和刘宋初的宫廷政变，成为刘宋王朝的开国功臣。元嘉（424—453 年）初年，王弘为司徒，王昙首、王华任侍中，其他王氏子弟亦各有升迁，琅邪王氏继王敦、王导之后又一次登上了政治顶峰。此后，在宋文帝大力伸张皇权，重用宗室，启用寒人，抑制门阀士族的政治环境中，王弘兄弟主动退让，没有和皇权产生太大的冲突，保住了琅邪王氏江南第一高门的社会地位。

刘宋后期，皇室内部为争权夺利而互相残杀，在不停息的内部倾轧和后废帝的恐怖统治中，萧道成乘机崛起，于升明三年（479 年）四月代宋自立，建立南齐政权。宋齐王朝更替之际，琅邪王氏凭借在刘宋王朝的优势地位，再次成为新王朝的开国功臣，王俭、王晏等人相继进入了政权中枢，一度显赫于南齐初，琅邪王氏家族也因此进入了又一个高峰时期。但在永明十一年（493 年）至建武四年（497 年）期间，王奂、王融和王晏相继引来了三场家族大难 ①，致使琅邪王氏家族有十一人被杀，两人被迫逃亡北朝，在一定程度上削弱了家族的势力。

南齐后期，内乱不断，八年间先后换了五位皇帝，仿佛就是刘宋后期历史的重演，于是，萧衍乘机而起，代齐建梁。在混乱的朝局中，为了保护家族利益，琅邪王氏家族做出了与刘宋后期相似的选择，顺利进入新王朝。

梁朝时期，梁武帝以寒人掌机要，限制、排挤门阀士族。为避免日益加强的皇权对高门世族的猜忌、打击，王氏子弟多持谦退之风，再没有一人能像王敦、王导、王彪之、王弘、王俭那样成为权力中枢举足轻重的人物，也没有人能做出一番切实的事业，从政能力大大下降，他们多以文采艺术显名朝堂，由政权的积极参与者退化为政治舞台上的装饰和点缀。梁末爆发的侯景之乱中，琅邪王氏族人在建康者多死于战乱、饥馑和瘟疫，族人零落，家产毁败，逐渐丧失了豪门世族的地位。

平定侯景之乱后，梁武帝第七子萧绎于承圣元年（552 年）在江陵称帝，是为

---

① 永明十一年（493 年），雍州刺史王奂擅杀部属，并兴兵拒捕，城破后被杀，除王肃、王秉二子逃到北魏，其余五子皆被株连。同年，王融趁齐武帝病危之机，谋立武帝次子萧子良，被即位的太孙萧昭业赐死。王晏曾助萧鸾杀萧昭业，夺得帝位，以功臣自居，言行不检，建武四年（497 年），被萧鸾杀，株连弟王诩，子德元、德和。

梁元帝。劫后余生的琅邪王氏子弟大多汇聚到萧绎麾下，尤以王褒最得信重，累迁侍中、吏部尚书、左仆射。承圣三年（554年），西魏军南攻江陵，梁军挡不住魏军攻势，梁元帝被迫率文武百官出降，不久即被处死，王褒与王克、宗懔、殷不害等大臣及数万百姓被当作战利品驱往北方。经江陵沦陷的打击，琅邪王氏家族的社会地位和经济实力进一步削弱了。

陈朝建立前后，逃过江陵之难的琅邪王氏族人，除王凝[①]、王诵以外戚身份仕于后梁外，大都重返建康。因琅邪王氏的家族影响尚在，更兼王通、王瑒在梁陈禅代之际担任了传递皇帝玺绶的工作，成为开国功臣，其他族人也多任显职，王氏家族显赫一时。但这时的王氏子弟，虽然官位高却并无实权，在政治上没有建树，文化上也非一流，只能凭琅邪王氏这一金字招牌保持着较高的社会地位。

陈朝是南朝疆域最小的王朝，实力远远不及宋、齐、梁三朝。公元588年十月底，隋文帝杨坚兵分八路，大举伐陈，五十一万大军渡江南下。589年正月，隋军攻入建康，陈朝灭亡，南朝到此结束，琅邪王氏也走到了尽头。《南史》卷二十四传论曰：

> 昔晋初渡江，王导卜其家世，郭璞云："淮流竭，王氏灭。"观夫晋氏以来，诸王冠冕不替，盖亦人伦所得，岂唯世禄之所专乎。及于陈亡之年，淮流实竭，曩时人物扫地尽矣。斯乃兴亡之兆已有前定。

此论确切地说出了王氏兴衰的重要因素——人物，包括朝堂上的执政者和文化领域内的精英。《三国志》卷十八《魏书·吕虔传》裴松之注引王隐《晋书》云：

> 祥弟览，字玄通，光禄大夫。《晋诸公赞》称览率素有至行。览子孙繁衍，颇以贤才相系，奕世之盛，古今少比焉。

《南史》卷二十二《王昙首传》则称：

> 王昙首之才器，王僧绰（王昙首子）之忠直，其世禄不替也，岂徒然哉。仲宝（王僧绰子王俭）雅道自居，早怀伊、吕之志，竟而逢时遇主，自致宰辅之隆，所谓衣冠礼乐尽在是矣。齐有人焉，于斯为盛。其余文雅儒素，各禀家风，箕裘不坠，亦云美矣。

自曹魏至南齐，从王戎、王衍到王导、王弘、王俭，既是顺应历史潮流的政治家，建立自己的功业时也使琅邪王氏家族得以稳居门阀之首，又领袖思想文化论坛，"衣冠礼乐尽在是矣"。同时期的王氏子弟，王敦、王彪之、王羲之、王献之、王珣、王珉、王僧虔等各有所长，名重一时，"文雅儒素，各禀家风"，共同维护了琅邪王氏一流门阀士族的地位。所谓"子孙繁衍，颇以贤才相系"，正是指此。待到陈朝末年，"曩时人物扫地尽矣"，无力支撑家族的发展，具有权力与文化象征的"琅邪

---

① 此人名字歧疑，《周书》卷四十八《萧詧传》作王凝："及岿篡业，亲贤并用，……外戚则王凝、王诵。"《梁书》卷二十一《王份传》作王泛，《南史》卷二十三《王锡传》作王涉。

王氏"至此终结。

4.北朝的琅邪王氏家族

永嘉之乱，王敦、王导率宗族南迁。从东晋开始，琅邪王氏虽保留了旧地望，但他们的根基已经定在了江南，一直到南齐时期，随着王肃逃亡到北魏，琅邪王氏的影响才再度扩展到北方。

王肃（463—501年）因父亲王奂被杀受牵连，被迫逃亡北上。恰值北魏孝文帝推行全面汉化，急于全面了解南朝的典章制度，这正是出身政治、文化大族的王肃所擅长的，因此，他很快被孝文帝委以重任，以南齐官制为蓝本，为北魏设计了一整套官制，在一定程度上加速了鲜卑政权的封建化过程。王肃为北魏的政权建设做出了巨大贡献，自己也在北朝获得了较大的权势，直至尚书令高位，并娶孝文帝妹陈留公主为妻，自此，琅邪王氏开始名标北史。王肃死前，他在南朝所娶的夫人谢氏带着儿子王绍和两个女儿（后来，一女被宣武帝纳为夫人，另一女为广阳王元渊妃）北上寻夫，王肃弟王秉也带着侄子王诵、王翊、王衍从南朝投奔而来，北魏末年，王肃次子王理也入魏寻亲，琅邪王氏家族在北方的人口大大增加了。王诵等人借助王肃的名望，再加上与皇室和北方大族的联姻，逐渐在北方站稳脚跟，并凭借其家族文化优势在北朝政府中发挥了一定的作用。《魏书》卷六十三《王肃传》史臣曰：

> 王肃流寓之人，见知一面，虽器业自致，抑亦逢时，荣仕赫然，寄同旧列，美矣。诵、翊继轨，不殒光风。

公元554年，王褒被俘入北方，因其文才甚高，得以常侍君王左右，承担起草诏令的工作。王褒一生，在政治上并没有多大的建树，他最大的贡献在推动南北文学和书法艺术的交流方面，六十四岁时，病逝于宜州刺史任上。其子孙从北周入隋，又由隋入唐。唐朝时期，有四位王氏子弟官至宰相，其中王綝、王玙和王抟都是王褒的后代。但是，这时的王氏子弟，已不再自称是琅邪王氏，而是"咸阳王氏"，这是王褒入北朝后定居的地方，王褒因此被称为咸阳祖。

隋唐时期，统治者用科举制取代了九品中正制，唐太宗编修《氏族志》，武则天编《姓氏录》，以官爵高下定门第等差，打破了士族和庶族的界限，这些措施极大打击了门阀制度。两晋南朝时期盛极一时的琅邪王氏，随着政治特权和优势社会地位的丧失，逐渐走向衰亡。只有个别分支凭借家学传承，以科举入仕，可以维持中等士族的地位，其他分支则与庶民无异。唐朝诗人刘禹锡作《乌衣巷》，感慨沧海桑田，恰切地描述了琅邪王氏家族的衰落：

> 朱雀桥边野草花，乌衣巷口夕阳斜。
> 旧时王谢堂前燕，飞入寻常百姓家。

二、琅邪诸葛氏

（一）姓氏渊源

诸葛是中国著名的复姓之一，千百年来，诸葛亮的故事使人们对这个姓氏耳熟能详。的确，琅邪诸葛氏最兴盛的阶段就是三国时期，但这个家族从起源到发展为名门望族，也走过了漫长的历史进程。

诸葛姓氏的来源有多种说法，一般都认为其起源与植物"葛"和葛姓有关。

葛是藤本植物，早在新石器时代，其植物纤维就成为人们用以织造服装的重要原料之一。《诗经·国风·周南·葛覃》记述了古人对葛的加工利用：

> 葛之覃兮，施于中谷，维叶莫莫。是刈是濩，为絺为绤，服之无斁。

茂盛的葛藤生长于山谷之中，将其藤条割下来，煮过之后，抽取其纤维，编织成葛布衣服，细麻布名"絺"，粗麻布名"绤"。《韩非子·五蠹》载：

> 尧之王天下也，茅茨不翦，采椽不斫；粝粢之食，藜藿之羹；冬日麑裘，夏日葛衣；虽监门之服养，不亏于此矣。[1]

《史记》卷一百三十《太史公自序》：

> 墨者亦尚尧舜道，言其德行曰："堂高三尺，土阶三等，茅茨不翦，采椽不刮。食土簋，啜土刑，粝粱之食，藜藿之羹。夏日葛衣，冬日麑裘。"

这两段史料都提到了尧时期"夏日葛衣"，我们现在可以见到的最早的葛纤维纺织品，是出土于江苏吴县草鞋山遗址的葛织品残片，距今约 6000 年。相传最早发明用葛的茎皮搓绳编织的是传说中的葛天氏，他们曾在"葛"地（今河南省商丘市宁陵县）长期居住，葛姓由此而来。《风俗通义·佚文》"姓氏"部分记载：

> 葛氏，葛天氏之裔，子孙氏焉。[2]

大禹时期，东夷部落首领伯益长子大廉被封为葛伯王，在葛地建立葛国，历经夏商周三代，至公元前 557 年葛国被鲁国、宋国所灭。此后，葛氏后裔四散迁徙，其中一支迁到了琅邪诸县，后来，诸县葛氏有一支迁徙到阳都（今山东省临沂市沂南县），因阳都已有姓葛之人，为了将本地和外迁来的两葛姓人区分开来，遂在葛姓之前加上地域名称，称自诸县迁徙来的葛姓为诸葛氏。《三国志》卷五十二《吴书·诸葛瑾传》注引《吴书》曰：

> 其先葛氏，本琅邪诸县人，后徙阳都。阳都先有姓葛者，时人谓之诸葛，因以为氏。[3]

---

① [战国] 韩非著，[清] 王先慎集解，姜俊俊校点《韩非子》，上海古籍出版社，2015 年版，第 537 页。

② [汉] 应劭著，王利器校注《风俗通义校注下》，中华书局，1981 年版，第 554 页。

③ 《三国志》卷五十二《吴书·诸葛瑾传》，第 1232 页。

诸葛姓氏的另一个来源，与秦末葛婴（？－前209）有关。葛婴是陈胜吴广起义军中的大将，有勇有谋、屡立战功，被陈胜册封为征南将军。葛婴率部南征九江，遇见楚国后裔襄强，为求得正统，便拥立襄强为楚王。不久，葛婴得到陈胜称王的消息，于是，他杀掉襄强并立即返回陈县拜见陈胜，汇报这件事情，结果被陈胜所杀。《史记》卷四十八《陈涉世家》记载：

> 葛婴至东城，立襄强为楚王。婴后闻陈王已立，因杀襄强，还报。至陈，陈王诛杀葛婴。

西汉文帝时，为褒奖葛婴反抗暴秦的功劳，追封葛婴的孙子为诸县（今山东省诸城市）侯，其后代长居于此，遂将"葛"姓与地名合称"诸葛"。《通志·氏族略》记载：

> 诸葛氏：本葛氏，夏、商诸侯葛伯之后。《英贤传》云：旧居琅邪诸县，后徙阳都，时人谓之诸葛，因以为氏焉。《风俗通》云：葛婴为陈涉将军，有功，非罪而诛，汉文追封其孙为诸侯，因以为氏。《世本》云，有熊氏之后为詹葛氏，齐人语讹，以詹葛为诸葛。①

综合上述文献资料，可知诸葛氏的得姓途径虽有不同，但基本可以上溯至夏商时期的诸侯葛伯，而且都曾在琅邪诸县定居，后来迁徙到阳都，为与当地葛姓区分，才有诸葛之姓，是一个悠久的族姓与地域相结合的姓氏。

（二）两汉诸葛氏家族

诸葛氏迁居琅邪的具体时间已经不可考，根据目前所知资料，西汉文帝（公元前180年—公元前157年在位）追封葛县侯，时葛县正是琅邪郡的下辖区域。元帝（公元前49年—公元前33年在位）时期，诸葛丰显名，《汉书》卷七十七《盖诸葛刘郑孙毋将何传》记载：

> 诸葛丰字少季，琅邪人也。

"诸葛"已然为姓，说明此家族至少在汉元帝时期已经迁徙到阳都，正是在这一时期，诸葛丰真正奠定了琅邪诸葛氏的历史地位。《汉书》卷七十七《盖诸葛刘郑孙毋将何传》记载：

> 诸葛丰……以明经为郡文学，名特立刚直。贡禹为御史大夫，除丰为属，举侍御史。元帝擢为司隶校尉，刺举无所避，京师为之语曰："间何阔，逢诸葛。"上嘉其节，加丰秩光禄大夫。

诸葛丰以明经起家，首任郡文学，以特立独行刚直不阿知名，被时任御史大夫的同乡贡禹召为掾属，后来更是举荐为侍御史，汉元帝提拔他为司隶校尉（监察京师和地方的官员），在此任上，诸葛丰尽职尽责，执法严明，监察检举官员从无回避，京师传唱"害人者为何久别不见，只因遇上了诸葛丰。"汉元帝嘉奖诸葛丰的

---

① ［宋］郑樵著，王树民点校《通志二十略》卷二，中华书局，1995年版，第64页。

气节，加封他为光禄大夫。

当时，侍中许章凭着外戚的身份获得汉元帝宠幸，奢侈淫逸不守法度，有一次他的门客犯罪，与许章有牵连。诸葛丰按照法令调查许章，正准备上奏汉元帝，适逢许章私自外出，诸葛丰恰好遇上，欲将其拘捕，结果许章驱车逃入皇宫，向汉元帝乞怜。因为许章等人的挑拨，汉元帝没收了诸葛丰的符节。诸葛丰不胜愤懑，上书辞职，汉元帝不许。此后，诸葛丰所说的话越来越不被采用，而他在春夏两季拘捕和惩治犯人，得罪了很多权贵，"在位者多言其短"，在他们的诋毁之下，汉元帝降诸葛丰为城门校尉。失去监察权的诸葛丰依然直言敢谏，他上书弹劾光禄勋周堪、光禄大夫张猛，终于触怒汉元帝，被贬为庶人，老死于家中。

此后的诸葛氏家族，二百多年默默无闻，其间具体经历了几代人已经无法详知。直到东汉末年，诸葛珪（？—187年）、诸葛玄（？—197年）兄弟现于史籍中，《三国志》卷三十五《蜀书·诸葛亮传》：

> 诸葛亮字孔明，琅邪阳都人也。汉司隶校尉诸葛丰后也。父珪，字君贡，汉末为泰山郡丞。亮早孤，从父玄为袁术所署豫章太守，玄将亮及亮弟均之官。

诸葛玄初为荆州牧刘表的属官，主要负责奉刘表之命到汉朝中央汇报荆州的情况，他在出发前得到兄长诸葛珪病故的噩耗，匆忙赶回琅邪阳都办理丧事，照料诸葛珪的遗孀及三子（诸葛瑾、诸葛亮、诸葛均）二女。初平四年（193年），诸葛亮12岁时，曹操出兵征讨徐州牧陶谦，连破数城，"凡杀男女数十万人，鸡犬无余，泗水为之不流，自是五县城保，无复行迹。"[1]遭此大乱，诸葛玄携带家人逃往扬州，投奔与他有旧交的袁术。因诸葛玄是当世名士，袁术很快任命他为豫章太守，时诸葛瑾已经在江东立足，诸葛玄遂带诸葛亮、诸葛均和他们的两位姐姐同赴豫章。但诸葛玄只是地方军阀袁术任命的豫章太守，当汉朝中央任命的豫章太守朱皓到豫章后，诸葛玄只能退出，又投奔到荆州牧刘表麾下，直到197年去世。

在荆州的数年间，诸葛玄为使诸葛氏在荆州立足，利用自己的名声、地位，与荆州的高门豪族联姻，他将诸葛亮的大姐嫁给了刘表的心腹蒯良、蒯越的弟弟蒯祺，二姐嫁给了荆州名士庞德公之子庞山民。庞德公的侄子就是号称"凤雏"的庞统，诸葛亮的"卧龙"之号，也是庞德公取的，他曾对青年时期的诸葛亮产生了较大影响。而诸葛亮的婚姻，也是非同寻常，他娶的是黄承彦的女儿。黄氏家族本是荆州的豪强大族，黄承彦还是荆州名士，他的妻子是荆州豪族蔡讽的长女。蔡讽的次女嫁给了刘表，生子刘琮，蔡讽的儿子蔡瑁，是刘表的主要辅佐之臣，在刘表死后拥立刘琮继任荆州牧。如此一来，诸葛氏家族在荆州，与最高长官刘表和地方豪族蒯氏、庞氏、黄氏、蔡氏都有了姻亲关系，既使诸葛氏能够在荆州站稳脚跟，又为诸葛亮结交当地名士大族提供了条件，再加上他自身的才华，终能在荆州扬名，

---

[1] 《后汉书》卷七十三《陶谦传》，第2367页。

有"卧龙"之誉，这才有了刘备的三顾茅庐，有了后来的蜀国贤相。

（三）魏晋南北朝时期的诸葛氏家族

1. 三国诸葛氏家族的鼎盛

汉末三国时期，社会急剧变化，诸葛氏族人未聚居一处，而是分布魏蜀吴三国，凭借杰出的政治、军事才能建功立业，在三国朝堂上发挥了重要的作用，《三国志》卷六十四《吴书·诸葛恪传》载临淮臧均《乞收葬恪表》云：

> （诸葛氏）遭汉祚尽，九州鼎立，分托三方，并履忠勤，熙隆世业。

《三国志》卷五十二《吴书·诸葛瑾传》注引《吴书》：

> 初，瑾为大将军，而弟亮为蜀丞相，二子恪、融皆典戎马，督领将帅，族弟诞又显名于魏，一门三方为冠盖，天下荣之。

蜀汉丞相诸葛亮、孙吴大将军诸葛瑾、诸葛恪父子、曹魏征东大将军诸葛诞，活跃在这一时期的历史舞台上，出将入相，建立了非凡的功业，共同将诸葛氏家族推到了最鼎盛时期。

诸葛亮（181—234年），字孔明，三国时期蜀汉政治家、军事家。东汉末年，诸葛亮随叔父诸葛玄到荆州，诸葛玄去世后，他隐居隆中（今湖北省襄阳西），躬耕陇亩，并凭借自身才望和姻亲关系，广泛结交当地名士，留心天下大事。经徐庶、司马德操推荐，刘备三顾茅庐，诸葛亮向刘备提出了著名的"隆中对"：占据荆（今湖南、湖北）、益（今四川）两州，取得自立之地，安抚西南夷，整顿内政，东联孙权，共同北抗曹操，最后统一全国，恢复汉室。从此，诸葛亮成为刘备的主要谋士，刘备感叹"孤之有孔明，犹鱼之有水也。"[1]

建安十三年（208年），曹操南征荆州。刘表忧惧而亡，其子刘琮投降曹操。依附刘表的刘备闻讯南逃。诸葛亮"受任于败军之际，奉命于危难之间"[2]，亲赴东吴，联合孙权，共拒曹操，取得赤壁之战的胜利。曹操北撤，刘备乘机占领荆州，以诸葛亮为军师中郎将，督零陵、桂阳、长沙三郡，负责征调赋税，充实军需。

建安十六年（211年），刘备率军入蜀，命诸葛亮和关羽守荆州。次年，诸葛亮留关羽守荆州，率张飞、赵云等人溯江西上，与刘备会师后合围成都。建安十九年（214年），刘璋出降，刘备入主成都，自领益州牧，以诸葛亮为军师将军、署左将军府事。建安二十二年（217年），刘备与曹操争夺汉中，诸葛亮留守成都，筹办军需，足食足兵。建安二十四年（219年），刘备占领汉中，自称汉中王。至此，"隆中对"的前期规划完成了，曹、刘、孙三足鼎立局面初步形成。建安二十六年（221年），刘备称帝，建立蜀汉政权，任诸葛亮为丞相，录尚书事。

建安二十四年（219年），关羽发动襄樊之战，水淹七军、威震华夏。接着吕蒙

---

① 《三国志》卷三十五《蜀书·诸葛亮传》，第 913 页。
② 《三国志》卷三十五《蜀书·诸葛亮传》，第 920 页。

偷袭荆州，关羽败走麦城，父子皆被东吴俘杀，蜀汉与东吴十余年的同盟关系被打破。为夺回被东吴占领的荆州，刘备不顾诸葛亮、赵云等人的劝阻，一意孤行发起伐吴战争，结果在夷陵被陆逊火烧连营，狼狈逃至白帝城，一病不起。刘备临终，托孤于诸葛亮和尚书令李严，命他们共同辅佐后主刘禅，并交代后主"汝与丞相从事，事之如父。"建兴元年（223 年），诸葛亮以丞相封武乡侯，兼领益州牧，成为蜀汉政权的实际统治者，"政事无巨细，咸决于亮。"①后主刘禅也亲口承认："政由葛氏，祭则寡人。"②

诸葛亮接掌蜀汉政权时，历经襄樊和夷陵两次大败的蜀汉元气大伤，荆州永久丧失，只能局限在益州一地，内有南中诸郡的叛乱，外有魏吴两国虎视眈眈，诸葛亮自己也曾说："今天下三分，益州疲敝，此诚危急存亡之秋也。"为扭转不利局势，完成"兴复汉室，还于旧都"③的夙愿，诸葛亮执政后，派邓芝赴吴，修复蜀吴联盟；选用良臣，稳定内政，政通人和；重视发展生产，推行屯田政策，务农垦荒，与民休养生息；完善法律，执法严明，初次北伐时，马谡违背诸葛亮节度，致有街亭之失，诸葛亮挥泪斩马谡，并上书自请处分用人失察之过，降职三级；七擒七纵孟获，平定南中，终诸葛亮之世，南疆始终稳固。

自建兴六年（228 年）始，诸葛亮为北定中原，兴复汉室，连续出师北伐，在陇右与曹魏相争多年。建兴十二年（234 年），诸葛亮病死于五丈原（今陕西省勉县西南）军营中，终年五十四岁，遗命葬汉中定军山，"因山为坟，冢足容棺，敛以时服，不须器物。"④诸葛亮一生谋划筹算，稳固蜀汉政权，鞠躬尽瘁，死而后已，集公、忠、廉、能于一身，更被后人尊为"智圣"，各地的武侯祠至今香火不绝，有《诸葛武侯集》《出师表》等名篇传世。（诸葛亮的功业，世人熟知，在此不多述。）

诸葛亮子嗣不昌，直到四十六岁才有了儿子诸葛瞻。此前，他曾过继兄长诸葛瑾的第二个儿子诸葛乔为子，建兴六年（228 年），年仅二十五岁的诸葛乔病死，诸葛乔子诸葛攀，在蜀国曾任行护军翊武将军，也早卒。

诸葛瞻（226—263 年），字思远，八岁时承袭了诸葛亮的武乡侯爵位。他自幼聪颖，建兴十二年（234 年），诸葛亮在军旅中写信给他的哥哥诸葛瑾说："瞻今已八岁，聪慧可爱，嫌其早成，恐不为重器耳。"⑤诸葛瞻十七岁时，娶后主刘禅女，拜骑都尉，此后先后任羽林中郎将、射声校尉、侍中、尚书仆射、军师将军、行都护卫将军、平尚书事等职。当时，蜀汉政权内政控于宦官黄皓之手，军务由姜维执

---

① 《三国志》卷三十五《蜀书·诸葛亮传》，第 918 页。
② 《三国志》卷三十三《蜀书·后主传》，第 894 页。
③ 《三国志》卷三十五《蜀书·诸葛亮传》，第 919、920 页。
④ 《三国志》卷三十五《蜀书·诸葛亮传》，第 927 页。
⑤ 《三国志》卷三十五《蜀书·诸葛亮传》，第 932 页。

掌，诸葛瞻虽挂宰相之名，却并无实权。

公元 263 年，曹魏派钟会、邓艾攻蜀，钟会大军被姜维阻于剑阁，但邓艾却率万余人偷渡阴平，越过 700 余里荒无人烟的小道，抵达蜀国腹地江油（今四川省江油市北），击败蜀汉伏兵后，自己也已是强弩之末。时蜀汉已获悉邓艾来袭的消息，后主令诸葛瞻督率成都的数万防卫部队赶至涪县拒敌，在人数上远超邓艾的疲惫之军。但诸葛瞻到达涪城之后却止步不前，尚书郎黄崇屡劝诸葛瞻急速进军，占据险要，不能让邓艾进入平原地带。"宜速行据险，无令敌得入平地。"[1] 诸葛瞻犹豫不决之际，邓艾已长驱直入平原，击败了诸葛瞻的前锋数千人，诸葛瞻被迫退守绵竹，邓艾趁机占领涪县，获得了充足的补给。尽管诸葛瞻已经意识到自己放弃涪县铸成大错，长叹："吾内不除黄皓，外不制姜维，进不守江油，吾有三罪，何面目而反进屯绵竹，埋人脚而战？"[2] 但他仍然拒绝了邓艾"若降者必表为琅邪王"[3] 的劝降，带领全军和邓艾军进行决战，被全歼于绵竹城外，诸葛瞻及其长子诸葛尚、张飞之孙张遵、尚书郎黄崇等人战死沙场，魏军进占绵竹，向成都进军，不久，后主开城投降，蜀汉亡。

咸熙元年（264 年），刘禅被迁徙到洛阳，蜀国臣子、名族多随之内迁，诸葛瞻的小儿子诸葛京与诸葛攀的儿子诸葛显被迁徙到河东，后来诸葛京在西晋为官，仕至江州刺史。

诸葛瑾（174—241 年），字子瑜，诸葛亮之兄。少年时期以孝闻名，曾到京师游学，学《毛诗》《尚书》和《左氏春秋》。后避乱江东，被孙权姐夫弘咨推荐入仕，与鲁肃等并受优待，初为长史，后转中司马。因与诸葛亮的兄弟关系，被孙权委以入蜀通好刘备的重任，在成都期间，他与阔别多年的弟弟诸葛亮俱在公开场合会面，从不私下相见，为吴蜀联盟的巩固与发展从外交方面做出了一定的贡献。吕蒙袭取荆州后不久病故，诸葛瑾代吕蒙任南郡太守，封宣城侯。此后刘备大举伐吴，诸葛瑾从中斡旋，他写信给刘备，称其兴兵伐吴只是泄私愤，忘却了北伐曹魏、匡复汉室的大业，"陛下以关羽之亲何如先帝？荆州大小孰与海内？俱应仇疾，谁当先后？"有人趁机诬告诸葛瑾与蜀国勾结，因诸葛瑾一向为人谨慎，孙权对他信任有加，直言"孤与子瑜有死生不易之誓，子瑜之不负孤，犹孤之不负子瑜也。"孙权称帝，拜诸葛瑾为大将军、左都护、领豫州牧。诸葛瑾长期担任孙权的军政参谋之职，深得孙权信任，而他处理君臣关系的手段也是非常高明的，他善于察言观色，揣摩孙权的心理，有不同意见，多通过旁敲侧击、譬喻暗示等方法讽谏，"与权谈说谏喻，未尝切愕，微见风彩，粗陈指归。如有未合，则舍而及他，徐复托事造端，

---

① 《三国志》卷四十三《蜀书·黄权传》，第 1045 页。
② [唐] 李吉甫：《元和郡县图志》卷三十一《剑南道》，中华书局，1983 年版，第 778 页。
③ 《三国志》卷三十五《蜀书·诸葛亮传》，第 932 页。

以物类相求。于是权意往往而释。"①赤乌四年（241 年），诸葛瑾病死，年六十八岁。

诸葛瑾为政稳健，是以德望见重于世的人物，他在江东四十余年，凭借自身的才干和孙权的信重，确立了诸葛氏在江东的地位，使该家族在流寓江东的北方大族中，仅次于彭城张昭家族。

诸葛瑾有三个儿子，除次子诸葛乔过继给诸葛亮，长子诸葛恪和幼子诸葛融都在东吴为官，尤其诸葛恪的功业在诸葛家族中仅次于诸葛亮，一度曾将诸葛氏推上了东吴政坛巅峰。

诸葛恪（203—253 年），字元逊，少年时即以机敏善辩闻名。《三国志》卷六十四《吴书·诸葛恪传》注引《江表传》曰：

> 恪少有才名，发藻岐嶷，辩论应机，莫与为对。权见而奇之，谓瑾曰："蓝田生玉，真不虚也。"

《诸葛恪传》中记载了数条诸葛恪才思敏捷，善于应对的事例。

> 恪父瑾面长似驴，孙权大会群臣，使人牵一驴入，长检其面，题曰诸葛子瑜。恪跪曰："乞请笔益两字。"因听与笔。恪续其下曰"之驴"。举坐欢笑，乃以驴赐恪。他日复见，权问恪曰："卿父与叔父孰贤？"对曰："臣父为优。"权问其故，对曰："臣父知所事，叔父不知，以是为优。"……恪之才捷，皆此类也。

诸葛恪能言善辩，并未继承父亲诸葛瑾的谨慎作风，屡屡在君臣、父子、朋友甚至外交使臣之间以嘲笑为戏乐，礼法观念颇为淡薄，始终保持儒家风范的诸葛瑾为此忧心忡忡："（诸葛恪）名盛当时，（孙）权深器异之；然瑾常嫌之，谓非保家之子，每以忧戚。"②

诸葛瑾的担忧改变不了孙权对诸葛恪的器重，固然是因为诸葛恪确实才华出众，但更重要的原因是诸葛氏家族是北方流亡江东的士族代表之一。而北方流亡士族和追随孙策南下的周瑜、鲁肃、吕蒙、胡综等淮泗将领则是构成孙吴政权的重要力量之一，另外两支分别是：孙策、孙权的宗族亲属；江东当地的顾氏、陆氏、朱氏、张氏等大族。当三支势力相当时，孙吴政权就能维持稳定，而一旦一方势力增大，就会严重危及皇室安危甚至会使政权倾覆。孙策初到江东，一方面仰赖周瑜等淮泗将领攻城略地，同时与张昭等北方流亡士族结成联盟，初步站稳脚跟。至孙权时期，更将北方南下的武将、名士团结在自己身边，同时加快了与江东士族的融合过程，即田余庆先生所说的"江东化"③，多方势力的支持，才能使孙权建立并巩固吴政权。但是周瑜、鲁肃、吕蒙等人故去后，张昭、诸葛瑾年老，北方南下的文臣武将的实

---

① 《三国志》卷五十二《吴书·诸葛瑾传》，第 1233、1232 页。
② 《三国志》卷五十二《吴书·诸葛瑾传》，第 1235 页。
③ 田余庆：《孙吴的建国道路》，载《历史研究》，1992 年第 1 期；《暨艳案及相关问题——兼论孙吴政权的江东化》，载《秦汉史探微》，中华书局，1993 年版。

力大大缩减，人才匮乏，孙权不得不大量起用江东士人补充到政权中枢，致使江东大族的势力越来越大，尤其在陆逊取代吕蒙成为荆州统帅后，江东士族的军事、政治实力急剧膨胀，已经严重影响到孙吴政权内部势力的平衡和稳定。

江东士族有独立的经济基础，拥有一定的政治、军事力量，他们更倾向于江南稳固，确保自己家族的发展。北方南下的士族和武将远离故土，在江东缺乏深厚的社会基础，经济实力有限，不得不依赖孙氏政权维系自己的地位。在一定程度上，孙权更愿意与北人结成政治联盟，一则是他们在孙吴政权的建立过程中征战有功，再则也是因为他们与孙氏政权唇齿相依，对政权并未构成威胁。正因如此，黄武三年（224 年）爆发的暨艳案中，出身江东的暨艳与张温联手攻击当时的北方士人代表丞相孙邵，孙权力保孙邵，废黜张温，逼迫暨艳自杀。但这时的江东大族，已成尾大不掉之势，因此，在黄武四年（225 年），孙权不得不选江东大族顾雍出任丞相。君权受到严重威胁，这是孙权不愿意看到的，他对江东大族的崛起渐起提防之心，不断提高流寓江东的北方士人的政治地位，以之与江东大族抗衡。到了晚年，孙权又借太子之争对江东士族大力打压，不惜逼死了名将陆逊。正是在这种历史背景中，才华出众的诸葛恪被孙权相中，成为他从北方士族中挑选的重点培养对象，用以对抗江东大族，这是诸葛恪在仕途上不断升迁的主要原因。

孙权对诸葛恪的培植，首先体现在他将诸葛恪列为太子的主要属官，为日后辅助新君打下基础。

黄武元年（222 年），孙权称吴王，立长子孙登为王太子。刚到弱冠之年的诸葛恪被拜为骑都尉，后来又从中庶子转任左辅都尉，与顾谭、张休等人随侍太子孙登讲道论艺。《三国志·孙登传》记载最详：

> 立登为太子，选置师傅，铨简秀士，以为宾友，于是诸葛恪、张休、顾谭、陈表等以选入，侍讲诗书，出从骑射。……登待接僚属，略用布衣之礼，与恪、休、谭等或同舆而载，或共帐而寐。后又以庶子礼拘，复令整巾侍坐。黄龙元年，权称尊号，立为皇太子，以恪为左辅，休为右弼，谭为辅正，表为翼正都尉，是为四友，而谢景、范慎、刁玄、羊衜等皆为宾客，于是东宫号为多士。[①]

东宫属吏将来可能成为太子继位后的重要辅助之臣，正是孙权的精心安排，诸葛恪成为太子最亲近的"四友"之一，且位列东宫僚属之首，深得孙登倚重。但孙权的这一安排并未铺平诸葛恪未来的宰辅之路，赤乌四年（241 年）五月，太子孙登病卒，年三十三岁。孙登临死前上疏，请立三弟孙和为新太子，并力荐东宫僚属：

> 诸葛恪才略博达，器任佐时。张休、顾谭、谢景，皆通敏有识断，入宜委腹心，出可为爪牙。[②]

---

① 《三国志》卷五十九《吴书·吴主五子传》，第 1363 页。
② 《三国志》卷五十九《吴书·吴主五子传》，第 1365 页。

在孙登看来，诸葛恪是可堪大任之材，提醒孙权加以磨炼再加任用。

孙登死后，孙权安排诸葛恪逐步接触具体的军政事务，意欲培养他处理实际政务的能力。"权甚异之，欲试以事，令守节度。节度掌军粮谷，文书繁猥，非其好也。"[1] 掌管军粮的职位，是很多人眼里的肥差，但在诸葛恪看来却是文书烦琐、毫无成就感的工作，他希望的是能够建功立业，故多次请求领兵为将，并为自己挑了一个极具挑战性的任务。

当时丹阳郡与吴郡、会稽、新都、鄱阳四郡邻接，群山环绕，地势险阻。当地山越人久居山中，形成了尚武之风，"俗好武习战，高尚气力，其升山赴险，抵突丛棘，若鱼之走渊，猿狖之腾木也。"再加上当地盛产铜铁，他们可以自铸铠甲兵器，时常伺机出山骚扰抢掠，一旦政府发兵征讨，他们会迅速躲回深山密林，踪迹难寻。自汉朝时期，地方政府就无力解决此难题，山越人得以长期保持着独立状态，成为地方安定的一大隐患。孙吴政权为清除隐患，屡次派兵征讨山越，也只能压服外县平民，对深山中的山越人，根本无法剿灭。诸葛恪看中的正是此地彪悍的民风，想去征服此地山越人，将强壮者收编入军队，三年之中即可得四万雄兵。朝中官员都以为绝无可能，连诸葛瑾都不相信诸葛恪会成功，以为他狂妄自大，叹息"恪不大兴吾家，将大赤吾族也。"[2] 诸葛恪则坚称自己能够成功，不断劝说孙权。或许是四万兵员的吸引力很大，甚至超过了赤壁之战的兵力，或许是孙权想要锤炼一下诸葛恪，嘉禾三年（234年），孙权任命他为抚越将军，领丹阳太守，是年他三十二岁。

诸葛恪到丹阳后，给周边吴郡、会稽、新都、鄱阳四郡所辖属县的长官发公文，命令各郡坚守疆界，严明法纪，已经出山归顺的山民，一律设屯聚居。随后，调派所辖将领率兵据守重要山口，修筑围困工事，只防守而不与山越交兵，待山越人的庄稼成熟，即纵兵抢收，不给山越人留下一粒粮食。山越人旧谷食尽，新谷无收，又因诸葛恪的严防措施，无法从外部获得粮食，饥馑难耐，被迫出山归降。为确保他们能得到妥善安置，诸葛恪下令："山民去恶从化，皆当抚慰，徙出外县，不得嫌疑，有所执拘。"当时，出降的山越人中有一个人名叫周遗，过去作恶多端，为求活路被迫出山后，仍心存异志，准备伺机纠合山民叛乱，白阳县长胡伉了解他的图谋后，把他绑送到丹阳郡府。诸葛恪为顾全大局，以胡伉违反了不得拘禁山民的教令将其斩首，并上报孙权。尚未出山的山越人得知胡伉被杀是因拘禁山民，知道官府只是想让大家出山定居，并不是拘禁杀戮，于是大批山民扶老携幼，纷纷出山归降。就这样，诸葛恪用武力围困与怀柔招抚并用的方法，三年之内先后收服十余万山民，他将四万余丁壮编入军队，自己统领一万人，三万余人分给了其他将领。诸

---

① 《三国志》卷六十四《吴书·诸葛恪传》，第1430页。
② 《三国志》卷六十四《吴书·诸葛恪传》，第1431页。

葛恪的成功，直接的结果是增加了吴国的军队数额，但更重要的是清除山区的隐患，稳定了丹阳局势，获得了更多的劳动人手，有利于孙吴政权的稳固，"野无遗寇，邑罔残奸。既扫凶慝，又充军用。藜蓧粮莠，化为善草。魑魅魍魉，更成虎士。"①收服山越是孙权统治后期最有成效的事件，他大为高兴，加封诸葛恪为威北将军，晋爵都乡侯。

此后，诸葛恪更加受到孙权的重用，被调到与曹魏对峙的北部防线，在庐江、皖口屯田，他刚到皖口，就派轻兵越境偷袭舒县，俘获一批曹魏百姓后撤回。诸葛恪还向远处派遣斥候，侦察道路交通和险要关隘的形势，为攻取曹魏寿春做准备。寿春是曹魏的军事重镇，孙权认为时机不成熟，没有同意诸葛恪的计划。此事虽然暴露了诸葛恪激进的缺点，但这时孙吴人才缺乏，尤其陆逊之后缺少大将，屡屡立功的诸葛恪成为孙权着意培养提拔的对象。

赤乌六年（243 年）正月，诸葛恪故技重施，偷袭比舒县更深入曹魏境内的六安，掠其百姓而归，并再次打起了袭击寿春的主意。当时曹魏正是曹爽和司马懿共同辅政时期，且司马懿主要承担军政事务，为与曹爽相争，他率兵进入舒县，准备进攻诸葛恪，借打击诸葛恪增加自己在曹魏军中的影响力。此前，司马懿主要负责西线，主要对手是蜀汉丞相诸葛亮，此次对阵诸葛恪，无论是军力还是谋略，诸葛恪都不是对手。孙吴政权显然也明白这种差距，于是以望气者说出兵不吉利为借口，下令让诸葛恪移徙到柴桑（今江西省九江市）驻扎。

外在的危险暂时解除，在孙吴国内，诸葛恪又怼上了丞相陆逊。当时，陆逊卷入太子孙和、鲁王孙霸的二宫之争，屡屡上书力保孙和，孙权极为不满，诸葛恪此时跳出来，应该是代表了孙权的意思。两人的分歧主要是在用人标准方面，陆逊坚持选拔德才兼备的人才，诸葛恪提出时事艰难，人才难得，强调以大局为重，不能求全责备，"士诚不可纤论苛克，苛克则彼贤圣犹将不全""夫不舍小过，纤微相责，久乃至于家户为怨，一国无复全行之士也。"②这两种观点，并没有什么新意，但诸葛恪秉持孙权的用人观点，陆逊则坚持世家大族的观点，双方的矛盾冲突不可避免。赤乌八年（245 年）二月，陆逊在孙权"累遣中使责让"的情况下"愤恚致卒"③，孙权立即提升诸葛恪为大将军，假节，驻武昌，代替陆逊领荆州事，成为孙吴政权长江中游的负责人。

太元元年（251 年）十一月，孙权病重，太子孙亮年仅九岁，孙权不得不为他挑选辅政大臣。是时，群臣都属意于诸葛恪，孙权颇嫌弃诸葛恪刚愎自用，但宗室孙峻认为当时的朝臣中无论家世、地位、功业都没有比得上诸葛恪的，坚持担保他。于是孙权下令征诸葛恪回建业，以大将军兼领太子太傅，与中书令兼领太子少傅孙

---

① 《三国志》卷六十四《吴书·诸葛恪传》，第 1432 页。
② 《三国志》卷六十四《吴书·诸葛恪传》，第 1433 页。
③ 《三国志》卷五十八《吴书·陆逊传》，第 1354 页。

弘（宗室）、太常滕胤（流亡北士）、将军吕据（淮泗将领）、侍中孙峻（宗室）共同辅政，将除了杀生大权以外的所有政事都托付给诸葛恪。

神凤元年（252年），四月，孙权病死。五辅臣中排名第二的孙弘一向与诸葛恪不和，担心以后受其压制，于是封锁孙权去世的消息，欲矫诏除掉诸葛恪。但孙峻已经获悉孙权死讯，及时通知诸葛恪，诸葛恪反应迅速，杀死阴谋政变的孙弘，向臣民发布孙权死讯，为之治丧。孙亮即位后，拜诸葛恪为太傅，执掌孙吴军政大权。诸葛恪为收拢民心，革新政治，广施德政，撤销了孙权设立的监督官民的特务机构、免除百姓拖欠的赋税、取消关税，这些措施，都给百姓以恩泽实惠，上至朝臣，下至百姓，无不欢欣鼓舞，以为诸葛恪必将带领吴国走向强盛，每次诸葛恪外出，都有很多人翘首以待，想一睹这位新执政官的风采。"罢视听，息校官，原逋责，除关税，事崇恩泽，众莫不悦。恪每出入，百姓延颈，思见其状。"[1]这种受欢迎的程度，此前只有孙策和周瑜有过。

神凤元年（252年）十月，诸葛恪在东兴征集人力，重建孙权时期未完成的大堤，堵拦巢湖湖水，依托山势在左右两边各筑城一座。当时刚刚接掌曹魏政权的司马师面临各方势力反对，想一战立威，稳固政局。于是借孙权新丧、吴国政局不稳之际南下攻吴，以吴军修堤是入其疆土为借口，于十二月兵分三路伐吴，王昶、毋丘俭率兵攻打南郡、武昌，实为诱敌，分散吴国兵力，征东将军胡遵、镇东将军诸葛诞率主力七万架浮桥进攻东兴，欲毁坏大堤。军情紧急，诸葛恪亲率四万援军赶到东兴，前锋丁奉、吕据等乘天降大雪突袭魏军营垒，魏军惊惶撤退，大批士兵争渡浮桥，桥因超载而断，落水淹死和互相践踏而死的皆有万人。王昶、毋丘俭得知东兴失利的消息，皆烧营退走，吴军缴获了大批车马驴骡和其他军需物资，得胜而还。吴主孙亮大加封赏，晋诸葛恪为阳都侯，加荆州、扬州牧，都督中外诸军事，并赐金一百斤、马二百匹、缯布各万匹。

东兴之战是诸葛恪作为全军统帅对阵曹魏，战争的胜利使诸葛恪自身的名望和功业都达到了顶点，也使他对曹魏产生了轻敌之心，认为曹魏实力不过如此，意欲乘胜发兵伐魏。为增加取胜的机会，他派司马李衡前往蜀汉劝说姜维，约定两国同时出兵，令曹魏东西不能兼顾。"若大举伐之，使吴攻其东，汉入其西，彼救西则东虚，重东则西轻，以练实之军，乘虚轻之敌，破之必矣。"[2]诸葛恪和姜维都清楚，吴、蜀联合也不及曹魏势大，但正值司马氏夺取曹魏政权之际，内部不稳，"今敌政在私门，外内猜隔，兵挫于外，而民怨于内，自曹操以来，彼之亡形未有如今者也。"为两国联合进攻提供了最好的机会，恐怕也是最后的机会，这是他们坚持出兵的理由。

---

① 《三国志》卷六十四《吴书·诸葛恪传》，第1434页。
② 《三国志》卷六十四《吴书·诸葛恪传》注引《汉晋春秋》，第1435页。

毫无疑问，诸葛恪和姜维的判断是准确的，但此议遭到大部分吴国大臣们的反对。他们认为孙吴国力不支，士卒疲惫，一致劝阻伐魏。诸葛恪为说服群臣，专门写了一篇文章，说明必须伐魏的原因。《三国志》卷六十四《吴书·诸葛恪传》载：

> 夫天无二日，土无二王，王者不务兼并天下而欲垂祚后世，古今未之有也。昔战国之时，诸侯自恃兵强地广，互有救援，谓此足以传世，人莫能危。恣情从怀，惮于劳苦，使秦渐得自大，遂以并之，此既然矣。近者刘景升在荆州，有众十万，财谷如山，不及曹操尚微，与之力竞，坐观其强大，吞灭诸袁。北方都定之后，操率三十万众来向荆州，当时虽有智者，不能复为画计，于是景升儿子，交臂请降，遂为囚虏。凡敌国欲相吞，即仇雠欲相除也。有雠而长之，祸不在己，则在后人，不可不为远虑也。昔伍子胥曰："越十年生聚，十年教训，二十年之外，吴其为沼乎！"夫差自恃强大，闻此邈然，是以诛子胥而无备越之心，至于临败悔之，岂有及乎？越小于吴，尚为吴祸，况其强大者邪？昔秦但得关西耳，尚以并吞六国，今贼皆得秦、赵、韩、魏、燕、齐九州岛之地，地悉戎马之乡，士林之薮。今以魏比古之秦，土地数倍；以吴与蜀比古六国，不能半之。然今所以能敌之，但以操时兵众，于今适尽，而后生者未悉长大，正是贼衰少未盛之时。加司马懿先诛王凌，续自陨毙，其子幼弱，而专彼大任，虽有智计之士，未得施用。当今伐之，是其厄会。圣人急于趋时，诚谓今日。若顺众人之情，怀偷安之计，以为长江之险可以传世，不论魏之终始，而以今日遂轻其后，此吾所以长叹息者也。自古以来，务在产育，今者贼民岁月繁滋，但以尚小，未可得用耳。若复十数年后，其众必倍于今，而国家劲兵之地，皆已空尽，唯有此见众可以定事。若不早用之，端坐使老，复十数年，略当损半，而见子弟数不足言。若贼众一倍，而我兵损半，虽复使伊、管图之，未可如何。今不达远虑者，必以此言为迂。夫祸难未至而豫忧虑，此固众人之所迂也。及于难至，然后顿颡，虽有智者，又不能图。此乃古今所病，非独一时。昔吴始以伍员为迂，故难至而不可救。刘景升不能虑十年之后，故无以诒其子孙。今恪无具臣之才，而受大吴萧、霍之任，智与众同，思不经远，若不及今日为国斥境，俯仰年老，而雠敌更强，欲刎颈谢责，宁有补邪？今闻众人或以百姓尚贫，欲务间息，此不知虑其大危，而爱其小勤者也。昔汉祖幸已自有三秦之地，何不闭关守险，以自娱乐，空出攻楚，身被创痍，介胄生虮虱，将士厌困苦，岂甘锋刃而忘安宁哉？虑于长久不得两存者耳！每览荆邯说公孙述以进取之图，近见家叔父表陈与贼争竞之计，未尝不喟然叹息也。凤夜反侧，所虑如此，故聊疏愚言，以达二三君子之末。若一朝陨殁，志画不立，贵令来世知我所忧，可思于后。

诸葛恪先说明统一乃是天下大势，接着举出吴王夫差和荆州刘表等事例，他们一时放过对手招致最后的失败，而曹魏势大，与吴、蜀相比，类似战国时期的秦和六国。但是当时的曹魏面临着诸多不利条件，如果不乘此时出兵伐魏，就是给它以喘息之机，孙吴纵有长江天险，也难以抵挡逐步强大起来的曹魏。诸葛恪在最后表明，为了孙吴的长久打算，决意效仿汉高祖出关与项羽争天下，联合蜀汉政权共同伐魏。

建兴二年（253 年）三月，诸葛恪不顾众人反对，兴兵二十万进攻魏国，吴地百姓骚动，诸葛恪开始失去民心。接着，诸葛恪围攻曹魏新城，数月不能攻克，又值盛暑，瘟疫流行，伤病死者甚众，士卒怨声载道。曹魏获悉吴军疲病，命司马孚、毌丘俭率军急进，合击吴军，孙吴朝内催促撤兵的诏书也接连到来，八月，诸葛恪被迫退兵。直到此时，诸葛恪的所作所为还是可圈可点的，无论是进攻目的、进攻时机还是进攻方向在当时的历史背景中都是正确的，与其叔父诸葛亮在蜀汉的作为不遑多让。但是，诸葛恪却缺乏诸葛亮勇于承担责任的胸襟和勇气，非但没有像诸葛亮那样自贬三级，反而为掩饰过失，更为独断专权。他一回京，立即透过于中书令孙嘿，指斥他妄做诏书，孙嘿惶惧之下告病辞官。诸葛恪检点政事记录，把自己出征后选曹新任命的各级官员全部罢免，重新选任，将用人权牢牢控制在自己手中。此后，诸葛恪治下愈严，下属动辄得咎，觐见他的人，无不屏息敛气。他还改换宫城宿卫人员，用自己的亲信来担任，朝野为之侧目。诸葛恪刚愎自用，不断打击异己，进一步加剧了他与皇帝、宗室、同僚之间的矛盾冲突，把自己推向政治的孤立面。更为严重的是，诸葛恪没有继续革除孙权晚年弊政，没有将稳定内政放在首位，反倒是希望以军事上的胜利巩固自己的权力，他准备再攻曹魏，只是此次不是进攻一座城池，而是命令部队整装集结，倾江东之力进攻青州、徐州。诸葛恪的倒行逆施使朝野对他大失所望，一场政治阴谋悄然展开了。十月，孙峻利用诸葛恪为万民所怨、众口所嫌的机会，污蔑他意欲叛乱，在宫廷宴会上杀了诸葛恪，用草席裹尸，扔到了建业南边的乱葬岗。

诸葛恪的悲剧结局，早在他从新城退兵时，魏将邓艾就已经预言：

> 孙权已没，大臣未附，吴名宗大族，皆有部曲，阻兵仗势，足以建命。恪新秉国政，而内无其主，不念抚恤上下以立根基，竞于外事，虐用其民，悉国之众，顿于坚城，死者万数，载祸而归，此恪获罪之日也。昔子胥、吴起、商鞅、乐毅皆见任时君，主没而败。况恪才非四贤，而不虑大患，其亡可待也。①

诸葛恪是孙吴后期的关键人物，他一度将孙吴政权推上了最强盛时期，但其后来的专权和被杀，引发了吴国政局持续不断的动荡，最终导致了吴国一步步走向灭亡。在诸葛家族中，诸葛恪的功业仅次于诸葛亮，生前给诸葛家族带来无上荣耀，死后则招致灭族之祸。诸葛恪的长子诸葛绰，因为卷入太子孙和与鲁王孙霸的党争，被孙权遣送给诸葛恪，令他自行处置，诸葛恪为保全家族和自己的权位，竟毒杀了

---

① 《三国志》卷二十八《魏书·邓艾传》，第 777 页。

自己的儿子。诸葛恪的次子诸葛竦、幼子诸葛建、外甥都乡侯张震及常侍朱恩等也都被孙峻所杀。弟弟诸葛融承袭父爵,当时担任奋威将军,镇守公安,服毒自杀,三个儿子也被杀了。孙吴诸葛氏全族覆灭。

诸葛诞(?—258年)字公休,仕于曹魏,在诸葛家族中与诸葛瑾、诸葛亮齐名。《世说新语·品藻》:

> 诸葛瑾、弟亮及从弟诞,并有盛名,各在一国。于时以为"蜀得其龙,吴得其虎,魏得其狗"。诞在魏与夏侯玄齐名;瑾在吴,吴朝服其弘量。

余嘉锡笺疏曰:

> 司马之党必不以孔明为龙。此所谓狗,乃功狗之狗,谓如韩卢宋鹊之类。虽非龙虎之比,亦甚有功于人。故曰"并有盛名",非鄙薄之称也。观《世说》下文云"诞在魏与夏侯玄齐名",则无诋毁公休之意亦明矣。太公《六韬》以文、武、龙、虎、豹、犬为次,知古人之视犬,仅下龙虎一等。凡读古书,须明古人词例,不可以后世文义求之也。①

诸葛诞的父亲是谁史籍缺载,他如何入仕也无详载,同出诸葛家族,当诸葛亮在蜀汉、诸葛瑾在孙吴都有极高地位时,诸葛诞却未去投奔,反而在曹魏任职,具体原因不明。《三国志》本传说诸葛诞初为尚书郎,曾与仆射杜畿一起在陶河测试刚造好的船,突遇大风,船被吹翻,他与杜畿同时落水,虎贲军入水营救,先遇诸葛诞,他不顾自己身处险境,命他们先救杜畿,后飘于岸上昏死过去,许久才苏醒。虽然诸葛诞将生的机会让给了杜畿,但杜畿毕竟已经六十二岁,《杜畿传》记载他死于此次试船溺水,"受诏作御楼船,于陶河试船,遇风没。帝为之流涕。"②时间是224年。

诸葛诞舍生忘死颇为人称赞,很快出任荥阳令,又入朝为吏部郎,负责官员选拔工作。朝臣请托者络绎不绝,诸葛诞公布所选官员名单时,就将推荐者与其请托之辞附后,一起公之于众,让公议来监督。此后,群僚在举荐备选官员时,都小心谨慎,唯恐所荐非才,招致非议。诸葛诞的做法,在一定程度上推动形成了举贤荐能的风气,甚为时人赞赏。

此后,诸葛诞累迁至御史中丞尚书,魏明帝太和年间(227—233年),与当时的青年权贵夏侯玄、邓飏等人结为好友。他们互相品评,议论朝政,盛名于世,被誉为"四聪八达"。魏明帝认为此种行为崇尚浮华、沽名钓誉,便将诸葛诞等人罢官禁锢。《三国志》卷二十八《魏书·诸葛诞传》记载:

> 与夏侯玄、邓飏等相善,收名朝廷,京都翕然。言事者以诞、飏等修浮华,合虚誉,渐不可长。明帝恶之,免诞官。

---

① [南朝宋]刘义庆著,[南朝梁]刘孝标注,余嘉锡笺疏《世说新语笺疏》,上海古籍出版社,1993年版,第502、503页。

② 《三国志》卷十六《魏书·杜畿传》,第497页。

注引《世语》曰：

是时，当世俊士散骑常侍夏侯玄、尚书诸葛诞、邓飏之徒，共相题表，以玄、畴四人为四聪，诞、备八人为八达，中书监刘放子熙、孙资子密、吏部尚书卫臻子烈三人，咸不及比，以父居势位，容之为三豫，凡十五人。帝以构长浮华，皆免官废锢。

另据《三国志》卷九《魏书·曹爽传》记载：

南阳何晏、邓飏、李胜，沛国丁谧，东平毕轨咸有声名，进趣于时，明帝以其浮华，皆抑黜之。

根据上述材料，四聪八达三豫集团十五人中能考定十人：夏侯玄、诸葛诞、邓飏、何晏、李胜、丁谧、毕轨、刘熙、孙密、卫烈，皆在魏明帝统治时期被免官。

魏明帝死后，曹爽与司马懿辅政，追随曹操起家的老臣多数支持司马懿，曹爽为扩充自己的势力，便将与自己亲近的夏侯玄、何晏、邓飏、李胜、丁谧、毕轨等人提拔重用，诸葛诞也在这时出任扬州刺史，加昭武将军。但此时尚不能说诸葛诞就是曹爽同党，他的长女嫁给了司马懿的第五子司马伷，次女嫁给了老臣王凌的儿子王广，属于曹爽和司马懿两派都能接受的政治人物。

嘉平元年（249年），高平陵政变后，司马懿大权独揽，诛杀曹爽、何晏、邓飏、丁谧、毕轨、李胜等三族，受牵连者达五千余人。嘉平三年（251年），掌重兵于淮南的太尉王凌密谋拥立曹操子曹彪为帝，以对抗司马氏，司马懿率军征讨，王凌自杀。事平后，以诸葛诞为镇东将军、都督扬州诸军事，担负起东南屏障的作用，震慑孙吴。嘉平四年（252年）东兴之战，诸葛诞对阵诸葛恪失利，徙为镇南将军，都督豫州。正元元年（254年），司马师杀李丰、夏侯玄，废齐王曹芳，立高贵乡公曹髦，镇东将军毌丘俭和扬州刺史文钦害怕牵连到自己，于正元二年（255年）据寿春讨伐司马师，并遣使约诸葛诞共同行动。诸葛诞斩杀来使，将毌丘俭和文钦的反叛公布天下。司马师率军南下平叛，命诸葛诞率豫州军进攻寿春，毌丘俭很快败死，文钦亡命入吴，寿春百姓惊惧之下或流散山泽，或逃亡到孙吴。为稳定淮南局势，司马师命久在淮南、熟悉情况的诸葛诞为镇东大将军，都督扬州。诸葛诞入驻寿春后，招揽逃亡流民，打退孙峻、吕据率领的吴军，因功封高平侯，邑三千五百户，转为征东大将军。

诸葛诞身为曹魏重臣，身不由己卷入皇族曹氏与权臣司马氏的激烈斗争中。他的至交好友邓飏、夏侯玄先后被司马懿、司马师诛杀，驻守淮南且忠于曹魏皇室的王凌、毌丘俭又相继被诛灭，放眼曹魏，能对司马氏篡权夺位构成威胁的只剩下自己了，如今再驻淮南，手下掌控十万兵马，难免不被司马氏猜忌。为求自保，他开始逐步防备。《三国志》卷二十八《魏书·诸葛诞传》载：

诞既与玄、飏等至亲，又王凌、毌丘俭累见夷灭，惧不自安，倾帑藏振施以结众心，厚养亲附及扬州轻侠者数千人为死士。甘露元年冬，吴贼欲向徐塭，计诞所督兵马足以待之，而复请十万众守寿春，又求临淮筑城以备寇，内欲保有淮南。

为笼络人心，诸葛诞将府库物资全部赈济灾民，暗中培养为自己效命的亲卫死士；为加强军事实力，明知现有兵力足以对抗进犯的吴军，还向朝廷请求增派十万兵力到寿春，并要求临淮河筑城，名义上是防吴军进犯，实际是加强兵力，据有淮南。

当时，司马师已死，其弟司马昭初掌大权，知道诸葛诞有自疑之心，因他是老臣，与司马氏还是儿女亲家，且未露反形，便想将他调离淮南，征入朝廷便于控制，为确定诸葛诞的心思，便派贾充到淮南试探。《三国志》卷二十八《魏书·诸葛诞传》注引《世语》曰：

> 司马文王既秉朝政，长史贾充以为宜遣参佐慰劳四征，于是遣充至寿春。充还启文王："诞再在扬州，有威名，民望所归。今征，必不来，祸小事浅；不征，事迟祸大。"乃以为司空。

注引《魏末传》曰：

> 贾充与诞相见，谈说时事，因谓诞曰："洛中诸贤，皆愿禅代，君所知也。君以为云何？"诞厉色曰："卿非贾豫州子？世受魏恩，如何负国，欲以魏室输人乎？非吾所忍闻。若洛中有难，吾当死之。"充默然。

诸葛诞与贾充的谈话，明确表明了自己站在曹魏皇室一方的态度，司马昭最终决定除掉他。甘露二年（257 年）五月，司马昭以皇帝曹髦名义下诏，命诸葛诞将淮南兵权交给扬州刺史乐綝后，赴京师任司空，诸葛诞意识到这是明面上升官，暗中夺其兵权，怕是要步王凌、毌丘俭后尘，遂诛杀乐綝，据守寿春反抗司马昭，并派长史吴纲带儿子诸葛靓到孙吴当人质，向孙吴称臣求援。司马昭挟曹魏太后和皇帝曹髦，率二十六万大军讨伐诸葛诞，命镇东将军王基及安东将军陈骞包围寿春，派监军石苞、兖州刺史州泰等人领兵抵御孙吴援兵。甘露三年（258 年）二月，寿春城破，诸葛诞被杀，麾下数百人被俘，皆宁死不降："为诸葛公死，不恨。"史官感叹"其得人心如此。"[1]

诸葛诞身处曹氏与司马氏政治斗争旋涡中，他的反叛被镇压，从曹魏政局来说，是反对司马氏的势力全部被消灭，此后司马氏终能代魏自立，建立西晋王朝。从诸葛氏家族来说，诸葛诞死后，被夷灭三族（其长女琅邪王妃除外），唯有被送往孙吴做人质的诸葛靓得以保全性命，曹魏的诸葛氏全部覆灭。

总之，三国时期，在三个政权都曾显赫一时的唯有诸葛氏家族，"蜀得其龙，吴得其虎，魏得其狗。"[2]诸葛亮、诸葛瑾和诸葛诞，既有血缘亲情，又各奉一主，

---

① 《三国志》卷二十八《魏书·诸葛诞传》，第 773 页。
② [南朝宋] 刘义庆著，[南朝梁] 刘孝标注，余嘉锡笺疏《世说新语笺疏·品藻》，第 502 页。

政治对立，诸葛亮和诸葛瑾兄弟见面避谈私事，诸葛诞和诸葛恪甚至在战场上兵戎相见。如此家族，在乱世中固然可分散族人，各自发展，不至于一人得罪全族株连，但诸葛亮儿孙战死沙场，诸葛恪和诸葛诞皆因卷入政治斗争被灭族，诸葛氏家族遭受巨大损失，劫后余生之辈，仅诸葛亮孙诸葛京、诸葛瑾孙诸葛显和诸葛诞子诸葛靓。

2. 两晋时期诸葛氏家族的发展

两晋时期，诸葛氏家族虽有一定知名度，甚至东晋初曾与琅邪王氏并称，"诸葛三君，功名鼎盛，彪炳人寰，继以瞻、恪、靓，皆有重名。故渡江之初，犹以王、葛并称。"[①] 但的确已经走出了家族的黄金时代，只能在历史上发挥有限的作用。

西晋时期，诸葛家族崭露头角的是诸葛绪、诸葛冲、诸葛诠（铨）祖孙。

诸葛绪，生卒年不详，曹魏时入仕，任泰山郡太守时曾率军击退吴军。《三国志》卷二十八《魏书·邓艾传》载：

> 吴大将军孙峻等号十万众，将渡江，镇东将军诸葛诞遣艾据肥阳，艾以与贼势相远，非要害之地，辄移屯附亭，遣泰山太守诸葛绪等于黎浆拒战，遂走之。

孙峻，253年杀诸葛恪执掌孙吴政权，256年病死，诸葛绪击退吴军，应该在这几年期间。景元四年（263年），诸葛绪奉命统军三万参与灭蜀之战，主要负责截断姜维的退路。《三国志》卷二十八《魏书·钟会传》：

> 四年秋，乃下诏使邓艾、诸葛绪各统诸军三万余人，艾趣甘松、沓中连缀维，绪趣武街、桥头绝维归路。

诸葛绪被姜维用计甩脱，未能完成阻击任务，时邓艾欲邀诸葛绪共走阴平小道，被诸葛绪拒绝，他去与钟会会和，却遭其陷害，被关入囚车押解回京，部队指挥权也转交给了钟会。

> 邓艾追姜维到阴平，简选精锐，欲从汉德阳入江由、左儋道诣绵竹，趣成都，与诸葛绪共行。绪以本受节度邀姜维，西行非本诏，遂进军前向白水，与会合。……会与绪军向剑阁，会欲专军势，密白绪畏懦不进，槛车征还。军悉属会。

注解：

> 按百官名：绪入晋为太常崇礼卫尉。子冲，廷尉。荀绰兖州记曰：冲子诠，字德林，玫字仁林，并知名显达。诠，兖州刺史。玫，侍中御史中丞。

不久，钟会谋反被杀，诸葛绪大约因此得释，后由魏入晋，封乐安亭侯，任太常、卫尉等职，其子诸葛冲仕至廷尉，诸葛冲有二子一女，长子诸葛诠（铨），仕至散骑常侍，是贾谧的二十四友之一。《晋书》卷四十《贾谧传》：

---

① ［南朝宋］刘义庆著，［南朝梁］刘孝标注，余嘉锡笺疏《世说新语笺疏·方正》，第307页。

渤海石崇欧阳建、荥阳潘岳、吴国陆机陆云、兰陵缪征、京兆杜斌挚虞、琅邪诸葛诠、弘农王粹、襄城杜育、南阳邹捷、齐国左思、清河崔基、沛国刘瑰、汝南和郁周恢、安平牵秀、颍川陈眕、太原郭彰、高阳许猛、彭城刘讷、中山刘舆刘琨皆傅会于谧，号曰二十四友，其余不得预焉。

诸葛诠在贾谧被杀后未受牵连，此后一直仕至廷尉，永嘉五年（311 年）随东海王司马越撤出洛阳后，死于乱军之中。《晋书》卷五《怀帝纪》：

石勒追东海王越丧，及于东郡，将军钱端战死，军溃，太尉王衍、吏部尚书刘望、廷尉诸葛铨、尚书郑豫、武陵王澹等皆遇害，王公已下死者十余万人。

诸葛诠的弟弟诸葛玫，仕至御史中丞，永嘉元年（307 年），与吏部郎周穆谋立清河王司马覃，被东海王司马越所杀，《晋书》卷三十一《后妃上》载：

铨弟玫，字仁林，侍中、御史中丞。玫妇弟周穆，清河王覃之舅也。永嘉初，穆与玫劝东海王越废怀帝，立覃，越不许。重言之，越怒，遂斩玫及穆。

《晋书》卷五十九《东海王越传》：

及怀帝即位，委政于越。吏部郎周穆，清河王覃舅，越之姑子也，与其妹夫诸葛玫共说越曰："主上之为太弟，张方意也。清河王本太子，为群凶所废。先帝暴崩，多疑东宫。公盍思伊、霍之举，以宁社稷乎？"言未卒，越曰："此岂宜言邪！"遂叱左右斩之。以玫、穆世家，罪止其身，因此表除三族之法。

诸葛冲的女儿诸葛婉，是晋武帝的后妃之一。《晋书》卷三十一《后妃上》：

诸葛夫人，名婉，琅邪阳都人也。父冲，字茂长，廷尉卿。婉以泰始九年春入宫，帝临轩，使使持节、洛阳令司马肇拜为夫人。

西晋时期，诸葛绪一系曾活跃于朝堂上层，由武将转为外戚，但并非显赫家族，为维系家族地位，不得不攀附外戚贾氏和东海王司马越，最终也未得善果。

两晋之际，诸葛靓的后裔随琅邪王司马睿渡江，在江东政治舞台上发挥了一定作用。

诸葛靓，字仲思，甘露二年（257 年），诸葛诞据守寿春反抗司马昭，派诸葛靓赴孙吴为人质，请求援军。次年，诸葛诞兵败被杀，诸葛靓留在孙吴，任右将军。时吴国进入了孙休统治时期，政局基本安定，诸葛靓在仕途上平稳上升。264 年，孙皓即位，在这位昏庸暴虐的君主统治下，朝臣动辄得咎，有一次，他在朝堂上问诸葛靓："卿字仲思，为何所思？"诸葛靓答："在家思孝，事君思忠，朋友思信。如斯而已！"①可见其应对之才。

265 年，孙皓徙都武昌，留诸葛靓和御史大夫丁固镇守建业，显然，诸葛靓已经颇被信重。次年，永安山贼施但聚众数千人，劫持了孙皓庶弟永安侯孙谦叛乱，

---

① ［南朝宋］刘义庆著，［南朝梁］刘孝标注，余嘉锡笺疏《世说新语笺疏·言语》，第 83 页。

一路吸引民众参加，至建业附近时，已达万余人。施但以孙谦名义遣使给诸葛靓和丁固下诏书招降，诸葛靓立斩其使，并迅速出城击溃贼众，施但败走，孙谦被俘，诸葛靓此举，为稳固孙皓的统治做出了贡献。此后，诸葛靓又参与了孙吴的一些政治、军事活动，但当时已经是孙吴的统治末期，诸葛靓并未发挥出更多作用。

279 年冬，晋武帝大举伐吴，孙皓投降，吴国君臣皆被迁移到洛阳，诸葛靓被迫北上。晋武帝与诸葛靓自幼相识，有"竹马之好"，且其长姐是琅邪王司马伷的王妃，故下诏召他为大司马，诸葛靓拒不应命。晋武帝曾亲赴琅邪王府，想见见自己的童年玩伴，诸葛靓先是躲入厕所中，后不得不出见，直言："臣不能吞炭漆身，今日复睹圣颜。"① 春秋末年，晋国大夫赵襄子灭智伯，智伯的家臣豫让为了报仇，吞炭毁嗓，用漆涂身改变形貌，改音易容，使人不识，再去报仇。诸葛靓用吞炭漆身的典故，自恨不能为父亲诸葛诞报仇。《世说新语》记载，晋武帝"惭悔而出"，自此不再逼迫他为官。此后，诸葛靓回琅邪隐居，因父仇难报，终身背对西晋都城洛阳方向而坐。

诸葛靓未入西晋朝堂，他的两个儿子却都在西晋后期进入仕途，长子诸葛颐，字道回，东晋时期仕至太常。次子诸葛恢（284—345 年），字道明，是东晋初的名士、重臣，使诸葛家族在江东再次声名鹊起。

诸葛恢弱冠知名，初入仕途是试用即丘长，后转任临沂令，为政平和。"八王之乱"爆发，中原战乱不休，生灵涂炭，琅邪王司马睿在王导劝说下回琅邪躲避战乱，并吸纳了一批琅邪士族为其属官，诸葛恢此时出任安东将军主簿，后随司马睿渡江南下，出任江宁县令。在当时渡江南下的士族名士中，诸葛恢的名气仅次于王导和庾亮，诸葛家族亦与琅邪王氏不相上下，《世说新语·排调》载：

> 诸葛令、王丞相共争姓族先后。王曰："何不言葛、王，而云王、葛？"令曰："譬如驴马，不言马驴，驴宁胜马邪？"②

永嘉五年（311 年），因征讨周馥有功，诸葛恢被赐爵博陵亭侯。同年，司马睿升任镇东大将军，诸葛恢被任命为镇东参军，后来与卞壶都因时誉升迁为从事中郎，兼领记室。当时中原战乱、江东未平，政事繁多，奏章文书堆积，诸葛恢处置得宜，上下都很满意。永嘉初，王导主政，王敦掌军，诸葛恢兄弟与颜含并任要职，刘超因忠诚谨慎掌管诏令拟定与发布，这些人皆是琅邪国人，故史官记载："时人以帝善任一国之才。"③

建兴三年（315 年），王敦基本平定荆州，自此占据上游，野心逐步显露。司马睿为增加自己手中的筹码，命诸葛恢出任会稽太守，并亲自为他饯行，对他说："今

---

① ［南朝宋］刘义庆著，［南朝梁］刘孝标注，余嘉锡笺疏《世说新语笺疏·方正》，第 290 页。
② ［南朝宋］刘义庆著，［南朝梁］刘孝标注，余嘉锡笺疏《世说新语笺疏·排调》，第 791 页。
③ 《晋书》卷七十七《诸葛恢传》，第 2042 页。

之会稽，昔之关中，足食足兵，在于良守。以君有莅任之方，是以相屈。"①将江东的粮仓重地、经济命脉交到了诸葛恢的手上，可见司马睿对他的信任。

太兴元年（318年），晋愍帝死讯传至江东，司马睿称帝，东晋建立，因诸葛恢政绩第一，司马睿下诏褒奖：

> 会稽内史诸葛恢莅官三年，政清人和，为诸郡首，宜进其位班，以劝风教。今增恢秩中二千石。②

不久，诸葛恢因母亲去世而离职守丧。服丧期满，拜中书令。时王敦势大，他上表任诸葛恢为丹阳尹，希望诸葛恢能为己所用，但诸葛恢心向皇室，不愿与王敦牵扯过深，遂长期称病，被免官。太宁二年（324年），晋明帝司马绍征讨王敦，立即启用诸葛恢，任命他为侍中。此后，诸葛恢因功进爵为建安伯，再次担任会稽内史、后将军，历任左民尚书、武陵王师、吏部尚书、尚书右仆射、尚书令等职。过江初，王导曾对诸葛恢说："明府当为黑头公。"言诸葛恢是有才之人，头发还是黑的，年纪很轻时就可升为公卿。后来王导升任司空，诸葛恢在座，王导指着自己的冠帽对他说："君当复著此。"③对诸葛恢寄以厚望，而后来诸葛恢果然成为三公之一。

咸康八年（342年）六月，二十二岁的晋成帝司马衍病重，无子，选同母弟琅邪王司马岳继任，遗诏命武陵王司马晞、会稽王司马昱、中书监庾冰、中书令何充、尚书令诸葛恢五人为顾命大臣，辅佐朝政。晋康帝即位后，加任诸葛恢为侍中、金紫光禄大夫。此时的诸葛恢，政治地位虽难以达到诸葛亮和诸葛恪的位置，却不低于诸葛瑾、诸葛诞，对诸葛家族的发展有较大影响。

永和元年（345年），诸葛恢去世，年六十二岁。此后，诸葛氏家族地位一度衰落，不得不结缘新晋强族陈郡谢氏。《世说新语·方正》：

> 诸葛恢大女适太尉庾亮儿，次女适徐州刺史羊忱儿。亮子被苏峻害，改适江虨。恢儿娶邓攸女。于时谢尚书求其小女婚。恢乃云："羊、邓是世婚，江家我顾伊，庾家伊顾我，不能复与谢衰儿婚。"及恢亡，遂婚。于是王右军往谢家看新妇，犹有恢之遗法，威仪端详，容服光整。王叹曰："我在遣女裁得尔耳！"④

东晋前期，王、葛并称，诸葛氏虽不及琅邪王氏位高权重，然其社会地位仍与颖川庾氏、泰山羊氏等大族齐名，故与他们通婚，此时，陈郡谢氏地位尚低，诸葛恢不愿与谢氏通婚。待到诸葛恢死后，诸葛氏家道中落，而谢氏家族恰在此时崛起，与琅邪王氏齐名，诸葛氏子弟欲结缘强族，遂将诸葛恢幼女嫁给了谢石。

① 《晋书》卷七十七《诸葛恢传》，第2042页。
② 《晋书》卷七十七《诸葛恢传》，第2042页。
③ 《晋书》卷七十七《诸葛恢传》，第2041页。
④ [南朝宋]刘义庆著，[南朝梁]刘孝标注，余嘉锡笺疏《世说新语笺疏·方正》，第306页。

东晋后期，诸葛氏家族地位较高、影响较大的是诸葛长民（？－413年），史籍中并未详载他属于哪一分支，只是简单记述"琅邪阳都人也"。诸葛长民颇有才干，然名声不佳，任桓玄参军时，因贪污刻薄被免。后来投到刘裕麾下，助他灭桓玄有功，封新淦县公，督淮北诸军事。此后，诸葛长民主要负责北方战事，击退南侵下邳的南燕军，因功升任青州刺史、督青扬二州诸军事，领晋陵太守，驻丹徒。

义熙六年（410年），刘裕北伐南燕，京师空虚，五斗米道首领卢循、徐道覆乘机起兵作乱，江州刺史何无忌战死，豫州刺史刘毅战败，朝野震惊。诸葛长民星夜驰援建康，刘裕也率军回援。叛乱平定后，诸葛长民转督豫州、扬州六郡军事、豫州刺史、淮南太守，扼守京师北部门户。

义熙八年（412年），刘裕率军西征坐镇荆州的刘毅，命建威将军刘穆之和诸葛长民留守建康。刘裕出征后，诸葛长民多行不轨，《晋书》卷八十五《诸葛长民传》记载：

> 长民骄纵贪侈，不恤政事，多聚珍宝美色，营建第宅，不知纪极，所在残虐，为百姓所苦。自以多行无礼，恒惧国宪。

刘毅被杀后，诸葛长民担忧下一个被刘裕剪除的就是自己，曾对亲近的人表述"昔年醢彭越，前年杀韩信，祸其至矣！"遂萌生反意。他曾试探刘穆之："人间论者谓太尉与我不平，其故何也？"刘穆之是刘裕亲信，不想京师生乱，便劝他勿听谗言："相公西征，老母弱弟委之将军，何谓不平！"但诸葛长民的弟弟诸葛黎民则说："黥彭异体而势不偏全，刘毅之诛，亦诸葛氏之惧，可因裕未还以图之。"力劝诸葛长民不能坐以待毙，且要赶在刘裕回京之前起事。诸葛长民犹豫未决，慨叹："贫贱常思富贵，富贵必履机危。今日欲为丹徒布衣，岂可得也！"①为求万全，诸葛长民写信给冀州刺史刘敬宣，约他共同起兵，共图富贵。刘敬宣自父亲刘牢之死后，一直小心谨慎，他回书婉拒，并将此事呈报刘裕。如果诸葛长民挟持晋安帝在建康作乱，刚刚稳定的政局势必会再度混乱，而且刘裕的家人也将不免，但荆州初定，若刘裕匆忙率军回京，只怕诸葛长民惊惧之下，会提早动手。就在刘裕思考如何铲除已有反心的诸葛长民而又无须激发一场内战时，王导曾孙王诞向他建议，自己先回建康观察局势，他说："长民知我蒙公垂眄，今轻身单下，必当以为无虞，乃可以少安其意。"王诞明知当时回建康必然会面临难以想象的危险，他仍然坚持回京，对刘裕的忠心不言自明，刘裕大为感慨："卿勇过贲、育矣"②，将他比作战国时期的著名勇士孟贲、夏育，以示赞赏。

王诞提前回京，设计稳住诸葛长民，并为刘裕下一步的安排提供了准确情报。在王诞的配合下，刘裕放出大军凯旋回京的消息，命军队日夜兼行返回建康待命，

---

① 《晋书》卷八十五《诸葛长民传》，第2213页。
② ［梁］沈约：《宋书》卷五十二《王诞传》，中华书局，1974年版，第1492页。

自己却有意拖延。诸葛长民与文武百官接连数日在建康郊外新亭迎候，刘裕却迟迟不露面。待各种准备工作就绪，刘裕连夜乘轻舟由水路直达建康，潜入东府。次日，诸葛长民听说刘裕已然回京，惶惧之下，连忙去东府拜见刘裕。刘裕事先命卫士埋伏在幕后，自己与诸葛长民"却人闲语，凡平生于长民所不尽者，皆与及之；长民甚说。"①乘诸葛长民不备，命卫士将他当场杀死。紧接着，刘裕派人追杀诸葛长民的几位兄弟，斩草除根。诸葛黎民骁勇绝人，与捕者苦战而死；小弟弟诸葛幼民逃于深山，后被擒杀。此前诸葛长民苛虐百姓，"诸葛氏之诛也，士庶咸恨正刑之晚，若释桎梏焉。"②

东晋后期，诸葛氏家族还有一位北府军将领诸葛侃，附载于《晋书》卷八十四《刘牢之传》，具体事迹不详：

> 刘牢之，字道坚，彭城人也。……太元初，谢玄北镇广陵，时苻坚方盛，玄多募劲勇，牢之与东海何谦、琅邪诸葛侃、乐安高衡、东平刘轨、西河田洛及晋陵孙无终等以骁猛应选。玄以牢之为参军，领精锐为前锋，百战百胜，号为"北府兵"，敌人畏之。

3. 南北朝时期的诸葛氏家族

南北朝时期，载于史籍的诸葛氏族人数量非常少，且多为中下级文官，诸葛氏的影响日渐减少。

刘宋朝有两位诸葛氏族人，宋初的诸葛阐和宋末诸葛导。

据《南史》卷二《宋本纪中》记载：元嘉四年（427年），

> 采富阳令诸葛阐议，禁断夏至日五丝命缕之属。

元嘉二十七年（450年），二月，魏军南下进攻悬瓠。因战争爆发，减朝廷百官三分之一俸禄，以补军费之缺。

> 三月乙丑，淮南太守诸葛阐求减奉禄，同内百官，于是诸州郡县丞尉并悉同减。③

从这两条史料看，诸葛阐活动于宋文帝刘义隆统治时期，初为富阳令，积二十余年方至淮南太守，政治影响不大，可称道者，是为刘宋王朝减少了一些不必要的开支，缩减官员俸禄以充军费。

诸葛导的史料比诸葛阐还少。据《南齐书·陈显达传》，宋元徽五年（477年），萧道成杀死十五岁的后废帝刘昱，拥立九岁的刘准即位，是为宋顺帝。车骑大将军沈攸之在荆州起兵反抗萧道成，辅国将军陈显达派军队增援萧道成，长史到遁、司马诸葛导劝阻他派兵，他们认为局势未明，可保土守境蓄集兵众，静观其变，"沈

---

① 《宋书》卷二《武帝纪中》，第 29 页。
② 《晋书》卷八十五《诸葛长民传》，第 2213 页。
③ [唐] 李延寿：《南史》卷二《宋本纪中》，中华书局，1975 年版，第 40、51 页。

攸之拥众百万，胜负之势未可知，不如保境蓄众，分遣信驿，密通彼此"①，陈显达坚决支持萧道成，杀了到遁和诸葛导，并写信给萧道成，表示归附。

南齐时期载于史册的诸葛氏子弟是文学家诸葛勖，曾因罪被关押，又因文学之才，被齐武帝萧赜赦免。《南齐书》卷五十二《卞彬传》载：

> 永明中，琅邪诸葛勖为国子生，作《云中赋》，指祭酒以下，皆有形似之目。坐系东冶，作《东冶徒赋》，世祖见，赦之。

梁朝时期，载于史册的是隐士学者诸葛璩，他终生未仕，长于经史，以授徒为业。《南史》卷七十六《隐逸下》记载：

> 诸葛璩，字幼玫，琅邪阳都人也。世居京口。璩幼事征士关康之，博涉经史。复师征士臧荣绪，荣绪著《晋书》，称璩有发摘之功，方之壶遂。齐建武初，南徐州行事江祀荐璩于明帝，言璩安贫守道，悦《礼》敦《诗》，如其简退，可扬清厉俗，请辟为议曹从事。帝许之，璩辞不赴。陈郡谢朓为东海太守，下教扬其风概，饷谷百斛。梁天监中，举秀才，不就。璩性勤于诲诱，后生就学者日至。居宅狭陋，无以容之。太守张友为起讲舍。璩处身清正，妻子不见喜愠之色。旦夕孜孜，讲诵不辍，时人益以此宗之。卒于家。璩所著文章二十卷，门人刘瞰集而录之。

南朝末年，政局动荡，有很多南方士族被迫迁居北方，有些人仕北朝，诸葛族人仕于北朝的是诸葛颖。《北史》卷八十三《诸葛颖传》记载：

> 诸葛颖，字汉，丹杨建康人也。祖铨，梁零陵太守。父规，义阳太守。

此处"丹杨建康人"，应该是诸葛家族在南方已久，北人视建康为诸葛氏原籍。也有称琅邪郡望的，《北史》卷八十八《崔赜传》即称："琅邪诸葛颖"。诸葛颖自幼聪慧，长于文学，十八岁时就以文章知名，起家为邵陵王萧子贞的参军，后转任记室。侯景之乱，诸葛颖逃奔北齐，历任学士、太子舍人。北周灭北齐后，诸葛颖未得任用，于是闭门不出十余年。研习《易》《图纬》《苍》《雅》《庄》《老》等，"颇得其要，清辩有俊才。"入隋后，被晋王杨广召为参军，后调任记室。杨广被立为太子后，任他为药藏郎。杨广即帝位后，诸葛颖升任著作郎，很受宠幸，经常出入后宫内室，隋炀帝常常赐他在宫中宴饮，总是与皇后妃嫔们同席共坐。诸葛颖性情急躁，与同僚多不能搞好关系，借能接近隋炀帝、顺利出入宫廷之便，诸葛颖经常向隋炀帝进言诋毁那些自己看不顺眼的人，致使有"冶葛"之讥。古代"冶"通"野"，野葛是一种毒草，有时用以比喻狠毒之人。后来，诸葛颖跟随隋炀帝征讨吐谷浑，被升为正议大夫。在随隋炀帝北巡途中病死，终年七十七岁。诸葛颖有文集二十卷，撰写《銮驾北巡记》三卷，《幸江都道里记》一卷，《洛阳古今记》一卷，《马名录》一卷，都流行于世。

---

① [梁] 萧子显：《南齐书》卷二十六《陈显达传》，中华书局，1972 年版，第 488 页。

三、琅邪颜氏

琅邪颜氏是中古时期知名家族，颜之推、颜杲卿、颜真卿皆彪炳史册。

颜氏的起源，众说纷纭，较为可信的是颜之推《颜氏家训·戒兵篇》所载：

> 颜氏之先，本乎邹、鲁，或分入齐，世以儒雅为业，遍在书记。[1]

其他还有颜真卿书《世系谱序》：

> 颜氏之先，出自黄帝之孙安，为曹姓。其裔邾武公，名仪父，字伯颜。子友，别封倪，为小邾子，遂以颜为氏，世为鲁国卿大夫。[2]

《急就篇》之"颜文章"条颜师古注：

> 颜氏本出颛顼之后，颛顼生老童，老童生吴回，为高辛火正，是谓祝融，祝融生陆终，陆终生六子，其五曰安，是为曹姓。周武王封其苗裔于邾，为鲁附庸，在鲁国邹县，其后，邾武公名夷父，字曰颜，故《春秋公羊传》谓之颜公，其后遂称颜氏，齐鲁之间，皆为盛族。[3]

《元和姓纂》记载了两种说法：

> 出自鲁侯伯禽支庶，食采颜邑，因氏焉。

> 颛顼之后。陆终第五子曰安，为曹姓。裔孙挟（侠），周武王封邾。至武公字颜，公羊谓之颜公，子孙因以为氏。[4]

颜氏起源说法不一，最早以颜为姓的，当追溯到西周时期的小邾子颜友，但由于年代久远，世人对颜友了解少，而春秋时期的颜回是孔子72弟子之首，被尊为"复圣"，声名远播，所以颜氏后人一般尊颜回为一世祖。自颜回之后，颜氏家族23代人居住在鲁地，世传儒学，春秋时期即成为鲁国的卿大夫世家。两汉时期，经学为尊，颜氏家族传承的儒家文化在提高其家族的社会地位方面发挥了一定作用。至东汉灵帝时，颜敫仕至御史大夫，已经是三公高位，颜敫有二子：颜斐、颜盛。颜斐二子颜鲁、颜欢皆无后，此后颜姓就以颜盛为宗。汉末灵帝中平（184—189 年）年间，颜盛任青州刺史，魏文帝黄初（220—226 年）年间，改任徐州刺史，举家迁居琅邪国华县西孝悌里（今山东省临沂市兰山区方城镇诸满村）。此后直至永嘉初颜含率族人南渡，颜氏在琅邪历四世，居住约八十年。唐颜真卿《颜家庙碑》：

> 盛字叔台，青、徐二州刺史、关内侯，始自鲁居于琅邪临沂孝悌里。生广陵太守、给事中、葛绎贞子讳钦，字公若，精《韩诗》《礼》《易》《尚书》，学者宗之。生汝阴太守、护军、袭葛绎子讳默，字静伯。生晋侍中、右光禄大夫、

---

① ［北齐］颜之推撰，王利器集解《颜氏家训集解》，中华书局，2002 年版，第 348 页。
② 周绍良主编《全唐文新编》第二部，第二册，卷三三七《颜真卿》，吉林文史出版社，2000 年版，第 3863 页。
③ ［北齐］颜之推撰，王利器集解《颜氏家训集解》，第 349 页。
④ ［唐］林宝：《元和姓纂》，中华书局，1994 年版，第 519 页。

西平靖侯讳含，字弘都，随元帝过江。

长期传承的家学和历代有族人出仕，颜氏逐渐成为琅邪望族，然与琅邪王氏相比，曹魏西晋时期的琅邪颜氏无论政治地位、社会地位还是文化影响都远远不及。如颜氏族人所任官职多为中级官，颜盛子颜钦，仕至给事中，颜钦子颜默，仕至汝阴太守，皆非显要，史籍中都是一笔带过，没有详述。《世说新语·尤悔》记载了一桩琅邪颜氏的婚事，也可看出该家族的社会地位：

> 王浑后妻，琅邪颜氏女。王时为徐州刺史，交礼拜讫，王将答拜，观者咸曰："王侯州将，新妇州民，恐无由答拜。"王乃止。武子以其父不答拜，不成礼，恐非夫妇；不为之拜，谓为颜妾。颜氏耻之。以其门贵，终不敢离。[①]

王浑出自太原王氏，此家族与琅邪王氏一样都是当时的一流名门望族，从颜氏受辱却"以其门贵，终不敢离"来看，琅邪颜氏的社会地位显然不高，应该就是一个有文化背景的一般士族而已。

真正将琅邪颜氏推到历史前台的，是两晋之际的颜含。《晋书》卷八十八《颜含传》载：

> 含少有操行，以孝闻。兄畿，咸宁中得疾……阖家营视，顿废生业，虽在母妻，不能无倦矣。含乃绝弃人事，躬亲侍养，足不出户者十有三年。……含二亲既终，两兄继没，次嫂樊氏因疾失明，含课励家人，尽心奉养，每日自尝省药馔，察问息耗，必簪屦束带。

颜含尽心奉养父母兄嫂，以孝悌闻名，由此获得州郡征辟资格，成为东海王司马越府的参军，后来出任闾阳令。待琅邪王司马睿镇守下邳，为培植自己的势力，招纳了大批琅邪国人，颜含也在此时入其府为参军。永嘉元年（307年），颜含随司马睿渡江南下，当时大批琅邪国人随行，司马睿曾于永嘉三年（309年）下诏书称"琅邪国人在此者近有千户"[②]，为此在丹阳郡立怀德县进行安置。琅邪颜氏大约就是在这一时期举族渡江的，侨居在长干里颜家巷，绵延270余年之久。颜之推《观我生赋》云：

> 吾王所以东运，我祖于是南翔。（晋中宗以琅邪王南渡，之推琅邪人，故称吾王。）去琅邪之迁越，宅金陵之旧章，作羽仪于新邑，树杞梓于水乡，传清白而勿替，守法度而不忘。[③]

颜含追随司马睿过江，在其军府中身兼要职，《晋书》卷七十七《诸葛恢传》载：

> （诸葛恢）与卞壸并以时誉迁从事中郎，兼统记室。时四方多务，笺疏殷积，恢斟酌酬答，咸称折中。于时王氏为将军，而恢兄弟及颜含并居显要，刘

---

① [南朝宋] 刘义庆著，[南朝梁] 刘孝标注，余嘉锡笺疏《世说新语笺疏·尤悔》，第896页。
② 《晋书》卷六《元帝纪》，第153页。
③ [唐] 李百药：《北齐书》卷四十五《颜之推传》，中华书局，1972年版，第618页。

超以忠谨掌书命，时人以帝善任一国之才。

颜含长寿，一直活到九十三岁寿终，其间历任上虞令、王国郎中、丞相东阁祭酒、东阳太守、太子中庶子、黄门侍郎、散骑常侍、大司农、侍中、国子祭酒、光禄勋、右光禄大夫等职，在东晋建立和巩固过程中发挥过一定作用。

颜含后期所任官职，多为地方官或闲散的中央官，并没有如琅邪王氏那样执掌朝廷命脉，这也与颜含本身的素退思想有关。据李阐《右光禄大夫西平靖侯颜府君碑》记载，颜含为保持家族平稳发展，拒绝出任易于倾覆的军职，拒绝与琅邪王氏的王舒和谯国桓氏的桓温联姻，主张"仕宦不可过二千石，婚嫁不须贪世位家。"①总之，两晋之际的颜含，只是在一定程度上提升了颜氏家族的政治地位和社会地位，他的政治倾向和婚姻取向，仅使颜氏家族成为一般的高门士族，而非琅邪王氏那样的一流门阀士族。尽管如此，颜含的任职经历，还是为颜氏家族在东晋南朝时期的发展奠定了基础。

颜含年老致仕之后，其子秉持素退家风，并未在朝堂之上建功立业，李阐《右光禄大夫西平靖侯颜府君碑》载：

> 及（颜含）致仕退居，长子髦解职视膳，中子谦躬率田桑，中外莫不取给，阖门静轨廿余年，九十三薨。

颜含有三子：颜髦、颜谦和颜约，"髦历黄门郎、侍中、光禄勋，谦至安成太守，约零陵太守，并有声誉。"②基本做到了"仕宦不可过二千石"，能够维系着琅邪颜氏家族的稳定发展，但"阖门静轨廿余年"，家族子弟大多淡出了东晋政坛。

颜氏家族再次显名是到了晋宋之际的颜延之（384—456 年）。《宋书》卷七十三《颜延之传》载：

> 颜延之，字延年，琅邪临沂人也。曾祖含，右光禄大夫。祖约，零陵太守。父显，护军司马。延之少孤贫，居负郭，室巷甚陋。好读书，无所不览，文章之美，冠绝当时。……延之与陈郡谢灵运俱以词彩齐名，自潘岳、陆机之后，文士莫及也，江左称颜、谢焉。

颜延之起家江州刺史刘柳后军功曹，刘宋建立后，为太子舍人，宋少帝时，与徐羡之等顾命大臣产生矛盾，被出为始安太守。宋文帝时，历任中书侍郎、秘书监、光禄勋、太常。宋孝武帝即位，为金紫光禄大夫，后世称其"颜光禄"。颜延之在政治上并没有太多建树，而是以文学家的身份载于史册，与谢灵运并称"颜谢"。但他的成就并不如谢灵运，钟嵘《诗品》借汤惠休之语比较两人："谢诗如芙蓉出水，颜诗如错采镂金。"③所谓"错采镂金"，是指颜延之好用典故，堆砌辞藻，不及

---

① ［清］严可均辑《全上古三代秦汉三国六朝文》，载《全晋文·李阐》，中华书局，1958 年版，第 2225 页。
② 《晋书》卷八十八《颜含传》，第 2287 页。
③ ［梁］钟嵘著，周振甫译注《诗品译注》，中华书局，1998 年版，第 67 页。

谢灵运的诗歌生动感人。

颜延之的长子颜竣，助宋孝武帝夺位，权倾一朝，后因屡屡劝谏日趋荒淫的宋孝武帝，被赐死。

颜竣的族兄颜师伯，在宋孝武帝时期先是平定刘义宣和臧质的叛乱有功，任黄门侍郎，加封平都县子。任青、冀二州刺史时多次击溃北魏军，收复济水以北的失地，进号征虏将军。后又平定了竟陵王刘诞的叛乱，入朝任御史中丞，迁侍中。鉴于颜师伯出色的军事才能和为刘宋王朝所做的贡献，宋孝武帝临崩，命他为顾命大臣，与江夏王刘义恭、柳元景、沈庆之、王玄谟辅佐前废帝刘子业。《宋书》卷七十七《颜师伯传》载：

> 师伯居权日久，天下辐辏，游其门者，爵位莫不逾分。多纳货贿，家产丰积，伎妾声乐，尽天下之选，园池第宅，冠绝当时，骄奢淫恣，为衣冠所嫉。

颜师伯专权骄奢，引起了前废帝和世家大族的不满。前废帝亲政后，暴虐成性，滥杀大臣，朝臣人人自危，颜师伯与刘义恭、柳元景密谋废帝，因沈庆之告密被前废帝所杀，六子皆被株连。

颜竣与颜师伯卷入政治斗争，不仅自身遭诛，还牵连到家族子弟，颜氏家族经这两次打击，势力进一步衰落。梁末，颜之推由南入北，先后仕于北齐、北周和隋朝，此后的颜师古、颜真卿等人皆出自此支。

四、琅邪孙氏

琅邪孙氏是琅邪国内的低等士族，社会地位远不及琅邪王氏、诸葛氏和颜氏。但在两晋时期，这个家族的代表人物有两次搅动政坛风云：西晋后期，孙秀把持朝政，废晋惠帝扶植赵王司马伦称帝，引发了"八王之乱"后期的诸王混战，加速了西晋王朝的灭亡；东晋末年，孙恩借助五斗米道发起军事行动，纵横江东八郡，一度发展为数十万人，东晋政府调用北府兵才将其镇压。

《晋书》并未为孙秀（？－301年）立传，他的史料大多附于《晋书·赵王伦传》，其他如《潘岳传》《王戎传》和《世说新语》中也有涉及。《世说新语·贤媛》"李平阳，秦州子，中夏名士"条注引《晋诸公赞》：

> 孙秀字俊忠，琅邪人。初，赵王伦封琅邪，秀给为近职小吏。伦数使秀作书疏，文才称伦意。伦封赵，秀徙户为赵人，用为侍郎，信任之。

注引《晋阳秋》曰：

> 伦篡位，秀为中书令，事皆决于秀。为齐王所诛。①

《晋书》卷五十九《赵王伦传》：

> 赵王伦，字子彝，宣帝第九子也……武帝受禅，封琅邪郡王。……咸宁中，

---

① ［南朝宋］刘义庆著，［南朝梁］刘孝标注，余嘉锡笺疏《世说新语笺疏》，第687页。

改封于赵……伦素庸下，无智策，复受制于秀，秀之威权振于朝廷，天下皆事秀而无求于伦。秀起自琅邪小史，累官于赵国，以谄媚自达。

《晋书》卷五十五《潘岳传》：

> 潘岳，字安仁，荥阳中牟人也。祖瑾，安平太守。父芘，琅邪内史。……初，芘为琅邪内史，孙秀为小史给岳，而狡黠自喜。岳恶其为人，数挞辱之，秀常衔忿。

《晋书》卷四十三《王戎传》：

> 戎有人伦鉴识……初，孙秀为琅邪郡吏，求品于乡议。戎从弟衍将不许，戎劝品之。及秀得志，朝士有宿怨者皆被诛，而戎、衍获济焉。

综合上述史料，孙秀家世不详，父祖无考，从他初仕为琅邪小吏看，其门第应该不高。魏晋时期主要通过九品中正制选拔官吏，由州郡中正将本地士人的家世、才能和德行分别评定为九个等级，作为吏部进行官吏任免或升降的标准。初时尚能公允，后来越来越倾向于以家世、门第选人，遂使"上品无寒门，下品无势族。"① 当年王衍并不想为孙秀品评，大约也是因其门第太低，后来经王戎劝说才"品之"。虽然等级不明，即便是下品孙秀也感激不尽，这是他取得入仕资格的最基本条件，也是他后来掌权时大杀名士朝臣却保全了王戎、王衍的原因。

孙秀初为小吏，是琅邪内史潘芘属员中的"小史"。《晋书》卷二十四《职官志》载：

> 诸王国以内史掌太守之任，又置主簿、主记室、门下贼曹、议生、门下史、记室史、录事史、书佐、循行、干、小史、五官掾、功曹史、功曹书佐、循行小史、五官掾等员。……郡国皆置文学掾一人。

《赵王伦传》称："秀起自琅邪小史"，《潘岳传》曰："孙秀为小史给岳"，都说明孙秀最初的职务即是"小史"。潘岳（247—300年）自幼聪颖，被誉为神童，少年时曾随父亲潘芘到琅邪，潘芘指派孙秀侍奉潘岳。但潘岳厌弃"狡黠自喜"的孙秀，多次"挞辱"他，孙秀身份低微，不敢反抗，只能暗中记恨。

司马伦被封为琅邪王后，曾到封国赴任②，孙秀的命运发生转机。此时，任琅邪内史的应该是刘弘，也许他觉得孙秀曾经侍奉才华横溢的潘岳，多少可以学点文学方面的东西，遂向司马伦推荐了孙秀，负责奏疏章表的写作。孙盛《晋阳秋》载：

---

① 《晋书》卷四十五《刘毅传》，第1274页。

② 《晋书》卷五十九《赵王伦传》载：赵王伦指使他人买被盗御裘，被判死刑，因是宗室近亲，晋武帝免其罪罚，命他回琅邪封国。"赵王伦，……武帝受禅，封琅邪郡王。坐使散骑将刘缉买工所将盗御裘，廷尉杜友正缉弃市，伦当与缉同罪。有司奏伦爵重属亲，不可坐。谏议大夫刘毅驳曰：'王法赏罚，不阿贵贱，然后可以齐礼制而明典刑也。伦知裘非常，藏不语吏，与缉同罪。当以亲贵议减，不得阙而不论。宜自于一时法中，如友所正。'帝是毅驳，然以伦亲亲故，下诏赦之。及之国，行东中郎将、宣威将军。咸宁中，改封于赵。"第1598页。

刘弘为琅邪内史，廉秀于伦，遂为所信。①

孙秀确实是有些文采的，为司马伦所作文书章表颇合其心意，"伦数使秀作书疏，文才称伦意。"②司马伦开始信重孙秀，而孙秀也死心塌地追随司马伦。咸宁三年（277年），司马伦改封为赵王，原东莞王司马伷改封为琅邪王，封王改易，封国内官员可以不变更，如刘弘就留在琅邪国，咸宁五年（279年）十一月跟随司马伷南下伐吴，立有战功，晋武帝的褒奖诏书称：

> 琅邪王伷督率所统，连据涂中，使贼不得相救。又使琅邪相刘弘等进军逼江，贼震惧，遣使奉伪玺绶。……功勋茂著。③

与刘弘不一样的是，孙秀没有留在琅邪侍奉新主，而是追随司马伦去了赵国，甚至将户籍也改迁到了赵国。"伦封赵，秀徙户为赵人，用为侍郎，信任之。"④此时，孙秀在赵国的地位已经不低。《晋书》卷二十四《职官志》载：

> 王置师、友、文学各一人，景帝讳，故改师为傅。……改太守为内史……有郎中令、中尉、大农为三卿。大国置左右常侍各一人，省郎中，置侍郎二人，典书、典祠、典卫、学官令、典书丞各一人，治书四人，中尉司马、世子庶子、陵庙牧长各一人，谒者四人，中大夫六人，舍人十人，典府各一人。

在琅邪国，孙秀只是琅邪内史下的小吏，到赵国后，被委任为侍郎，已是赵王伦身边的高级官员。

咸宁三年（277年）八月，司马伦改封赵王，迁平北将军，负责邺城守卫。元康元年（291年）八月，司马伦迁征东将军，都督徐州、兖州诸军事，九月，司马伦迁征西大将军，都督雍州、凉州诸军事，开府仪同三司，镇守关中。孙秀在邺城随侍司马伦共十四年，这期间，无论是司马伦还是孙秀，都没有太多政治活动和社会活动载于史册，但相伴十四年之久，二人之间的关系在这期间应当愈趋亲密，孙秀成为司马伦的心腹可能就是在这一时期。

元康六年（296年），赵王伦因"刑赏失中，氐、羌反叛，征还京师。"⑤史书中并没有详细记载赵王伦"刑赏失中"的例子，但在一系列的平叛失利后，无论是前线平叛的官员还是关注平叛的中央官员，都明确指出孙秀是致使关中大乱的主谋。雍州刺史解系上表要求杀孙秀以谢氐羌，其弟解结任御史中丞，议孙秀罪应当诛，辅政大臣张华告诉即将赴关中代替赵王伦的梁王肜，杀孙秀以平西北民怨。结合《晋书·赵王伦传》"伦素庸下，无智策，复受制于秀"⑥来看，赵王伦坐镇关中的六

---

① [清]汤球辑《晋阳秋辑本》，中华书局，1985年版，第22页。文中"刘弘"作"刘宏"，当为清朝时期避乾隆帝弘历讳而改。

② [南朝宋]刘义庆著，[南朝梁]刘孝标注，余嘉锡笺疏《世说新语笺疏》，第687页。

③ 《晋书》卷三十八《琅邪王伷传》，第1121页。

④ [南朝宋]刘义庆著，[南朝梁]刘孝标注，余嘉锡笺疏《世说新语笺疏》，第687页。

⑤ 《晋书》卷五十九《赵王伦传》，第1598页。

⑥ 《晋书》卷五十九《赵王伦传》，第1600页。

年间，无论是激起民变，还是在平叛中与雍州刺史解系起冲突，孙秀都是主谋者。（详见本书第三章）

凭借赵王伦的保护，孙秀随他一起离开了西北前线的战争旋涡中心，回到都城洛阳。此时正是皇后贾南风专权时期，她依仗张华、裴頠、贾模、王戎等维系朝局稳定，但随着太子司马遹（生母谢夫人）的逐渐成长，朝堂上权力争夺日趋激化。

赵王伦刚一回京，便在孙秀的谋划下"深交贾、郭，谄事中宫，大为贾后所亲信。"但他想进朝廷中枢的要求却被张华、裴頠否决，"求录尚书，张华、裴頠固执不可。又求尚书令，华、頠复不许。"① 为争夺最高权力，孙秀为赵王伦策划了一个阴毒的计划并付诸实施：先是诱使贾后废杀太子，再以贾后杀害太子为由发动政变，废杀贾后，清除张华、裴頠等人，接着逼晋惠帝退位，扶植司马伦登基称帝。此时，孙秀的地位迅速上升，先后任侍中、中书监、骠骑将军、仪同三司。

不久，齐王司马冏、河间王司马颙、成都王司马颖起兵讨伐司马伦。"百官将士咸欲诛伦、秀以谢天下。秀知众怒难犯，不敢出省。"左卫将军王舆率七百余士兵攻入宫内，杀孙秀于中书省，晋惠帝复位，司马伦被赐死，临死还说："孙秀误我！孙秀误我！"②

总之，在西晋末年的政治风云中，孙秀曾一度控制昏庸无能的赵王伦，策划参与了废太子、废皇后、赵王伦篡权称帝等一系列政治事件，把持朝政，诛杀忠良，为儿子孙会娶晋惠帝女河东公主，出身低微的琅邪孙氏，在西晋末年已经跃升为权贵之家，但随着政局的进一步动荡，孙秀一族多被诛杀，再度成为低等士族。

永嘉南渡，琅邪孙氏也随之南下，但因孙秀之故，其社会地位显然不会太高，史籍中对孙氏家族的南渡人物竟未提及，只是到了东晋后期，该家族的孙泰（？—398年）、孙恩（？—402年）才再度现于史册。

孙泰为钱塘杜子恭门徒，《晋书》卷一百《孙恩传》记载：

> 子恭有秘术，尝就人借瓜刀，其主求之，子恭曰："当即相还耳。"既而刀主行至嘉兴，有鱼跃入船中，破鱼得瓜刀。

这种"秘术"很容易吸引百姓，杜子恭死后，孙泰传习其"秘术"，影响很大，"诳诱百姓，愚者敬之如神，皆竭财产，进子女，以祈福庆。"为稳固统治，会稽王司马道子将孙泰流放广州。广州刺史王怀之为孙泰所惑，任命他为郁林太守，南越亦归他管辖。太子少傅王雅素与孙泰关系较好，便以孙泰"知养性之方"为由，让晋孝武帝召回了孙泰，先后任徐州主簿、辅国将军、新安太守。孙泰仍以道术迷惑朝臣百姓，"门郎孔道、鄱阳太守桓放之、骠骑谘议周勰等皆敬事之，会稽世子元显亦数诣泰求其秘术。"隆安二年（398年），王恭起兵东下，孙泰以为东晋将亡，

---

① 《晋书》卷五十九《赵王伦传》，第 1598 页。
② 《晋书》卷五十九《赵王伦传》，第 1604、1605 页。

遂利用五斗米道私合徒众数千人，准备造反，"见天下兵起，以为晋祚将终，乃扇动百姓，私集徒众，三吴士庶多从之。"①事未发，被会稽内史谢輶揭发，司马道子诱斩了孙泰及其六子。唯其侄孙恩逃入海岛，立志为孙泰复仇。

隆安三年（399 年），孙恩与妹夫卢循起兵反晋，会稽内史王凝之、吴兴太守谢邈、永嘉太守谢逸等相继被杀，旬日之间，江东八郡响应，众数十万，后被刘牢之击败，裹挟男女二十余万人逃广海岛。隆安四年（400 年），孙恩再度起兵，杀会稽内史谢琰，复被刘牢之击败，再度逃入海岛。隆安五年（401 年），孙恩两次登陆，分别被刘牢之和刘裕击败，不得不逃入海中。元兴元年（402 年），孙恩第五次起兵又被击败，部众仅余数千人，穷途末路之下，孙恩跳海自杀。

数年间，孙恩与东晋王朝前后数十战，三吴扰动，不仅琅邪王氏、陈郡谢氏等大族遭到沉重打击，数万百姓死于战乱，削弱了东晋王朝的统治基础。在平定孙恩之乱中崛起的刘裕，于元兴三年（404 年）把持东晋政权，此后相继北伐、西征，积累军功，420 年，刘裕称帝，建立宋王朝，东晋灭亡。

五、琅邪刘氏

琅邪刘氏出自西汉皇族，汉高祖刘邦的庶长子刘肥被封为齐王，刘肥之子刘章，初封朱虚侯，因在诛灭吕氏的过程中有功，加封城阳王。刘章的七世孙封临沂县慈乡侯，子孙遂在临沂定居。经东汉、曹魏时期的发展，琅邪刘氏早已无皇室气派，西晋时期载于史册的只有刘和、刘超父子两人。

刘和，《晋书》中只有一句记载："为琅邪国上军将军。"②按照西晋军制，封国军队分三等，大国设三军共五千人，次国设二军共三千人，小国设一军仅一千五百人。刘和为上军将军，在琅邪国内的地位应该不低。后刘和随琅邪王司马睿渡江，死在江南，具体时间不详，史载刘超安葬父亲之后，恰好是王敦起兵，故刘和应死于永昌元年（322 年）正月之前。

刘超（？－ 329 年），字世瑜，初为小吏，后成为琅邪国记室掾，"以忠谨清慎为元帝所拔，恒亲侍左右。"③

永嘉元年（307 年），司马睿以安东将军的身份移镇建康，刘超也随之渡江，改任安东将军府舍人，因其忠诚谨慎的个性，司马睿让他专门掌管军府的往来文檄。

建兴元年（313 年）四月，晋愍帝继位，五月，下诏以司马睿为左丞相，刘超改为丞相府舍人。当时天下扰乱，局势动荡，军事行动从未止歇，刘超因自己掌管文檄，是机密要职，常年为司马睿起草文件，笔迹又与他相似，为避免他人模仿，

① 《晋书》卷一百《孙恩传》，第 2632 页。
② 《晋书》卷七十《刘超传》，第 1875 页。
③ 《晋书》卷七十《刘超传》，第 1875 页。

从不与别人有书信来往。即便休沐日也在家闭门不出,不交结宾客。他的小心谨慎,使司马睿对他更加信赖,以他积年有功,赐爵原乡亭侯,食邑七百户,转任丞相府行参军。

司马睿称帝后,刘超"为中书舍人,拜骑都尉、奉朝请。时台阁初建,庶绩未康,超职典文翰,而畏慎静密,弥见亲待。"① 时东晋初建,公私困难,刘超为官清廉,衣不重帛,家无余粮,司马睿每欲赏赐,刘超都推辞不受,自称是一个平庸的臣子,无德而赏,足以招来祸端。此后,刘超出任句容县令,一改此前收取赋税时派人评估统计百姓家产的做法,命百姓自己填写家产数目上报。因刘超推诚待人,百姓都如实填报家产,结果当年收到的赋税比往年还多。因功绩卓著,刘超又被召回朝中任中书通事郎。不久,刘和去世,刘超回家为父守孝。永昌元年(322 年)正月,王敦在荆州起兵,率军东下建康。晋元帝急诏刘超复职,任安东上将军。三月,王敦攻入建康,纵兵劫掠。当时禁军败散,百官逃离,只有刘超领兵护卫晋元帝。王敦把持大权,清除异己,周顗、戴渊都被他诛杀,刘超始终护卫晋元帝,自然引得王敦愤恨,晋元帝为了给皇室留下忠臣,命刘超离职回家,继续守孝,躲过了王敦的屠刀。

永昌元年(322 年)十一月,晋元帝忧愤而亡,晋明帝继位,着手讨伐王敦。太宁二年(324 年),刘超召集义士,随晋明帝征讨王敦部将钱凤,事平之后,因功封零陵伯。此后,刘超历任义兴太守、中书侍郎等职。晋明帝死后,晋成帝五岁继位,庾太后临朝,为确保宫室安全,她启用刘超为射声校尉,执掌宫廷宿卫。

咸和二年(327 年),苏峻之乱爆发,刘超代替赵胤为左卫将军。当时,建康大乱,朝臣都将家眷送出京城避难,刘超却不顾劝阻,将家人接入宫中,以示与皇室共存亡。咸和三年(328 年)二月,苏峻攻破建康,执掌朝政。王导改任刘超为右卫将军,命他护卫年幼的晋成帝。五月,苏峻强行将晋成帝迁到石头城。时天降大雨,道路泥泞,只有刘超与侍中钟雅徒步随行。在晋成帝被囚禁期间,刘超始终坚守臣节,并在极端困难的情况下亲自教授晋成帝《孝经》和《论语》。当建康陷落时,庾亮已经逃出城外,联合温峤、郗鉴等地方官员,共推荆州刺史陶侃为盟主,起兵讨伐苏峻,并于九月击杀苏峻,其弟苏逸接掌建康大权。咸和四年(329 年)正月,讨伐军已经逼近建康,刘超、钟雅与怀德令匡术、建康令管旆等密谋,欲救出晋成帝,投奔讨伐军,结果计谋败露,苏逸命部将任让率军入宫,收捕刘超、钟雅。晋成帝抱紧二人大哭,道:"还我侍中、右卫!"但他无力阻挡叛军行凶,刘超、钟雅被杀。

刘超死节,给晋成帝留下了深刻印象,虽然他年龄幼小,对刘超的授业和保护深怀感激。苏峻之乱平定后,杀害刘超的任让被抓,他与讨伐军统帅陶侃有旧交,

---

① 《晋书》卷七十《刘超传》,第 1875 页。

陶侃亲自为他求情，但晋成帝坚持："让是杀我侍中、右卫者，不可宥。"终究杀了任让为刘超报仇。此后，晋成帝为刘超改葬，追赠他为卫尉，谥号忠。《晋书》卷七十《刘超传》载：

> 超天性谦慎，历事三帝，恒在机密，并蒙亲遇，而不敢因宠骄谄，故士人皆安而敬之。

刘超子刘讷嗣爵，也是谨慎忠厚之人，历任中书侍郎、下邳内史。刘讷子刘享，仕至散骑郎。

琅邪刘氏数代人以效忠皇室著称，从其始终忠于皇室来看，该家族应该远不及琅邪王氏的社会地位，只能依仗皇室维系自己的家族。而从刘超长期掌管机密，能教授晋成帝《孝经》《论语》，并有文集和书帖①传世，可知此家族应该有文化根基，并非一般意义上的武将。

---

① 据《隋书》卷三十五《经籍志》记载："卫尉卿《刘超集》二卷。"可见，直至唐代，刘超的文集尚有传世。宋代编《淳化阁帖》，刘超的字帖入选历代名臣法帖，《淳化阁帖》卷三："刘超《如命帖》三行。"

第三章　琅邪士族在"八王之乱"中的政治动向

公元265年，司马炎代魏称帝，建立晋政权，定都洛阳，史称西晋。280年，西晋灭吴完成统一，结束了自东汉末年以来近百年的分裂割据局面。经过短暂的"太康之治"，到晋惠帝时期，爆发了"八王之乱"，最终导致了西晋王朝的灭亡。此后，历史进入了近三百年的分裂时期，东晋十六国、南北朝对立，直到589年隋朝完成统一。

西晋治乱转变的关键就是"八王之乱"，在这场浩劫中，大批琅邪士族身不由己卷入政治斗争的旋涡，或立足朝堂，周旋于宗室外戚之间，或出任地方官，在诸王混战中各寻追随者。其中，琅邪孙氏和琅邪王氏在这一时期格外突出，前者加剧了朝堂矛盾激化，后者为西晋王朝寻找到了一个新的出口，在动荡的历史舞台上扮演了重要角色。

一、"八王之乱"

从元康元年（291年）到光熙元年（306年），西晋宗室汝南王司马亮、楚王司马玮、赵王司马伦、齐王司马冏、长沙王司马乂、成都王司马颖、河间王司马颙、东海王司马越卷入争夺最高统治权的政治斗争，先后掌控国家大权，又相继死于非命，在不断争斗中削弱了西晋王朝的实力，加速了西晋的灭亡。唐朝时官修《晋书》，将这八人合为一传，以为"西晋之政乱朝危，虽由时主，然而煽其风，速其祸者，咎在八王"[1]，后世学者便称之为"八王之乱"。

（一）"八王之乱"爆发的背景

"八王之乱"虽然爆发在晋惠帝时期，但其祸根却是晋武帝时期埋下的，唐太宗亲为《晋书·武帝纪》做评论，称晋武帝为政失误有二：其一，"居治而忘危"，"无久安难拔之虑"，培植宗室、外戚，政治腐败，内争不断；其二，"委寄失才"，选错了继承人，"惠帝可废而不废，终始倾覆洪基。"[2]

西晋初期的晋武帝，主要精力放在稳定内政，发展生产上。泰始四年（268年）颁布了治国的五条基本原则：

---

① 《晋书》卷五十九，第1590页。
② 《晋书》卷三《武帝纪》，第81、82页。

一曰正身，二曰勤百姓，三曰抚孤寡，四曰敦本息末，五曰去人事。

晋武帝以身作则，提倡节俭，严禁奢侈之风，《晋书·武帝纪》多有记载：

> 下诏大弘俭约，出御府珠玉玩好之物，颁赐王公以下各有差。

> 省郡国御调，禁乐府靡丽百戏之伎及雕文游畋之具。

> 禁雕文绮组非法之物。

> 太医司马程据献雉头裘，帝以奇技异服典礼所禁，焚之于殿前。

> 有司尝奏御牛青丝绹断，诏以青麻代之。[①]

经过十余年的治理之后，西晋国势强盛，终于在 280 年灭吴完成统一。

以灭吴为分界线，此前的晋武帝是励精图治、完成统一大业的明主，此后的晋武帝是走向骄奢淫逸、埋下"八王之乱"隐患的昏君。

1. 大封宗室

西晋初建，晋武帝和朝臣总结曹魏亡国的教训，都认为曹魏后期大权旁落，司马氏能够一举夺得皇权，关键在于曹魏王朝防范宗室，致使宗室诸王有名无实。《三国志》卷二十"评"曰：

> 魏之王公，既徒有国土之名，而无社稷之实，又禁防壅隔，同于囹圄；位号靡定，大小岁易；骨肉之恩乖，《常棣》之义废。为法之弊，一至于此乎！

裴松之注引《袁子》曰：

> 魏兴，承大乱之后，民人损减，不可则以古始。于是封建侯王，皆使寄地空名，而无其实。王国使有老兵百余人，以卫其国。虽有王侯之号，而乃俦为匹夫。县隔千里之外，无朝聘之仪，邻国无会同之志。诸侯游猎不得过三十里，又为设防辅监国之官以伺察之。王侯皆思为布衣而不能得。既违宗国藩屏之义，又亏亲戚骨肉之恩。魏氏春秋载宗室曹冏上书曰："……子弟王空虚之地，君有不使之民，宗室窜于闾阎，不闻邦国之政，权均匹夫，势齐凡庶；内无深根不拔之固，外无盘石宗盟之助，非所以安社稷，为万世之业也。且今之州牧、郡守，古之方伯、诸侯，皆跨有千里之土，兼军武之任，或比国数人，或兄弟并据；而宗室子弟曾无一人间厕其间，与相维持，非所以强干弱枝，备万一之虞也。……"

曹魏宗室中，最有才华的莫过于曹植，曹操在世时先后封平原侯、临淄侯，文帝曹丕继位后，对这位曾与自己争夺储位的兄弟极为苛刻，碍于母亲卞太后尚在，便采用了多次变更封地的方式防范曹植。黄初二年（221 年），曹植徙封安乡侯，同年七月改封鄄城侯；黄初三年（222 年）曹植被封为鄄城王；黄初四年（223 年），曹植徙封雍丘王。明帝即位后也不断改封曹植的封地。太和三年（229 年），曹植徙封东阿；太和六年（232 年），曹植改封陈王。曹植虽为王爵，不仅没有治民、领兵

---

① 《晋书》卷三《武帝纪》，第 58、52、53、61、69、80 页。

之权，不能参与军国大政，而且十一年中，六徙封地，辗转奔波，连起码的生活也难以保障。如曹植在《迁都赋序》所叙："连遇瘠土，衣食不继。"《转封东阿王谢表》中说："桑田无业，左右贫穷，食裁糊口，形有裸露。"在《社颂序》中抱怨："余前封鄄城侯，转雍丘，皆遇荒土。……经离十载，块然守空，饥寒备尝。"① 除了生活困窘，还要受到监国谒者的监视，曹植在郁郁寡欢中死去，年仅41岁。

曹魏如此限制宗室亲贵，固然使封王无法长期居于一地，宗室势力无法与地方官吏和宗族势力勾结，形成对皇权的威胁力量，但外无强藩，皇帝孤立无援，中央权力一丢，地方上便无能为力。自司马懿至司马炎，祖孙三代谋篡曹魏政权于中央，从未受到地方曹魏宗室诸王的任何抵抗，这在司马氏眼中，自然成为曹魏亡国的最关键因素：

> 魏武忘经国之宏规，行忌刻之小数，功臣无立锥之地，子弟君不使之人，徒分茅社，实传虚爵，本根无所庇阴，遂乃三叶而亡。②

为拱卫皇室，避免重蹈曹魏倾覆的旧辙，政权旁落他人之手，西晋一建立，晋武帝便大封宗室：

> 泰始之初，天下少事，革魏余弊，遵周旧典，并建宗室，以为藩翰。③

《晋书》卷三《武帝纪》载：

> 封皇叔祖父孚为安平王，皇叔父干为平原王，亮为扶风王，伷为东莞王，骏为汝阴王，肜为梁王，伦为琅邪王，皇弟攸为齐王，鉴为乐安王，几为燕王，皇从伯父望为义阳王，皇从叔父辅为渤海王，晃为下邳王，瑰为太原王，圭为高阳王，衡为常山王，子文为沛王，泰为陇西王，权为彭城王，绥为范阳王，遂为济南王，逊为谯王，睦为中山王，凌为北海王，斌为陈王，皇从父兄洪为河间王，皇从父弟楙为东平王。

晋武帝登基时仅30岁，其子嗣中年龄最长的司马衷也不过7岁，所以，西晋第一批封王共二十七人，大多是宗室旁支，晋武帝的叔伯或叔伯兄弟，关系较近的是同胞兄弟司马攸、司马鉴和司马几三人。

随着皇子年龄增长，晋武帝又开始加封皇子为王，与宗室旁支的封王数量几乎持平，尤其在泰始（265—274年）、咸宁（275—279年）、太康（280—289年）年间，不断增封、改封，藩王总数多达五十七人，据《晋书》卷三《武帝纪》排列如下：

> 泰始五年：追封谥皇弟兆为城阳哀王，以皇子景度嗣。

> 泰始六年：五月，立寿安亭侯承为南宫王。……冬十一月，……立皇子柬

---

① [清]严可均辑《全上古三代秦汉三国六朝文》，载《全三国文·陈思王植》，中华书局，1958年版，第1123、1136、1144页。

② 《晋书》卷五十九传序，1590页。

③ 《晋书》卷三十七《宗室传》史臣曰，第1114页。

为汝南王。

泰始七年：五月，立皇子宪为城阳王。

泰始九年：二月……立安平亭侯隆为安平王。三月，立皇子祗为东海王。

泰始十年：十二月……立太原王子缉为高阳王。

咸宁三年：三月……立皇子裕为始平王，安平穆王隆弟敦为安平王。七月……中山王睦以罪废为丹水侯。八月癸亥，徙扶风王亮为汝南王，东莞王伷为琅邪王，汝阴王骏为扶风王，琅邪王伦为赵王，渤海王辅为太原王，太原王颙为河间王，北海王陵为任城王，陈王斌为西河王，汝南王柬为南阳王，济南王耽为中山王，河间王威为章武王。立皇子玮为始平王，允为濮阳王，该为新都王，遐为清河王，……九月戊子，……立齐王子蕤为辽东王，赞为广汉王。

太康元年：六月……封丹水侯睦为高阳王。……八月，……封皇弟延祚为乐平王。

太康四年：二月己丑，立长乐亭侯寔为北海王。……五月……徙辽东王蕤为东莱王。

太康五年：二月……立南宫王子砧为长乐王。

太康九年：五月，义阳王奇有罪，黜为三纵亭侯。……六月……徙章武王威为义阳王。……冬十二月癸卯，立河间平王洪子英为章武王。

太康十年：冬十月壬子，徙南宫王承为武邑王。十一月……改封南阳王柬为秦王，始平王玮为楚王，濮阳王允为淮南王，并假节之国，各统方州军事。立皇子乂为长沙王，颖为成都王，晏为吴王，炽为豫章王，演为代王，皇孙遹为广陵王。立濮阳王子迪为汉王，始平王子仪为毗陵王，汝南王次子羕为西阳公。徙扶风王畅为顺阳王。

晋武帝大量加封宗室诸王的同时，又扩大藩王的封地、封户，控制一定数量的军队，但这些还不足以动摇西晋的统治根基。尤其是西晋初期，280年统一全国时，合原来魏蜀吴三国的户口，也不过仅有1616万。即便是以郡为国，其封户仅是郡中户数的一部分而已，如司马师、司马昭的同母兄弟司马干，"武帝践阼，封平原王，邑万一千三百户"[1]，看似封户惊人，但只占平原户口数的约三分之一，"平原国汉置。统县五。户三万一千。"再如梁国"统县十二，户一万三千"[2]，而梁王肜"邑五千三百五十八户。"[3] 其他封王大致如此，所能拥有的封户只占封国户数的三分之一左右。随着太康之治的到来，全国户口数有所增加，后封的诸王，尤其是晋武帝的儿子，封户数量大增，如他最宠爱的秦王柬，"太康十年，徙封于秦，邑八万户。

① 《晋书》卷三十八《宣五王传》，1119页。

② 《晋书》卷十四《地理上》，第423、421页。

③ 《晋书》卷三十八《宣五王传》，1127页。

于时诸王封中土者皆五万户，以棟与太子同产，故特加之。"① 除了封邑户口数有限制，封户上交给封王的租税也有限制，只是其必须交的租税的三分之一，其他大部分仍归西晋政府所有，这项规定限制了封王的经济实力，使他们缺乏分裂割据的经济基础。

其次，封国没有足够的军队。王国大小不一，大的以郡为国，邑两万户，置上中下三军，兵 5000 人；中等的邑万户，置上下军，兵 3000 人；小的邑 5000 户，置一军，兵 1500 人。《晋书》卷二十四《职官》载：

> 平原、汝南、琅邪、扶风、齐为大国，梁、赵、乐安、燕、安平、义阳为次国，其余为小国。

即便是平原、琅邪这样的大国，上中下三军也仅有 5000 人，只能负责王宫守卫，根本不可能挑起战乱。西晋后期"八王之乱"中，动辄数十万军队混战，绝非王宫的卫戍部队。

再者，封王政治权力受限，虽然不是曹魏时期那样严苛，但封国中的主要官员是出自中央任命，《晋书》卷四十八《段灼传》载段灼上书，提出除了部分担任中央要职的封王留在洛阳，其他十五岁以上全部返回封国：

> 其余诸王自州征足任者，年十五以上悉遣之国。为选中郎傅相，才兼文武，以辅佐之。

中郎，应是王国中尉，是封国武官；傅，应是诸侯王之师，为避司马师讳而称傅；相，当为王国相，即王国内史，掌控一国之权。这些重要官职，必由中央任命。封国内的其他官员，西晋一度允许各封王"自选国内长吏"，但若真的自选则可能招致麻烦。《晋书》卷三十八《梁王肜传》：

> 时诸王自选官属，肜以汝阴上计吏张蕃为中大夫。蕃素无行，……为有司所奏，诏削一县。

所以，有些封王为避嫌而拒绝自选属官，如《晋书》卷三十八《齐王攸传》：

> 其后国相上长吏缺，典书令请求差选。攸下令曰："攸受恩礼，不称惟忧。至于官人叙才，皆朝廷之事，非国所宜裁也。其令自上请之。"

《晋书》卷四十六《刘颂传》载：太康年间，刘颂上书建议给予诸王实权：

> 至于境内之政，官人用才，自非内史、国相命于天子，其余众职及死生之断，谷帛资实，庆赏刑威，非封爵者，悉得专之。

显然，不仅内史、国相，连"其余众职"都已经是中央任命了。

没有雄厚的财力支撑，没有数量足够多的军队，也没有选择封国内官吏的行政权力，"法同郡县，无成国之制。"② 诸侯王处处受限制，反倒不如在京城洛阳，一旦

---

① 《晋书》卷六十四《武十三王传》，第 1720 页。
② 《晋书》卷四十六《刘颂传》，第 1299 页。

被遣之国，往往视为受打压，这就是咸宁三年（277 年）命诸侯王回封国时"诸公皆恋京师，涕泣而去"①的原因，也是后来齐王攸不愿回齐国封地，以致忿恚而卒的原因。至此，遣诸侯王回封国，已经成为一种削弱其政治、军事权力，打击政敌的手段，如汝南王亮和卫瓘"以（楚王）玮性很戾，不可大任，建议使与诸王之国，玮甚忿之。"②而后楚王玮便被贾南风所利用，杀了汝南王亮和卫瓘，"八王之乱"正式开始。

实力不济的封国，后来怎么发展为葬送西晋王朝的"八王之乱"呢？

真正导致后来战乱不休的是宗王出镇。最初，宗室封王大都留在京城洛阳，由王国属官统辖封国，咸宁三年（277 年），下诏令诸王公皆回封国，这些回归封国的藩王，尤其是大国封王，一般兼任封国就近的都督，手握一州或数州的军政大权，"并假节之国，各统方州军事"③，与汉末州牧掌兵基本相同，这正是分裂割据的制度源头。晋武帝末年，他有意安排儿子秦王柬、楚王玮、淮南王允分别出镇关中、荆州、扬州和江州，叔父汝南王亮镇守许昌，控制战略要地，他们皆统领重兵，拱卫都城洛阳。晋惠帝时期，梁王肜、赵王伦、河间王颙先后镇关中，成都王颖镇邺，齐王冏镇许昌，他们大多军民共管，形成了独立的王国。由此藩王大都成了一方之主，国中有国的局面逐步形成，这就是后来"八王之乱"爆发的实力基础。西晋分封宗室的目的是藩卫皇室，当有强势君主在上，尚能掌控地方封王，但后来继位的晋惠帝，是历史上著名的白痴皇帝，他无力控制诸王，随着统治阶级内部矛盾的发展，诸王大部分卷入了争夺中央统治权的斗争，反而削弱了中央的统治。《晋书》评价藩王时说：

> 有晋思改覆车，复隆磐石，或出拥旄节，莅岳牧之荣；入践台阶，居端揆之重。然而付托失所，授任乖方，政令不恒，赏罚斯滥。或有材而不任，或无罪而见诛，朝为伊、周，夕为莽、卓。机权失于上，祸乱作于下。④

陈寅恪先生也说，太康元年平吴后，晋武帝罢去州郡兵：

> 自分封制实行，州郡兵罢除后，在地方上，只是封国有军队，而州郡只有武吏。
> ……
> 州郡由皇帝控制，封国属于诸王。八王之乱所以乱到西晋灭亡，就是因为皇帝控制的州郡无武备，而封国则有军队。山涛死前，封建制度已经实行。他说为国者不可以忘战，州郡不宜去兵，是看到了诸王一旦发动战争，朝廷将无

① 《晋书》卷二十四《职官》，第 745 页。
② 《晋书》卷五十九《楚王玮传》，第 1596 页。
③ 《晋书》卷三《武帝纪》，第 79 页。
④ 《晋书》卷五十九，第 1590 页。

法控制。①

总之，晋武帝大封宗室，形成了日后的分裂势力，是西晋灭亡的原因之一。

2. 培植外戚势力

首先，为扶植太子，晋武帝培植了贾氏外戚势力。

贾充（217—282 年），字公闾，相继辅佐司马师和司马昭，深得他们信任。正元二年（252 年）随司马师南下讨伐毌丘俭和文钦，司马师病重返回许昌时，留贾充督诸军善后。甘露二年（257 年），诸葛诞反，司马昭用贾充计，攻陷寿春，平定叛乱，此后司马昭先回洛阳，留贾充处理南方的事务，不久征为廷尉，转任中护军。甘露五年（260 年），魏帝曹髦不忿司马昭专权，带亲卫攻打司马昭，在众人无措之时，贾充指使成济弑杀曹髦。此后，贾充更受信任，一直参与朝廷机密。司马昭晚年，考虑立世子时，曾在司马炎和司马攸两个儿子之间犹豫不决，贾充力主立司马炎，"充称武帝宽仁，且又居长，有人君之德，宜奉社稷。"咸熙二年（265 年），司马昭病死，临终向司马炎指明贾充可辅助他，"知汝者贾公闾也。"②

司马炎称帝后，贾充先后任车骑将军、散骑常侍、尚书仆射、尚书令等职，封鲁郡公。因贾充身居要职，母亲去世，晋武帝也不许他守孝三年，命他六十日内复职。贾充才能出众，"为政，务农节用，并官省职，帝善之"，他主持修订的《泰始律》颁行后，"刑宽禁简""百姓便之。"③晋武帝对贾充信任有加，自他任尚书令后，一直控制着尚书台，不论迁升何职，都未被剥夺"录尚书事"的中枢决策权，直至去世。正是考虑到贾充在魏晋禅代、武帝登基的过程中和晋初政局中的重要作用，晋武帝明知"卫公（卫瓘）女有五可，贾公（贾充）女有五不可。卫家种贤而多子，美而长白；贾家种妒而少子，丑而短黑"④，仍纳贾充女贾南风为太子妃。

太康三年（282 年），贾充病逝，然而他培植的贾氏外戚势力已经树大根深，以贾南风为核心，包括贾谧、贾模、郭彰等人的政治集团基本形成。晋武帝在世时，贾氏集团还掀不起大的风浪。晋惠帝继位后，贾南风为皇后，一手挑起了元康初的一系列政变，"八王之乱"由此爆发。

其次，为确保皇权在太子继位后平稳交替，晋武帝又扶植了外戚杨氏的势力。《晋书》卷三十一《后妃上》：

> 武元杨皇后，讳艳，字琼芝，弘农华阴人也。……少聪慧，善书，姿质美丽，闲于女工。有善相者尝相后，当极贵，文帝闻而为世子聘焉。甚被宠遇，生毗陵悼王轨、惠帝、秦献王柬，平阳、新丰、阳平公主。武帝即位，立为皇后。……及后有疾，见帝素幸胡夫人，恐后立之，虑太子不安。临终，枕帝膝

---

① 万绳楠整理《陈寅恪魏晋南北朝史讲演录》，黄山书社，1987 年版，第 43 页。

② 《晋书》卷四十《贾充传》，第 1166 页。

③ 《晋书》卷四十《贾充传》，第 1167 页。

④ 《晋书》卷三十一《惠贾皇后传》，第 963 页。

曰："叔父骏女男胤有德色,愿陛下以备六宫。"因悲泣,帝流涕许之。泰始十年,崩于明光殿,绝于帝膝,时年三十七。

……

武悼杨皇后,讳芷,字季兰,小字男胤,元后从妹。……以咸宁二年立为皇后。婉嬺有妇德,美映椒房,甚有宠。生渤海殇王,早薨,遂无子。

弘农杨氏,自东汉时期就是名门望族,杨震曾被视为"关西孔子",后官至司徒、太尉,其子杨秉、孙杨赐、重孙杨彪,均官至太尉,后人称为"四世三公"。魏晋时期,杨氏家族仍有较大影响,杨艳父母皆早亡,她得以立为皇后,自是因其家族之故。而杨芷为皇后,则不仅仅是杨艳的推荐,更多的出自晋武帝扶植外戚的政治需要。当时,因太子司马衷"不慧",朝中党争激烈,很多朝臣倾向于立晋武帝弟齐王攸为皇位继承人。为确保太子能顺利登上帝位,除了宗室势力之外,必须有外戚势力介入。咸宁二年(276年)十月,"立皇后杨氏,大赦,……十二月……封后父镇军将军杨骏为临晋侯。"① 杨骏并无显赫功业,"以后父超居重位。"晋武帝起用杨骏,主要是因为自己无心朝政,但又不放心功臣、宗室窃取大权,便扶植势单力薄的杨骏,他知道以杨氏家族的实力,断无篡权夺位的可能,只能依靠皇权维系家族势力。在晋武帝的纵容之下,杨骏及其弟杨珧、杨济在西晋政坛上迅速崛起,"骏及珧、济势倾天下,时人有'三杨'之号。"② 杨氏外戚的力量发展起来。

随着贾氏、杨氏外戚的崛起,在曹魏时期备受压制的外戚势力重新抬头,成为左右西晋政局走向的重要政治力量。

3.西晋统治阶层的内斗和腐化

单凭诸王和外戚的势力,西晋政局不会出现后来影响半个中国的腥风血雨,还有一个至关重要的因素是平吴后西晋统治阶层的内斗和腐化。

自西晋建立之日,朝内代表不同利益集团的大臣就政争不断,"合党连群,互相褒叹,以毁訾为罚戮,用党誉为赏爵,附己者则叹之盈言,不附者则为作瑕衅。"③ 西晋一朝,大规模的党争有三次:

泰始七年(271年)到泰始八年(272年)间,以贾充、任恺为首的两大政治集团围绕着贾充去留展开的博弈;

咸宁五年(279年)到太康元年(280年)间,以张华、杜预为首的主张伐吴与以贾充为首的反对伐吴两派之间的激烈冲突;

太康三年(282年)到太康四年(283年)间,围绕着齐王攸能否继位(后期改为辅政)展开的斗争。

---

① 《晋书》卷三《武帝纪》,第 67 页。
② 《晋书》卷四十《杨骏传》,第 1177 页。
③ 《三国志》卷十四《魏书·董昭传》,第 442 页。

西晋前期，最重要的党争就是围绕贾充去留问题展开的。

贾充是西晋王朝的开国功臣，长期掌控中枢，深得晋武帝信任。但他为人"无公方之操，不能正身率下，专以谄媚取容。"当时侍中任恺、中书令庚纯等刚直守正的官员，厌憎贾充的为人和他在朝中的结党，且贾充长女贾褒（一名贾荃，是贾充原配夫人李婉所生）为齐王攸的王妃，二人担心贾充的势力日后会更盛，一直想将贾充逐出中枢。"恺恶贾充之为人也，不欲令久执朝政，每裁抑焉。"贾充也曾想将任恺挤出中枢，建议晋武帝将他调派东宫护祐太子，但晋武帝虽然命任恺为太子少傅，却保留了他的侍中位置，参政权依然如故，贾充计划失败。"后承间言恺忠贞局正，宜在东宫，使护太子。帝从之，以为太子少傅，而侍中如故，充计画不行。"①

泰始六年（270 年），鲜卑秃发树机能反于秦州，秦州刺史胡烈战死。此后秃发树机能又相继击败安西将军石鉴、击杀凉州刺史牵弘，晋武帝命汝阴王司马骏为镇西大将军，都督雍州、凉州诸军事，坐镇关中，仍不能镇压西北叛乱。鲜卑势力发展愈快，甚至联合了匈奴、氐、羌等部族共同反晋，严峻的形势，使晋武帝一度认为"虽复吴蜀之寇，未尝至此。"②

晋武帝寝食难安之际，任恺和庚纯向他建议，派一个有威望、有谋略的重臣前去镇抚西北，最佳人选就是贾充。于是，晋武帝下诏命贾充为使持节、都督秦凉二州诸军事，出镇长安。贾充自知此举是夺了自己的中枢权力，但诏命已下，再痛恨任恺，也无可奈何。他一方面准备西行赴任，一方面找荀勖、荀顗等人商量，如何才能摆脱离京困境。表面上，贾充出镇是任恺和庚纯排挤所致，但真正的原因应该是他身为齐王攸的岳父，受晋武帝猜忌所致，唯一的解决之道就是表明自己并非站在齐王攸一方，最佳方案就是荀勖所献计策，贾充嫁女于太子。荀勖自告奋勇促成此事，趁侍宴之际，"论太子婚姻事，勖因言充女才质令淑，宜配储宫。而杨皇后及荀顗亦并称之。帝纳其言。会京师大雪，平地二尺，军不得发。既而皇储当婚，遂不西行。诏充居本职。"③

贾充得以留在洛阳后，立即展开了对任恺的反攻。当时，贾充与荀勖、荀顗、冯紞、杨珧、王恂、华廙等人结为同党，任恺则与庚纯、张华、温颙、向秀、和峤等结为一帮，他们或为朝廷重臣，或为皇亲国戚，或为当朝名士，背后都有一定势力的地方门阀士族，分别代表了不同的利益集团，彼此勾心斗角，互相攻击，以致"朋党纷然"，晋武帝为顾全大局，亲自设宴调解，告诫贾充、任恺"朝廷宜一，大臣当和。"两人名义上和好，却是"结怨愈深，外相崇重，内甚不平。"④不久，贾充

---

① 《晋书》卷四十五《任恺传》，第 1285 页。
② 《晋书》卷四十《贾充传》，第 1168 页。
③ 《晋书》卷四十《贾充传》，第 1168 页。
④ 《晋书》卷四十五《任恺传》，第 1285 页。

等人设计，称任恺有识人之明，宜居选举之官，晋武帝将任恺改任吏部尚书，自此，任恺觐见皇帝的机会减少。贾充、荀勖、冯紞等人不断挑拨、诬陷，任恺终被免官。

之后，庾纯成为与贾充集团对抗的首脑。有一次，贾充设宴，庾纯故意晚到，并借酒骂贾充："天下凶凶，由尔一人"，指斥其弑君之罪，"高贵乡公何在？"① 贾充大怒之下欲抓住庾纯，中护军羊琇、侍中王济在混乱中保护庾纯离开。其后，两派在朝堂上展开大辩论，一方要求严惩庾纯，一方则竭力回护，晋武帝初将庾纯免官，不久又起为国子祭酒，加散骑常侍，勉强平息此次争议。

第二次党争围绕着伐吴战争展开。伐吴之策，是羊祜最先规划，并在荆州做了大量准备，但他在战争开始之前病故，临终举杜预自代。针对征讨孙吴，西晋朝内存在较大的分歧。《晋书》卷三十四《杜预传》：

> 时帝密有灭吴之计，而朝议多违，唯预、羊祜、张华与帝意合。

《晋书》卷三十六《张华传》：

> 初，帝潜与羊祜谋伐吴，而群臣多以为不可，唯华赞成其计。

《晋书》卷三十九《荀勖传》：

> 及王濬表请伐吴，勖与贾充固谏不可，帝不从，而吴果灭。

《晋书》卷三十九《冯紞传》：

> 初谋伐吴，紞与贾充、荀勖同共苦谏不可。

因得到晋武帝的大力支持，伐吴战争于 279 年开始。为平衡各部势力，集合全部力量攻吴，晋武帝命贾充为大都督，总统六军，并威逼如果贾充不出，自己就要御驾亲征。贾充迫不得已，率军南屯襄阳，他一直竭力反对伐吴，出征前还上表"西有昆夷之患，北有幽并之戍，天下劳扰，年谷不登，兴军致讨，惧非其时。"即便王濬已经攻克武昌，他上奏晋武帝"吴未可悉定，方夏，江淮下湿，疾疫必起，宜召诸军，以为后图。虽腰斩张华，不足以谢天下。""中书监荀勖奏，宜如充表。"赖杜预力争，且王濬诸军进军神速，仅用三个月时间就结束了战争。贾充"本无南伐之谋，固谏不见用。及师出而吴平，大惭惧，议欲请罪。"② 晋武帝趁机收回兵权，在一定程度上削弱了贾充的势力和影响。虽然两派争议以伐吴战争的胜利结束，但贾充、荀勖等反对伐吴的人与战功赫赫的王濬等人同样受赏，而且，随着张华名望提高，有入主中枢之势，贾充等人嫉之若仇，"荀勖自以大族，恃帝恩深，憎疾之，每伺间隙，欲出华外镇"，后来终借齐王攸之事，出张华为幽州都督。张华在镇有功，"朝议欲征华入相，又欲进号仪同"，却因冯紞诋毁而未得实行，使张华"终帝之世，以列侯朝见"③，始终未能入主中枢。

第三次党争的斗争焦点是齐王司马攸能否继位（后期改为辅政）。

---

① 《晋书》卷五十《庾纯传》，第 1398 页。
② 《晋书》卷四十《贾充传》，第 1169、1170 页。
③ 《晋书》卷三十六《张华传》，第 1070、1071 页。

司马攸（248—283年），字大猷，小字桃符，是司马昭次子，晋武帝司马炎的弟弟。司马攸自幼聪慧，司马懿对这个孙子寄予厚望，"宣帝每器之"，将司马攸过继给没有儿子的司马师，事实上已经指定了司马攸就是司马氏家族的继承人。司马攸成年后，"清和平允，亲贤好施，爱经籍，能属文，善尺牍，为世所楷。才望出武帝之右"①，也符合继承人的要求。但司马师去世时，司马攸只有十岁，当时正是司马氏谋夺曹魏政权的关键时刻，司马昭只能亲自接掌政权。其后，随着政局的稳定和司马攸的成长，司马昭几度欲定司马攸为继承人，《晋书》卷三《武帝纪》：

> 初，文帝以景帝既宣帝之嫡，早世无后，以帝弟攸为嗣，特加爱异，自谓摄居相位，百年之后，大业宜归攸。每曰："此景王之天下也，吾何与焉。"将议立世子，属意于攸。何曾等固争曰："中抚军聪明神武，有超世之才。发委地，手过膝，此非人臣之相也。"由是遂定。

《晋书》卷三十八《齐王攸传》：

> 初，攸特为文帝所宠爱，每见攸，辄抚床呼其小字曰"此桃符座也"，几为太子者数矣。

《晋书》卷四十《贾充传》：

> 初，文帝以景帝恢赞王业，方传位于舞阳侯攸。充称武帝宽仁，且又居长，有人君之德，宜奉社稷。

《晋书》卷四十三《山涛传》：

> 帝以齐王攸继景帝后，素又重攸，尝问裴秀曰："大将军开建未遂，吾但承奉后事耳。故立攸，将归功于兄，何如？"秀以为不可，又以问涛。涛对曰："废长立少，违礼不祥。国之安危，恒必由之。"太子位于是乃定。

《晋书》卷九十三《羊琇传》：

> 初，帝未立为太子，而声论不及弟攸，文帝素意重攸，恒有代宗之议。琇密为武帝画策，甚有匡救。又观察文帝为政损益，揆度应所顾问之事，皆令武帝默而识之。其后文帝与武帝论当世之务及人间可否，武帝答无不允，由是储位遂定。

在司马昭举棋不定的情况下，司马炎联络部分朝臣，取得何曾、山涛、贾充、裴秀、羊琇等人的支持，结成了一股政治势力，为谋夺世子位积极活动。司马昭权衡之下，在临死前半年，终于确定了司马炎的世子位。但此前的兄弟争立，虽无曹丕、曹植争斗之惨烈，也难免会使他们心怀芥蒂，为此，司马昭夫妇放心不下，临死前都有交代：

> 及帝寝疾，虑攸不安，为武帝叙汉淮南王、魏陈思故事而泣。临崩，执攸手以授帝。……及太后临崩，亦流涕谓帝曰："桃符性急，而汝为兄不慈，我若

---

① 《晋书》卷三十八《齐王攸传》，第1130页。

遂不起，恐必不能相容。以是属汝，勿忘我言。"①

父母的嘱托，使晋武帝不能不按捺下对司马攸的不满，西晋一建立，立即封司马攸为齐王，并委以重任，"时朝廷草创，而攸总统军事，抚宁内外，莫不景附焉。"此后，齐王攸小心约束手下，避免晋武帝的猜忌，当时朝廷令藩王自选封国内的官吏，他都上推朝廷，由中央指派官员赴任。在朝堂上，齐王攸尽心辅政，"每朝政大议，悉心陈之"，使得朝廷"内外祗肃"，逐渐成长为西晋权力中枢的核心人物。齐王攸屡劝武帝"务农重本""去奢即俭，不夺农时，毕力稼穑，以实仓廪""时有水旱，国内百姓则加振贷，须丰年乃责，十减其二，国内赖之。"② 可以说，西晋初政局稳定、经济实力上升，具备了伐吴的基础，齐王攸功不可没。

泰始三年（267 年），晋武帝册立 9 岁的司马衷为太子，命李熹为太子太傅。此举符合儒家立嫡立长的制度，且司马衷年龄尚小，还看不出日后成为著名白痴皇帝的迹象。但随着司马衷年龄增长，无论晋武帝如何为他精选师傅和属官，都无法遮掩太子的不堪大任，和峤、卫瓘等人都曾提议改立太子，有些朝臣为晋王朝的长治久安考虑，希望能立齐王攸为储君："及帝晚年，诸子并弱，而太子不令，朝臣内外，皆属意于攸。"③

咸宁二年（276 年）初，晋武帝曾生了一场重病，延至三四月份才逐渐康复。当时孙吴未平，太子无能，西晋朝臣担心武帝不治，放眼朝堂内外，只有齐王攸能担大任，其拥护者频繁活动，为他说项。《晋书》卷四十《贾充传》记载：

> 初，帝疾笃，朝廷属意于攸。河南尹夏侯和谓充曰："卿二女婿，亲疏等耳，立人当立德。"

晋武帝大病初愈后，齐王在朝野的威望以及对太子地位的威胁使他重新审视兄弟关系，更何况还有荀勖、冯紞等人的挑拨，《晋书》卷三十八《齐王攸传》：

> 中书监荀勖、侍中冯紞皆谄谀自进，攸素疾之。勖等以朝望在攸，恐其为嗣，祸必及己，乃从容言于帝曰："陛下万岁之后，太子不得立也。"帝曰："何故？"勖曰："百僚内外皆归心于齐王，太子焉得立乎！陛下试诏齐王之国，必举朝以为不可，则臣言有征矣。"紞又言曰："陛下遣诸侯之国，成五等之制者，宜先从亲始。亲莫若齐王。"

《晋书》卷三十九《冯紞传》：

> 帝病笃得愈，紞与勖见朝野之望，属在齐王攸。攸素薄勖。勖以太子愚劣，恐攸得立，有害于己，乃使紞言于帝曰："陛下前者疾若不差，太子其废矣。齐王为百姓所归，公卿所仰，虽欲高让，其得免乎！宜遣还藩，以安社稷。"帝纳之。

---

① 《晋书》卷三十八《齐王攸传》，第 1133 页。
② 《晋书》卷三十八《齐王攸传》，第 1131、1132 页。
③ 《晋书》卷三十八《齐王攸传》，第 1133 页。

《晋书》卷二十四《职官志》：

> 咸宁三年，卫将军杨珧与中书监荀勖以齐王攸有时望，惧惠帝有后难，因追故司空裴秀立五等封建之旨，从容共陈时宜于武帝，以为"古者建侯，所以藩卫王室。今吴寇未殄，方岳任大，而诸王为帅，都督封国，既各不臣其统内，于事重非宜。又异姓诸将居边，宜参以亲戚，而诸王公皆在京都，非扞城之义，万世之固"。帝初未之察，于是下诏议其制。……既行，所增徙各如本奏遣就国，而诸公皆恋京师，涕泣而去。及吴平后，齐王攸遂之国。

荀勖、冯𬘡为了保全自身的权位，杨珧则为了保住司马衷的太子位，确保弘农杨氏的家族利益，他们结为同党，共同构陷齐王攸，为了将他赶出京城，先将其他藩王遣回封国。在这一争斗过程中，晋武帝最终还是倾向于确保太子位，只是东吴未平，朝中还需要齐王攸辅政，暂时没有立即遣他回封国。

虽然齐王攸还留在洛阳，晋武帝却开始着手从各方面瓦解齐王的势力，为太子日后的继位铺平道路。河南尹夏侯和在武帝病重时积极为齐王攸继位奔走，劝说贾充站在齐王攸一方，此举引起晋武帝的强烈不满，很快，就将他从掌控京畿要职的河南尹调为光禄勋闲职，重新任命王肃之子、文明皇后之弟王恂为河南尹。贾充在此次政治风波中，确实是因为"二女婿，亲疏等耳"，因此选择了中立。自西晋建立以来，贾充一直是晋武帝的主要支持者，手握重兵，此番的中立态度，惹恼了晋武帝，"乃夺充兵权，而位遇无替。寻转太尉、行太子太保、录尚书事。"[1]晋武帝既夺去了贾充的兵权，又让他担任太子太保，目的自然是警告贾充，要始终站在太子一方。针对齐王攸，则是进行了明升暗降的调整：此前，齐王攸任镇军大将军，兼侍中、太子太傅，"咸宁二年，代贾充为司空，侍中、太傅如故。"[2]司空虽为三公之一，却无实权，其政权中枢的实际参与权力被削弱了。当然，为避免重蹈曹魏限制宗室而亡国的覆辙，晋武帝不可能真正削弱宗室势力，在削弱齐王攸实力的同时，他开始培植自己信任的宗室新势力与齐王攸相抗衡。咸宁三年（277年）正月，武帝下诏书：

> 宗室戚属，国之枝叶，欲令奉率德义，为天下式。然处富贵而能慎行者寡，召穆公纠合兄弟而赋《棠棣》之诗，此姬氏所以本枝百世也。今以卫将军、扶风王亮为宗师，所当施行，皆咨之于宗师也。[3]

司马亮是司马懿第四子，年龄、辈分都适合担任宗族领袖。同年八月，晋武帝首次调整诸侯王封地，扶风王亮改封汝南王，兼任镇南大将军，汝南是西晋防御东吴的军事重镇，晋武帝将司马亮派驻此地，显然是委以重任，使其成为抗衡齐王攸的宗室力量。

---

① 《晋书》卷四十《贾充传》，第1169页。
② 《晋书》卷三十八《齐王攸传》，第1133页。
③ 《晋书》卷三《武帝纪》，第67页。

平吴之后，晋武帝耽于声色，太康三年（282 年）再度病危。此时太子位虽不会轻动，但辅佐太子登基的辅政大臣并未完全确立，很多朝臣还是瞩目于齐王攸。晋武帝曾问张华"谁可托寄后事者？"张华称："明德至亲，莫如齐王攸。"张华是伐吴的功臣，"名重一世，众所推服，晋史及仪礼宪章并属于华，多所损益。当时诏诰皆所草定，声誉益盛，有台辅之望焉。"他的回答，应该是为了晋朝的长治久安考虑的，代表了一部分忠心为晋的臣子的观点。但晋武帝此时已经决定力保太子，断然不会再增加齐王攸掌控政权的机会，张华的回答是他听不进去的，恰值荀勖嫉恨张华，欲驱他出中央，"荀勖自以大族，恃帝恩深，憎疾之，每伺间隙，欲出华外镇。""既非上意所在，微为忤旨，间言遂行。乃出华为持节、都督幽州诸军事、领护乌桓校尉、安北将军。"①

太康三年（282 年）底，晋武帝最终采纳了荀勖、冯紞的建议，下诏令齐王攸回封国。诏命一下，立即在朝堂上掀起了轩然大波。尚书仆射王浑首先上书，援引西周分封，而留周公在朝辅政之例，"至于公旦，武王之弟，左右王事，辅济大业，不使归藩。明至亲义著，不可远朝故也。"将齐王攸比为周公，"攸于大晋，姬旦之亲也。宜赞皇朝，与闻政事，实为陛下腹心不贰之臣。"若命齐王攸回封国，"假以都督虚号，而无典戎干方之实，去离天朝，不预王政。伤母弟至亲之体，亏友于款笃之义，惧非陛下追述先帝、文明太后待攸之宿意也。"希望能留下齐王在朝辅政，"愚以为太子太保缺，宜留攸居之，与太尉汝南王亮、卫将军杨珧共为保傅，干理朝事。三人齐位，足相持正，进有辅纳广义之益，退无偏重相倾之势。"②王浑以为齐王去留关乎晋室安危，请求晋武帝收回令齐王回封国的诏令，此论一出，和之者众：

> 于是扶风王骏、光禄大夫李憙、中护军羊琇、侍中王济、甄德皆切谏。帝并不从。济使其妻常山公主及德妻长广公主俱入，稽颡涕泣，请帝留攸。帝怒，谓侍中王戎曰："兄弟至亲，今出齐王，自是朕家事，而甄德、王济连遣妇来生哭人邪！"乃出济为国子祭酒，德为大鸿胪。羊琇与北军中候成粲谋见杨珧，手刃杀之；珧知之，辞疾不出，讽有司奏琇，左迁太仆。琇愤怨，发病卒。李憙亦以年老逊位，卒于家。③

上述诸人，《资治通鉴》仅记载了羊琇与李憙因反对齐王攸回封国而死，其实，此事在当时影响极大，多人因之死去。《晋书》卷三十八《扶风王骏传》载：

> 及齐王攸出镇，骏表谏恳切，以帝不从，遂发病薨。

《晋书》卷四十八《向雄传》：

> 太康初，为河南尹，赐爵关内侯。齐王攸将归藩，雄谏曰："陛下子弟虽多，

---

① 《晋书》卷三十六《张华传》，第 1070 页。
② 《晋书》卷四十二《王浑传》，第 1203 页。
③ [宋] 司马光著，[元] 胡三省注《资治通鉴》卷八十一，太康三年，第 2582 页。

然有名望者少。齐王卧在京邑，所益实深，不可不思。"帝不纳。雄固谏忤旨，起而径出，遂以愤卒。

这些人或为宗室，或为外戚，或为功臣，或为名士，为晋王朝的长治久安，不惜犯颜直谏，甚至赔上了自己的性命。但他们的举措不仅未能留下齐王攸，反倒让晋武帝更加疑忌齐王攸的政治影响力，为了以后的朝局稳固，他不得不孤注一掷，趁自己尚有威慑力，为太子清除隐患。于是，晋武帝加紧了将齐王攸赶出京城的步伐，令太常议齐王礼仪规格，又引发了一场大的争议，《晋书》卷五十《庾纯传》载，庾纯子庾旉，时为太常博士：

> 齐王攸之就国也，下礼官议崇锡之物。旉与博士太叔广、刘暾、缪蔚、郭颐、秦秀、傅珍等上表谏……旉草议，先以呈父纯，纯不禁。太常郑默、博士祭酒曹志并过其事。武帝以博士不答所问，答所不问，大怒，事下有司。

晋武帝一度要将这八人全部处死，遭到部分朝臣反对，甚至列出了擅杀谏官的罪名，才保住了这八人的性命，郑默、曹志被免官，庾旉等博士皆除名。

晋武帝的逼迫，拥护自己的朝臣被打压，使齐王攸悲愤交加，生了重病，他上书请求留在京城为父母守墓，希望晋武帝能看在父母情面上顾及兄弟之情。但这时的晋武帝，对齐王的猜忌已经冲昏了他的头脑，再加上荀勖、冯𬀩等人的挑拨，在齐王病重的情况下还逼他返回封国。"帝遣御医诊视，诸医希旨，皆言无疾。疾转笃，犹催上道。攸自强入辞，素持容仪，疾虽困，尚自整厉，举止如常，帝益疑无疾。辞出信宿，欧血而薨，时年三十六。"[①]

晋武帝后期，天下一统，干宝《晋纪总论》称：

> 太康之中，天下书同文，车同轨，牛马被野，余粮栖亩，行旅草舍，外闾不闭。民相遇者如亲，其匮乏者取资于道路，故于时有天下无穷人之谚。[②]

太康年间，表面上出现了"太康之治"的局面，实际上已经埋下了日后大动乱的祸根，朝堂上更是危机四伏。即便齐王攸不死，即使他能够成为辅政大臣，也未必能扭转西晋必亡的败局。但齐王攸年富力强，德高望重，有较高的政治才能和丰富的统治经验，为众臣信服，若晋武帝以他辅政，当能协调宗室、外戚和功臣之间的矛盾，不至于使他们之间的纷争迅速激化，在一定程度上延迟西晋灭亡的时间，这正是明智的朝臣拥戴他的主要原因。晋武帝出于个人私心，为儿子剪除政治威胁，为孙子铺平道路，逼迫齐王攸离京归国，终将他害死，无异于自毁长城。对此，历代史家多有评论，其中以清人王夫之在《读通鉴论》中的一段话最为中肯：

> 西晋之亡，亡于齐王攸之见疑而废以死也。攸而存，杨氏不得以擅国，贾氏不得以逞奸，八王不得以生乱。故举朝争之，争晋存亡之介也。虽然，盈廷

---

① 《晋书》卷三十八《齐王攸传》，第 1134 页。
② [梁] 萧统编，[唐] 李善注《文选》，上海古籍出版社，1986 年版，第 2178 页。

而争者，未得所以存晋之道也。①

党争加剧了统治阶层内部矛盾，形成了西晋政权的不稳定因素，而统治阶层日益腐化，则大大加速了西晋的灭亡。

自灭吴之后，外患既除，天下太平，前期励精图治的晋武帝日渐骄奢淫逸。在国家大政方针上，缺乏对晋政权的宏图规划，竟然下令"州郡悉去兵，大郡置武吏百人，小郡五十人。"②取消地方上的常备军，固然可以减轻百姓的兵役负担，但也暗含着危险，一旦局势动荡，地方政府毫无招架之力。晋武帝本人逐渐怠于政事，"自太康以后，天下无事，不复留心万机，惟耽酒色，始宠后党，请谒公行。"③在前朝，一度公开卖官鬻爵，司隶校尉刘毅曾将晋武帝比为汉朝的桓帝和灵帝，"桓灵卖官，钱入官库；陛下卖官，钱入私门。以此言之，殆不如也！"尴尬的晋武帝只好给自己找台阶下："桓灵之世，不闻此言。今有直臣，固不同也。"④在后宫，晋武帝耽于游宴，纵情声色。"时帝多内宠，平吴之后复纳孙皓宫人数千，自此掖庭殆将万人。而并宠者甚众，帝莫知所适，常乘羊车，恣其所之，至使宴寝。宫人乃取竹叶插户，以盐汁洒地，而引帝车。"⑤

平吴之后的晋武帝开始纵情享乐，上行下效，群臣也多穷奢极欲，在衣食住行等日常生活中无所不用其极，《晋书》《世说新语》多有记载。

太保何曾"性奢豪，务在华侈。帷帐车服，穷极绮丽"，尤其在吃上特别讲究，每次参加宫廷宴会，都是自带酒水饮食，因为皇家的厨师水平尚不及他家的。"厨膳滋味，过于王者。每燕见，不食太官所设，帝辄命取其食。蒸饼上不坼作十字不食。食日万钱，犹曰无下箸处。"其子何劭奢靡更甚，"骄奢简贵，亦有父风。衣裘服玩，新故巨积。食必尽四方珍异，一日之供以钱二万为限，时论以为太官御膳，无以加之。"⑥

王济，字武子，是平吴功臣王浑之子，娶司马昭女常山公主，日常饮食奢豪无度。《世说新语·汰侈》载：

> 武帝尝降王武子家，武子供馔，并用琉璃器。婢子百余人，皆绫罗绮襦，以手擎饮食。蒸豚肥美，异于常味。帝怪而问之。答曰："以人乳饮豚。"帝甚不平，食未毕，便去。

王济好骑马射箭，当时洛阳人多地贵，他买地做驰射场，以钱铺地，堆到同围墙一般高，"时人号曰'金沟'。"⑦

---

① [清]王夫之《读通鉴论》卷十一，中华书局，1975年版，第311页。
② 《晋书》卷四十三《山涛传》，第1227页。
③ 《晋书》卷四十《杨骏传》，第1177页。
④ 《晋书》卷四十五《刘毅传》，第1272页。
⑤ 《晋书》卷三十一《后妃上》，第962页。
⑥ 《晋书》卷三十三《何曾传》《何劭传》，第998、999页。
⑦ [南朝宋]刘义庆著，[南朝梁]刘孝标注，余嘉锡笺疏《世说新语笺疏·汰侈》，第883页。

石崇任荆州刺史时，除了大肆搜刮民脂民膏，还不断劫掠过往客商，积累了大量财富，回京后，在洛阳郊外建金谷园别墅，"财产丰积，室宇宏丽。后房百数，皆曳纨绣，珥金翠。丝竹尽当时之选，庖膳穷水陆之珍。"①甚至其厕所中"常有十余婢侍列，皆丽服藻饰。置甲煎粉、沈香汁之属，无不毕备。又与新衣著令出，客多羞不能如厕。"当时的贵族不仅以奢靡相尚，还互相攀比，石崇与王恺（晋武帝舅父）斗富，"王君夫以饴糒澳釜，石季伦用蜡烛作炊。君夫作紫丝布步障碧绫裏四十里，石崇作锦步障五十里以敌之。石以椒为泥，王以赤石脂泥壁。"晋武帝对如此奢侈挥霍的行为不仅未予以制止，反而"每助恺。尝以一珊瑚树，高二尺许赐恺。枝柯扶疏，世罕其比。恺以示崇。崇视讫，以铁如意击之，应手而碎。恺既惋惜，又以为嫉己之宝，声色甚厉。崇曰：'不足恨，今还卿。'乃命左右悉取珊瑚树，有三尺四尺，条干绝世，光彩溢目者六七枚，如恺许比甚众。"②

士族之间的奢侈之风愈演愈烈，为了支持豪奢的生活，他们多不择手段地聚敛财富，贪婪地搜刮民脂民膏，金钱成为他们的最大追求。鲁褒的《钱神论》辛辣地讥讽了钱的作用和官僚贵族对钱的贪婪掠夺：

> 钱之为体，有乾坤之象。内则其方，外则其圆。其积如山，其流如川。动静有时，行藏有节，市井便易，不患耗折。难折象寿，不匮象道，故能长久，为世神宝。亲之如兄，字曰"孔方"。失之则贫弱，得之则富昌。无翼而飞，无足而走。解严毅之颜，开难发之口。钱多者处前，钱少者居后；处前者为君长，在后者为臣仆。君长者丰衍而有余，臣仆者穷竭而不足。……

> 钱之为言泉也，无远不往，无幽不至。京邑衣冠，疲劳讲肄，厌闻清淡，对之睡寐，见我家兄，莫不惊视。钱之所佑，吉无不利。何必读书，然后富贵！……由此论之，谓为神物。无德而尊，无势而热，排金门而入紫闼。危可使安，死可使活，贵可使贱，生可使杀。是故忿争非钱不胜，幽滞非钱不拔，怨仇非钱不解，令问非钱不发。

> 洛中朱衣，当途之士，爱我家兄，皆无已已，执我之手，抱我始终。不计优劣，不论年纪，宾客辐辏，门常如市。谚曰："钱无耳，可使鬼。"凡今之人，惟钱而已。故曰军无财，士不来；军无赏，士不往；仕无中人，不如归田；虽有中人，而无家兄，不异无翼而欲飞，无足而欲行。③

钱成了无所不能的神物，一切向钱看，一切可以用钱换，成为官僚贵族尊奉的人生信条，他们不遗余力地追求钱财，朝野上下，社会风气腐败透顶。

孟子曰："上下交征利，而国危矣。"当上自统治者，下至百姓都在追逐钱财利

---

① 《晋书》卷三十三《石崇传》，第 1007 页。
② [南朝宋]刘义庆著，[南朝梁]刘孝标注，余嘉锡笺疏《世说新语笺疏·汰侈》，第 877、878、882 页。
③ 《晋书》卷九十四《鲁褒传》，第 2437 页。

益时，国家就危险了。西晋统治阶层奢靡浪费的庞大开支，此后越来越沉重地压在百姓身上，不断增加的赋税，激化了国内阶级矛盾，统治危机日益显现。当时，有一部分清醒的政治家看到了奢侈之风对社会的危害，如傅咸上书晋武帝，称："奢侈之费，甚于天灾。"① 同时，对财富的争夺，也加剧了统治阶级内部的互相倾轧，始于生活方式的奢侈之风，逐渐演化为血腥的政治斗争。石崇"财产丰积"，赵王伦专权，其亲信孙秀为夺石崇家产，劝赵王伦杀之，石崇临死才意识到："奴辈利吾家财"②，但悔之晚矣。"八王之乱"中，尚书何绥奢侈过度，王尼谓人曰："绥居乱世，矜豪乃尔，将死不久。"③ 未几，何绥为司马越所杀。更重要的是，官僚士族的腐化，进一步引起了官场的腐化，权力和利益斗争随之而起，从外戚之间延伸到宗室诸王之间，政治风气日益败坏，"纲纪大坏，货赂公行，势位之家，以贵陵物，忠贤路绝，谗邪得志，更相荐举，天下谓之'互市'焉。"④ 西晋后期，社会问题日趋严重，而国家机器运转不灵，无力应对"八王之乱"和晋末流民起义带来的政治危机和社会混乱，不仅削弱了西晋的统治力量，还给少数民族入主中原提供了可乘之机，在内外交困中，西晋王朝走向灭亡。

4. 晋武帝选错了继承人

西晋分封宗室，培植外戚，再加上激烈的党争，已经形成了较大的隐患，在晋武帝时期，还能凭借个人威望和高超的政治手腕，尽力平衡各方的势力，没有酿成大的动荡。太熙元年（290 年），晋武帝病死，太子司马衷继位，是为晋惠帝。此后，上有白痴皇帝、凶悍皇后，下有贪婪诸王，不同利益集团的士族分别依附不同的宗室或外戚，朝内争斗不断加剧，由朝堂纷争发展为中原大战，西晋王朝短命而亡。可以说，晋武帝选择了错误的继承人，是西晋速亡的关键原因。

晋武帝共有二十六个儿子，其中武元皇后杨艳所生嫡子有三：毗陵王司马轨、晋惠帝司马衷、秦王司马柬，长子司马轨两岁时夭折，司马衷成为事实上的嫡长子。泰始三年（267 年），晋武帝立九岁的司马衷为皇太子，并为他选择宗室、外戚、元老重臣和名士为东宫官员，如齐王攸、汝南王亮、贾充、杨骏、杨珧、荀颧、任恺、山涛、卫瓘等朝中重臣都曾任太傅、少傅、太子太保等职，王衍、乐广、郑默、卫恒、夏侯湛、阮浑等名士皆曾为太子属官。前者培养太子的从政能力，并与宗室、外戚和元老重臣结为特殊的关系，后者则是熏陶太子的学识素养，也是为他缔结与名士的密切联系，二者结合，尽力搭起日后太子主政的政务班子。

尽管晋武帝为太子精选名师益友，但随着年龄的增长，幼年时期尚无法辨别的智力缺陷越来越暴露出来，与合格政治继承人的身份越来越远。《晋书》卷四《惠

---

① 《晋书》卷四十七《傅咸传》，第 1324 页。
② 《晋书》卷三十三《石崇传》，第 1008 页。
③ 《晋书》卷四十九《王尼传》，第 1381 页。
④ 《晋书》卷四《惠帝纪》，第 108 页。

帝纪》中记载了两件能够反映晋惠帝智商的事件：

> 帝又尝在华林园，闻虾蟆声，谓左右曰："此鸣者为官乎，私乎？"或对
> 曰："在官地为官，在私地为私。"及天下荒乱，百姓饿死，帝曰："何不食肉
> 糜？"

从这两件事看，晋惠帝毫无疑问当属白痴，但不少学者对此早有疑义。《资治
通鉴》卷八十五记载了永兴元年（304 年）荡阴之战，东海王越挟持晋惠帝攻打盘
踞于邺城的成都王颖，混战中，有三支箭擦着晋惠帝的脸颊飞过，时百官逃散，危
急关头唯有侍中嵇绍登上晋惠帝车辇，用自己的身体护住了晋惠帝，成都王颖的兵
士登车行凶，晋惠帝大叫"忠臣也，勿杀！"也未能保全嵇绍的性命，"遂杀绍，
血溅帝衣。"晋惠帝被俘入邺城后，"左右欲浣帝衣。帝曰：'嵇侍中血，勿浣也！'"
胡三省注曰："孰谓帝为戆愚哉！"①曹文柱《西晋前期的党争与武帝的对策》一文，
"附带为晋惠帝司马衷的'白痴'称号，作一小小的翻案文章"，认为晋惠帝确实智
商不高，但他能读书、写字，还能对某些政治问题提出见解，其智商大概与蜀汉后
主相类，只是运气不及刘禅。②刘驰《晋惠帝白痴辩》一文，用现代医学理论分析，
认为"从医学的角度看，惠帝显然不是白痴，也不是痴愚，而只能归入愚鲁一类。"③
也就是说，晋惠帝患有较轻的弱智病，是心智发育不健全的低能儿。

《晋书》中还有多处提及惠帝的智商问题，如《晋书》卷四《惠帝纪》：

> 帝之为太子也，朝廷咸知不堪政事，武帝亦疑焉。尝悉召东宫官属，使以
> 尚书事令太子决之，帝不能对。贾妃遣左右代对，多引古义。给事张泓曰："太
> 子不学，陛下所知，今宜以事断，不可引书。"妃从之。泓乃具草，令帝书之。
> 武帝览而大悦，太子遂安。……

《晋书》卷三十一《后妃上》：

> 帝以皇太子不堪奉大统，密以语后。后曰："立嫡以长不以贤，岂可动乎？"
> ……

> 帝常疑太子不慧，且朝臣和峤等多以为言，故欲试之。尽召东宫大小官属，
> 为设宴会，而密封疑事，使太子决之，停信待反。妃大惧，倩外人作答。答者
> 多引古义。给使张泓曰："太子不学，而答诏引义，必责作草主，更益谴负。不
> 如直以意对。"妃大喜，语泓："便为我好答，富贵与汝共之。"泓素有小才，具
> 草，令太子自写。帝省之，甚悦。先示太子少傅卫瓘，瓘大蹉跎，众人乃知瓘
> 先有毁言，殿上皆称万岁。充密遣语妃云："卫瓘老奴，几破汝家。"

《晋书》卷三十六《卫瓘传》：

> 惠帝之为太子也，朝臣咸谓纯质，不能亲政事。瓘每欲陈启废之，而未敢

---

① [宋] 司马光著，[元] 胡三省注《资治通鉴》卷八十五，永兴元年，第 2696 页。
② 曹文柱：《西晋前期的党争与武帝的对策》，载《北京师范大学学报》，1989 年，第 5 期。
③ 刘驰：《六朝士族探析》，中国广播电视大学出版社，2000 年，第 230 页。

发。后会宴陵云台，瓘托醉，因跪帝床前曰："臣欲有所启。"帝曰："公所言何耶？"瓘欲言而止者三，因以手抚床曰："此座可惜！"帝意乃悟，因谬曰："公真大醉耶？"瓘于此不复有言。贾后由是怨瓘。

《晋书》卷三十九《荀勖传》：

> 时帝素知太子暗弱，恐后乱国，遣勖及和峤往观之。勖还盛称太子之德，而峤云太子如初。于是天下贵峤而贱勖。

《晋书》卷四十五《和峤传》：

> 吴平……峤转侍中，愈被亲礼，与任恺、张华相善。峤见太子不令，因侍坐曰："皇太子有淳古之风，而季世多伪，恐不了陛下家事。"帝默然不答。后与荀顗、荀勖同侍，帝曰："太子近入朝，差长进，卿可俱诣之，粗及世事。"即奉诏而还。顗、勖并称太子明识弘雅，诚如明诏。峤曰："圣质如初耳！"帝不悦而起。峤退居，恒怀慨叹，知不见用，犹不能已。在御坐言及社稷，未尝不以储君为忧。帝知其言忠，每不酬和。后与峤语，不及来事。

根据上述记载可知，太子愚鲁显然已经是朝野皆知。晋武帝也早知道"太子不学""太子暗弱"，"常疑太子不慧"，曾以"皇太子不堪奉大统"为由与杨艳皇后商议另立他子，如果此事能成，杨艳皇后所生第三子秦王柬（262—291年）是最佳人选，他比太子小三岁，"沈敏有识量"，咸宁初年，曾任禁军将领，颇有治才，晋武帝"于诸子中尤见宠爱。以左将军居齐献王故府，甚贵宠，为天下所属目。"[1] 但是，若废太子立秦王柬，其实就是否决了立司马衷为太子的立嫡立长制度，而是采用了立贤制度，若真如此，楚王玮、长沙王乂、淮南王允、成都王颖等武帝诸子都有可能被立为太子，这是杨皇后不愿意看到的。出于自己的私心，她坚持传统的封建宗法制度："立嫡以长不以贤，岂可动乎？"[2] 但杨皇后也知道，太子智力有问题，一旦晋武帝动了易储的心思，就很难打消，为确保太子的位置巩固，杨皇后费尽心机为他拉拢朝臣，恰值贾充被排挤出京，荀勖献计结婚太子以自保，在晋武帝明确表示准备选卫瓘女为太子妃的情况下，杨皇后力主促成贾南风入宫。《晋书》卷三十一《后妃上》：

> 初，贾充妻郭氏使赂后，求以女为太子妃。及议太子婚，帝欲娶卫瓘女。然后盛称贾后有淑德，又密使太子太傅荀顗进言，上乃听之。
>
> ……
>
> 初，武帝欲为太子取卫瓘女，元后纳贾郭亲党之说，欲婚贾氏。帝曰："卫公女有五可，贾公女有五不可。卫家种贤而多子，美而长白；贾家种妒而少子，丑而短黑。"元后固请，荀顗、荀勖并称充女之贤，乃定婚。

---

[1]　《晋书》卷六十四《武十三王传》，第1720页。

[2]　《晋书》卷三十一《后妃上》，第953页。

贾充是西晋的开国功臣，位高权重，在朝堂上的位置是他人无法取代的，荀顗、荀勖、冯紞等皆以其马首是瞻，与贾氏联姻，等同于给太子找了一个强有力的支持者。

泰始十年（274 年），杨艳皇后病故，临终前顾虑最多的是太子的安危：

> 及后有疾，见帝素幸胡夫人，恐后立之，虑太子不安。临终，枕帝膝曰："叔父骏女男胤有德色，愿陛下以备六宫。"因悲泣，帝流涕许之。

杨艳担心自己死后晋武帝会立最宠爱的胡夫人为皇后，危及太子地位，此前嫉妒成性、拒绝为晋武帝选美女入宫的杨艳[1]，毅然推荐了年轻美艳的堂妹杨芷，希望继续维护弘农杨氏的地位，并以之保护太子。而杨芷被册立为皇后之后，也确实尽心竭力保护太子。《晋书》卷三十一《后妃上》：

> 太子妃贾氏妒忌，帝将废之。后言于帝曰："贾公闾有勋社稷，犹当数世宥之，贾妃亲是其女，正复妒忌之间，不足以一眚掩其大德。"后又数诫厉妃，妃不知后之助己，因以致恨，谓后构之于帝，忿怨弥深。

保住了太子妃贾南风，就是确保了贾氏一族的势力和贾充同党荀顗、荀勖等人始终站在太子一方，为太子日后的登基准备了筹码。《晋书》卷三十二《后妃下》卷末评论说：

> 武元杨氏预闻朝政，明不逮远，爱溺私情，深杜卫瓘之言，不晓张泓之诈，运其阴渗，韬映乾明，晋道中微，基于是矣。

司马衷智力有缺陷，大臣们舆论纷纷，皆以储君为忧，卫瓘等人意欲废司马衷，张华等人则主张立晋武帝弟齐王攸为嗣。杨艳皇后出于自己的私心，坚持保住司马衷的太子位，以致引发了后来的政治危机，后人多有评述，宋代叶适《习学记言序目》曰：

> 武帝未有失德，而杨元后以市井庸妇人见识佐之，以嫡立惠，以妹继室，以贾为妇，三哲同意，乱本既成，无可救者，祸流生民数百载。[2]

王鸣盛《十七史商榷》卷四十八"武帝误于杨后"条：

> 武帝后杨氏，明知其子惠帝不可立而力劝帝立之，又力劝帝为其子纳贾充女。此乃隋文帝为独孤后所误劝立炀帝正同。炎与坚皆以用妇人言败。杨后又力劝纳其叔父骏女为后，既覆司马，又倾杨氏。

在立嗣事件中，完全归罪于杨艳皇后是不准确的，最起码，太子的废立，最终的决定权掌握在晋武帝手中，在朝臣普遍质疑太子是否有能力继承皇位时，晋武帝坚持保太子，让他做了 23 年之久的储君，后更以江山社稷相托。晋武帝之后的局势，矛盾重重，复杂险恶，即便聪慧而又阅历丰富者都未必能扭转预势，更遑论智

---

① 《晋书》卷三十一《后妃上》："泰始中，帝博选良家以充后宫，先下书禁天下嫁娶，使宦者乘使车，给驺骑，驰传州郡，召充选者使后拣择。后性妒，惟取洁白长大，其端正美丽者并不见留。"

② ［南宋］叶适：《习学记言序目》卷二十九《晋书一》，中华书局，1977 年，第 417 页。

力水平明显低于正常人的司马衷了,因此,唐太宗在《晋书·武帝纪》中批评晋武帝"惠帝可废而不废,终始倾覆洪基。"①西晋速亡原因复杂,立嗣不当仅是其中一方面的原因,但立嗣对西晋王朝的命运影响至深且巨,对其他因素皆有影响。宋代叶适《习学记言序目》卷二十九《晋书一》曰:

> 晋武帝时大议论有四:惠帝定嗣,一也;贾后为冢妇,二也;贾充荀勖进退,三也;齐王攸去留,四也;晋之治乱存亡虽在此四者,然不过一本。昔周子有兄而无慧,不能辨菽麦,故不可立。武帝二十五子,惠之无慧,帝自知之,而终不决者,恃愍怀尔。又明见充女不可,然竟纳为妇以成愍怀之酷,实勖辈弥缝其间。末年恐攸抉众望夺嫡,又为逐去以速其死。帝本于一事不了,故四事无不然,遂至举天下而弃之。②

叶适指出,导致西晋灭亡的原因有四个,最关键的就是"惠帝定嗣",储君的选择引发严重的政治危机,最终决定了王朝的走向,"帝本于一事不了,故四事无不然,遂至举天下而弃之。"

后人难以理解的是,晋武帝不是没有动过改易太子的念头,但最终没有成功,以致铸成大错,分析史料,可知未易储的原因有如下几点。

第一,保住司马衷的太子位,是维护儒家立嫡立长制度的需要。嫡长子继承制是中国长期传承的继嗣制度,也是晋武帝之所以能够登上帝位的基本条件,一旦易储,便是否决了自己继位的根基。在自己诸子并不是特别优秀的情况下,根本无力与齐王攸竞争,当年自己与齐王攸争立的故事必然会重演,这是晋武帝内心深处最为害怕的。而司马衷无论是聪明还是白痴,都是名正言顺的嫡长子,即便有人想要拥立齐王攸,废黜嫡长子也需要费一番周折。所以,在当时的政治背景下,晋武帝立嫡长子司马衷为太子,就是防范乃至压制齐王攸势力的最强有力的武器。一旦他改易太子,比如他最宠爱的秦王柬,其实等同于在朝堂上摆出立贤立德的姿态,年幼且"性仁讷,无机辩之誉"③的秦王柬又怎会是年富力强、德高望重的齐王攸的对手,朝臣只会更加寄希望于齐王攸,无论是晋武帝还是荀勖等人,都不会授政敌以柄,坚持嫡长继承制成为他们不得不走下去的道路。

第二,晋武帝后期,欲废太子已经不能。前期,当晋武帝怀疑太子智商而欲改立太子时,被杨艳皇后所阻。此后杨皇后为太子纳贾南风为妃,结援贾氏,晋武帝就要顾虑到开国功臣贾充及其家族的势力。如果废太子,便是废太子妃,贾氏一族必会心生不满,可能会转而支持贾充的长女夫婿齐王攸,无疑会增强齐王攸的实力,朝局必然向晋武帝不期望的方向发展。而保住了太子,即便贾充本人中立,以贾南风为核心的贾氏族人也必然会站在太子一方,不遗余力地排挤齐王攸,朝堂之上不

---

① 《晋书》卷三《武帝纪》,第82页。
② [南宋]叶适:《习学记言序目》卷二十九《晋书一》,第419页。
③ 《晋书》卷六十四《武十三王传》,第1720页。

是齐王独大，纵然有争斗，凭晋武帝的智慧、资历和威望，还能控制住。为此，他想方设法宣扬太子之德才，据《晋辟雍碑》载：

> 四年（咸宁四年，278 年）二月，行大射礼于辟雍。皇太子圣德光茂，敦悦坟素，斟酌道德之原，探迹仁义之薮，游心远览，研精好古，务崇国典，以协时雍。乃与太保侍中太尉鲁公充、太傅侍中司空齐王攸、詹事给事中光禄大夫关内侯珧及百辟卿士，同升辟雍，亲临礼乐。降储尊之贵，敦齿让之制，寿咨轨宪，敷纳谠言。

此碑出土后，研究者众，童岭先生《晋初礼制与司马氏帝室：<大晋龙兴皇帝三临辟雍碑>胜义蠡测》①一文独辟蹊径，认为晋武帝令时为太子的司马衷"临辟雍"，是扶持皇太子的政治举措，在礼制方面维系太子地位。除了大肆宣扬太子"圣德光茂"，晋武帝还在太康二年（281 年）弄虚作假地搞了两次对太子的智商测试，巩固太子的地位。太康四年（283 年）齐王攸去世后，对太子的威胁已经解除，但此前晋武帝为确保太子位稳固所做的一切努力，已经变成了束缚自己的枷锁，他无法否定自己此前的做法而另立他子，只能继续维系着太子的位置。

第三，晋武帝寄厚望于皇孙。司马衷只有一个儿子，名司马遹（278—300 年），是谢夫人所生。司马遹与父亲迥然不同，他自幼聪慧，甚为晋武帝钟爱，常常将他带在自己身边，亲自教导。有一次宫中失火，晋武帝登楼观望火势，司马遹拽着晋武帝的衣服将他拉到暗处，晋武帝甚是奇怪，问起原因，司马遹说："暮夜仓卒，宜备非常，不宜令照见人君也。"晋武帝从此对他更另眼相看，认为"此儿当兴我家。"史载此事发生在司马遹五岁时，即太康三年（282 年）。时吴国已灭，天下太平，晋武帝以为，纵然儿子不成才，只要选择好辅政大臣，便能平稳支撑到聪慧的皇孙继位。为达此目的，晋武帝力保司马衷的太子位，同时为司马遹精选名师，培养其政治才干。为确保司马遹能够顺理成章地登基，晋武帝不惜动用非常手段，当时望气者推断广陵有天子气，晋武帝遂将司马遹封为广陵王，食邑五万户，"常对群臣称太子（司马遹）似宣帝（司马懿），于是令誉流于天下。"②

晋武帝晚年，为防止贾南风加害皇孙，曾一度要废黜太子妃，《晋书》卷三十一《后妃上》载：

> 太子妃贾氏妒忌，帝将废之。后言于帝曰："贾公闾有勋社稷，犹当数世宥之，贾妃亲是其女，正复妒忌之间，不足以一眚掩其大德。"
>
> ……
>
> 妃性酷虐，尝手杀数人。或以戟掷孕妾，子随刃堕地。帝闻之，大怒，已修金墉城，将废之。充华赵粲从容言曰："贾妃年少，妒是妇人之情耳，长自当

---

① 童岭：《晋初礼制与司马氏帝室：<大晋龙兴皇帝三临辟雍碑>胜义蠡测》，学术月刊，2013 年第 10 期。

② 《晋书》卷五十三《愍怀太子传》，第 1457 页。

差。愿陛下察之。"其后杨珧亦为之言曰:"陛下忘贾公闾耶?"荀勖深救之,故得不废。

荀勖是贾充同党,时贾充虽死,但贾氏集团已经形成,荀勖自然力保贾南风。赵粲是杨艳皇后舅父之女,因杨艳才得以入宫,她与杨芷、杨珧的目的一致,保住贾南风,就能确保贾氏集团站在太子一方,由此便能稳固太子位,间接也能确保杨氏家族及其亲属的地位。他们主要从两方面营救贾南风:一、列出贾充的功勋,提醒晋武帝不能忘了他在晋政权建立和稳固过程中的作用;二、将贾南风的酷虐简单归结为后宫女子的妒忌,弱化其影响。在诸人营救之下,晋武帝没有废黜太子妃贾南风,他并不知道,这是为后世留下了最大的隐患。

太康十年(289年),五十四岁的晋武帝又生了一场病,多年的荒淫生活,他的身体已经到了油尽灯枯的地步,迁延至十一月才病愈,为此还"赐王公以下帛有差"[1],以示庆祝。疾愈未久,他开始改易诸王,尽力协调宗室、外戚之间的关系,为皇权顺利交接做准备。《晋书》卷三《武帝纪》:

> 以汝南王亮为大司马、大都督、假黄钺。改封南阳王柬为秦王,始平王玮为楚王,濮阳王允为淮南王,并假节之国,各统方州军事。立皇子乂为长沙王,颖为成都王,晏为吴王,炽为豫章王,演为代王,皇孙遹为广陵王。立濮阳王子迪为汉王,始平王子仪为毗陵王,汝南王次子羕为西阳公。徙扶风王畅为顺阳王,畅弟歆为新野公,琅邪王觐弟澹为东武公,繇为东安公,漼为广陵公,卷为东莞公。

值得注意的是,晋武帝首先赋予自己的叔父汝南王亮"大司马、大都督、假黄钺"[2]的职位和权力,为诸王之首,可以协调宗室诸王。然后重用了自己的三个儿子,秦王柬、楚王玮和淮南王允"并假节之国,各统方州军事",分别控制关中、荆州和扬州战略要地。为笼络他们,竟然违背自己十余年前的定制,破例封赏其子。据《晋书》卷二十四《职官》记载,咸宁三年(277年)规定:

> 自此非皇子不得为王,而诸王之支庶,皆皇家之近属至亲,亦各以土推恩受封。其大国次国始封王之支子为公。承封王之支子为侯,继承封王之支子为伯。小国五千户已上,始封王之支子为子,不满五千户始封王之支子及始封公侯之支子皆为男,非此皆不得封。

晋武帝否定了"非皇子不得为王"的定制,分别封淮南王允的儿子司马迪为汉王,楚王玮的儿子司马仪为毗陵王,秦王柬无子,否则必然也会加封。其他如长沙王乂、成都王颖、吴王晏、豫章王炽、代王演都是随例晋封。封皇孙司马遹为广陵王,其实是进一步确立了他继承人的身份。另外,则是加封了汝南王亮的近亲属。

---

① 《晋书》卷三《武帝纪》,第79页。
② 《晋书》卷三《武帝纪》,第79页。

汝南王亮是司马懿第四子，与第五子琅邪王司马伷（死于太康四年）、第六子清惠亭侯司马京（死于西晋建立前，年二十四岁）、第七子扶风王司马骏（死于太康七年）同为伏夫人所生。上文加封的宗室中，司马羕是汝南王亮的第三子，是年仅六岁，司马畅和司马歆是司马骏诸子中最有才干的，司马澹、司马繇、司马漼都是司马伷的儿子①，晋武帝通过对他们的加封，实际构成了以汝南王亮为核心的近亲属的政治圈子。按照晋武帝的设想，他们将与晋武帝的三个儿子秦王柬、楚王玮和淮南王允联手，形成宗室力量的核心，主要在外部组成对西晋皇室的支持力量，"镇守要害，以强帝室。"②

晋武帝临终前，任杨骏为辅政大臣，希望他能以外公的身份维护司马衷的皇位。外戚无法篡夺皇位，但可能会出现外戚专权，为避免出现此现象，又从内外两方面牵制、限制杨骏的权力：在朝中，以王佑为北军中侯，掌管禁军，确保皇帝安全；在地方，则以汝南王亮、秦王柬、楚王玮和淮南王允控制军政要地。这种内外相结合的制衡安排，由于贾南风搅动政治风云，不仅未实现晋武帝设想的以宗室、外戚夹辅皇权的政治目标，反倒是为他们介入最高权力的争夺提供了契机。

晋武帝没有改易太子，为西晋速亡埋下了祸根。干宝《晋纪总论》曰：

> 民风国势如此，虽以中庸之才、守文之主治之，辛有必见之于祭祀，季札必得之于声乐，范燮必为之请死，贾谊必为之痛哭，又况我惠帝以荡荡之德临之哉！……怀帝承乱之后得位，羁于强臣。愍帝奔播之后，徒厕其虚名。天下之既已去矣，非命世之雄，不能取之矣。③

庸主坐朝堂，为野心家们争权夺利提供了条件。而晋武帝大封宗室和扶植外戚的政策，更使他们卷入政治纷争有了雄厚的基础。西晋后期，王公贵族互相残杀，先是外戚之间争斗，继之以外戚与诸王之间相残，最后是诸王与诸王之间大动干戈，由政治内斗转向了军事杀伐，削弱了王朝的统治力量，以致迅速败亡。

（二）"八王之乱"的过程

太熙元年（290年）三月，晋武帝病重，考虑到太子司马衷难以亲自执政，聪慧的皇孙司马遹年龄尚幼，且"非贾后所生，终致危败，遂与腹心共图后事"④，安排了宗室首领汝南王亮和皇后之父杨骏为辅政大臣，意欲在宗室和外戚之间维持平衡，保证皇权不致旁落，为以后皇孙能够顺利继位构建稳固的政治格局。这一安排颇有其合理性，但在晋武帝病危时，杨骏即开始排挤汝南王亮，要赶他出京城，"及

---

① 《晋书》卷三《武帝纪》记载，太康十年加封琅邪王觐弟司马澹、司马繇、司马漼、司马卷四人。《晋书》卷三十八《司马伷传》记载了琅邪王司马伷的四个儿子：司马觐、司马澹、司马繇、司马漼，无司马卷。

② 《晋书》卷三《武帝纪》，第81页。

③ [梁] 萧统编，[唐] 李善注《文选》，第2189页。

④ 《晋书》卷三《武帝纪》，第80页。

武帝寝疾,为杨骏所排,乃以亮为侍中、大司马、假黄钺、大都督、督豫州诸军事,出镇许昌。"①趁晋武帝神志昏迷时,杨骏与杨芷皇后篡改遗诏,变成了杨骏一人辅政,"以骏为太尉、太子太傅、假节、都督中外诸军事,侍中、录尚书、领前将军如故。"②四月,武帝病死,太子司马衷即位,杨骏总揽军政大权。

杨骏并无显赫功业,因外戚身份迅速上升,"以后父超居重位,自镇军将军迁车骑将军,封临晋侯。"此前因权位太重,已经引起部分朝臣的不满,"尚书褚䂮、郭奕并表骏小器,不可以任社稷之重。"晋武帝死后,杨骏独掌大权,人心不服,当时的政治气氛非常紧张,为防不测,杨骏居太极殿,"梓宫将殡,六宫出辞,而骏不下殿,以武贲百人自卫。"③因晋武帝死去而未及出京的汝南王亮,蛰伏京城,他不敢入宫吊丧,借口有病"于大司马门外叙哀而已,表求过葬。"希望能延迟到晋武帝下葬后再到许昌赴任,以借机观察京中形势。杨骏一度要征讨羁留京城的汝南王亮,消息传出后,以廷尉何勖为代表的一部分朝臣,建议汝南王亮率部下入宫废黜杨骏,但汝南王亮怯懦,不敢与杨骏为敌,连夜离京赴许昌。"或说亮率所领入废骏,亮不能用,夜驰赴许昌。"④是时,不仅宗室诸王被排除在政权中枢之外,当时的名臣,太子少傅张华"与王戎、裴楷、和峤俱以德望为杨骏所忌,皆不与朝政。"⑤杨骏专擅朝政,已将自己置于与宗室和其他大臣相抗衡的不利位置上,为能顺利执掌政权,他不断安插自己的亲信,"虑左右间己,乃以其甥段广、张劭为近侍之职。凡有诏命,帝省讫,入呈太后,然后乃出。"段广为散骑常侍,随侍惠帝左右,掌管机密;将此前晋武帝安排的掌管禁军的王佑排挤出京,任河东太守,以张劭为中护军,典掌禁军。杨骏自以为如此安排便可以万无一失,专权独断,"为政严碎,愎谏自用,不允众心","于是公室怨望,天下愤然矣。"⑥

杨骏的所作所为,引起了宗室和贾氏后党的不满,一场扳倒杨骏的活动秘密展开。《晋书》卷四十《杨骏传》载:

殿中中郎孟观、李肇,素不为骏所礼,阴构骏将图社稷。贾后欲预政事,而惮骏未得逞其所欲,又不肯以妇道事皇太后。黄门董猛,始自帝之为太子即为寺人监,在东宫给事于贾后。后密通消息于猛,谋废太后。猛乃与肇、观潜相结托。贾后又令肇报大司马、汝南王亮,使连兵讨骏。亮曰:"骏之凶暴,死亡无日,不足忧也。"肇报楚王玮,玮然之。于是求入朝,骏素惮玮,先欲召入,防其为变,因遂听之。及玮至,观、肇乃启帝,夜作诏,中外戒严,遣使

① 《晋书》卷五十九《汝南王亮传》,第 1592 页。
② 《晋书》卷四十《杨骏传》,第 1177 页。
③ 《晋书》卷四十《杨骏传》,第 1177、1178 页。
④ 《晋书》卷五十九《汝南王亮传》,第 1592 页。
⑤ 《晋书》卷三十六《张华传》,第 1072 页。
⑥ 《晋书》卷四十《杨骏传》,第 1178 页。

奉诏废骏，以侯就第。东安公繇率殿中四百人随其后以讨骏。段广跪而言于帝曰："杨骏受恩先帝，竭心辅政。且孤公无子，岂有反理？愿陛下审之。"帝不答。

……

寻而殿中兵出，烧骏府，又令弩士于阁上临骏府而射之，骏兵皆不得出。骏逃于马厩，以戟杀之。观等受贾后密旨，诛骏亲党，皆夷三族，死者数千人。

《晋书》卷四《惠帝纪》载，永平元年（291年，是年三月后改元元康）：

二月……镇南将军楚王玮、镇东将军淮南王允来朝。……

三月辛卯，诛太傅杨骏，骏弟卫将军珧，太子太保济，中护军张劭，散骑常侍段广、杨邈。左将军刘预，河南尹李斌，中书令蒋俊，东夷校尉文俶①，尚书武茂，皆夷三族。

《资治通鉴》卷八十二，元康元年：

皇太后题帛为书，射之城外，曰："救太傅者有赏。"贾后因宣言太后同反。寻而殿中兵出，烧骏府，又令弩士于阁上临骏府而射之，骏兵皆不得出，骏逃于马厩，就杀之。孟观等遂收骏弟珧、济、张劭、李斌、段广、刘豫、武茂及散骑常侍杨邈、中书令蒋俊、东夷校尉文鸯，皆夷三族，死者数千人。

……繇，诸葛诞之外孙也，故忌文鸯，诬以为骏党而诛之。是夜，诛赏皆自繇出，威振内外。

从上述史料看，贾南风发挥了关键作用，她不甘心被杨骏压制，暗中联系京中反对杨骏的孟观、李肇、董猛，结为同党，因自己手中无兵，并无必胜的把握，遂通过李肇联系汝南王亮和楚王玮，让他们带兵入京讨伐杨骏。但汝南王亮此前不敢与杨骏公开为敌，此时也不敢入京，老奸巨猾的他准备坐观双方博弈。当然汝南王亮也不是什么都不干，后来积极参与宫廷政变的东安公司马繇是他的亲侄子，极可能与汝南王亮有关。年轻气盛的楚王玮欣然答应贾南风的要求，上书求入朝，杨骏也想借楚王玮入朝之机把他控制在京城，于是顺水推舟召他回京。待到楚王玮一入京，贾南风即控制晋惠帝以皇帝诏令的形式废杨骏，并派东安公司马繇率殿中四百人进攻杨骏府，杀杨骏及其同党。废太后杨芷为庶人，囚禁于金墉城（洛阳西北角小城），后来饿死，杨氏家族遭到毁灭性打击。

杨骏被杀，贾南风尚不能一手遮天，大权落入了宗室藩王手中，朝堂共议，推汝南王亮及太保卫瓘共同辅政。"征大司马、汝南王亮为太宰，与太保卫瓘辅政。以秦王柬为大将军，东平王楙为抚军大将军，镇南将军、楚王玮为卫将军，领北军中候，下邳王晃为尚书令，东安公繇为尚书左仆射，进封东安王。"汝南王亮为收

———————————

① 文俶，小名阿鸯，世称文鸯，是文钦之子。256年，文钦与毌丘俭在淮南起兵，讨伐司马师，后兵败奔吴。257年，诸葛诞在淮南叛魏，吴国遣文钦、文鸯父子驰援，在内讧中，文钦被诸葛诞所杀，文鸯遂出降司马昭，此后一直为晋官，曾大破秃发树机能，威震天下，官至东夷校尉。

买人心,对参与诛灭杨骏的人大肆封赏,封赏之滥,"震动天地,自古以来,封赏未有若此者也。"① 乃至"督将侯者千八十一人。"② "论赏诛杨骏之功过差,欲以苟悦众心,由是失望。"③

受封之人上位后,很快开始围绕着权力互相倾轧。汝南王亮和卫瓘忌惮楚王玮掌控禁军,意欲夺其兵权,"玮少年果锐,多立威刑,朝廷忌之。汝南王亮、太保卫瓘以玮性很戾,不可大任,建议使与诸王之国,玮甚忿之。"④ 楚王玮在长史公孙宏、舍人歧盛的劝说下,主动投靠贾南风,被封为太子少傅,得以继续留在京城洛阳。

很快,诛杨骏时专断刑赏的东安王繇,被推到了风口浪尖,他趁乱杀了与杨骏并无多少瓜葛的文鸯,已经造成恶劣影响,而他不听王戎"大事之后,宜深远之"⑤ 的告诫,一度与楚王玮、贾南风族兄贾模分掌朝政,并打算废黜贾南风,插手权力分配,引起了汝南王亮与贾南风的不满。《晋书》卷三十一《后妃上》:

> 侍中贾模,后之族兄,右卫郭彰,后之从舅,并以才望居位,与楚王玮、东安公繇分掌朝政。后母广城君养孙贾谧干预国事,权侔人主。繇密欲废后,贾氏惮之。

《资治通鉴》卷八十二,元康元年:

> 贾后暴戾日甚,繇密谋废后,贾氏惮之。繇兄东武公澹,素恶繇,屡谮之于太宰亮曰:"繇专行诛赏,欲擅朝政。"庚戌,诏免繇官;又坐有悖言,废徙带方。

司马繇被废后,权势欲极强的贾南风,又把目光转向了汝南王亮和卫瓘。扳倒杨骏是贾南风从中联络,但最大的成果却落入了汝南王亮和卫瓘手中,这是她绝不甘心的。何况,当年卫瓘还曾劝晋武帝改易太子,贾南风一直耿耿于怀。这年六月,她利用藩王之间的矛盾,令楚王玮杀汝南王亮和卫瓘,开启了宗室相残的序幕。是夜,楚王玮掌控军队,威震朝廷,舍人歧盛趁机提出乘兵权在握之机除掉贾南风:

> 歧盛说玮,"宜因兵势,遂诛贾、郭,以正王室,安天下。"玮犹豫未决。会天明,太子少傅张华使董猛说贾后曰:"楚王既诛二公,则天下威权尽归之矣,人主何以自安!宜以玮专杀之罪诛之。"贾后亦欲因此除玮,深然之。是时内外扰乱,朝廷恟惧,不知所出。张华白帝,遣殿中将军王宫赍驺虞幡出麾众曰:"楚王矫诏,勿听也!"众皆释仗而走。玮左右无复一人,窘迫不知所

---

① 《晋书》卷四十七《傅玄传》附《傅咸传》,第1326页。
② 《晋书》卷四《惠帝纪》,第90页。
③ 《晋书》卷五十九《汝南王亮传》,第1592页。
④ 《晋书》卷五十九《楚王玮传》,第1596页。
⑤ 《晋书》卷四十三《王戎传》,第1233页。

为，遂执之，下廷尉。乙丑，斩之。①

贾南风用张华之计，以矫诏擅杀辅政大臣、图谋不轨的罪名杀楚王玮，自此，西晋大权落到贾南风手中。

元康元年（291年）三月至六月，杨骏、汝南王亮、楚王玮相继被杀，西晋执政权几经易手，但此时的政治变换还局限在洛阳宫廷之内，并未影响其他区域。

自元康元年（291年）六月至永康元年（300年）三月，贾南风专执朝政长达10年之久。她将藩王排除在政治中枢之外，以族兄贾模为侍中，从舅郭彰为尚书，妹妹贾午之子贾谧为散骑常侍，又以张华为中书监，裴楷为中书令，王戎为仆射兼吏部尚书，裴頠为侍中，共掌中枢。贾模是贾充的侄儿，颇有治国之才，"少有志尚。颇览载籍，而沈深有智算，确然难夺。深为充所信爱，每事筹之焉。"贾后执权，"模乃尽心匡弼，推张华、裴頠同心辅政。"②贾谧袭贾充爵位，一度权势显赫，宾客盈门，二十四友③便于此时形成。裴頠是贾南风表弟，他与贾模、贾谧力荐张华入主中枢，"贾谧与后共谋，以华庶族，儒雅有筹略，进无逼上之嫌，退为众望所依，欲倚以朝纲，访以政事。疑而未决，以问裴頠，頠素重华，深赞其事。"张华诸人的政治才干和文化素养很高，在朝臣中有相当高的威望，且深通世故，手段老到，贾后虽凶险，犹知敬重张华等人，因而元康初虽然君主昏聩、皇后奸险、宗室虎视，国内危机四伏，在张华、裴楷、裴頠、王戎等人的辅佐下，还是维持了几年相对稳定的局面，"虽当暗主虐后之朝，而海内晏然。"④但这个安静仅维持了数年，随着太子司马遹的成长，外戚和藩王之间的平衡被打破了。

290年，晋惠帝即位，13岁的司马遹被立为太子。"盛选德望以为师傅，以何劭为太师，王戎为太傅，杨济为太保，裴楷为少师，张华为少傅，和峤为少保。"⑤

次年，大权落入贾后手中，因太子非自己所生，怕他长大后对自己不利，千方百计地引诱他热衷于声色犬马，养成刚愎暴戾的性格。《晋书》卷五十三《愍怀太子传》载：

> 及长，不好学，惟与左右嬉戏，不能尊敬保傅。贾后素忌太子有令誉，因此密敕黄门阉宦媚谀于太子曰："殿下诚可及壮时极意所欲，何为恒自拘束？"每见喜怒之际，辄叹曰："殿下不知用威刑，天下岂得畏服！"太子所幸蒋美人

---

① [宋]司马光著，[元]胡三省注《资治通鉴》卷八十二，元康元年，第2610页。
② 《晋书》卷四十《贾充传》附《贾模传》，第1176页。
③ 《晋书》卷四十《贾充传》附《贾谧传》："谧好学，有才思。既为充嗣，继佐命之后，又贾后专恣，谧权过人主，至乃锁系黄门侍郎，其为威福如此。……海内辐凑，贵游豪戚及浮竞之徒，莫不尽礼事之。……渤海石崇欧阳建、荥阳潘岳、吴国陆机陆云、兰陵缪征、京兆杜斌挚虞、琅邪诸葛诠、弘农王粹、襄城杜育、南阳邹捷、齐国左思、清河崔基、沛国刘瑰、汝南和郁周恢、安平牵秀、颍川陈眕、太原郭彰、高阳许猛、彭城刘讷、中山刘舆刘琨皆傅会于谧，号曰二十四友，其余不得预焉。"
④ 《晋书》卷三十六《张华传》，第1072页。
⑤ 《晋书》卷五十三《愍怀太子传》，第1457页。

生男，又言宜隆其赏赐，多为皇孙造玩弄之器，太子从之。于是慢弛益彰，或
废朝侍，恒在后园游戏。爱摴车小马，令左右驰骑，断其鞅勒，使堕地为乐。
或有犯忤者，手自捶击之。……于宫中为市，使人屠酤，手揣斤两，轻重不差。
其母本屠家女也，故太子好之。又令西园卖葵菜、蓝子、鸡、面之属，而收其
利。东宫旧制，月请钱五十万，备于众用，太子恒探取二月，以供嬖宠。洗马
江统陈五事以谏之，太子不纳，语在《统传》中。舍人杜锡以太子非贾后所生，
而后性凶暴，深以为忧，每尽忠规劝太子修德进善，远于谗谤。太子怒，使人
以针著锡常所坐毡中而刺之。

太子到了纳妃的年龄，贾南风的母亲郭槐想将次女贾午的女儿嫁给太子，而太
子也想通过缔结这门亲事来巩固自己的地位，但贾后和贾午皆不同意，"为太子聘
王衍小女惠风。太子闻衍长女美，而贾后为谧聘之，心不能平，颇以为言。"贾谧
仰仗贾后的宠爱，处处和太子作对，太子也对贾谧不假辞色：

太子性刚，知贾谧恃后之贵，不能假借之。谧至东宫，或舍之而于后庭游
戏。詹事裴权谏曰："贾谧甚有宠于中宫，而有不顺之色，若一旦交构，大事去
矣。宜深自谦屈，以防其变，广延贤士，用自辅翼。"太子不能从。

双方仇隙越结越深。贾谧担心日后太子继位，贾氏一族会重蹈杨骏覆辙，建议
贾后废掉太子，断绝后患：

太子广买田业，多畜私财以结小人者，为贾氏故也。密闻其言云："皇后万
岁后，吾当鱼肉之。"非但如是也，若宫车晏驾，彼居大位，依杨氏故事，诛
臣等而废后于金墉，如反手耳。不如早为之所，更立慈顺者以自防卫。

贾后纳其言，遂令贾谧等不断宣扬太子失德之事，使其声誉日毁，"于是朝野
咸知贾后有害太子意。"[1]

元康九年（299年）十二月，贾后假称惠帝生病，派人召太子入宫，并强行灌
醉太子，命他抄写潘岳[2] 事先拟定的杀害惠帝、贾后的字幅："陛下宜自了；不自了，
吾当入了之。中宫又宜速自了；不了，吾当手了之。并谢妃共要克期而两发，勿疑
犹豫，致后患。……"太子迷醉之中，"遂依而写之，其字半不成。既而补成之"，
然后呈报惠帝，召集朝臣商议，"遍书如此，今赐死。"[3] 朝堂之上，大臣多明哲保身，
唯有张华、裴頠力保太子，张华说："此国之大祸。自汉武以来，每废黜正嫡，恒至
丧乱。且国家有天下日浅，愿陛下详之。"裴頠"以为宜先检校传书者，又请比校

① 《晋书》卷五十三《愍怀太子传》1459 页。
② 《晋书》卷五十五《潘岳传》："岳性轻躁，趋世利，与石崇等诣事贾谧，每候其出，与崇辄望
尘而拜。构愍怀之文，岳之辞也。"第 1504 页。《资治通鉴》卷八十三，元康九年："（贾）后使黄门侍郎
潘岳作书草，令小婢承福，以纸笔及草，因太子醉，称诏使书之。"第 2635 页。
③ 《晋书》卷五十三《愍怀太子传》，第 1459 页。

太子手书，不然，恐有诈妄。"① 他们二人坚持追究事情的原委，以致朝议竟日不决，贾后怕拖下去会暴露真相，不得不暂退一步，废太子为庶人，幽禁于金墉城。次年正月，贾后将太子送到许昌幽禁，三月，即派人杀了太子。

太子被废杀，储位无人，宗室亲王们大都想夺取最高统治权，一场刀光剑影的权位争夺战拉开了序幕。

首先发难的是司马懿第九子赵王伦。他在心腹孙秀的劝说下，先劝诱贾后杀了太子，永康元年（300 年）四月，以贾后杀太子为名，联合梁王肜（司马懿第八子）、齐王冏（司马攸之子）矫诏起兵，劫持惠帝，废贾后为庶人，囚禁于金墉城，不久又将她毒死。是日，赵王伦一一收斩贾后党羽，赵粲、贾午、贾谧、刘振、董猛、孙虑、程据等人皆被杀，为便于日后执掌政权，在一片混乱中，又将张华、裴𬱟等中枢辅政大臣诛杀。元康初年贾南风所选的辅政大臣，裴楷、贾模早已病死，王戎虽幸免于难，也因是裴𬱟岳父而被免官。赵王伦清除异己后，自为相国，都督中外诸军事，将军政大权都抓在自己手中。

永宁元年（301 年）正月，赵王伦将自己的孙辈晋惠帝尊为太上皇，囚禁于金墉城，自己登基称帝。赵王伦篡权，打破了晋武帝以来的政治平衡，引发了各派势力的反对，仿佛是一个开口，拉开了西晋政权内部倾泻的决堤。同年三月，坐镇许昌的齐王冏首先起兵反抗，并遣使联络各拥强兵的成都王司马颖（晋武帝第十六子，时据邺城）和河间王司马颙（司马懿弟司马孚之孙，时据长安），以及常山王乂（晋武帝第六子）、新野公歆（司马懿孙，扶风王司马骏之子），并传檄各州郡，联合讨伐赵王伦。从此，西晋后期的权力争夺从朝政控制权转为对皇权的直接攫取，斗争方式从宫廷内讧发展为军团作战，斗争范围从宫廷扩展到了京都附近，再扩大到黄河南北，刀兵四起，杀伐更甚。这次兵祸迁延六十余天，双方战死者近十万人。四月，晋惠帝复位，赵王伦被赐死，其党羽孙秀、许超、士猗、孙会、孙弼、谢惔、张衡、闾和、孙旂、孟观等人皆被杀，赵王伦一党全被诛灭。

永宁元年（301 年）六月，齐王冏率众入京，任大司马，加九锡，把持政权，"如宣、景、文、武辅魏故事"。成都王颖为大将军，都督中外诸军事，假黄钺，录尚书事。河间王颙为侍中、太尉，常山王乂（不久封为长沙王）为抚军大将军，领左军。新野公歆晋爵为王，都督荆州诸军事，加镇南大将军。新的政治格局开始了。不久，成都王颖在其谋主卢志的劝说下，离京返回邺城，既避免了与齐王冏的直接冲突，又获得了较高的名声。河间王颙亦返回长安，其心腹战将李含则留在京城任翊军校尉，为他探听京城消息。此后半年，齐王冏独揽大权，他没有好好利用首举义旗的功名，也没有好好保护父亲齐王攸留下的好名声，日渐骄奢跋扈：

> 大筑第馆，北取五谷市，南开诸署，毁坏庐舍以百数，使大匠营制，与西

① 《晋书》卷三十六《张华传》，第 1073 页。

宫等。凿千秋门墙以通西阁，后房施钟悬，前庭舞八佾，沈于酒色，不入朝见。坐拜百官，符敕三台，选举不均，惟宠亲昵。……殿中御史桓豹奏事，不先经同府，即考竟之。于是朝廷侧目，海内失望矣。[①]

时晋惠帝的子孙已经全都死亡，为能长期执政，齐王冏立年仅八岁的清河王覃（晋武帝第十三子司马遐之子，晋惠帝侄子）为皇太子，自己任太子太师。此举引发了诸王的不满，尤其晋惠帝的弟弟们，如成都王颖、长沙王乂等，本期望能凭借宗室中血统最近的亲属身份被立为皇太弟，日后接掌大位，齐王冏立晋惠帝的侄子为太子，等同于剥夺了成都王等人的继位希望。再者，齐王冏一直对河间王颙曾依附赵王伦耿耿于怀，而河间王颙的心腹李含又与齐王冏的参军皇甫商、右司马赵骧有矛盾，他曾设计害死的安西参军夏侯奭的兄长也在齐王冏府，为能保命，李含逃出京城返回长安，假称受密诏令河间王颙讨伐齐王冏，并给他出了个恶毒的主意：

> 成都王至亲，有大功，还藩，甚得众心。齐王越亲而专执威权，朝廷侧目。今檄长沙王令讨齐，使先闻于齐，齐必诛长沙，因传檄以加齐罪，则冏可擒也。既去齐，立成都，除逼建亲，以安社稷，大勋也。[②]

当时，齐王冏势强而长沙王乂势弱，河间王颙等人推测，一旦檄长沙王讨齐王，齐王必诛长沙王，自己便以齐王冏擅杀诸侯的罪名予以讨伐，扶植成都王颖继位，自己把持政权。于是，太安元年（302年），河间王颙上表陈述齐王冏的罪状，以李含为都督，率张方等进军洛阳，假称当时在洛阳的长沙王乂为内应。齐王冏得到消息，派其将董艾袭击长沙王乂。长沙王乂率其党羽百余人，乘车驰入皇宫，以奉天子的名义攻打齐王冏。连战三天，齐王冏战败被杀，其党羽皆夷三族，死者二千余人。此后，长沙王乂独揽大权。

河间王颙未曾料到长沙王乂竟然能以劣势反败为胜，控制京城，他不甘心大权落入长沙王乂之手，多次谋划刺杀长沙王乂，未能成功。太安二年（303年），河间王颙令部将张方率七万精兵，出函谷东趋洛阳。成都王颖与之联手，命陆机为统帅，自邺城南下洛阳。长沙王乂自为大都督，统军迎战，在京城附近连续作战半年，多次击败成都王颖和河间王颙的部队，斩杀六七万人，成都王颖部内讧，陆机被杀，河间王颙部将张方一度建议结束战争，班师回长安。但此时长沙王乂也已经到了强弩之末，因战事持久，士卒疲惫，更兼京城乏粮，内部不稳。永兴元年（304年）正月，在朝廷内任职的东海王越勾结部分禁军将领，夜里捕获长沙王乂，送到金墉城，并派人密告张方，张方遂派三千士兵到金墉城将长沙王乂抓回军营，活活烧死。很快，成都王颖入京，长沙王乂的部将非死即降。

成都王颖此前立有军功，声名显赫，此番入京，被封为丞相，立为皇太弟。河

---

① 《晋书》卷五十九《齐王冏传》，第1606页。
② 《晋书》卷六十《李含传》，第1643页。

间王颙也升任太宰，东海王越为尚书令。成都王颖取得政权后，迅速清除异己，命石超率兵五万接管京城防卫，自己则返回他经营多年的邺城，遥控政权，乘舆服饰比拟天子，有无君之心，委任奸人孟玖等，大失众望。七月，东海王越云集十万之众，奉晋惠帝进攻邺城，成都王颖遣其部将石超迎战，在荡阴（今河南省安阳市汤阴县）击败东海王越，晋惠帝也受伤，被俘送邺城，东海王越逃回封国。河间王颙当时曾派张方率兵二万助成都王颖，但大军到达时战争已经结束，遂乘机进驻洛阳。八月，安北将军王浚联合东海王越的弟弟并州刺史司马腾，杀死成都王颖委任的幽州刺史和演，在北部形成对邺城的巨大威胁。为确保自己的安全，成都王颖派兵讨伐王浚。面对强势对手，王浚与司马腾联合北部少数民族鲜卑、乌桓等势力，相继击败成都王颖的部将王斌和石超。消息传回邺城，官员、士兵惶恐之下大量逃散，成都王颖仅率数十人与晋惠帝逃回洛阳，落入驻守洛阳的张方之手。而邺城则被王浚攻克，惨遭荼毒掳掠：

> 浚乘胜遂克邺城，士众暴掠，死者甚多。鲜卑大略妇女，浚命敢有挟藏者斩，于是沉于易水者八千人。黔庶荼毒，自此始也。[①]

洛阳也未能幸免，自张方控制洛阳，即大肆抢掠，随着形势严峻，张方无意在洛阳久留，十一月，他裹挟晋惠帝与成都王颖等宗室近属离开洛阳回长安：

> 帝令方具车载宫人宝物，军人因妻略后宫，分争府藏。魏晋已来之积，扫地无遗矣。[②]

到长安后，河间王颙废成都王颖的皇太弟之位，命他回封国，改立豫章王炽（晋武帝第二十五子）为皇太弟。

晋惠帝及其近亲宗室都被裹挟入关中，东方基本没有实力大的宗室诸王，形成了一个短暂的空白时间，这就给东海王越乘机崛起提供了条件。永兴二年（305 年）七月，东海王越以奉迎天子还复旧都的旗号在东海起兵，许多州郡响应，东海王越的三个弟弟司马腾、司马略、司马模各据一方，并不断招引少数民族进入中原，东海王越的势力逐渐扩大。是时多地发生地方官为抢地盘互相攻杀事件，成都王颖的故将公师藩、汲桑等人乘乱聚众数万，欲起兵迎接成都王颖回河北。河间王颙见成都王颖还有部分人支持，九月，任命他为镇军大将军、都督河北诸军事，仅给兵千人，让他去镇守已被王浚的军队屠戮抢掠的邺城。十二月，成都王颖刚抵达洛阳，东海王越的军队就兵临城下，一战失利后，成都王颖逃回长安。东海王越亲自领兵西进，河间王颙杀了张方求和也于事无补，光熙元年（306 年）五月，东海王越的部将祁弘首先攻入长安，"壬辰……弘等所部鲜卑大掠长安，杀二万余人。是日，日光四散，赤如血。甲午又如之。"[③] 两次大屠杀，长安沦为一片焦土。

---

① 《晋书》卷三十九《王沈传》附《王浚传》，第 1147 页。
② 《晋书》卷四《惠帝纪》，第 103 页。
③ 《晋书》卷四《惠帝纪》，第 107 页。

长安陷落时，成都王颖和河间王颙出逃，不久相继被杀。东海王越迎晋惠帝回洛阳，光熙元年（306年）十一月将他毒死，立皇太弟司马炽，是为晋怀帝，东海王越以太傅录尚书事。至此，"八王之乱"结束，经宗室诸王混战和鲜卑、乌桓等少数民族军队抢掠后已满目疮痍的西晋王朝落入了东海王越的手中。是时，西晋王朝已经走到了穷途末路，内部"公私罄乏，所在寇乱，州郡携贰，上下崩离，祸结衅深"，外则石勒、王弥等率少数民族军队不断侵扰。东海王越忧惧成疾，永嘉五年（311年）病死于项城，其尸骨被追击而来的石勒所焚，"此人乱天下，吾为天下报之，故烧其骨以告天地。"是役石勒"以骑围而射之，相践如山。王公士庶死者十余万。王弥弟璋焚其余众，并食之。"不久，石勒又追上了从洛阳逃出的东海王越王妃裴氏、世子司马毗等人，"毗及宗室三十六王（《晋书·怀帝纪》曰四十八王）俱没于贼。"[1]西晋宗室在经过自相残杀之后又一次遭到沉重打击，此后，晋武帝直系子孙衰亡殆尽，后来在江南建立东晋王朝的只能是西晋宗室远支了。

（三）"八王之乱"的影响

太熙元年（290年）四月，晋惠帝即位后，西晋朝堂上皇帝昏聩、皇后奸险，既有外戚专权，又有宗室虎视眈眈，国内危机四伏。自291年至306年，外戚杨氏、贾氏和宗室诸王你方唱罢我登场，爆发了旷日持久的争夺最高权力的斗争，具体可以划分为三个阶段：从291年三月至六月，是杨骏、汝南王亮、楚王玮与贾南风争权时期；自291年六月至300年三月，是贾南风执政时期；自300年四月至306年十一月，赵王伦、齐王冏、长沙王乂、成都王颖、河间王颙、东海王越相继搅入战局，六年间烽火不断，"八王之乱"全面扩大，宫廷内讧发展为诸王混战，战乱由洛阳一地蔓延到黄河南北的大部地区，执政权频繁易手，直至东海王越起兵山东，长驱关中，击败河间王颙，战乱才告一段落。除了《晋书》所列的上述八位诸侯王，介入此次政治权力大争夺的还有淮南王允、东安王繇、武陵王澹、梁王肜、清河王遐、新野王歆、范阳王虓、新蔡王腾、东平王楙、南阳王模等十余位诸侯王。兹列表如下：

姓名	封号	身份
司马亮	汝南王	司马懿第四子
司马肜	梁王	司马懿第八子
司马伦	赵王	司马懿第九子
司马玮	楚王	司马炎第五子
司马乂	长沙王	司马炎第六子
司马允	淮南王	司马炎第十子

---

[1] 《晋书》卷五十九《东海王越传》，第1625、1626页。

司马遐	清河王	司马炎第十三子
司马颖	成都王	司马炎第十六子
司马囧	齐王	司马炎孙，司马攸子
司马澹	武陵王	司马懿孙，琅邪王司马伷次子
司马繇	东安王	司马懿孙，琅邪王司马伷第三子
司马漼	淮陵王	司马懿孙，琅邪王司马伷第四子
司马歆	新野王	司马懿孙，扶风王司马骏之子
司马楙	东平王	司马懿三弟安平献王司马孚之孙，义阳王司马望第四子
司马威	义阳王	司马懿三弟安平献王司马孚之曾孙，义阳王司马望第二子司马洪之子
司马颙	河间王	司马懿三弟安平献王司马孚之孙，太原烈王司马瓌之子
司马越	东海王	司马懿四弟东武城侯司马馗之孙，高密文献王司马泰长子
司马腾	新蔡王	司马懿四弟东武城侯司马馗之孙，高密文献王司马泰次子
司马略	高密王	司马懿四弟东武城侯司马馗之孙，高密文献王司马泰第三子
司马模	南阳王	司马懿四弟东武城侯司马馗之孙，高密文献王司马泰第四子
司马虓	范阳王	司马懿四弟东武城侯司马馗之孙，范阳康王司马绥之子

"八王之乱"是西晋统治集团内部争权夺利的斗争，是西晋王朝走向崩溃的转折点。

"八王之乱"前，西晋结束了自东汉末以来近百年的分裂割据局面，推行了占田制、户调式等有利于经济发展的措施，社会秩序基本稳定。《晋书》卷二十六《食货志》记载，平吴之后：

是时天下无事，赋税平均，人咸安其业而乐其事。

干宝《晋纪总论》描述说：

太康之中，天下书同文，车同轨，牛马被野，余粮栖亩，行旅草舍，外闾不闭。民相遇者如亲，其匮乏者取资于道路，故于时有天下无穷人之谚。虽太平未洽，亦足以明吏奉其法，民乐其生，百代之一时也。[1]

太康年间的繁盛，被历时十六年之久的"八王之乱"打断。经此祸乱，尤其是后期的诸王混战，权势较大的宗室诸侯王大都火拼殆尽，严重削弱了司马氏为首的西晋王朝的统治力量，不仅中央无力控制地方政权，也无力控制内迁少数民族，国内的阶级矛盾和民族矛盾全面爆发，西晋王朝已到了崩溃的边缘。当时，为争夺劳动人手和扩充军事实力，参战诸王纷纷招诱北方边境匈奴、鲜卑、羯、氐、羌等少数民族南迁，终致"五胡乱华"。此后，少数民族不断侵扰中原，遍地烽烟，山河

---

① [梁] 萧统编，[唐] 李善注《文选》，第2178页。

破碎。在长期的混战中，数十万平民百姓被杀，上百万人被迫逃离家园，沦为流民。《晋书》卷二十六《食货志》载：

> 及惠帝之后，政教陵夷，至于永嘉，丧乱弥甚。雍州以东，人多饥乏，更相鬻卖，奔迸流移，不可胜数。幽、并、司、冀、秦、雍六州大蝗，草木及牛马毛皆尽。又大疾疫，兼以饥馑。百姓又为寇贼所杀，流尸满河，白骨蔽野。

在这种背景下，大规模的流民起义相继爆发，进一步动摇了西晋王朝的根基。诸王混战、地方叛乱、流民起义和少数民族起义，大河南北，尽成疆场，战争给社会带来严重灾难，长安、洛阳、邺城等名城亦沦为战场，被各方军队大肆掳掠，魏晋以来的积蓄，扫地无遗。自曹操统一北方以来逐渐恢复的北方经济，在战乱中遭到空前惨烈的破坏。

"八王之乱"后，北方鼎沸，中原沦丧，异族乘机崛起，不过十几年时间，西晋王朝就在动乱中灰飞烟灭了。史官感慨：

> 自惠皇失政，难起萧墙，骨肉相残，黎元涂炭，胡尘惊而天地闭，戎兵接而宫庙隳，支属肇其祸端，戎羯乘其间隙，悲夫！ [1]

此后，中国北方进入了一百多年的五胡十六国时代，南北二百多年的大分裂也由此开始。

二、孙秀挑动内乱

在"八王之乱"（291—306 年）这场搅动西晋政局的动荡中，虽然早在晋惠帝继位之初就已经开始，但无论是楚王玮杀杨骏、汝南王亮、卫瓘，还是贾南风杀楚王玮，都属于宫廷政变，只是限制在统治阶层，民间社会影响不大。真正将其范围扩展至都城之外乃至蔓延大半个中国的，是永康元年（300 年）赵王伦废晋惠帝自立，而在赵王伦背后推动并为他篡位称帝铺平道路的，是琅邪孙秀。孙秀自琅邪一路追随赵王伦，从关中到洛阳，策划、推动了一系列震惊朝野的政治事件，打破了晋武帝以来的政治平衡，直接导致了西晋后期的诸王混战，加速了西晋的灭亡。

（一）扰乱关中

泰始元年（265 年），司马懿第九子司马伦被封为琅邪王，咸宁三年（277 年）改封赵王，任平北将军。是时北方的分裂势力基本被前平北将军卫瓘压服，西晋王朝关注的重点在长江伐吴前线，北方的稳定，以及随后而来的"太康之治"的太平岁月，使坐镇邺城的赵王伦没有太多的政治活动载于史册。元康元年（291 年）八月，赵王伦迁征东将军，都督徐州、兖州诸军事，仅任职一个月，就被调任征西大将军，都督雍州、凉州诸军事，镇守关中。

---

[1] 《晋书》卷五十九史臣曰，第 1627 页。

赵王伦徙镇关中，是接替当年四月刚以征西大将军身份赴关中的梁王肜（司马懿第八子），时在中央辅政的大将军秦王柬（晋武帝第三子）去世，梁王肜被调往中央辅政。《晋书》卷四《惠帝纪》载：

> （元康元年）九月甲午，大将军、秦王柬薨。辛丑，征征西大将军、梁王肜为卫将军、录尚书事，以赵王伦为征西大将军、都督雍梁二州诸军事。
>
> ……
>
> （元康六年）五月……征征西大将军、赵王伦为车骑将军，以太子太保、梁王肜为征西大将军、都督雍梁二州诸军事，镇关中。

赵王伦和梁王肜的这次轮换，一是因为关中地位重要，西晋王朝规定只能是宗室亲贵坐镇关中，"非亲亲不得都督关中。"[1]更重要的是，这五年间，赵王伦在关中挑起了一场大的动荡，匈奴、氐、羌各族纷纷反叛，不得不将他撤出以平民愤，身为赵王伦谋主的孙秀，几乎到了咸曰可杀的程度。

如果说此前邺城的稳定生活使赵王伦的政治活动乏善可陈，那么，调任关中后，他面临的是一个错综复杂的局面。当时，关中已经成为汉族与匈奴、氐、羌等少数民族的杂居之地，内迁的少数民族百姓，不仅受本族大小部帅的统治，还要被西晋政府盘剥，尤其地方官员苛责更甚，"受方任者，又非其材，或以狙诈，侵侮边夷；或干赏啗利，妄加讨戮。"[2]内迁诸族大多沦落社会底层，民族矛盾日益激化，稍有不慎，就会激起大规模民变。

据《晋书》卷四《惠帝纪》记载，元康四年（294 年），匈奴人反叛：

> 夏五月……匈奴郝散反，攻上党，杀长吏。
>
> ……
>
> 秋八月，郝散率众降，冯翊都尉杀之。

上党属并州，冯翊属雍州，中间隔着司州，郝散为何率部向西南发展，因史料缺乏已不得而知，即便郝散造反与赵王伦无关，但他率众投降却被雍州地方官所杀，应该承担主要责任的正是"都督雍梁二州诸军事"的赵王伦。当时，关中已成少数民族的聚居地，杀降之举毫无疑问激化了民族矛盾。而此后赵王伦的举措，更加剧了这一矛盾。《晋书》卷五十九《赵王伦传》：

> 伦刑赏失中，氐羌反叛。

具体是怎样的"刑赏失中"，因为史料缺乏，已经无法了解详情。从当时人的诗文中，仅能透露出一星半点。潘岳曾在关中之乱平定后作《关中诗》：

> ……蠢尔戎狄，狡焉思肆。虞我国眚，窥我利器。岳牧虑殊，威怀理二。将无专策，兵不素肄。翘翘赵王，请徒三万。朝议惟疑，未逞斯愿。桓桓梁征，

---

① 《晋书》卷五十九《河间王颙传》，第 1602 页。
② 《晋书》卷五十二《阮种传》，第 1445 页。

高牙乃建。旗盖相望，偏师作援。……①

此诗未提及氐、羌因何反叛，但注引傅畅《晋诸公赞》记载的一件事，应与之有关：

> 伦诛羌大酋数十人，胡遂反，朝议召伦还。

显然，赵王伦为加强对羌族的控制，杀其首脑人物数十人。此前杀已经投降的郝散，已经激化了与匈奴族的关系，此时又杀了并未公开造反的羌人领袖，日趋加剧的民族矛盾，使匈奴等少数民族集合起来共同对抗赵王伦。《晋书》卷四《惠帝纪》：

> （元康六年五月）匈奴郝散弟度元率冯翊、北地马兰羌、卢水胡反，攻北地，太守张损死之。冯翊太守欧阳建与度元战，建败绩。

此次大败后，又有更多少数民族参与进来，氐族首领齐万年大约就是此时崛起的。赵王伦兵力不足，一度向朝廷请兵，潘岳《关中诗》曰："翘翘赵王，请徒三万"，注引朱凤《晋书》："伦请三万人往平齐万年，朝议不许。"②

鉴于关中的严峻形势，为缓和民族矛盾，西晋朝廷将赵王伦征还京城，改派梁王肜镇关中。此次调动，并未改变关中的不利形势，雍州、秦州少数民族大多参与到了与西晋王朝对抗的队伍中来，并公推齐万年称帝：

> 秋八月，雍州刺史解系又为度元所破。秦雍氐、羌悉叛，推氐帅齐万年僭号称帝，围泾阳。

此后，梁王肜调兵遣将，却因打击报复周处，令他帅五千兵攻打有七万人的齐万年，导致再战失利。

> （元康七年正月）周处及齐万年战于六陌，王师败绩，处死之。

直到元康八年（298年）底，辅政大臣张华推荐文武兼备的孟观赴关中征讨齐万年，孟观身先士卒，十余战后，生擒齐万年。

> （元康九年正月）左积弩将军孟观伐氐，战于中亭，大破之，获齐万年。③

自元康六年（296年）至元康九年（299年），这场扰动关中的动荡，经历了两任藩王坐镇，多位地方官战败、战死，乃至从京城调宿卫兵，才平定下去。只是此时的关中，不复昔日繁华，连年战乱，瘟疫、大旱频发，关中粮价飞涨，一斛米高至万钱，大量百姓被迫逃亡，相继进入巴蜀，形成了西晋后期最早的流民潮，最早建立割据政权的李特、李流兄弟，就在这批流民中。

可以说，关中的动荡，埋下了西晋走向崩溃的隐患，追根溯源，除了西晋王朝的民族政策，最直接的导火索就是赵王伦"刑赏失中""诛羌大酋数十人"，以致

---

① [梁]萧统编，[唐]李善注《文选》卷二十潘安仁《关中诗》，上海古籍出版社，1986年版，第936页。

② [梁]萧统编，[唐]李善注《文选》卷二十潘安仁《关中诗》，第937页。

③ 《晋书》卷四《惠帝纪》，第94、95页。

"氐羌反叛"。早在郝度元初起兵时，无论是前线平叛的将领还是关注此事的中央官员，都意识到引燃这个导火索的不是赵王伦，而是其谋主孙秀。直接参与平叛且皆战败的雍州刺史解系和冯翊太守欧阳建，直斥孙秀之过，甚至要求杀孙秀以谢氐羌。《资治通鉴》卷八十二，元康六年：

> 征西大将军赵王伦信用嬖人琅邪孙秀，与雍州刺史济南解系争军事，更相表奏，欧阳建亦表伦罪恶。

《晋书》卷六十《解系传》载：

> 会氐羌叛，与征西将军赵王伦讨之。伦信用佞人孙秀，与系争军事，更相表奏。朝廷知系守正不挠，而召伦还。系表杀秀以谢氐羌，不从。伦、秀谮之，系坐免官以白衣还第，阖门自守。

解系的弟弟解结，当时在京任御史中丞。"时孙秀乱关中，结在都，坐议秀罪应诛，秀由是致憾。"[1] 解系、解结兄弟联手，共同将矛头指向了孙秀，除了不便开罪西晋宗室，不能直接指斥赵王伦，主要是因为孙秀在关中的恶劣影响已经远超过赵王伦。《晋书》卷三十六《张华传》载：

> 初，赵王伦为镇西将军，挠乱关中，氐羌反叛，乃以梁王肜代之。或说华曰："赵王贪昧，信用孙秀，所在为乱，而秀变诈，奸人之雄。今可遣梁王斩秀，刘赵之半，以谢关右，不亦可乎？"华从之，肜许诺。秀友人辛冉[2] 从西来，言于肜曰："氐羌自反，非秀之为。"故得免死。

从时人对孙秀"变诈""奸人之雄"的评语以及只要杀了孙秀就可以削掉赵王伦一半的力量来看，孙秀在刑赏失中、扰乱关中、压制解系，甚至在此前的杀降事件中都负有不可推卸的责任，他的所作所为，使关中局势进一步恶化。

因为史料的缺乏，主要由孙秀实施的"刑赏失中"的举措已经无法了解详情。而他的所作所为，当是其政治野心膨胀的结果。

孙秀起自底层，从小吏一步步爬到了赵王伦心腹的位置，在邺城走过了十余年的平稳岁月后，他已经不满足于藩王僚属的地位，希望能够获得更高的政治权力和社会地位。在九品中正制盛行的时代，"台阁选举，途塞耳目，九品访人，唯问中正。故据上品者，非公侯之子孙，则当途之昆弟也。"[3] 作为琅邪底层士族的孙秀，希望能够象王戎、王衍等琅邪高门士族一样高居朝堂，面临重重困难。但当时也不是将底层士人的上升之路全部堵死，仍然有些人能够顺利升迁。比如，出身贫寒的张华，就是靠自身的才华进入仕途，坚决支持晋武帝的伐吴方略并因此而建功立业，直至升为辅政大臣。同样出身寒门的乐广，以清谈知名，连清谈领袖王衍都自叹不

---

① 《晋书》卷六十《解系传》，第1633页。
② 辛冉时为梁州广汉太守，曾劝益州刺史罗尚除掉流民领袖李特兄弟，并多次与流民军交战，战败逃亡德阳，后劝说荆州刺史刘弘割据称霸，被刘弘斩杀。
③ 《晋书》卷四十八《段灼传》，第1374页。

如，终能在朝堂上有一席之地，仕至尚书令。寒士左思，虽然因妹妹左芬被选入宫而入仕，但真正让他扬名的是其文学才华，《三都赋》一出，"豪贵之家竞相传写，洛阳为之纸贵。"① 孙秀虽颇有文才，却主要是为赵王伦作文书奏表，与左思、潘岳等文学大家无法相提并论，自身学术有限，也无法如乐广那样在清谈场扬名，效仿张华建立一番实际的功业，就成为他向上层社会攀爬的主要途径，赵王伦调任关中恰好给了他这个机会。只是，孙秀仅是文书小吏出身，此前在邺城十余年，和平环境中事少职轻，也未能锻炼出较高的从政能力，没有成熟政治家的眼光和手段，使他无力应对复杂多变的政治局势。自身政治能力的缺乏，急于建功的心理，面对关中复杂的局势，促使孙秀使用了强制的手段，"诛羌大酋数十人"估计就是出自他手，此举激化了民族矛盾，逼反了少数民族。从未上过战场厮杀，军事经验也远逊于实战拼杀出来的将领，面对骁勇善战的匈奴、氐、羌等族，孙秀毫无招架之力，终致关中大乱，朝廷震动。若非赵王伦地位尚在，对孙秀的信任犹在，再加上朋友辛冉竭力为他游说梁王肜，只怕孙秀早已性命不保。关中之行，以事实证明孙秀缺乏政治才干，他若想继续向上发展，只能另辟蹊径。

（二）扩大孙氏宗族

元康六年（296 年），孙秀随赵王伦回京后，交通后宫和朝中官员，不断扩大自己的影响。在这过程中，他发现了几个同姓之人颇有才干，便有意拉拢，而他背后的赵王伦，也成为吸引这些同姓人的最好的工具。《晋书》卷六十《孙旂传》记载：

> 孙旂，字伯旗，乐安人也。父历，魏晋际为幽州刺史、右将军。旂洁静，少自修立。察孝廉，累迁黄门侍郎，出为荆州刺史，名位与二解相亚。永熙中，征拜太子詹事，转卫尉，坐武库火，免官。岁余，出为兖州刺史，迁平南将军、假节。旂子弼及弟子髦、辅、琰四人，并有吏材，称于当世，遂与孙秀合族。

乐安孙氏，相传是春秋军事家孙武的后裔，因时代久远，史籍散乱，后人附会，有些谱系未必准确，如唐人殷践猷撰写的《乐安孙氏七迁碑记》，记载了孙氏家族的七次迁徙，其中第五次迁徙是有一支从乐安迁徙到了富春：

> （孙）靬，汉阳太守。二子：钟、旃。钟由青州乐安郡复徙富春瓜邱。钟乃吴大帝之大父也。此为五迁也。

此处所说的孙钟，就是孙坚的父亲，孙策、孙权的祖父。其实，早在西晋时期，人们已经对孙坚的世系比较模糊了，所以陈寿著《三国志》，《吴书·孙破虏传》中只是含糊记了一句："盖孙武之后也。"连孙坚父亲的名讳都未提及。史学界对孙坚的家世争议颇多，至今未有定论。

至于《乐安孙氏七迁碑记》中记载的孙旂后人，则可与《三国志》《晋书》互证。

---

① 《晋书》卷九十二《左思传》，第 2377 页。

旂，二子：炎、历。炎，字叔然，魏秘书监，不就，时称东州大儒。东州者，乐安之雅号也。炎生俊，俊生道恭，晋长秋卿，二子：颙、芳，皆以博学而著称天下。历，魏右将军，二子：旂、尹。旂字伯旗，魏晋际平南将军。生一子一女：子弼，中坚将军；女乃惠羊君后献容之母也。尹，字文旗，历陈留、阳平太守，早卒，三子：髦，武卫将军；辅，上将军；琰，武威将军。因坐与孙秀合族，夜开神武门下观阅器杖，惹为家祸。及遇八王之乱，赵王伦起事，旂及四子被诛，夷三族。

《三国志》卷十三《王肃传》：

时乐安孙叔然，受学郑玄之门，人称东州大儒。征为秘书监，不就。肃集圣证论以讥短玄，叔然驳而释之，及作周易、春秋例，毛诗、礼记、春秋三传、国语、尔雅诸注，又注书十余篇。

陈寿为避晋武帝司马炎的名讳，只能称孙炎的字。当时朝中以王朗、王肃父子的经学为尊，贬抑郑玄的经学，孙炎坚持维护郑学，何况王肃还曾以常侍领秘书监，朝廷征孙炎为秘书监，而孙炎拒绝入朝，并为《周易》《春秋》《毛诗》《礼记》《国语》《尔雅》等经典作注，宣扬郑学。孙炎在乐安传经，其弟子中还有一人对后世历史发生了较大影响。《晋书》卷一百一《刘宣载记》：

刘宣，字士则。朴钝少言，好学修洁。师事乐安孙炎，沈精积思，不舍昼夜，好《毛诗》《左氏传》。炎每叹之曰："宣若遇汉武，当逾于金日磾也。"学成而返，不出门闾盖数年。每读《汉书》，至《萧何》《邓禹传》，未曾不反覆咏之，曰："大丈夫若遭二祖，终不令二公独擅美于前矣。"并州刺史王广言之于武帝，帝召见，嘉其占对，因曰："吾未见宣，谓广言虚耳。今见其进止风仪，真所谓如圭如璋，观其性质，足能抚集本部。"乃以宣为右部都督，特给赤幢曲盖。莅官清恪，所部怀之。元海即王位，宣之谋也，故特荷尊重，勋戚莫二，军国内外靡不专之。

刘宣是匈奴人，不远千里到乐安拜孙炎为师，日夜苦读，终于大成，孙炎非常器重此弟子，将他比为汉武帝时期著名的匈奴政治家金日磾。后来刘宣入仕，为匈奴右部都督，在西晋末动荡的时局中，他成为匈奴首领刘渊建立汉政权的主要支持者和参与者，出任汉国丞相。

孙炎未入仕，其弟孙历则仕至幽州刺史。据万斯同《魏方镇年表》：

时间	幽州刺史
黄初二年（221年）—三年（222年）	崔林
黄初四年（223年）—太和二年（228年）	缺
太和三年（229年）—青龙四年（236年）	王雄、毌丘俭
青龙四年（236年）—正始九年（248年）	毌丘俭、杜恕

正始九年（248 年）—嘉平元年（249 年）	杜恕
嘉平二年（250 年）—景元四年（263 年）	缺
咸熙元年（264 年）	孙历

万斯同《晋方镇年表》：

时间	幽州官员
泰始元年（265 年）—泰始二年（266 年）	王乂：平北将军都督幽州刺史诸军事
	孙历：幽州刺史
泰始三年（267 年）—四年（268 年）	王乂：平北将军都督幽州刺史诸军事
泰始五年（269 年）—六年（270 年）	缺
泰始七年（271 年）	卫瓘：征北大将军都督幽州诸军事幽州刺史护乌桓校尉

据此两表，可知孙历任幽州刺史的时间约在曹魏咸熙元年（264 年）至西晋泰始二年（266 年）间，与《晋书·孙旂传》所载"父历，魏晋际为幽州刺史"的说法基本相同。

从上述史料看，曹魏时期的乐安孙氏，家族中既有经学名家，又有任州刺史一级的官员，社会地位应该与琅邪王氏大体相同。只是到了西晋时期，乐安孙氏的政治地位和社会影响整体要比琅邪王氏低。孙旂以孝廉入仕，晋武帝时期仕至荆州刺史，晋惠帝继位，被征入朝任太子詹事，转卫尉，虽是九卿之一，但与任职权力中枢的王戎、王衍相差甚远。之所以形成这种局面，原因不外乎两个。其一，西晋最重要的统一南北的军政活动，乐安孙氏没有参与，而琅邪王氏的王戎却是六路大军的统帅之一，其显赫战功和以后进入权力中枢奠定了琅邪王氏显贵的基础。其二，当时的主流文化是由儒入玄，王戎、王衍、王澄、王敦、王导都是玄学名士，极大提升了琅邪王氏的文化地位，而乐安孙氏没有子弟显名于清谈场，应该是仍然秉持了儒学家风，在玄学盛行的时代，乐安孙氏的文化地位和社会影响大打折扣。

西晋时期，尽管乐安孙氏无法与琅邪王氏相提并论，但显然也不是琅邪孙氏那样的低等士族。从孙历、孙旂的任官经历来看，乐安孙氏的社会地位应该不低。

另外，还可以根据乐安孙氏的联姻对象考查其社会地位。

《乐安孙氏七迁碑记》载孙旂"生一子一女：子弼，中坚将军；女乃惠羊君后献容之母也。"《晋书·孙旂传》则记载了他二子一女，除孙弼外，还有幼子孙回。1965 年，在北京八宝山革命公墓西半公里处发现了太原王氏王浚妻子华芳的墓，据出土的《王浚妻华芳墓志》载：

（王浚之女王）则，字韶仪，适乐安孙公渊。渊父故平南将军。

此墓志未载王则夫婿的名，只记其字"孙公渊"，因此难以确知到底是孙弼还是孙回，但无论是谁，这桩婚事都是乐安孙氏与太原王氏的联姻。太原王氏是与琅邪王氏齐名的高门士族。王浚是西晋开国功臣王沈①的私生子，因母亲身份低微，素不为王沈所喜，只因是王沈唯一的儿子，才得以在十五岁时承袭博陵郡公爵位。西晋时期，太原王氏以王浑、王济父子为尊，王浚在族中的地位稍低，官位也较低，至元康年间，任越骑校尉、右军将军，元康后期转为东中郎将，出镇许昌。就实际职位而言，王浚甚至不如孙旂，但从整体看，太原王氏的社会地位还是要高于乐安孙氏，两族能联姻，说明乐安孙氏的社会地位应不会和太原王氏相差太远。

孙旂的女儿嫁给了泰山羊氏羊玄之。泰山羊氏是高门士族之一，司马师妻羊徽瑜，出自此家族，其弟羊祜是晋武帝时的大将军，伐吴方略的制定者。羊徽瑜堂弟羊瑾（羊玄之父亲），仕至尚书右仆射，羊瑾弟羊琇，少年时即与晋武帝交好，"少与武帝通门，甚相亲狎"，在武帝继位过程中起过较大作用，一度"典禁兵，豫机密，宠遇甚厚。"②自羊祜、羊琇死后，虽然泰山羊氏的政治地位有些下降，但仍为高门士族。从孙旂能将女儿嫁入此家族来看，乐安孙氏与泰山羊氏的社会地位纵有差距，也不会相差太大。

无论从前期的任官还是从联姻家族来看，乐安孙氏都是当时的高门之一，最起码也是中等偏上的士族，琅邪孙氏却基本等同于寒微之家，自孙秀追随赵王伦，始有名望，二者差距较大，却最终能够"合族"，应该是各有所需。

晋惠帝继位，孙旂被征入朝任太子詹事，转卫尉，在此任上，孙旂因武库失火被免官，"转卫尉，坐武库火，免官。"③《晋书》卷二十四《职官志》载：

> 卫尉，统武库、公车、卫士、诸冶等令，左右都候，南北东西督冶掾。

考武库失火是在元康五年（295 年），《晋书》卷四《惠帝纪》载，元康五年：

> 冬十月，武库火，焚累代之宝。

《资治通鉴》卷八十二，元康五年：

> 冬，十月，武库火，焚累代之宝及二百万人器械。

《晋书》卷三十六《张华传》：

> （赵王）伦既还，谄事贾后，因求录尚书事，后又求尚书令。华与裴𬱟皆固执不可，由是致怨，伦、秀疾华如仇。武库火，华惧因此变作，列兵固守，然后救之，故累代之宝及汉高斩蛇剑、王莽头、孔子屐等尽焚焉。

《资治通鉴》卷八十二"元康五年"胡三省注：

---

① 《晋书》卷三十九《王沈传》："及高贵乡公将攻文帝，召沈及王业告之，沈、业驰白帝，以功封安平侯，邑二千户。……迁征虏将军、持节、都督江北诸军事。五等初建，封博陵侯，班在次国。平蜀之役，吴人大出，声为救蜀，振荡边境，沈镇御有方，寇闻而退。转镇南将军。武帝即王位，拜御史大夫，守尚书令，加给事中。沈以才望，显名当世，是以创业之事，羊祜、荀勖、裴秀、贾充等，皆与沈谘谋焉。"

② 《晋书》卷九十三《外戚传》，第 2410 页。

③ 《晋书》卷六十《孙旂传》，第 1633 页。

盖数诛大臣，祸皆从中起，故华惧在变而列兵固守也。

《张华传》所记时间是在赵王伦回京后，与前面两则皆不同，应该有误。但此传中将上面的"累代之宝"做了些补充：汉高斩蛇剑、王莽头、孔子屐等。《晋书》卷二十七《五行上》也记载：

> 张华疑有乱，先命固守，然后救火。是以累代异宝，王莽头，孔子屐，汉高祖断白蛇剑及二百万人器械，一时荡尽。

武库失火，损失巨大，对其有防守之责的卫尉孙旂被免官。

一时间，乐安孙氏进入了发展低谷。孙炎一支，因他远离朝堂，影响子孙仕宦，其子孙倰，《乐安孙氏七迁碑记》无任官记载，《新唐书》则载他任太官令，孙子孙道恭仕至长秋卿，即皇后属官大长秋，任职时间不详，根据孙炎一支此前没落的情况，很可能是乐安孙氏与琅邪孙氏合族后，甚至是孙旂的外孙女羊献容被册立为皇后之后才有此任。因此，元康中期，这一支不会对乐安孙氏的发展产生太大影响。而孙历一支，孙尹早亡，已经是乐安孙氏的一大损失，当时，孙旂是乐安孙氏官位最高的人，他被免官，乐安孙氏遭到沉重打击。其子侄辈孙弼等人虽颇有才干，却还年轻，在九品中正制盛行的时代，朝中无人提携，难有更大的发展。若孙旂无法再入仕途，恐怕乐安孙氏高门士族的社会地位难以保全。因此，为孙旂谋求复职，应是当时乐安孙氏最紧要的事情。这期间，少不了会去求太原王氏和泰山羊氏等姻亲，但王浚在太原王氏中的地位本就偏低，其官位比孙旂原职还低，泰山羊氏自羊琇死后一度沉寂，孙旂女婿羊玄之也仅仅是尚书郎，与中枢权臣距离甚远。姻亲无能为力，故旧亲朋也未必能出手帮助，孙旂等人束手无策。因此，自元康五年底开始，乐安孙氏陷入困境。

元康六年（296年）五月，赵王伦携孙秀回京，谄事贾后，逐渐取得其信任。在广泛联络朝中官员的过程中，与孙旂本人或者"旂子弼及弟子髦、辅、琰四人"有了接触，否则，孙秀不会知道孙弼等"并有吏材，称于当世"，为能将他们拉入自己的集团，孙秀向孙旂伸出了援手。孙旂自然不会放过这个东山再起的机会，孙弼等人也希望能获取更好的进身之阶，当然，这需要借助孙秀背后赵王伦的力量。双方一拍即合，合作成为他们的首选。很快，合作的结果就出来了，孙旂起复为兖州刺史。《晋书》卷六十《孙旂传》记载：

> 孙旂，……坐武库火，免官。岁余，出为兖州刺史，迁平南将军、假节。

元康五年十月，武库失火，孙旂被免官，一年多以后才又出任兖州刺史，时间应该是元康六年底或元康七年初，万斯同和吴廷燮的《晋方镇年表》都将孙旂出任兖州刺史列于元康六年。这年底，梁王肜在关中调兵遣将，准备发动讨伐齐万年的战争，朝廷关注的重点都在西部，连皇后贾南风的姻亲赵廞都被任命为益州刺史，负责从梁州、益州调派兵马粮草支援关中①。孙旂出任兖州刺史并未引起太大的反响。

孙旂与孙秀合族的具体时间不详，据《晋书》卷三十一《后妃上》载：

> 惠羊皇后讳献容，……贾后既废，孙秀议立后。后外祖孙旂与秀合族，又诸子自结于秀，故以太安元年立为皇后。

此处"太安元年（302年）"有误，是时孙秀、孙旂都已被杀，《晋书·惠帝纪》和《资治通鉴》皆记立皇后的时间是永康元年（300年）十一月。据此，合族时间应该是在永康元年（300年）十一月前。而据《晋书》卷六十《孙旂传》，合族时间应在赵王伦发动政变前，即永康元年（300年）四月前：

> 旂子弼及弟子髦、辅、琰四人，并有吏材，称于当世，遂与孙秀合族。及赵王伦起事，夜从秀开神武门下观阅器械。兄弟旬月相次为公府掾、尚书郎。

宫廷政变一旦失败，就是抄家灭族之祸。而孙弼兄弟积极追随孙秀行动，显然两族已经缔结密切联系，祸福共担。

低等士族琅邪孙氏与高门士族乐安孙氏合为一族，应是两族都需慎重考虑的问题，核心人物都需亲自参与、主持此事，那么，合族时间也可以从孙秀、孙旂这两位关键人物身上推测。孙秀自元康六年五月后一直在洛阳活动，但孙旂却于元康六年底或元康七年初出任兖州刺史，之后"迁平南将军、假节。"西晋曾任平南将军的卢钦、羊祜、胡奋、楚王玮、荀崧、羊伊等皆曾在荆州任职或都督荆州，故万斯同《晋方镇年表》载，永康元年（300年），孙旂由兖州刺史调任平南将军都督荆州诸军事②。永宁元年（301年）四月，孙秀被杀，孙旂亦死于荆州，"襄阳太守宗岱承（齐王）囧檄斩孙旂"③，从出任兖州刺史，直到在荆州被杀，孙旂始终在外地任职，连担忧孙弼等人追随孙秀会惹出大祸，都是派小儿子孙回返回京城劝说，自己并未有回京的记载。时孙旂是乐安孙氏最关键的人物，若有"合族"之事，理应由他出面完成，故乐安孙氏与琅邪孙氏的合族时间，可能在孙旂出任兖州刺史前，也正是因为合族，孙秀才尽力为孙旂谋划复职。

至于是谁提出合族之议已经不可考，孙秀和孙旂既有维系并提升家族地位的共同目标，双方家族又可以满足对方所需，合族成为最佳选择。孙秀急需的是拉拢人才、壮大赵王伦集团的势力，并顺便扩大琅邪孙氏的社会影响，巩固自己在赵王伦集团中的地位。只是，琅邪孙氏社会地位低微，族人不显，自己的儿子孙会并无多少才华，"形貌短陋，奴仆之下者，初与富室儿于城西贩马。"④如何提高琅邪孙氏的

---

① [宋]司马光著，[元]胡三省注《资治通鉴》卷八十二，元康六年："是岁，以扬烈将军巴西赵廞为益州刺史，发梁、益兵粮助雍州讨氐、羌。"《资治通鉴》卷八十三，永康元年："诏征益州刺史赵廞为大长秋，以成都内史中山耿滕为益州刺史。廞，贾后之姻亲也。"

② 万斯同《晋方镇年表》，二十五史刊行委员会编《二十五史补编》第三册，中华书局，1955年版，第3391页。

③ [宋]司马光著，[元]胡三省注《资治通鉴》卷八十四，永宁元年，第2660页。

④ 《晋书》卷五十九《赵王伦传》，第1601页。

社会地位，培养、提拔族中子弟，是孙秀急需解决的问题。而乐安孙氏是当时的高门士族之一，孙旂兄弟各有才干，恰好合乎孙秀的条件，若能与之合族，既能解决孙秀急需人才的难题，又能在提升社会地位方面对琅邪孙氏有所补益。孙旂父子迫切需要的是寻找政治上稳固的靠山，协助家族走出发展的低谷。赵王伦是晋惠帝的叔祖，辈分高，虽暂时未能进入权力中枢，但已经取得实际执政者贾南风的信任，在朝局中也有一定影响，如雍州刺史解系就被他和孙秀诬陷免官，"伦、秀谮之，系坐免官，以白衣还第，阖门自守。"① 孙秀是赵王伦的心腹，若与之合族，眼前困境即可解决，孙旂可以重新为官，孙弼等人也可以获取更好的进身之阶。若赵王伦权力增强，以他对孙秀的信赖程度，必然重视孙秀族人，孙秀亲子孙会不成材，其他族人中也无法找出更优秀的弟子，孙秀只会更倚重孙旂、孙弼等人，乐安孙氏因之得以维系，甚至可能会有更好的发展。而且，孙秀已经为赵王伦制定了先借贾后之手除掉太子，再除掉贾后的计划，废贾后之后，皇后位虚悬，必然要从世家大族中再选皇后，泰山羊氏已经出过一位皇后，羊玄之的女儿自然也能入宫为后。可以说，孙秀与孙旂的合族，也是孙秀为日后皇后人选做准备，史载赵王伦"素庸下，无智策，复受制于秀"②，仅从孙秀提前数年即储备皇后人选来看，他的政治野心和心机确实远高于赵王伦。

总之，双方合族既能满足提升家族地位的共同需求，又可以互补其不足，最终促成了琅邪孙氏和乐安孙氏的合族。

与孙旂合族后，孙氏势力大增。再加上赵王伦已经取得贾后信任，废太子终能顺利进行。

（三）推动废太子事件

元康六年（296 年），孙秀随赵王伦调回京城，因关中之责，朝廷仅任赵王伦为车骑将军、太子太傅的闲职。孙秀知道，他只能依靠赵王伦这棵大树才能继续向前发展，如果赵王伦身处权力中枢外围，自己也不可能有更大的政治前景，当务之急，是设法帮助赵王伦进入权力中枢。孙秀凭借自己多年的经验，很快摸清了朝中局势，当时虽然是张华、贾模、裴頠等人辅政，但真正的权力，应该握在皇后贾南风手中，于是他建议赵王伦首先取得贾南风的信任。赵王伦也确实按照他的建议施行，为此不惜放下身段，"深交贾、郭，谄事中宫，大为贾后所亲信。"但当时贾后依仗贾氏族人和亲戚裴頠、名士张华、王戎等执政，基本将宗室诸王排除在权力中枢之外，何况还是搅乱关中的无能宗室，所以，赵王伦想进朝廷中枢的要求被张华、裴頠否决，"求录尚书，张华、裴頠固执不可。又求尚书令，华、頠复不许。"③

---

① 《晋书》卷六十《解系传》，第 1632 页。
② 《晋书》卷五十九《赵王伦传》，第 1600 页。
③ 《晋书》卷五十九《赵王伦传》，第 1598 页。

权力中枢进不去，要想在京城扩大社会影响还有两个途径：一、高门士族的家世，本身有一定文化水平；二、进入上层文化圈。赵王伦是晋惠帝叔祖，地位很高，但"无学，不知书"，"素庸下，无智策"①，在河东裴氏、琅邪王氏等家族眼中，就是不学无术之辈，孙秀的家族地位更不值一提。至于当时的上层文化圈，一个是以王衍、乐广、裴頠等为代表的名士清谈圈，一个是以贾谧为核心的"二十四友"。且不说王衍本就瞧不起赵王伦与孙秀，"衍素轻赵王伦之为人"②，最初不想为孙秀品评，就是孙秀等人也知道，自己根本无法进入熟读诸家经典，尤其精通《老子》《庄子》《周易》的玄学圈子。那么，孙秀与贾后、贾谧拉近关系，他就容易进入"二十四友"圈子吗？非也。《晋书》卷四十《贾谧传》记载了"二十四友"的成员名单：

> 渤海石崇欧阳建、荥阳潘岳、吴国陆机陆云、兰陵缪征、京兆杜斌挚虞、琅邪诸葛诠、弘农王粹、襄城杜育、南阳邹捷、齐国左思、清河崔基、沛国刘瑰、汝南和郁周恢、安平牵秀、颍川陈眕、太原郭彰、高阳许猛、彭城刘讷、中山刘舆刘琨皆傅会于谧，号曰二十四友，其余不得预焉。

"其余不得预焉"，已经堵死了孙秀进入的途径，何况，"二十四友"中至少有四人与孙秀关系不协。首先是潘岳，他曾在孙秀为小吏时"数挞辱之，秀常衔忿。"孙秀执政后，杀潘岳以泄愤。《晋书》卷五十五《潘岳传》载：

> 及赵王伦辅政，秀为中书令。岳于省内谓秀曰："孙令犹忆畴昔周旋不？"答曰："中心藏之，何日忘之！"岳于是自知不免。俄而秀遂诬岳及石崇、欧阳建谋奉淮南王允、齐王为乱，诛之，夷三族。

其次是欧阳建，他任冯翊太守时，上表朝廷指斥赵王伦和孙秀的过失，与孙秀结仇，后来亦为孙秀所杀。再次是刘舆、刘琨兄弟，《晋书》卷六十二《刘琨传》载：

> 伦子荂，即（刘）琨姊婿也……（刘舆、刘琨）兄弟素侮孙秀，及赵王伦辅政，孙秀执权，并免其官。妹适伦世子荂，荂与秀不协，复以舆为散骑侍郎。

不知是赵王伦过分信重孙秀，致使司马荂对孙秀很不满，还是刘琨兄弟一向瞧不起孙秀，连带着司马荂对孙秀不满，总之是孙秀与司马荂"不协"，与刘舆、刘琨关系恶劣。如此一来，孙秀想进入"二十四友"，必然会遭到潘岳、欧阳建和刘舆、刘琨的反对，事情只能不了了之。

此前在关中时，就暴露了孙秀有政治野心却无政治才干的缺点，求功心切，以简单粗暴的方式治理地方、镇压叛乱，以致关中大乱，朝廷震动。回到京城后，屡屡被张华、裴頠排挤而无法获取更大的权益，更难融入上层文化圈。面对高门世族

---

① 《晋书》卷五十九《赵王伦传》，第1601、1600页。
② 《晋书》卷四十三《王戎传》附《王衍传》，第1237页。

压制低等士族的社会不公，不平之心加上政治野心，促使孙秀走向了新的向上攀爬之路，那就是借助朝中重重矛盾，利用各种阴谋诡计，推翻压在自己上面的执政者，打压排挤自己的人。

孙秀首先要做的，就是要借助赵王伦的身份和势力，挑动皇后、太子之间的矛盾，从中渔利。

元康后期，皇后与太子之间的矛盾日益激化。"朝野咸知贾后有害太子意"，太子对此也不是没有防备，"中护军赵俊^①请太子废后，太子不听。"^②赵粲曾力保贾南风的太子位，因此其叔父赵俊为贾南风信重，但赵粲毕竟是杨艳皇后舅父之女，她和叔父更愿意站在晋惠帝和太子司马遹一边。太子之所以没有答应赵俊的废后提议，是因为朝廷重臣张华的反对。《晋书》卷三十六《张华传》载：

> 及贾后谋废太子，左卫率刘卞甚为太子所信遇，每会宴，卞必预焉。屡见贾谧骄傲，太子恨之，形于言色，谧亦不能平。卞以贾后谋问华，华曰："不闻。"卞曰："卞以寒悴，自须昌小吏受公成拔，以至今日。士感知己，是以尽言，而公更有疑于卞邪！"华曰："假令有此，君欲如何？"卞曰："东宫俊乂如林，四率精兵万人。公居阿衡之任，若得公命，皇太子因朝入录尚书事，废贾后于金墉城，两黄门力耳。"华曰："今天子当阳，太子，人子也，吾又不受阿衡之命，忽相与行此，是无其君父，而以不孝示天下也。虽能有成，犹不免罪，况权戚满朝，威柄不一，而可以安乎！"

刘卞是左卫率，是太子属官，《晋书》卷二十四《职官志》载：

> 左右卫率，案武帝建东宫，置卫率，初曰中卫率。泰始五年，分为左右，各领一军。惠帝时，愍怀太子在东宫，又加前后二率。

《晋书》卷三十五《裴頠传》载：

> 頠以贾后不悦太子，抗表请增崇太子所生谢淑妃位号，仍启增置后卫率吏，给三千兵，于是东宫宿卫万人。

刘卞所言"四率精兵万人"正与《裴頠传》所载相合。所谓"俊乂如林"，是指江统、潘滔、王敦等东宫官属，皆为一时之杰^③。此前，太子早已对贾后有所防备，《晋书·愍怀太子传》中所称"东宫旧制，月请钱五十万，备于众用，太子恒探取二月，以供嬖宠。"如果仅用于后宫消费，又怎会成倍增加，显然是挪作他用，贾谧直接指出"太子广买田业，多畜私财以结小人者，为贾氏故也。"^④显然，至元康九

---

① 此人名字歧异，《资治通鉴》《晋书·愍怀太子传》为"赵俊"，《晋书·赵王伦传》作"赵粲叔父中护军赵浚"。

② 《晋书》卷五十三《愍怀太子传》，第1459页。

③ 江统于元康九年（299年）作《徙戎论》著称于世，明确提出了内迁的少数民族对中原的危害，此论出后十余年，中原沦陷。潘滔后成为东海王越的长史，与刘舆、裴邈合称"越府三才"。王敦后成为东晋大将军。

④ 《晋书》卷五十三《愍怀太子传》，第1458、1459页。

年（299 年），太子与贾后之间已经是剑拔弩张，如果太子能取得辅政大臣的支持，"废贾后于金墉城，两黄门力耳。"刘卞去见张华，说出此番言论，多半是太子授意，但张华顾虑"权戚满朝"，诸王难制，不肯答应。后来事泄，刘卞受牵连，"贾后亲党微服听察外间，颇闻卞言，乃迁卞为轻车将军、雍州刺史，卞知言泄，恐为贾后所诛，乃饮药卒。"① 事未成而先损大将，又缺乏朝臣支持，太子废后之事只能后延。

当皇后贾南风与太子司马遹双方势力胶着之时，孙秀为赵王伦出谋划策：若支持太子，赵王伦一向与贾后走得近，太子继位必没有好果子吃；若支持贾后，则可利用她除掉太子，然后再借机除掉贾后，自己控制大权。于是，他们利用皇后与太子的矛盾，诱发贾后于元康九年（299 年）十二月废太子为庶人。而赵王伦之所以能够鼓动贾后废太子，也得益于自回京后的苦心经营，尤其是孙秀的家族信仰——天师道——在此处发挥了关键作用。

天师道是东汉末张陵（又名张道陵）在巴蜀一带创立的道派，宣称能祈请鬼神、以符水禁咒治病，凡是入道者须交五斗米，故名"五斗米道"，后人尊张陵为天师，也称天师道。陈寅恪《天师道与滨海地域之关系·赵王伦之废立》，汇总各种史料得出结论：

> 琅邪……实天师道之发源地。伦始封琅邪，而又曾之国。则感受环境风习之传染，自不足异。孙秀为琅邪土著，其信奉天师道由于地域关系，更不待言。②

琅邪孙氏"世奉五斗米道"③，鉴于后来孙秀在赵王伦集团中的地位，可能他在五斗米道徒中的地位还不低，在琅邪本地应有较大影响。也许正是考虑到这一点，为不轻易得罪地方宗教势力，所以王戎劝说不愿予以品评的王衍给予孙秀品级。孙秀家族长期信道，而贾南风恰恰"信妖巫"，她逼死太后杨芷，"谓太后必诉冤先帝，乃复而殡之，施诸厌劾符书药物"④，这正是当时流行的"五斗米道"所擅长的。贾南风施行此术时，是元康二年（292 年），那时孙秀正在关中，但此事影响甚大，他应该有所耳闻。回京之后，孙秀很可能通过"五斗米道"找到了与贾南风的切合点，投其所好，这才能令赵王伦"大为贾后所亲信"。

翻查史籍，可以从三件事中找到孙秀利用天师道与贾南风建立密切联系的蛛丝马迹。

第一，河东公主的疾病与婚姻。

贾南风共生四个女儿，长女河东公主备受宠爱，"及河东公主有疾，师巫以为

---

① 《晋书》卷三十六《张华传》，第 1078 页。
② 陈寅恪：《金明馆丛稿初编》，三联书店，2001 年版，第 4 页。
③ 《晋书》卷一百《孙恩传》，第 2631 页。
④ 《晋书》卷三十一《后妃上》，第 956 页。

宜施宽令,乃称诏大赦天下。"① 这位金枝玉叶最后竟嫁给了孙秀的儿子孙会,《晋书》卷五十九《赵王伦传》载:

> 秀子会,年二十,为射声校尉,尚帝女河东公主。公主母丧未期,便纳聘礼。会形貌短陋,奴仆之下者,初与富室儿于城西贩马,百姓忽闻其尚主,莫不骇愕。

这桩让世人愕然的婚姻,发生在"公主母丧未期"之时,即永康元年(300 年)四月贾南风被毒杀,至永宁元年(301 年)四月孙秀、孙会被杀期间②,这一年正是孙秀大权在握之时,废晋惠帝扶植赵王伦称帝都做了,为子娶公主更易如反掌。除了权力因素外,恐怕这桩婚事还早有前缘,为河东公主治病的"师巫",即便不是孙秀本人,也应该是他推荐给贾南风的"五斗米道"道徒,后来公主痊愈,才有婚姻之事。

第二,贾南风的荒淫。

《资治通鉴》卷八十三,元康九年:

> 贾后淫虐日甚,私于太医令程据等;又以簏箱载道上年少入宫,复恐其漏泄,往往杀之。

《晋书》卷三十一《后妃上》的记载更加详细:

> 后遂荒淫放恣,与太医令程据等乱彰内外。洛南有盗尉部小吏,端丽美容止,既给厮役,忽有非常衣服,众咸疑其窃盗,尉嫌而辩之。贾后疏亲欲求盗物,往听对辞。小吏云:"先行逢一老姬,说家有疾病,师卜云宜得城南少年厌之,欲暂相烦,必有重报。于是随去,上车下帷,内簏箱中,行可十余里,过六七门限,开簏箱,忽见楼阙好屋。问此是何处,云是天上,即以香汤见浴,好衣美食将入。见一妇人,年可三十五六,短形青黑色,眉后有疵。见留数夕,共寝欢宴。临出赠此众物。"听者闻其形状,知是贾后,惭笑而去,尉亦解意。时他人入者多死,惟此小吏,以后爱之,得全而出。

这两则史料,不排除是因为贾南风以皇后的身份把持政权以及最后失败而有意虚构、污蔑的成分,但多少也有些历史的影子。

首先,贾南风与程据"乱彰内外"很可能是史官或后人虚构。

据《晋书》卷三《武帝纪》载,咸宁四年(278 年)十一月:

> 太医司马程据献雉头裘,帝以奇技异服典礼所禁,焚之于殿前。

那时程据是太医司马,元康九年(299 年),程据已为太医令。史籍中并未记载程据的生卒年,就算程据少年习医,按照中医的传统,必须是经过长期的学习和实践之后才能行医,而为君王服务的太医,又怎会起用年轻医者,能从太医做到太医

---

① 《晋书》卷三十一《后妃上》,第 965 页。
② 《资治通鉴》列此事于永康元年(300 年)九月。

司马，更不可能是短时间能够完成的。即便程据医术高明，至咸宁四年任太医司马时，至少应在三十岁左右，至元康九年，约在五十岁，按照贾南风喜欢"端丽美容止"的少年之性，又岂会与年过半百的程据有染。因此，贾南风与程据之间，很可能仅是从医药方面有些关系。程据不仅会治病，还会配制毒药。永康元年（300 年），程据奉贾南风的命令制毒药毒杀废太子司马遹，随即在赵王伦和孙秀发动的宫廷政变中被视为贾南风同党被杀。《资治通鉴》卷八十三，永康元年：

> 贾后使太医令程据和毒药，矫诏使黄门孙虑至许昌毒太子。
> ……遂废后为庶人，幽之于建始殿，收赵粲、贾午等付暴室考竟。诏尚书收捕贾氏亲党，召中书监、侍中、黄门侍郎、八座皆夜入殿。
> ……
> 遣尚书和郁持节送贾庶人于金墉；诛刘振、董猛、孙虑、程据等。

从以上史料可知，程据长期任宫廷御医，元康年间，应该是通过医术成为贾南风的亲信，否则，不会由他制毒杀太子之药，赵王伦执掌政权后，也不会将他列入贾南风一党诛杀。

其次，贾南风与多名少年的淫乱，除了是最高统治者的荒淫表现之外，极可能与天师道有关。

战国时期，"房中术"的相关理论形成，张陵创立天师道时，将"房中术"列为教徒修炼的方法之一，即后来被称之为"男女合气之术。"[1]葛洪在《抱朴子》中也多次提及"房中术"。《抱朴子》卷六《内篇·微旨》曰：

> 人不可以阴阳不交，坐致疾患。若欲纵情恣欲，不能节宣，则伐年命。善其术者，则能却走马以补脑，还阴丹以朱肠，采玉液于金池，引三五于华梁，令人老有美色，终其所禀之天年。……凡服药千种，三牲之养，而不知房中之术，亦无所益也。[2]

《抱朴子》卷八《内篇·释滞》：

> 人复不可都绝阴阳，阴阳不交则坐致壅阏之病，故幽闭怨旷，多病而不寿也。任情肆意，又损年命。唯有得其节宣之和，可以不损。若不得口诀之术，万无一人为之而不以此自伤煞者也。……志求不死者，宜勤行求之。[3]

葛洪认为，人既不应绝欲，也不能纵欲，可以依靠"房中术"保持容颜不老、身体康健，乃至长生不死。时贾南风深居宫中，丈夫是白痴，自己大权在握却只有四个女儿没有儿子，且与太子的矛盾日趋激化，无论是从个人享受还是想孕育一子的政治需求出发，都可能促使她走向"荒淫放恣"的道路。而在这条路上，身为太

---

① [北齐]魏收：《魏书》卷一百一十四《释老志》：寇谦之"清整道教，除去三张伪法，租米钱税，及男女合气之术。"中华书局，1974 年版，第 3051 页。
② [晋]葛洪著，王明校释《抱朴子内篇校释》，中华书局，1986 年版，第 129 页。
③ [晋]葛洪著，王明校释《抱朴子内篇校释》，第 150 页。

医的程据，很可能只能提供部分强身健体的药物，真正指引她的，还要靠道教提供的理论和方法，因为如果没有正确的方法，不仅无效而且会自伤，"不得口诀之术，万无一人为之而不以此自伤煞者也。"

此外，"师卜云宜得城南少年厌之"一句，也透露出天师道的相关信息。《三国志》卷八《张鲁传》曰：

> 鲁遂据汉中，以鬼道教民，自号"师君"。

"师"在天师道中地位重要，张陵是"天师"，张衡是"嗣师"，张鲁是"系师"，教中地位较高的祭酒亦称"师"。西晋建立后，为避司马师名讳，曾将"太师"一职改为"太宰"，而《后妃传》称"师卜云"，定然不是指传道授业之"师"，而是指天师道的"师"，"师卜云宜得城南少年厌之"，既符合天师道"师"占卜、治病的工作惯例，又可能与某些宗教词汇不避讳有关，如"之"在魏晋南北朝时期无人避讳，即与天师道有关，所以父子可以同用此字，如王羲之、王献之等。

综上，贾南风的荒淫表象，掩藏的可能是她与天师道的相关联系，而此时离她最近的天师道代表人物，非孙秀莫属。孙秀既有扶植赵王伦，除掉太子和皇后的计划，对于可以败坏贾南风名声的活动，自然乐于去做，为日后废皇后提供借口。

第三，太子司马遹遭陷害。

贾南风派人陷害太子之事，孙秀很可能参与其中。太子被废后，曾给太子妃写了一封信，复述当日情形，《晋书》卷五十三《愍怀太子传》载：

> 遹虽顽愚，心念为善，欲尽忠孝之节，无有恶逆之心。虽非中宫所生，奉事有如亲母。自为太子以来，敕见禁检，不得见母。自宜城君亡，不见存恤，恒在空室中坐。去年十二月，道文疾病困笃，父子之情，实相怜愍。于时表国家乞加徽号，不见听许。疾病既笃，为之求请恩福，无有恶心。自道文病，中宫三遣左右来视，云："天教呼汝。"到二十八日暮，有短函来，题言东宫发，疏云："言天教欲见汝。"即便作表求入。二十九日早入见国家，须臾遣至中宫。中宫左右陈舞见语："中宫旦来吐不快。"使住空屋中坐。须臾中宫遣陈舞见语："闻汝表陛下为道文乞王，不得王是成国耳。"中宫遂呼陈舞："昨天教与太子酒枣。"便持三升酒、大盘枣来见与，使饮酒啖枣尽。遹素不饮酒，即便遣舞启说不堪三升之意。中宫遂呼曰："汝常陛下前持酒可喜，何以不饮？天与汝酒，当使道文差也。"便答中宫："陛下会同一日见赐，故不敢辞，通日不饮三升酒也。且实未食，恐不堪。又未见殿下，饮此或至颠倒。"陈舞复传语云："不孝那！天与汝酒饮，不肯饮，中有恶物邪？"遂可饮二升，余有一升，求持还东宫饮尽。逼迫不得已，更饮一升。饮已，体中荒迷，不复自觉。须臾有一小婢持封箱来，云："诏使写此文书。"遹便惊起，视之，有一白纸，一青纸。催促云："陛下停待。"又小婢承福持笔研墨黄纸来，使写。急疾不容复视，实不觉纸上语轻重。父母至亲，实不相疑，事理如此，实为见诬，想众人见明也。

太子在书信中回顾了事件经过：自己奉诏一早进宫，未及见到晋惠帝，即被遣到皇后宫中，贾南风令亲信陈舞逼迫自己空腹饮酒三升后抄写文书，他描述了自己饮酒后的感觉，"体中荒迷，不复自觉。"可见酒中多半有致人迷幻的药物，否则，以当时酒极低的酒精含量，纵然饮酒致醉，大逆不道的言辞应该还能分辨，正是因为酒中有"恶物"，才导致了他分辨不出纸上言辞轻重，照章抄写。而这药物，若非是太医程据所制，多半是从天师道道徒手中得来，很可能就来自孙秀。

此事属宫闱秘密，难有确证，但可以从后来发生的事情中推测。太子被废后，赵王伦被任命为右军将军，掌控宫廷卫戍部队。左卫督司马雅、常从督许超、殿中中郎士猗等谋废贾后、复立太子时，为拉拢握有兵权的赵王伦，劝说其心腹孙秀时曾说："公名奉事中宫，与贾、郭亲善，太子之废，皆云豫知。"而孙秀也曾对赵王伦说："明公素事贾后，时议皆以公为贾氏之党。"[1] 由此可见，赵王伦等人参与甚至推动了贾后废太子已经广为人知，正是因为在废太子事件中出了力，所以才有右军将军的授任，否则，贾南风怎可能将掌控自己安危的禁卫兵权置于并不信任的人手中。

（四）废杀贾后，诛杀异己

太子被废，引发了朝堂动荡，储位虚悬，各派势力展开了博弈，孙秀拉拢其中大多数，策划了废皇后的宫廷政变。

1. 废太子后的各派势力博弈

首先，朝堂上最显赫的是另立储君一派，以贾南风、贾谧为代表。

愍怀太子是晋惠帝唯一的儿子，贾南风废太子，必然要考虑到重新选择继承人的问题，在与太子争斗中，贾南风早有规划，《晋书》卷三十一《后妃上》载：

> 初，后诈有身，内槁物为产具，遂取妹夫韩寿子慰祖养之，托谅闇所生，故弗显。遂谋废太子，以所养代立。

贾南风抱养韩寿与贾午的儿子韩慰祖，假称是为晋武帝守丧时所生，故此未公开。但他们皆知事关重大，韩慰祖只是其中一个备选项，何况，此时的韩慰祖应该是一幼儿，未必能担承大业。所以，贾谧曾劝贾南风"更立慈顺者以自防卫"，还是着意从司马宗室中选择继承人。

既废太子，太子的三个儿子自然不在考虑之列，那就只能从晋惠帝的兄弟辈中选择。《晋书》卷六十四《武十三王传》载：

> 武帝二十六男：杨元后生毗陵悼王轨、惠帝、秦献王柬。审美人生城阳怀王景、楚隐王玮、长沙厉王乂。徐才人生城阳殇王宪。匮才人生东海冲王祗。赵才人生始平哀王裕。赵美人生代哀王演。李夫人生淮南忠壮王允、吴孝王晏。庄保林生新都怀王该。陈美人生清河康王遐。诸姬生汝阴哀王谟。程才人生成

都王颖。王才人生孝怀帝。杨悼后生渤海殇王恢。余八子不显母氏，并早天，又无封国及追谥，今并略之。其玮、乂、颖自有传。

毗陵悼王轨，字正则，初拜骑都尉，年二岁而天。

秦献王柬，……元康元年薨，时年三十，朝野痛惜之。……无子，以淮南王允子郁为嗣，与允俱被害。……

城阳怀王景，字景度，出继叔父城阳哀王兆后。泰始五年受封，六年薨。

东海冲王祗，字敬度，泰始九年五月受封。殇王薨，复以祗继兆，其年薨，时年三岁。

始平哀王裕，字濬度，咸宁三年受封，其年薨，年七岁。无子，以淮南王允子迪为嗣。太康十年，改封汉王，为赵王伦所害。

淮南忠壮王允，……元康九年入朝。……

代哀王演，字宏度，太康十年受封。少有废疾，不之国，演常止于宫中。……

新都王该，字玄度，咸宁三年受封，太康四年薨，时年十二。无子，国除。

清河康王遐，……元康初，进抚军将军，加侍中，遐长而懦弱，无所是非。性好内，不能接士大夫。及楚王玮之举兵也，使遐收卫瓘，而瓘故吏荣晦遂尽杀瓘子孙，遐不能禁，为世所尤。永康元年薨，时年二十八。……

汝阴哀王谟，字令度，太康七年薨，时年十一。……

吴敬王晏，字平度，太康十年受封，食丹阳、吴兴并吴三郡，历射声校尉、后军将军。与兄淮南王允共攻赵王伦，允败，收晏付廷尉，欲杀之。傅祗于朝堂正色而争，于是群官并谏，伦乃贬为宾徒县王。……晏为人恭愿，才不及中人，于武帝诸子中最劣。又少有风疾，视瞻不端，后转增剧，不堪朝觐。……

渤海殇王恢，字思度，太康五年薨，时年二岁，追加封谥。

按照长幼顺序，元康九年（299 年）尚在世的是：长沙王乂、淮南王允、清河王遐（死于 300 年六月）、吴王晏和成都王颖，共五人。

其中，清河王遐"长而懦弱，无所是非。性好内，不能接士大夫。"吴王晏"才不及中人，于武帝诸子中最劣。又少有风疾，视瞻不端，后转增剧，不堪朝觐。"他们二人首先会被排除在继承人选之外。

长沙王乂受其同母兄楚王玮的牵连，不会在贾后考虑之列。《晋书》卷五十九《长沙王乂传》载：

长沙厉王乂，字士度，武帝第六子也。……及玮之诛二公也，乂守东掖门。会驺虞幡出，乂投弓流涕曰："楚王被诏，是以从之，安知其非！"玮既诛，乂以同母，贬为常山王，之国。

成都王颖此前得罪了贾谧，被赶出京城，也不会在贾后考虑的范围之内，《晋书》卷五十九《成都王颖传》载：

成都王颖，字章度，武帝第十六子也。太康末受封，邑十万户。后拜越骑校尉，加散骑常侍、车骑将军。贾谧尝与皇太子博，争道。颖在坐，厉声呵谧曰："皇太子国之储君，贾谧何得无礼！"谧惧，由此出颖为平北将军，镇邺。转镇北大将军。

清河王遐和吴王晏因自身条件太差被排除，长沙王乂和成都王颖因与贾氏的政治立场不同被排除，那么，可以被贾后选中的继承人就只剩下一个人：淮南王允，"初，愍怀之废，议者将立允为太弟。"①

淮南王允是晋武帝第十子，咸宁三年（277 年）封濮阳王，时年六岁。太康十年（289 年）徙封为淮南王，是年十八岁，赴封国后任镇东大将军，都督扬州、江州军事，自此长期外任，元康年间仅两次入朝，第一次是元康元年（291 年），《晋书》卷四《惠帝纪》载：

二月……镇南将军楚王玮、镇东将军淮南王允来朝。……三月辛卯，诛太傅杨骏。

《晋书》卷四十六《刘颂传》：

刘颂，字子雅，广陵人，汉广陵厉王胥之后也。世为名族。……除淮南相。在官严整，甚有政绩。……元康初，从淮南王允入朝。会诛杨骏，颂屯卫殿中，其夜，诏以颂为三公尚书。

第二次入朝是元康九年（299 年），《晋书》卷六十四《淮南王允传》：

元康九年入朝。

淮南王允的两次入朝，第一次明显是针对杨骏，虽然本人未出面，但其淮南相刘颂却在当日"屯卫殿中"，应该可以代表淮南王的势力参与了诛杀杨骏事件。第二次入朝，是因为他是贾后挑选的继承人，也就是贾谧所言的"慈顺者"。当时，正是贾后与太子矛盾激化的时候，淮南王允带兵入京，"允所将兵，皆淮南奇才剑客也"②，战斗力很强。很可能就是为接储君之位准备的。废太子之时，"使尚书和郁持节，解结为副，及大将军梁王肜、镇东将军淮南王允、前将军东武公澹、赵王伦、太保何劭诣东宫，废太子为庶人。"③太子被废后，"议者将立允为太弟"④，这些都说明，淮南王允或明或暗地参与了废太子事件。

对另立储君派，他们挑选的继承人肯定不会是晋惠帝的爷爷辈赵王伦，所以身为赵王伦的谋主，孙秀毫无疑问是要将他们坚决铲除的，这就是贾氏族灭的原因之一。对贾南风选中的继承人淮南王允，孙秀持排斥的态度，在废贾后的宫廷政变中，他主要拉拢的是梁王肜和齐王囧，淮南王允带入京城的军队并未参与其中，目的当

① 《晋书》卷六十四《淮南王允传》，第 1721 页。
② 《晋书》卷六十四《淮南王允传》，第 1721 页。
③ 《晋书》卷五十三《愍怀太子传》，第 1460 页。
④ 《晋书》卷六十四《淮南王允传》，第 1721 页。

然是要将淮南王允排除在继承人之外，同时也顾虑到淮南王允万一与贾南风合谋，以其军力维护贾南风，则政变失败的可能性会增大。只是当时淮南王允没有公开与贾后的联系，赵王伦废杀贾后，为安抚人心，也不得不暂时委淮南王允以要职，"会赵王伦废贾后，诏遂以允为骠骑将军、开府仪同三司、侍中，都督如故，领中护军。允性沈毅，宿卫将士皆敬服之。"① 时部分朝臣联络淮南王允，图谋推翻赵王伦，孙秀终下决心除掉他。

贾谧、贾南风、淮南王允相继被杀，另立储君一派全军覆没。

其次，是维护太子一派，以部分朝臣和原太子属官、东宫将士为代表。

《晋书》卷五十三《愍怀太子传》载，元康九年（299 年）十二月：

> 帝幸式乾殿，召公卿入，使黄门令董猛以太子书及青纸诏曰："遹书如此，今赐死。"遍示诸公王，莫有言者，惟张华、裴頠证明太子。……议至日西不决。后惧事变，乃表免太子为庶人，诏许之。

当时群臣皆知是贾南风针对太子，"莫有言者"，唯有张华、裴頠从维护朝局稳固的目的出发，力保太子，若非他们坚持，只怕在太子被陷害当日即被处死。鉴于张华、裴頠朝廷重臣的身份，贾南风无奈之下，只能先废太子为庶人，幽禁于金墉城。

太子已立多年，虽然被废，影响尚在，不少人为之奔走。其中影响最大的是西戎校尉司马阎缵，他命人抬着棺材上书，为太子鸣冤，建议为太子重选师傅，严加教诲，而他推荐的人选是张华、刘寔和裴頠：

> 如司空张华，道德深远，乃心忠诚，以为之师。光禄大夫刘寔，寒苦自立，终始不衰，年同吕望，经籍不废，以为之保。尚书仆射裴頠，明允恭肃，体道居正，以为之友。②

根据史籍记载，大约可知阎缵为人，其祖父是张鲁属官，父亲又曾在孙吴任职，入晋后，阎缵虽颇有才华，但始终未得重用，初为杨骏舍人，与潘岳同僚，杨骏死后曾冒险收葬，后为河间王颙的属官西戎校尉司马，因功封为平乐乡侯。河间王颙是司马懿弟司马孚的孙子，与晋武帝一系关系疏远，从他后来的政治表现来看，此人善于见风转舵，周旋于各种势力之间，他的属官首先跳出来为太子鸣冤，不能排除是他的指使，意图插手中枢。但阎缵的上书，更大的可能是他自己的决定或者是张华支持的。《晋书》卷四十八《阎缵传》：

> 及张华遇害，贾谧被诛，朝野震悚，缵独抚华尸恸哭曰："早语君逊位而不肯，今果不免，命也夫！"过叱贾谧尸曰："小儿乱国之由，诛其晚矣！"
> ……

---

① 《晋书》卷六十四《淮南王允传》，第 1721 页。
② 《晋书》卷四十八《阎缵传》，第 1351 页。

> 朝廷善其忠烈,擢为汉中太守。赵王伦死,既葬,缵以车辒其冢。时张华
> 兄子景后徙汉中,缵又表宜还。缵不护细行,而慷慨好大节。

从这段史料中,可以看出阎缵对三个人的态度,对张华是抚尸痛哭,对陷害太子的贾谧是痛斥,对杀害张华的赵王伦则是以车碾压其坟来泄愤。从阎缵的举动言语中,可知他与张华关系亲近,并且早就劝说过张华逊位以避难,事后又曾保护张华的侄子。那么他此次上书申理太子,很可能有张华的背后支持。

阎缵的上书并没有结果,但此举使贾南风意识到废太子的潜在威胁,于是很快部署了诬陷太子的行为,加快了铲除太子的步伐。《资治通鉴》卷八十三,永康元年,正月:

> 贾后使黄门自首欲与太子为逆。诏以黄门首辞班示公卿,遣东武公澹以千兵防卫太子,幽于许昌宫,令持书御史刘振持节守之,诏宫臣不得辞送。洗马江统、潘滔、舍人王敦、杜蕤、鲁瑶等冒禁至伊水,拜辞涕泣。司隶校尉满奋收缚统等送狱。其系河南狱者,乐广悉解遣之;系洛阳县狱者,犹未释。都官从事孙琰说贾谧曰:“所以废徙太子,以其为恶故耳。今宫臣冒罪拜辞,而加以重辟;流闻四方,乃更彰太子之德也,不如释之。”谧乃语洛阳令曹摅使释之;广亦不坐。

贾南风令黄门自首,声称与太子谋逆,以此为借口,将太子押送到许昌幽禁,并下令太子属官不得相送。但江统、王敦等人竟然不顾禁令前往伊水拜辞,而且人数颇多,司隶校尉满奋抓了这些人后,居然需要分两处监狱关押。但关押在河南狱的都被河南尹乐广释放,关押在洛阳狱的,也被贾谧命洛阳令曹摅全部释放。

此事在《晋书》中也有记载,《晋书》卷四十三《乐广传》:

> 愍怀太子之废也,诏故臣不得辞送,众官不胜愤叹,皆冒禁拜辞。司隶校尉满奋敕河南中部收缚拜者送狱,广即便解遣。众人代广危惧。孙琰说贾谧曰:“前以太子罪恶,有斯废黜,其臣不惧严诏,冒罪而送。今若系之,是彰太子之善,不如释去。”谧然其言,广故得不坐。

《晋书》卷五十六《江统传》:

> 及太子废,徙许昌,贾后讽有司不听宫臣追送。统与宫臣冒禁至伊水,拜辞道左,悲泣流涟。都官从事悉收统等付河南、洛阳狱。付郡者,河南尹乐广悉散遣之,系洛阳者犹未释。都官从事孙琰说贾谧曰:“所以废徙太子,以为恶故耳。东宫故臣冒罪拜辞,涕泣路次,不顾重辟,乃更彰太子之德,不如释之。”谧语洛阳令曹摅,由是皆免。

值得注意的是,说服贾谧的孙琰,是孙旂的侄子。他任都官从事之职,是司隶校尉的高级属员,主要职责是察举百官犯法者。此时,孙旂应该已经与孙秀合族,孙琰出面劝说,代表的是孙秀的态度。孙秀绝不是站在太子一方,而是故作姿态,有意让他人看到赵王伦对太子属臣的维护以及对违禁释放他们的乐广的支持,目的

是招揽人心，也为后面打着为太子复仇的旗号做准备。还有，乐广既是名士领袖，还是成都王颖的岳父，孙秀此举，也有拉拢士族和宗室的意图。

除了东宫属臣，曾经的东宫卫士也在积极活动。左卫督司马雅、常从督许超等人，曾任职东宫，感慨太子无罪被废，与殿中中郎士猗等谋划废黜贾后，复太子位。他们"以张华、裴𬱟安常保位，难与行权，右军将军赵王伦执兵柄，性贪冒，可假以济事。"①欲借助赵王伦手中的兵权，与他密谋废后。孙秀虽然同意参与废贾后之事，但终极目标并不在此，"秀知太子聪明，若还东宫，将与贤人图政，量己必不得志"，于是对赵王伦说："太子为人刚猛，不可私请。明公素事贾后，时议皆以公为贾氏之党。今虽欲建大功于太子，太子含宿怒，必不加赏于明公矣。当谓逼百姓之望，翻覆以免罪耳。此乃所以速祸也。今且缓其事，贾后必害太子，然后废后，为太子报仇，亦足以立功，岂徒免祸而已。"赵王伦听从孙秀建议，准备在皇后与太子的相争中渔翁得利。孙秀施行反间计，故意泄露司马雅等人的图谋，使贾谧等人知道，太子的支持者准备废贾后，迎太子回朝，他再从旁劝说，"因劝谧等早害太子，以绝众望。"②

永康元年（300 年）三月，贾南风指使宦官孙虑，将太子杀害。《晋书》卷五十三《愍怀太子传》：

> 秀因使反间，言殿中人欲废贾后，迎太子。贾后闻之忧怖，乃使太医令程据合巴豆杏子丸。三月，矫诏使黄门孙虑赍至许昌以害太子。初，太子恐见鸩，恒自煮食于前。虑以告刘振，振乃徙太子于小坊中，绝不与食，宫中犹于墙壁上过食与太子。虑乃逼太子以药，太子不肯服，因如厕，虑以药杵椎杀之，太子大呼，声闻于外。时年二十三。

此处仅言及孙虑杀害太子，当然也有治书御史刘振的配合，《晋书》卷三十九《王浚传》则记载了王浚也参与了谋害太子，时王浚为东中郎将，镇守许昌：

> 及愍怀太子幽于许昌，浚承贾后旨，与黄门孙虑共害太子。

王浚与孙旂是儿女亲家，显然与孙秀是有联系的。据此可推知，孙秀为了将太子置于死地，不仅在幕后推动贾后加快了谋害太子的步伐，还通过王浚确保万无一失。甚至贾后将太子拘押至许昌，可能都是孙秀在背后谋划的结果，就是为了将太子控制在自己人手中。

太子既死，维护太子一派的希望破灭了，再加上贾南风权势煊赫，司马雅等人一度灰心丧气，欲退出赵王伦策划的宫廷政变。"太子既遇害，伦、秀之谋益甚，而超、雅惧后难，欲悔其谋，乃辞疾。"③但赵王伦的计划不会停止，为能将左卫留在自己的集团中，孙秀不得不设法壮大自己的军事力量，他转而拉拢右卫将官，右

---

① ［宋］司马光著，［元］胡三省注《资治通鉴》卷八十三，永康元年，第 2638 页。
② 《晋书》卷五十九《赵王伦传》，第 1598 页。
③ 《晋书》卷五十九《赵王伦传》，第 1599 页。

卫司马督路始、伏飞①督间和，都成为其内应，约定以鼓声为号，四月三日夜共同起事。有了右卫的加入，政变成功的可能性增加，左卫中的大部分人投向了打着为太子复仇旗号的赵王伦，参与了废杀贾后的宫廷政变。

对张华等人，赵王伦、孙秀一开始也是尽力争取他们能站在自己一方。在发动政变前夕，为了得到更多朝臣支持，孙秀派司马雅去见张华，希望能与他结为统一战线，《资治通鉴》卷八十三，永康元年载：

秀使司马雅告张华曰："赵王欲与公共匡社稷，为天下除害，使雅以告。"华拒之。雅怒曰："刃将在颈，犹为是言邪！"不顾而出。

此前，张华曾以"诸王方刚，朋党异议"②"权戚满朝，威柄不一"③为借口，否决了裴頠、刘卞的废黜贾后主张，只是希望能够维持稳定局面，此次又断然拒绝赵王伦。张华何尝不知贾后废杀太子，犯了众怒，但他更明白，一旦中央有变，地方藩王更难控制，只能徐图解决之道，只是他不会料到，赵王伦已经不会给他留下时间了。而他的拒绝，也使孙秀将他定为反对派，势必除之而后快。

第三，是人数最多的中间派，既有宗室，又有朝臣，凡是有利于推动废黜贾后的，孙秀都竭力拉拢利用。

宗室以梁王肜、齐王冏为代表。梁王肜是赵王伦的异母兄长，"清修恭慎，无他才能"，代替赵王伦坐镇关中后，逼死建威将军周处，颇受非议，元康九年（299年）正月，孟观平定氐、羌反叛，梁王肜被征还京城任大将军、尚书令、领军将军、录尚书事。他既不满贾后专权，外戚与张华、王戎等人执政，又不敢挑头反抗，所以坐视太子被废，"愍怀之废，不闻一言之谏。"④

孙秀竭力拉拢梁王肜，首先是看中他在宗室中的地位。当时，司马懿的儿子在世的仅有三人：平原王干、梁王肜和赵王伦。司马干是司马师、司马昭的同母弟，地位虽高，但"有笃疾，性理不恒"，大约是间歇性的精神疾病，很少参与朝政。那么，梁王肜就成为事实上的宗室代表，何况他还身兼要职，录尚书事，有一定实权。且他没有赵王伦的野心，又对贾后不满，如能将他拉到自己一方，势必会成为较大助力。孙秀如何拉拢梁王肜已经找不到史料说明，但后来的事实证明孙秀的工作是很成功的，梁王肜很快参与了废贾后的行动，并成为首脑，后来齐王冏入宫废贾后，贾南风问他谁是主谋："是时，梁王肜亦预其谋，后问冏曰：'起事者谁？'冏曰：'梁、赵。'"⑤

如果说赵王伦拉拢梁王肜，是从宗室角度考虑，他拉拢齐王冏，则是出于控制

① 《晋书》卷二十四《职官志》："左卫，熊渠武贲；右卫，伏飞武贲。二卫各五部督。"
② 《晋书》卷三十五《裴頠传》，第1042页。
③ 《晋书》卷三十六《张华传》，第1072页。
④ 《晋书》卷三十八《梁王肜传》，第1127、1128页。
⑤ [宋]司马光著，[元]胡三省注《资治通鉴》卷八十三，永康元年，第2640页。

禁军的需要。《晋书》卷五十九《齐王冏传》：

> 元康中，拜散骑常侍，领左军将军、翊军校尉。赵王伦密与相结，废贾后，以功转游击将军。

时赵王伦是右军将军，按其官职来说，应该还在左军将军齐王冏之下①，但他是以车骑将军领右军将军，辈分又比齐王冏高两辈，因此，他的实际地位要比齐王冏高。孙秀拉拢齐王冏，是巧妙利用了齐王冏与贾南风的矛盾，《晋书》卷三十一《后妃上》载：

> 赵王伦乃率兵入宫，使翊军校尉齐王冏入殿废后。后与冏母有隙，故伦使之。

齐王冏是齐王攸之子，母亲是贾充长女贾荃，《晋书》卷四十《贾充传》载：

> 初，充前妻李氏淑美有才行，生二女褒、裕，褒一名荃，裕一名浚。父丰诛，李氏坐流徙。后娶城阳太守郭配女，即广城君也。武帝践阼，李以大赦得还，帝特诏充置左右夫人，充母亦敕充迎李氏。郭槐怒，攘袂数充曰："刊定律令，为佐命之功，我有其分。李那得与我并！"充乃答诏，托以谦冲，不敢当两夫人盛礼，实畏槐也。而荃为齐王攸妃，欲令充遣郭而还其母。时沛国刘含母，及帝舅羽林监王虔前妻，皆毌丘俭孙女。此例既多，质之礼官，俱不能决。虽不遣后妻，多异居私通。充自以宰相为海内准则，乃为李筑室于永年里而不往来。荃、浚每号泣请充，充竟不往。会充当镇关右，公卿供帐祖道，荃、浚惧充遂去，乃排幔出于坐中，叩头流血，向充及群僚陈母应还之意。众以荃王妃，皆惊起而散。充甚愧愕，遣黄门将宫人扶去。既而郭槐女为皇太子妃，帝乃下诏断如李比皆不得还，后荃恚愤而薨。……及充薨后，李氏二女乃欲令其母祔葬，贾后弗之许也。及后废，李氏乃得合葬。

贾荃是贾充前妻李婉所生，李婉因父亲李丰被杀而受牵连，流放乐浪，后遇赦得还，时贾充已经另娶郭槐，晋武帝下诏贾充可置左右夫人，贾充母也令贾充迎回李婉，但贾充畏惧郭槐，将李婉安置在永年里而不往来，贾荃多次请求贾充接母亲回家，乃至叩头流血，贾充也未应允。贾南风被册立为太子妃后，晋武帝下诏李婉不能再回贾家。太康三年（282 年）贾充去世，贾荃欲令母亲与贾充合葬，"贾后弗之许也"，从此句可以推测，李婉大约死在惠帝继位后，贾荃的请求被贾南风拒绝。贾荃与贾南风虽是姐妹，但因贾南风为太子妃，自己的母亲不得回贾家，贾南风为皇后，母亲又不能与父亲合葬，贾荃自然深恨贾南风，这就是《后妃传》所说"后与冏母有隙"。贾荃伤母亲之境遇，最终"恚愤而薨"，时齐王冏已经承袭王位，并在禁军任职，他对贾南风的恨成为孙秀拉拢他的突破口，为母报仇和获取更大的政

---

① 《晋书》卷二十四《职官志》："左右前后军将军，案魏明帝时有左军，则左军魏官也，至晋不改。武帝初又置前军、右军，泰始八年又置后军，是为四军。"

治权益成为齐王囧参与废贾后政变的主要动机。但废杀贾南风后，赵王伦夺齐王囧的禁军之权，转为游击将军，齐王囧大为不满，"囧以位不满意，有恨色。"孙秀察觉后，为避免他在京城生乱，将他派往许昌，"孙秀微觉之，且惮其在内，出为平东将军、假节，镇许昌。"①

朝臣中，多数持观望态度，孙秀知道，只要控制了最高权力，他们只会附和而不会反抗，在政变前主要拉拢关键位置上的人就可以了。因此，孙秀着重在负责文案、宣布诏令的人身上下功夫，通事令史张林、省事张衡、殿中侍御史殷浑、尚书左丞王舆、华林令骆休等人，而这些人在政变过程中果然发挥了重大作用，《晋书》卷五十九《赵王伦传》：

> 至期，乃矫诏敕三部司马曰："中宫与贾谧等杀吾太子，今使车骑入废中宫。汝等皆当从命，赐爵关中侯。不从，诛三族。"于是众皆从之。伦又矫诏开门夜入，陈兵道南，遣翊军校尉、齐王囧将三部司马百人，排阁而入。华林令骆休为内应，迎帝幸东堂。遂废贾后为庶人，幽之于建始殿。

两次"矫诏"的诏书，就出自张林等人，凭此赵王伦的人马才能顺利调动三部司马，才能夜入宫门，控制晋惠帝，囚禁贾南风。

2. 宫廷政变

永康元年（300 年）四月初三，赵王伦率兵以贾、郭专权，杀害太子为由发动政变，《晋书》卷三十一《后妃上》载：

> 赵王伦乃率兵入宫，使翊军校尉齐王囧入殿废后。后与囧母有隙，故伦使之。后惊曰："卿何为来！"囧曰："有诏收后。"后曰："诏当从我出，何诏也？"后至上阁，遥呼帝曰："陛下有妇，使人废之，亦行自废。"又问囧曰："起事者谁？"囧曰："梁、赵。"后曰："系狗当系颈，今反系其尾，何得不然！"至宫西，见谧尸，再举声而哭遽止。伦乃矫诏遣尚书刘弘等持节赍金屑酒赐后死。后在位十一年。赵粲、贾午、韩寿、董猛等皆伏诛。

《晋书》卷五十九《赵王伦传》载：

> 太子既遇害，伦、秀之谋益甚，而超、雅惧后难，欲悔其谋，乃辞疾。秀复告右卫佽飞督闾和，和从之，期四月三日丙夜一筹，以鼓声为应。至期，……遂废贾后为庶人，幽之于建始殿。收吴太妃、赵粲及韩寿妻贾午等，付暴室考竟。诏尚书以废后事，仍收捕贾谧等，召中书监、侍中、黄门侍郎、八坐，皆夜入殿，执张华、裴頠、解结、杜斌等，于殿前杀之。

《资治通鉴》卷八十三，永康元年：

> 伦阴与秀谋篡位，欲先除朝望，且报宿怨，乃执张华、裴頠、解系、解结等于殿前。……甲午，伦坐端门，遣尚书和郁持节送贾庶人于金墉；诛刘振、

---

① 《晋书》卷五十九《齐王囧传》，第 1606 页。

董猛、孙虑、程据等;司徒王戎及内外官坐张、裴亲党黜免者甚众。

此次政变,不仅废杀贾后,除掉贾午、韩寿、贾谧等贾后一党。为了能够把持政权,还在朝内清除异己,"先除朝望,且报宿怨",杀张华、裴頠、解结、杜斌等人,赵王伦"矫诏自为使持节、大都督、督中外诸军事、相国,侍中、王如故,一依宣、文辅魏故事。"①"宣"指晋宣帝司马懿,"文"即晋文帝司马昭,赵王伦实际上已经向臣民公开宣布了他篡权夺位的野心。

为抬高自己的声望,增加政治资本,赵王伦在孙秀等人的建议下,广选名士,装点赵王府。《资治通鉴》卷八十三,永康元年:

> 相国伦欲收人望,选用海内名德之士,以前平阳太守李重、荥阳太守荀组为左、右长史,东平王堪、沛国刘谟为左、右司马,尚书郎阳平束皙为记室,淮南王文学荀崧、殿中郎陆机为参军。……李重知伦有异志,辞疾不就,伦逼之不已,忧愤成疾,扶曳受拜,数日而卒。

《晋书》卷八十八《孝友传》载,刘殷以孝闻名:

> 太傅杨骏辅政,备礼聘殷,殷以母老固辞。骏于是表之,优诏遂其高志,听终色养,敕所在供其衣食,蠲其徭赋,赐帛二百匹,谷五百斛。赵王伦篡位,孙秀重殷名,以散骑常侍征之,殷逃奔雁门。

此时,孙秀的地位迅速上升,之前一直压抑的政治野心逐渐暴露出来,他不断残杀以前与己结怨之人,培植自己的势力,"及赵王伦篡位,孙秀专政,忠良之士皆罹祸酷。"②《晋书》卷五十九《赵王伦传》载:

> 伦素庸下,无智策,复受制于秀,秀之威权振于朝廷,天下皆事秀而无求于伦。……既执机衡,遂恣其奸谋,多杀忠良,以逞私欲。……前卫尉石崇、黄门郎潘岳皆与秀有嫌,并见诛。于是京邑君子不乐其生矣。

《晋书》卷五十五《潘岳传》载:

> 及赵王伦辅政,秀为中书令。岳于省内谓秀曰:"孙令犹忆畴昔周旋不?"答曰:"中心藏之,何日忘之!"岳于是自知不免。俄而秀遂诬岳及石崇、欧阳建谋奉淮南王允、齐王为乱,诛之,夷三族。

《晋书》卷三十三《石崇传》载:

> 及贾谧诛,崇以党与免官。时赵王伦专权,崇甥欧阳建与伦有隙。崇有妓曰绿珠,美而艳,善吹笛。孙秀使人求之。……崇竟不许。秀怒,乃劝伦诛崇、建。崇、建亦潜知其计,乃与黄门郎潘岳阴劝淮南王允、齐王同以图伦、秀。秀觉之,遂矫诏收崇及潘岳、欧阳建等。……及车载诣东市,崇乃叹曰:"奴辈利吾家财。"收者答曰:"知财致害,何不早散之?"崇不能答。崇母兄妻子无

---

① 《晋书》卷五十九《赵王伦传》,第1599页。
② 《晋书》卷五十五《潘岳传》附《潘尼传》,第1515页。

少长皆被害，死者十五人，崇时年五十二。

潘岳被杀，源于孙秀睚眦必报的个性，昔年受辱于潘岳，今朝大权在握，势必要讨回。石崇被杀，表面上是孙秀索要绿珠不成，挟私报复，再深一层原因是要抢占石崇的家产，石崇也是临死才醒悟："奴辈利吾家财"。还有一层原因，此前石崇的外甥欧阳建任冯翊太守时，镇压羌族反叛失败，上表朝廷指斥赵王伦和孙秀的过失。更为关键的是，潘岳和石崇、欧阳建都意识到难逃孙秀的毒手，便合谋劝淮南王允诛杀赵王伦，但淮南王允政变失败，欧阳建、石崇和潘岳同日被抓处死，多年前潘岳在金谷园中写下的"投分寄石友，白首同所归"[1]竟然一语成谶。

此前未与孙秀结怨的官员，也有被孙秀所杀的。《晋书》卷五十九《赵王伦传》载：

> 司隶从事游颢与殷浑有隙，浑诱颢奴晋兴，伪告颢有异志。秀不详察，即收颢及襄阳中正李迈，杀之，厚待晋兴，以为己部曲督。

游颢与殷浑的私人矛盾引发的孙秀的杀戮，详情已不可考，值得注意的是，孙秀厚待告发原主人的晋兴，让他担任自己部曲的管理人。西晋时期部曲制度盛行，高官显贵乃至庶族地主都拥有大量部曲，如赵王伦执政后，"增相府兵为二万人，与宿卫同，又隐匿兵士，众过三万。"[2]所隐匿的士兵，应该就是赵王伦的部曲。此时的孙秀，地位急剧上升，拥有部曲理所应当，数量不详，但已经多到需要设置"部曲督"来管理的程度。《通典》卷三十七《职官十九》记晋代"部曲督""部曲将"的官品，未列所辖人数：

第七品：部曲部督殿中

第八品：部曲将郡中都尉司马

第九品：副散部曲将

《三国志》卷四十八《吴书·孙皓传》记载了部曲督所领人数大约为五百人：

> （郭）马本合浦太守脩允部曲督。允转桂林太守，疾病，住广州，先遣马将五百兵至郡安抚诸夷。

《晋南乡太守郛休碑阴》[3]所列西晋泰始六年（270年）南乡太守所领：

> 兵三千人，骑三百匹，参战二人，骑督一人，部曲督八人，部曲将卅四人。

按此计算，则西晋泰始六年每位部曲督所领的平均数为三百七十五人。如果说西晋部曲编制在三十年中没有太大变化，则孙秀至少应有三百多人的部曲。但考虑到晋兴是临时收编而来，此前孙秀已经在赵王伦身边经营三十年，作为其心腹，个人势力也会随之不断发展。据此推测，在晋兴之前，可能孙秀早有其他部曲督，随

---

① 《晋书》卷五十五《潘岳传》，第1506页。

② 《晋书》卷五十九《赵王伦传》，第1600页。

③ 碑额题"晋故明威将军南乡太守郛府君侯之碑"，碑阳漫漶，碑阴保存完好，现藏北京故宫博物院。

着他成为炙手可热的权臣，部曲人数必然增多，连临时投靠的晋兴都被任命为部曲督，可见其势力之强。

当然，赵王伦执政也不是一帆风顺，上台之初，遭遇到最大的危机来自淮南王允（272—300年）。《晋书》卷四《惠帝纪》载，永康元年（300年）：

> 秋八月，淮南王允举兵讨赵王伦，不克，允及其二子秦王郁、汉王迪皆遇害。

《晋书》卷六十四《淮南王允传》载：

> 淮南忠壮王允，字钦度，咸宁三年，封濮阳王，拜越骑校尉。太康十年，徙封淮南，仍之国，都督扬江二州诸军事、镇东大将军、假节。元康九年入朝。初，愍怀之废，议者将立允为太弟。会赵王伦废贾后，诏遂以允为骠骑将军、开府仪同三司、侍中，都督如故，领中护军。允性沈毅，宿卫将士皆敬服之。

淮南王允长期在外地任职，因是贾南风选中的继承人，元康九年（299年）带兵入京，时议立太弟之举争议颇大，"太子遹之废也，将立淮南王允为太弟，议者不合。"[1]赵王伦废杀贾后，为安抚人心，暂时委淮南王允以要职，"以允为骠骑将军、开府仪同三司、侍中，都督如故，领中护军。"[2]本来平顺的继位之路被打断了，淮南王允失落之余，谨慎地观察朝中局势。

永康元年（300年）四月，赵王伦追复司马遹的皇太子位。五月，立司马遹次子司马臧为皇太孙（司马遹长子司马彪死于300年正月），将原来的太子官属转为太孙官属，赵王伦自任太孙太傅。表面看似乎赵王伦是要扶植晋惠帝的孙辈来承袭帝位，但明眼人都看得出来，他还是为自己把持政权争取更多的时间和机会。上有无能的皇帝，下有幼龄太孙，无论除掉谁都易如反掌，只是时局没有完全稳固之前，还必须以他们为幌子。

赵王伦与孙秀的专权跋扈，引起了很多人的不满，《晋书》卷五十九《赵王伦传》载：

> 淮南王允、齐王冏以伦、秀骄僭，内怀不平。秀等亦深忌焉，乃出冏镇许，夺允护军。允发愤，起兵讨伦。

《晋书》卷六十四《淮南王允传》记载更加详细：

> 伦既有篡逆志，允阴知之，称疾不朝，密养死士，潜谋诛伦。伦甚惮之，转为太尉，外示优崇，实夺其兵也。允称疾不拜。伦遣御史逼允，收官属以下，劾以大逆。允恚，视诏，乃孙秀手书也。大怒，便收御史，将斩之，御史走而获免，斩其令史二人。厉色谓左右曰："赵王欲破我家！"遂率国兵及帐下七百人直出，大呼曰："赵王反，我将攻之，佐淮南王者左袒。"于是归之者甚众。

---

① ［宋］司马光著，［元］胡三省注《资治通鉴》卷八十三，永康元年，第2643页。
② 《晋书》卷六十四《淮南王允传》，第1721页。

允将赴宫，尚书左丞王舆闭东掖门，允不得入，遂围相府。允所将兵，皆淮南奇才剑客也。与战，频败之，伦兵死者千余人。太子左率陈徽勒东宫兵鼓噪于内以应，允结陈于承华门前，弓弩齐发，射伦，飞矢雨下。主书司马畦秘以身蔽伦，箭中其背而死。伦官属皆隐树而立，每树辄中数百箭，自辰至未。徽兄淮（应是陈准）时为中书令，遣麾驺虞幡以解斗。伦子虔为侍中，在门下省，密要壮士，约以富贵。于是遣司马督护伏胤领骑四百从宫中出，举空版，诈言有诏助淮南王允。允不之觉，开陈纳之，下车受诏，为胤所害，时年二十九。初，伦兵败，皆相传："已擒伦矣。"百姓大悦。既而闻允死，莫不叹息。允三子皆被害，坐允夷灭者数千人。

根据记载，赵王伦与孙秀获悉淮南王允的图谋后，以明升暗降的方式夺其中护军的禁卫兵权，淮南王允假称患病不去就任太尉之职，赵王伦与孙秀派遣御史刘机逼迫淮南王允就范，以拒绝诏命的大不敬罪相威胁，并拘押其属官。淮南王允发现所谓诏书竟是孙秀亲笔所书，大怒之下，杀了御史的随从属员，随即率领淮南国内的士兵和中护军帐下亲兵七百人冲出府门，大呼赵王谋反，自己要讨灭之，于是很多人前来归附他。淮南王允最初的打算与楚王玮诛杨骏、赵王伦废贾后一样，只要冲入皇宫，控制晋惠帝，就能以皇帝诏令的形式罢免甚至杀了赵王伦。但赵王伦的同党王舆紧闭宫门，淮南王允临时起事，缺乏攻城器械，无法突入，只能退而求其次，包围赵王伦的相府。淮南王允所带人马皆是精锐，又得太子左率陈徽率领的东宫兵相助，在承华门前列阵，弓弩齐发，射向相府内，赵王伦几乎中箭，全靠司马畦以身掩护才幸免于死。自辰时（7—9 点）到未时（13—15 点），相府箭如雨下，府兵战死一千多人。眼看赵王伦败局已定，其子司马虔密邀司马督护伏胤，许以富贵，假称受惠帝诏来助淮南王，淮南王允没有觉察，开阵让他们进入，下车接受诏令时被伏胤杀死。

赵王伦和孙秀经历了一场极为凶险的恶战，杀了握有禁军且密养死士的淮南王允，自诩有功，赵王伦加九锡，相府兵二万人，与皇帝宿卫相同，再加上隐匿的万余人，赵王伦的宿卫兵已经超过了皇帝。

此时，孙秀的地位也得以提升，"以孙秀为侍中、辅国将军、相国司马，右率如故。"[1] 除了掌控政权，孙秀还控制了一部分禁卫军权。《晋书》卷二十四《职官志》：

左右卫率，案武帝建东宫，置卫率，初曰中卫率。泰始五年，分为左右，各领一军。惠帝时，愍怀太子在东宫，又加前后二率。

按照废太子前左卫率刘卞所说"四率精兵万人"[2]，《裴頠传》载"东宫宿卫万

---

① 《晋书》卷五十九《赵王伦传》，第 1600 页。

② 《晋书》卷三十六《张华传》，第 1073 页。

人"①，每一率所掌兵应该有两千五百人左右，孙秀"右率如故"，显然，他此前已经掌"右率"，控制宫城的一部分卫队。杀淮南王允后，与之相呼应的太子左率陈徽必遭清除，于是孙秀安插了孙琰接任太子左率，协助自己掌控禁军，"琰为武威将军，领太子左率。"②这样，孙秀能够控制的军事力量约有五千人。

此时，赵王伦对孙秀言听计从，孙秀趁机扩大了孙氏家族的势力，政变未久，孙秀就迅速将孙弼、孙辅、孙髦、孙琰都任命为军政要员。《晋书》卷六十《孙旂传》：

> 及赵王伦起事，夜从秀开神武门下观阅器械。兄弟旬月相次为公府掾、尚书郎。弼又为中坚将军，领尚书左丞，转③为上将军，领射声校尉。髦为武卫将军，领太子詹事。琰为武威将军，领太子左率。皆赐爵开国郡侯。

孙琰已如前述，执掌东宫卫队。孙弼任尚书左丞，是尚书令和尚书仆射的属官。《晋书》卷二十四《职官志》：

> 晋左丞主台内禁令，宗庙祠祀，朝仪礼制，选用署吏，急假。

杜佑《通典》卷二十二《职官四》：

> 左丞主台内禁令，寝庙祠祀，朝仪礼制，选用署吏，急假兼纠弹之事。（傅咸答辛旷诗序曰："尚书左丞，弹八座以下，居万机之会，乃皇朝之司直，天台之管辖。"）④

可见，孙秀委任孙弼担任尚书左丞，主要目的是监控纠察百官。孙辅为射声校尉，是禁军将领中领军的属官，掌控一定军队。《晋书》卷二十四《职官志》：

> 屯骑、步兵、越骑、长水、射声等校尉，是为五校，并汉官也。魏晋逮于江左，犹领营兵，并置司马、功曹、主簿。后省左军、右军、前军、后军为镇卫军，其左右营校尉自如旧，皆中领军统之。

孙髦为太子詹事，主要职责在掌控东宫。《晋书》卷二十四《职官志》：

> 咸宁元年，以给事黄门侍郎杨珧为詹事，掌宫事……詹事文书关由六傅。

《通典》卷三十《职官十二》：

> 太子詹事……其职拟尚书令，掌三令、四率、中庶子、庶子、洗马、舍人等官。⑤

赵王伦立司马遹次子司马臧为皇太孙，将原来的太子官属转为太孙官属，除了

---

① 《晋书》卷三十五《裴𬱟传》，第 1042 页。
② 《晋书》卷六十《孙旂传》，第 1633 页。
③ 《乐安孙氏七迁碑记》载："髦，武卫将军；辅，上将军；琰，武威将军。"《资治通鉴》卷八十四，永宁元年记载："遣上军将军孙辅、折冲将军李严帅兵七千自延寿关出"。繁体的转"轉"与辅"輔"近似，可能是书写有误。故《晋书》"转为上将军"，应该是"辅为上将军"，不是孙弼转任上将军，而是孙辅任上将军。
④ [唐] 杜佑著，王文锦等点校《通典》，中华书局，1988 年版，第 598 页。
⑤ [唐] 杜佑著，王文锦等点校《通典》，第 823 页。

赵王伦自任太孙太傅外，孙秀有意安排孙髦掌控东宫，一方面监控支持原太子的官员，另一方面也加紧控制东宫，如有必要，随时可以除掉司马臧。

总之，孙弼等人各任要职，一人监控百官，一人控制东宫，两人掌控宫城宿卫，构成了孙秀在京城最重要的支持力量。

另外，孙秀还插手地方，孙旂及其姻亲王浚皆在这一年调任重要军镇。孙旂由兖州调往荆州。《晋书·孙旂传》载："迁平南将军、假节。"并未言明他调任荆州，考西晋曾任平南将军的卢钦、羊祜、胡奋、楚王玮、荀崧、羊伊等皆曾在荆州任职或都督荆州，故万斯同《晋方镇年表》载，永康元年（300 年），孙旂由兖州刺史调任平南将军都督荆州诸军事①。王浚由豫州转青州再转幽州，"迁宁北将军、青州刺史。寻徙宁朔将军、持节、都督幽州诸军事。"②这样，孙秀就可以通过孙旂、王浚加强控制南部重镇荆州和北部重镇幽州，从外围确保京城的安全。

还有，孙秀有意识利用婚姻抬高自己的宗族。永康元年（300 年）九月，孙秀的儿子孙会娶河东公主为妻。十一月，册立羊献容为皇后，"后，尚书郎泰山羊玄之之女也。外祖平南将军乐安孙旂，与孙秀善，故秀立之。"③孙秀大权在握，儿子娶公主，同族的外孙女入宫为皇后，族侄孙弼等各任要职，当时的孙氏家族，可谓显赫一时。

（五）扶植司马伦称帝

这时，挡在赵王伦前面的障碍只剩下白痴皇帝了。为了尽快送赵王伦登上帝位，孙秀又开始利用天师道造势，《晋书》卷五十九《赵王伦传》载：

> 伦、秀并惑巫鬼，听妖邪之说。秀使牙门赵奉诈为宣帝神语，命伦早入西宫。又言宣帝于北芒为赵王佐助，于是别立宣帝庙于芒山。谓逆谋可成。

时赵王伦以东宫为相国府，称晋惠帝所居的禁中为西宫，所谓"早入西宫"，当然是指即皇帝位。很快，孙秀等人利用巫鬼妖邪之说，动用强力手段，逼晋惠帝退位，幽禁于金墉城，扶植赵王伦登基称帝。《晋书》卷五十九《赵王伦传》：

> 秀等部分诸军，分布腹心，使散骑常侍、义阳王威兼侍中，出纳诏命，矫作禅让之诏，使使持节、尚书令满奋，仆射崔随为副，奉皇帝玺绶以禅位于伦。伦伪让不受。于是宗室诸王、群公卿士咸假称符瑞天文以劝进，伦乃许之。左卫王舆与前军司马雅等率甲士入殿，譬喻三部司马，示以威赏，皆莫敢违。其夜，使张林等屯守诸门。义阳王威及骆休等逼夺天子玺绶。夜漏未尽，内外百官以乘舆法驾迎伦。惠帝乘云母车，卤簿数百人，自华林西门出居金墉城。尚

---

① 万斯同《晋方镇年表》，二十五史刊行委员会编《二十五史补编》第三册，中华书局，1955 年版，第 3391 页。

② 《晋书》卷三十九《王沈传》附《王浚传》，第 1146 页。

③ [宋] 司马光著，[元] 胡三省注《资治通鉴》卷八十三，永康元年，第 2646 页。

书和郁，兼侍中、散骑常侍、琅邪王睿，中书侍郎陆机从，到城下而反。使张衡卫帝，实幽之也。伦从兵五千人，入自端门，登太极殿，满奋、崔随、乐广进玺绶于伦，乃僭即帝位，大赦，改元建始。

早在政变前，孙秀就预测到朝臣多半会投向新的执政者而不是反抗，当他伪造禅让诏书，赵王伦假意推让不受帝位时，"宗室诸王、群公卿士咸假称符瑞天文以劝进"，"内外百官以乘舆法驾迎伦"，"满奋、崔随、乐广进玺绶于伦"，晋惠帝则被迁往金墉城幽禁。

赵王伦称帝，立即封诸子为王，《晋书》卷五十九《赵王伦传》：

以世子荂为太子，馥为侍中、大司农、领护军、京兆王，虔为侍中、大将军领军、广平王，诩为侍中、抚军将军、霸城王。

对将自己推上帝位的功臣，也是大肆封赏，孙秀因是首功，任侍中、中书监、骠骑将军、仪同三司：

孙秀既立非常之事，伦敬重焉。秀住文帝为相国时所居内府，事无巨细，必谘而后行。伦之诏令，秀辄改革，有所与夺，自书青纸为诏，或朝行夕改者数四，百官转易如流矣。

孙秀的权力达到顶峰。除了孙秀外，又大树其他党羽：

孙秀为侍中、中书监、骠骑将军、仪同三司，张林等诸党皆登卿将，并列大封。其余同谋者咸超阶越次，不可胜纪，至于奴卒斯役亦加以爵位。每朝会，貂蝉盈坐，时人为之谚曰："貂不足，狗尾续。"而以苟且之惠取悦人情，府库之储不充于赐，金银冶铸不给于印，故有白版之侯，君子耻服其章，百姓亦知其不终矣。

除了赏赐亲近之人，为扩大影响，也推恩至地方郡县：

是岁，贤良方正、直言、秀才、孝廉、良将皆不试；计吏及四方使命之在京邑者，太学生年十六以上及在学二十年，皆署吏；郡县二千石令长赦日在职者，皆封侯；郡纲纪并为孝廉，县纲纪为廉史。

一时间，封赏极滥。当时朝臣的冠帽以貂尾为饰，封官太多，貂尾根本不够用，便以狗尾充数，故有"貂不足，狗尾续"之讥。

乐安孙氏因与孙秀合族，获得的封赏也异于他人，直接参与政变的孙弼等人皆为将军，封郡侯，未参与政变的孙旂也得以升为车骑将军、开府。或许是因为赵王伦登基，羊献容被废，或许是高门士族长期的政治经验带来的危机感，孙旂虽在荆州，也感觉家族发展太快了，很容易成为众矢之的，于是，他派小儿子孙回赶赴洛阳，告诫孙弼等人小心谨慎。"初，旂以弼等受署伪朝，遣小息回责让弼等，以过差之事，必为家祸。弼等终不从，旂制之不可，但恸哭而已。"[1]

----

① 《晋书》卷六十《孙旂传》，第1634页。

赵王伦及其同党一旦居高位，却没有改变晋惠帝以来，尤其是自废太子以来朝局的动荡，反倒是开始起内讧。《晋书》卷五十九《赵王伦传》：

> 秀本与张林有隙，虽外相推崇，内实忌之。及林为卫将军，深怨不得开府，潜与荂笺，具说秀专权，动违众心，而功臣皆小人，挠乱朝廷，要一时诛之。荂以书白伦，伦以示秀。秀劝伦诛林，伦从之。于是伦请宗室会于华林园，召林、秀及王舆入，因收林，杀之，诛三族。

张林的曾祖张燕，是汉末黑山军的首领，这是黄巾起义失败后出现的农民起义军，其信仰应与黄巾军的太平道相差不大。张燕归降曹操后，为平北将军，安国亭侯，此爵位一直传至张林的父亲张融。史籍中未载张林袭封，应该是入晋后曹魏爵位取消，所以，他在史书中初露面就是在中书任"通事令史"。

张林与孙秀都是赵王伦称帝的主要推手。赵王伦登基后，孙秀把持大权，连皇帝诏令都任意篡改，更违制提拔了很多官员，尤其是自己的亲信。但张林却仅封了卫将军，更令他不满的是没有"开府"的资格。古代的中央官署都集中在皇城处理公事，自汉代以来，三公、大将军等在皇城之外可以建立独立的官署，自选僚属，即为开府，因本是三公才能获得的殊遇，所以一般称"开府仪同三司"。最初，开府是给予极少数重臣的特权，权力很大。魏晋时期，开府的资格放宽了，州刺史带将军衔并兼管军事者都可以开府。如《资治通鉴》卷八十四，永宁元年：

> 初，平南将军孙旂之子弼、弟子髦、辅、琰皆附会孙秀，与之合族，旬月间致位通显。及伦称帝，四子皆为将军，封郡侯，以旂为车骑将军、开府。

连并未直接参与赵王伦夺权的孙旂都能开府，而为赵王伦立有大功的张林却未能开府，这让他心怀不满，眼见孙秀专权，便归咎于孙秀。张林知道赵王伦信重孙秀，而太子荂则与孙秀不合，便写信给太子荂，陈述孙秀专权，扰乱朝廷，建议诛杀孙秀。太子荂将此信呈给赵王伦，本意是提醒赵王伦警惕孙秀的所作所为，但赵王伦多年来信任孙秀，居然将信给孙秀看，以他睚眦必报的个性，必有动作。

孙秀欲除掉张林，除了表面的争斗，还有一个更深层的宗教原因。

史载赵王伦"素庸下，无智策，复受制于秀"[1]，即便孙秀实力再强，也难以从政治、军事、文化方面全面控制赵王伦，唯一可以解释的，就是孙秀以天师道为工具，利用神权蛊惑赵王伦，正如齐王冏在讨伐檄文中所称："逆臣孙秀，迷误赵王。"[2]琅邪本是天师道发源地，赵王伦曾在此地任职，多少会受其影响，此后虽迁往邺城，孙秀又始终陪伴在身边，十余年间，天师道的信仰已经根深蒂固，"伦、秀并惑巫鬼，听妖邪之说。"[3]正因如此，自琅邪国开始，赵王伦对孙秀始终恩宠不衰，对他言听计从，明知孙秀并无将帅之才，却放任他在关中与解系争夺军权，可

---

① 《晋书》卷五十九《赵王伦传》，第 1600 页。
② [宋] 司马光著，[元] 胡三省注《资治通鉴》卷八十四，永宁元年，第 2655 页。
③ 《晋书》卷五十九《赵王伦传》，第 1601 页。

能就是寄希望于孙秀掌控的神权。虽然孙秀在关中的宗教活动史无详载,但他后来指挥的军事行动可做参考。永宁元年(301 年)三月,齐王冏、成都王颖起兵讨伐赵王伦,《晋书》卷五十九《赵王伦传》:

> 使杨珍昼夜诣宣帝别庙祈请,辄言宣帝谢陛下,某日当破贼。拜道士胡沃为太平将军,以招福祐。秀家日为淫祀,作厌胜之文,使巫祝选择战日。又令近亲于嵩山著羽衣,诈称仙人王乔,作神仙书,述伦祚长久以惑众。

孙秀能影响赵王伦,天师道是主要工具之一,从他利用天师道建立与贾南风的密切联系,到策划赵王伦称帝,都可以看到天师道的作用。

恰好张林也是道教徒,是孙秀在宗教方面影响赵王伦的潜在威胁。从"秀本与张林有隙,虽外相推崇,内实忌之","张林素与秀不相能"来看,他们之间存在较大矛盾,在宫廷政变不久,两人之间就有过冲突。政变当日,张林杀张华,而吏部尚书刘颂素与张华交好,《晋书》卷四十六《刘颂传》载:

> 及赵王伦之害张华也,颂哭之甚恸。闻华子得逃,喜曰:"茂先,卿尚有种也!"伦党张林闻之,大怒,惮颂持正而不能害也。孙秀等推崇伦功,宜加九锡,百僚莫敢异议。颂独曰:"昔汉之锡魏,魏之锡晋,皆一时之用,非可通行。今宗庙乂安,虽璧后被退,势臣受诛,周勃诛诸吕而尊孝文,霍光废昌邑而奉孝宣,并无九锡之命。违旧典而习权变,非先王之制。九锡之议,请无所施。"张林积忿不已,以颂为张华之党,将害之。孙秀曰:"诛张、裴已伤时望,不可复诛颂。"林乃止。于是以颂为光禄大夫,门施行马。寻病卒,使使者吊祭,赐钱二十万、朝服一具,谥曰贞。中书侍郎刘沈议,颂当时少辈,应赠开府。孙秀素恨之,不听。……永康元年,诏以颂诛贾谧督摄众事有功,追封梁邹县侯,食邑千五百户。

张林杀张华,刘颂却因之痛哭,得闻张华之子逃脱更是喜形于色,张林大怒却暂时不能对其下手。淮南王允被杀后,孙秀建议加赵王伦九锡,群臣莫敢异议,唯有刘颂坚决反对。张林以此为借口,欲给刘颂扣上张华同党的罪名而杀之。按说,九锡之议是孙秀提出,他更应该痛恨刘颂,下文"孙秀素恨之"一句也说明了这一点。但为了打击张林,孙秀竟然否决了张林的提议,并且找了一个冠冕堂皇的借口,"诛张、裴已伤时望",暗指张林杀张华、裴頠大伤时望,给赵王伦执政造成了不好的影响,以此贬低张林。在刘颂死后,孙秀虽未给他加开府,却追封梁邹县侯,借口居然是在政变中"诛贾谧督摄众事有功",毫无疑问又是针对张林的,讽其欲加刘颂"张华同党"的罪名。仅刘颂一人,孙秀与张林就产生了如此多的矛盾,那么,涉及到两人都熟悉并擅长的天师道,双方的矛盾只怕更多,"外相推崇,内实忌之"正是他们之间关系的真实写照。张林建议太子荂诛杀孙秀,孙秀则利用赵王伦对自己的信任,诛杀张林。这样一来,孙秀即可垄断神权,此后的赵王伦只能更听信自己,进而借助宗教的力量,巩固自己的权势和地位。

《晋书》卷五十九《赵王伦传》称：

> 伦无学，不知书；秀亦以狡黠小才，贪淫昧利。所共立事者，皆邪佞之徒，惟竞荣利，无深谋远略。

他们惑于巫鬼，祈望得到巫鬼护佑，以为一切顺利，的确不需要谋略。但治理国家非同儿戏，所以孙秀等人还是做了些努力，尤其在收买人心、监控诸王方面。当时齐王冏、成都王颖、河间王颙分据许昌、邺城、关中三地，各拥强兵，构成了对赵王伦的威胁，孙秀一方面加齐王冏为镇东大将军，成都王颖为征北大将军，皆开府仪同三司，以示尊崇，另一方面则选派自己的亲信为三王的主要属官，予以监视。

永宁元年（301年）正月，赵王伦篡位。三月，齐王冏即杀了孙秀派给他的军司管袭，自许昌起兵反抗，他移檄各州郡，称"逆臣孙秀，迷误赵王，当共诛讨。有不从命者，诛及三族。"[①]一时间，成都王颖、河间王颙、新野公歆等纷纷响应，举兵讨伐赵王伦。

赵王伦和孙秀此时才感到害怕，他们一方面伪造齐王冏的奏表，称其是被胁迫起兵，以稳定人心，另一方面调兵遣将拦阻齐王冏和成都王颖的大军。《晋书》卷四《惠帝纪》：

> 伦遣其将闾和出伊阙，张泓、孙辅出堮坂以距冏，孙会、士猗、许超出黄桥以距颖。及颖将赵骧、石超战于溴水，会等大败，弃军走。闰月丙戌朔，日有蚀之。夏四月，岁星昼见。冏将何勖等击张泓于阳翟，大破之，斩孙辅等。

《资治通鉴》卷八十四，永宁元年，记载得更为详细：

> 遣上军将军孙辅、折冲将军李严帅兵七千自延寿关出，征虏将军张泓、左军将军蔡璜、前军将军闾和帅兵九千自堮阪关出，镇军将军司马雅、扬威将军莫原帅兵八千自成皋关出，以拒冏。遣孙秀子会督将军士猗、许超帅宿卫兵三万以拒颖。召东平王楙为卫将军，都督诸军，又遣京兆王馥、广平王虔帅兵八千为三军继援。……张泓等进据阳翟，与齐王冏战，屡破之。冏军颍阴……

> 成都王颖前锋至黄桥，为孙会、士猗、许超所败，杀伤万余人，士众震骇。颖欲退保朝歌，卢志、王彦曰："今我军失利，敌新得志，有轻我之心。我若退缩，士气沮衄，不可复用。且战何能无胜负！不若更选精兵，星行倍道，出敌不意，此用兵之奇也。"颖从之。伦赏黄桥之功，士猗、许超与孙会皆持节，由是各不相从，军政不一，且恃胜轻颖而不设备。颖帅诸军击之，大战于溴水，会等大败，弃军南走。颖乘胜长驱济河。

齐王冏从南部的许昌出兵，成都王颖从北部的邺城出兵，共同向洛阳进攻。但齐王冏出师不利，在离许昌不远的阳翟被赵王伦所派的张泓击败，被迫退至颍阴。

---

① [宋]司马光著，[元]胡三省注《资治通鉴》卷八十四，永宁元年，第2655页。

成都王颖在黄桥也被孙会等击败，杀伤万余人，但在卢志、王彦的劝说下，成都王颖乘孙会诸军大胜后骄傲轻敌之机，在溴水进行了决战。溴水，即今天的蟒河，在今河南省济源市梨林镇蒋村，有一座古溴水沿岸的重要关隘，是南渡黄河的交通咽喉，应该就是溴水大战的主战场。在这场大战中，孙会等大败，南逃回洛阳，成都王颖率军追击，兵临城下。南方的齐王冏也打开了战争僵局，在阳翟击败张泓，杀孙辅等人。

自遣军迎战，心里无底而又缺乏谋略的赵王伦、孙秀等人，所能做的就只能是在洛阳日夜祈祷了。《晋书》卷五十九《赵王伦传》：

> 使杨珍昼夜诣宣帝别庙祈请，辄言宣帝谢陛下，某日当破贼。拜道士胡沃为太平将军，以招福祐。秀家日为淫祀，作厌胜之文，使巫祝选择战日。又令近亲于嵩山著羽衣，诈称仙人王乔，作神仙书，述伦祚长久以惑众。

无论赵王伦和孙秀如何祈请司马懿的鬼魂，还是诈称得仙人王乔护佑，甚至荒唐到拜道士为太平将军，都无法避免他们失败的命运。"百官将士咸欲诛伦、秀以谢天下。秀知众怒难犯，不敢出省。"自孙会、许超、士猗等逃回洛阳，孙秀就知道洛阳保不住了，他们商议下面的路该怎么走：

> 或欲收余卒出战，或欲焚烧宫室，诛杀不附己者，挟伦南就孙旂、孟观等[1]，或欲乘船东走入海，计未决。

商议还没有结果，在成都王颖兵临城下的严峻形势下，赵王伦集团再起内讧，左卫将军王舆率七百余士兵攻入宫内，杀孙秀等人：

> 王舆反之，率营兵七百余人自南掖门入，敕宫中兵各守卫诸门，三部司马为应于内。舆自往攻秀，秀闭中书南门。舆放兵登墙烧屋，秀及超、猗遽走出，左卫将军赵泉斩秀等以徇。收孙奇（应是孙会）于右卫营，付廷尉诛之。执前将军谢惔、黄门令骆休、司马督王潜，皆于殿中斩之。三部司马兵于宣化闼中斩孙弼以徇……

很快，晋惠帝复位，赵王伦被赐死，临死还说："孙秀误我！孙秀误我！"其他党羽相继被杀：

> 凡与伦为逆豫谋大事者：张林为秀所杀；许超、士猗、孙弼、谢惔、殷浑与秀为王舆所诛；张衡、闾和、孙髦、高越自阳翟还，伏胤战败还洛阳，皆斩于东市；蔡璜自阳翟降齐王冏，还洛自杀；王舆以功免诛，后与东莱王蕤谋杀冏，又伏法。[2]

另外，《晋书》卷四《惠帝纪》也有相关记载：

> 左卫将军王舆与尚书、淮陵王漼勒兵入宫，禽伦党孙秀、孙会、许超、士猗、骆休等，皆斩之。……诏曰："……左卫将军王舆与群公卿士，协同谋略，

---

① 据万斯同《晋方镇年表》，永康元年（300年），孙旂由兖州刺史调任平南将军都督荆州诸军事。《晋书》卷六十《孟观传》："赵王伦篡位，以观所在著绩，署为安南将军、监河北诸军事、假节，屯宛。"

② 《晋书》卷五十九《赵王伦传》，第1604、1605页。

亲勒本营，斩秀及其二子……"

此处"斩秀及其二子"，因《晋书》中未提及孙秀的第二个儿子，可能是此子尚未知名，也可能是因为琅邪孙氏与乐安孙氏合族，将同时死于这场政变的孙弼也视为孙秀的儿子，故有"二子"之说。《资治通鉴》卷八十四，永宁元年，还补充了孙旂、孟观的结局：

> 襄阳太守宗岱承（齐王）同檄斩孙旂，永饶冶令空桐机斩孟观，皆传首洛阳，夷三族。

总之，在西晋末年的政治风云中，孙秀曾控制昏庸无能的赵王伦，策划、参与了废太子、废皇后、赵王伦篡位等一系列政治事件，诛杀异己，把持朝政，一度凌驾于众臣之上。为增加琅邪孙氏的家族力量，孙秀与乐安孙氏合族，选孙旂外孙女入宫为晋惠帝皇后，为儿子孙会娶晋惠帝女河东公主为妻，本为底层士族的琅邪孙氏，在西晋末年一跃而为权贵之家。但随着政局的进一步动荡，孙秀一族多被诛杀，与之合族的孙旂，亦被诛三族，孙氏家族遭到沉重打击。此后琅邪孙氏的社会地位更低，以致永嘉年间琅邪士族大批渡江南下，并在东晋政权的建立过程中发挥了重要作用时，孙氏族人竟然无人载于史册，想来他们已经与平民无异。自西晋末年至东晋末年，历经近百年时间，琅邪孙氏至孙泰时才得以逐步复原，但却因孙恩之乱再遭毁灭性打击。

从孙秀的个人经历中，大体可以看到，当时九品中正制盛行，士族尤其高门士族把持政权的情况下，出身底层的人多不被关注，像张华那样因功获得高位的极少。底层士族多承袭汉儒精神，有强烈的实现人生价值要求和积极进取意识。为了获得仕途上的发展，他们多依附于权臣，如左思依附贾谧，孙秀依附赵王伦，等等。在政治活动中，他们往往积极参与其中，希望能改变自身处处受限制的地位。孙秀在琅邪国得赵王伦赏识，便始终追随，逐渐成为其心腹，更利用自己所掌握的天师道，让赵王伦对自己言听计从，即便在关中犯下大错，也能顺利脱身。但仰赖赵王伦庇护，并不是孙秀的最终目的，他的底层出身经历，使他无比渴望能够获得晋升之机，琅邪王氏等高门士族能够轻松获得的权益，对他来说比登天还难。在平稳的政治环境中，绝不可能给他这样的机会，必须打破正常的选官制度，在动荡中才能为自己攫取权力，这是他怂恿赵王伦参与朝堂争斗，为其出谋划策，直至将赵王伦送上皇位的主要动因。赵王伦称帝后，孙秀兼侍中、中书监、骠骑将军等要职，并取得开府仪同三司的资格，皇帝的诏书也能任意修改，权倾一时。但掌控朝廷大权的孙秀，尽管诛杀、罢免了一批高门士族，派人监控诸王，也提拔了一批底层人士，"奴卒斯役亦加以爵位""功臣皆小人"[1]，却没有变革此前一直由高门士族掌控、一直压制自己仕进的各项制度。由于缺乏政治才干，也没有雄厚的经济基础，更缺少宗族势

---

[1] 《晋书》卷五十九《赵王伦传》，第 1602、1603 页。

力的支持，乃至不得不与乐安孙氏合族来壮大自己的势力，使孙秀根本没有实力对抗士族阶层尤其是与皇族关系密切的高门士族。而他杀名满天下的张华、裴頠、石崇、潘岳和有一定名望的游灏、李迈等人，其实已经在自己与官僚士族之间树立了一道藩篱，使这一掌控众多政治、经济、军事资源，一直是西晋王朝立国之本的社会集团与赵王伦集团始终离心离德。有些公开与之对抗，如石崇被杀后，其侄石超逃亡，后来投奔成都王颖，"成都王颖之起义也，以超为折冲将军，讨孙秀，以功封侯。"① 有些公开拒绝孙秀的拉拢，如李重辞职不就、刘殷逃奔雁门，杜预之子杜锡，"赵王伦篡位，以为治书御史。孙秀求交于锡，而锡拒之，秀虽衔之，惮其名高，不敢害也。"② 虽然孙秀保护了王戎、王衍，但琅邪王氏不会感激他，"齐王冏起义，孙秀录戎于城内，赵王伦子欲取戎为军司。博士王繇曰：'濬冲谲诈多端，安肯为少年用？'乃止。"③ 王敦鼓动时任兖州刺史的叔父王彦起兵参加讨伐赵王伦的军事行动，王彦更在成都王颖麾下力战击败孙会，其他高门士族大多瞧不起出身寒微的孙秀，表面上合作，背后则与宗室诸王联系，终将孙秀置于死地。

总之，自身的政治局限，使孙秀没有更改任何政治制度，也没能拉拢官僚士族集团，历史也没有留给他足够的时间，自赵王伦登基至被杀，前后不过四个月，且后两个月始终在与齐王冏和成都王颖的大战中渡过，一度爬到政治巅峰的孙秀，很快便因赵王伦倒台而身死族灭。尽管孙秀并没有灭亡西晋的想法，但他的所作所为，毫无疑问是打破了自晋武帝以来的政治平衡，此后，"八王之乱"便由宫廷政变演变为诸王的战场厮杀，局势进一步动荡，事实上加速了西晋的灭亡。

三、琅邪王氏的政治态度

西晋后期，在"八王之乱"、五胡乱华的浩劫中，身不由己卷入政治斗争旋涡的士大夫，朝不保夕，随时有杀身灭门之祸。元康（291—300 年）前后，外戚杨氏家族和贾氏家族先后被灭族，西晋功臣卫瓘家族、裴頠家族皆遭重创，名士张华、石崇、潘岳、欧阳建等，皆被夷三族，加速了西晋政局动荡的琅邪孙氏，也多被诛杀。此时已经成为高门士族的琅邪王氏，多人在朝为官，亦不乏入主中枢者，在一次次的政治事变和军事斗争中，根本无法置身事外。但以王戎、王衍、王敦、王导为代表的琅邪王氏子弟，利用一切可以利用的政治手段和姻亲、门生、故吏的关系网，竭力保全宗族，并在中原战乱不休的情况下为全族向南方转移、开辟新的天地做好了铺垫。

（一）避免卷入政治纷争

与琅邪孙氏孤寒门第不同，琅邪王氏树大根深，族人众多，社会影响极大，他

---

① 《晋书》卷三十三《石苞传》，第 1004 页。
② 《晋书》卷三十四《杜预传》，第 1033 页。
③ 《晋书》卷四十三《王戎传》，第 1234 页。

们是西晋九品中正制、占田荫客制等政治、经济制度的既得利益者，并不希望这个有利于己的王朝倒掉，所以，他们对西晋后期的政局动荡持消极应对甚至否定的态度。但政治风云迭起却不是他们能够左右的，从宫廷政变发展为诸王厮杀，也不是他们能够阻挡的，在日趋残酷的政治斗争和军事斗争中，王戎、王衍等人根据时局变化不断调整自己的处世方针，尽可能避免卷入政治纷争。

太康初，朝中最大的一次纷争是齐王攸事件。太康三年（282 年），随着齐王攸威望日益提高，晋武帝晚年，"诸子并弱，而太子不令，朝臣内外，皆属意于攸。"①晋武帝在荀勖、冯紞的煽动下，下诏令齐王攸离开都城洛阳回封国。此令在朝中掀起了轩然大波，尚书仆射王浑、扶风王骏、光禄大夫李憙、中护军羊琇等朝中大臣皆以为齐王去留关乎晋室安危，因而上书反对齐王回封国，要求皇帝收回成命。王济、甄德则各派自己的妻子常山公主和长广公主同去见晋武帝，"稽颡泣请帝留攸"②，希望以亲情打动晋武帝。但晋武帝不顾皇亲国戚、元老重臣们的劝谏，贬了一批反对齐王归国的大臣后，逼令齐王归国，齐王攸忧愤发病，呕血而亡。

在这场政治纷争中，身为侍中的王戎态度并不明朗。当甄德、王济遣妻子入宫为挽留齐王攸努力时，晋武帝对侍奉身边的王戎说："兄弟至亲，今出齐王，自是朕家事。而甄德、王济连遣妇来生哭人！"③王戎不是不知道齐王攸在西晋政坛中的地位如何重要，但多年的政治经验，使他选择了明哲保身。在皇权威逼之下，他并未明确发表自己的意见。也许正是因为此，晋武帝才能继续信重王戎，到太康末年，晋升他为吏部尚书，掌管朝廷官员的选拔。

晋惠帝继位初，杨骏把持大权，王戎被排挤。在诛杀杨骏的活动中，各派势力参与者众，尤其东安公司马繇一时风头无两，王戎并未参与此次宫廷政变，念及昔年曾与司马繇父亲琅邪王司马伷一起率军伐吴，故此告诫他"大事之后，宜深远之。"④在局势未彻底明朗之前，王戎本着明哲保身的态度，暂时远离权力核心，这句话，也是他当时对自己的提醒。很快，司马繇被废，汝南王亮、卫瓘、楚王玮等相继被杀，贾南风执掌大权，选用贾模、裴頠等亲党与张华共同辅政，王戎得益于此前的中立态度，再加上朝廷元老、士族领袖和裴頠岳父的身份，也进入了政权中枢。

元康前期，针对当时选官混乱的局面，初入政权中枢的王戎还想有一番作为，他奏请推行"甲午制"，即凡是待选者皆先到地方治理百姓，学习政治经验，然后量才授用。这本是对人才选拔制度进行的一次革新，但当时时局已乱，选官积弊已深：

---

① 《晋书》卷三十八《齐王攸传》，第 1133 页。
② 《晋书》卷四十二《王济传》，第 1205 页。
③ 《晋书》卷四十二《王济传》，第 1205 页。
④ 《晋书》卷四十三《王戎传》，第 1233 页。

进仕者以苟得为贵而鄙居正，当官者以望空为高而笑勤恪。……选者为人择官，官者为身择利，而执钧当轴之士，身兼官以十数。大极其尊，小录其要，而世族贵戚之子弟，陵迈超越，不拘资次。悠悠风尘，皆奔竞之士，列官千百，无让贤之举。……礼法刑政于此大坏。①

王戎的选官主张根本无法实现，司隶校尉傅咸因此弹奏王戎："《书》称'三载考绩，三考黜陟幽明。'今内外群官，居职未期而戎奏还，既未定其优劣，且送故迎新，相望道路，巧诈由生，伤农害政。戎不仰依尧舜典谟，而驱动浮华，亏败风俗，非徒无益，乃有大损。宜免戎官，以敦风俗。"②考傅咸于元康二年（292 年）出任司隶校尉，元康五年（295 年）十二月卒，故"甲午制"应在这期间推行，因世道已乱，终致失败，而且，王戎还受到弹劾，幸而他与当时的外戚贾氏、郭氏联姻，因此得以保全。"戎与贾、郭通亲，竟得不坐。寻转司徒。"③

元康后期，政局混乱，身处乱世之中，作为琅邪王氏家族代表人物的王戎、王衍，以避祸全身为上，"崇尚虚浮，逃于得失之外以免害。"④王戎"以晋室方乱，慕蘧伯玉之为人，与时舒卷，无蹇谔之节。自经典选，未尝进寒素，退虚名，但与时浮沈，户调门选而已。"拜司徒后，"虽位总鼎司，而委事僚采。"⑤王衍也采取明哲保身的态度，终日清谈，不与时务。正是因为他们的"与时舒卷""与时浮沈"，与权力中枢、政治争斗保持一定距离，使他们在一次又一次的宫廷政变中躲过了政治危机。

贾南风谋废太子司马遹，朝堂上仅有张华和裴頠力保太子，同为辅政大臣的王戎"竟无一言匡谏。"⑥太子妃父王衍"虽居宰辅之重，不以经国为念，而思自全之计"，为避免受牵连，上表要求女儿与太子离婚。太子被遣许昌后，曾写信给王衍和太子妃，陈述事情真相，希望他们能帮助自己。而王衍惧于贾南风的权势，"得太子手书，隐蔽不出。志在苟免，无忠蹇之操。"⑦

赵王伦专权，王戎女婿裴頠被杀，王戎受牵连被免官。王衍与贾氏、郭氏联姻，且不久前又上书与太子离婚，虽将太子的书信转给了司徒梁王肜，但已经于事无补，被言官弹劾，"宜加显责，以厉臣节。可禁锢终身。"赵王伦篡位称帝，而王衍素来瞧不起赵王，局势对他越加不利，若赵王伦一纸诏书将他赐死，王衍也无力反抗。为保全性命，王衍假装癫狂，砍伤了一个奴婢，此后，赵王伦果真不再把他放在心上，王衍得以暂免一死。当然，此前他接受王戎的意见，为还是郡吏的孙秀品题，

①　《晋书》卷五，史臣曰，第 136 页。
②　《晋书》卷四十三《王戎传》，第 1233 页。
③　《晋书》卷四十三《王戎传》，第 1233 页。
④　[清] 王夫之：《读通鉴论》卷十二，中华书局，1975 年版，第 314 页。
⑤　《晋书》卷四十三《王戎传》，第 1234 页。
⑥　《晋书》卷四十三《王戎传》，第 1233 页。
⑦　《晋书》卷四十三《王衍传》，第 1237 页。

使他获得入仕的资格，也为自己提供了一份保障。"初，孙秀为琅邪郡吏，求品于乡议。戎从弟衍将不许，戎劝品之。及秀得志，朝士有宿怨者皆被诛，而戎、衍获济焉。"①

齐王冏把持朝政期间，王戎被启用为尚书令，王衍拜河南尹，转尚书，又为中书令。他们都知道成都王颖势力颇大，当时虽然已返回邺城，但他与齐王冏权力分配不均，若要与之争权，谁都无法阻拦。眼看大乱将起，为顾全宗族，王氏子弟的代表人不能都留在危局之中，因此，可能是王戎与王衍商议，王戎继续留在齐王冏身边，王衍则称病辞官。不久，河间王颙和成都王颖起兵攻打齐王冏。齐王冏问计于王戎，王戎为他分析局势，劝他放弃执政权：

> 公首举义众，匡定大业，开辟以来，未始有也。然论功报赏，不及有劳，朝野失望，人怀贰志。今二王带甲百万，其锋不可当，若以王就第，不失故爵。委权崇让，此求安之计也。②

当时，成都王颖与河间王颙联兵，虽然"带甲百万"有虚夸的成分，但二人势力远超齐王冏则有可能，一旦双方争斗，势必兵连祸结，于国于民都是灾难。尤其对世家大族来说，在和平的环境中更容易获取权益，动荡的社会只会削弱家族的经济实力，甚至会有族人死于战争。所以，在王戎眼中，只要琅邪王氏家族势力尚在，无论哪位诸侯王执政，都会确保王氏家族的地位，他不希望藩王之间陷入无休无止的战争中。站在这一立场上，王戎劝说齐王冏放弃执政权，化解争斗，既是为国为民，也是为琅邪王氏家族考虑。但此举毫无疑问是牺牲了齐王冏的权益乃至性命，所以，齐王冏的谋臣葛旟大怒说："汉魏以来，王公就第，宁有得保妻子乎! 议者可斩。"③危急之中，王戎佯装五石散药力发作，掉到茅坑中，一身恶臭却暂时保全了性命。

其后，政局更是难以预测，作为朝廷高官，王戎大部分时间只能在晋惠帝身边，随着他的迁徙而迁徙。《晋书》卷四十三《王戎传》载：

> 从帝北伐，王师败绩于荡阴，戎复诣邺，随帝还洛阳。车驾之西迁也，戎出奔于郏。在危难之间，亲接锋刃，谈笑自若，未尝有惧容。时召亲宾，欢娱永日。永兴二年（305年），薨于郏县，时年七十二，谥曰元。④

永兴元年（304年）七月，成都王颖在荡阴之战中取胜，晋惠帝被俘至邺城，王戎便只能随之至邺城。八月，成都王颖失败，挟持晋惠帝返回洛阳，王戎又随之返回洛阳。十一月，晋惠帝被河间王颙的部将裹挟至关中，王戎逃出洛阳至郏县（洛阳东南，属豫州襄城郡）。永兴元年，是王戎一生中最凶险的一年，他周旋于朝

---

① 《晋书》卷四十三《王戎传》，第1235页。
② 《晋书》卷四十三《王戎传》，第1234页。
③ 《晋书》卷四十三《王戎传》，第1234页。
④ 《晋书》卷四十三《王戎传》，第1235页。

堂之上，奔走于邺城与洛阳之间，古稀之年却要"亲接锋刃"，仍能"谈笑自若，未尝有惧容。"但后面的政治斗争过于凶险，王戎终究是抽身撤步，远离了朝局。当时已经形成了东海王越与河间王颙东西对峙的局面，作为琅邪王氏的代表人，是任何一方势力都要拉拢的对象，因此，当年十二月的诏书称：

> 天祸晋邦，冢嗣莫继。成都王颖自在储贰，政绩亏损，四海失望，不可承重，其以王还第。豫章王炽先帝爱子，令闻日新，四海注意，今以为皇太弟，以隆我晋邦。以司空越为太傅，与太宰颙夹辅朕躬。司徒王戎参录朝政，光禄大夫王衍为尚书左仆射。安南将军虓、安北将军浚、平北将军腾各守本镇。高密王简① 为镇南将军，领司隶校尉，权镇洛阳；东中郎将模为宁北将军、都督冀州，镇于邺；镇南大将军刘弘领荆州，以镇南土。周馥、缪胤各还本部，百官皆复职。齐王冏前应还第，长沙王乂轻陷重刑，封其子绍为乐平县王，以奉其嗣。自顷戎车屡征，劳费人力，供御之物皆减三分之二，户调田租三分减一。蠲除苛政，爱人务本。清通之后，当还东京。②

此诏书是在河间王颙的控制下发出的，一是改立豫章王炽为皇太弟，二是中央和地方的人事安排，三是减免赋税，四是回京计划。在这份诏书中，王戎、王衍都被委以要职，虽然河间王颙挟持晋惠帝，但只能局限在关中一地，诏书透露出的人事安排，说明东海王越的势力已经控制了北部、东部和南部要镇。平北将军腾、高密王略、东中郎将模都是东海王越的弟弟，安南将军虓是东海王越的堂弟，镇南大将军刘弘一开始中立，但因张方残暴而认定河间王颙必败，故此转向东海王越。毫无疑问，王戎也是预测到东海王越会取胜而不愿被裹挟入关中，他之所以选择郏县而非琅邪，大约有两个原因：其一，郏县距洛阳较近，局势稳定后，晋惠帝势必要回洛阳，而一旦都城有变，在郏县可以及时响应，这与高平陵之变前王戎与阮籍、嵇康等人隐居竹林，静观洛阳之变的目的一样。其二，王戎在郏县应该有自己的庄园。《晋书》卷四十三《王戎传》载：

> （王戎）广收八方园田水碓，周遍天下。

《晋书》卷五十二《华谭传》记载：华谭为郏令，

> 于时兵乱之后，境内饥馑，谭倾心抚恤。司徒王戎闻而善之，出谷三百斛以助之。

如果王戎是孤身逃到郏县，恐怕他无法"时召亲宾，欢娱永日"，如果在郏县没有庄园，王戎也无法为郏县令华谭"出谷三百斛以助之。"王戎没有看到"八王之乱"的最后终结，永兴二年（305 年）六月，死于郏县。

---

① 高密王司马略，字元简，此处应是有误。
② 《晋书》卷四《惠帝纪》，第 104 页。

（二）以灵活手段和姻亲关系维护家族安全

西晋后期，上至皇帝，下及群臣，皆穷奢极欲，聚敛无度。平吴之后，国家无事，天下太平，在前期励精图治的晋武帝日渐骄奢淫逸，贪财好色，甚至公开卖官鬻爵，无所不用其极。上行下效，群臣也多奢侈无度，如何曾、何劭父子，王济、石崇、王恺等，讲究吃穿用度，互相攀比，奢靡之风盛极一时。

面对满朝侈靡的现象，琅邪王氏族人其实是难以接受的，此家族自西汉王吉时期即形成了清廉家风。西晋初，王祥在遗令中，谆谆告诫子弟"临财莫过乎让"①，子孙皆奉而行之。西晋后期，地位较高的王氏子弟是身为竹林七贤之一且有平吴之功的王戎、元康名士领袖王衍。早期的王戎和王衍，的确是做到了"临财莫过乎让"。当年王戎父亲王浑死于凉州，故吏赙赠数百万，王戎辞而不受。王衍父王乂卒于北平②，部下送故颇丰，当时王衍应在十四岁至十七岁之间，亲戚皆向他借贷，事后王衍也不讨还。数年之间，家资耗尽，于是搬到洛阳城西的庄园居住。

面对晋武帝后期的奢靡之风，王戎、王衍纵有不满，却势单力薄，既不敢谏阻皇帝，也不敢得罪聚敛无度的权臣名士，他们只能用独特的手段保护自己和家人。

王戎也曾洁身自好，任侍中时，南郡太守刘肇赠细布五十端，王戎并未接受，却仍遭群臣非议，以至晋武帝不得不出面替王戎解释："戎之为行，岂怀私苟得，正当不欲为异耳！"③为不免俗，王戎只好给自己抹黑，打扮出贪婪无比的形象。《晋书》卷四十三《王戎传》载：

> 性好兴利，广收八方园田水碓，周遍天下。积实聚钱，不知纪极，每自执牙筹，昼夜算计，恒若不足。而又俭啬，不自奉养，天下人谓之膏肓之疾。女适裴頠，贷钱数万，久而未还。女后归宁，戎色不悦，女遽还直，然后乃欢。从子将婚，戎遗其一单衣，婚迄而更责取。家有好李，常出货之，恐人得种，恒钻其核。以此获讥于世。

《世说新语·俭啬》"司徒王戎"条注引《晋阳秋》曰：

> 戎多殖财贿，常若不足。或谓戎故以此自晦也。④

显然，王戎并不想贪财，只是不想和时俗相差太远，"获讥于世"也好过群臣非议。《晋书》卷五十二《华谭传》载：华谭为郏令，竭力救助兵乱之后的百姓，"司徒王戎闻而善之，出谷三百斛以助之。"此事亦可为王戎多殖财贿以自晦的旁证。

与王戎守财奴的形象相反，少年王衍就为自己设计了不爱财的形象，一度散尽家财。其实后来王衍仍不失为富翁，为其聚财的是妻子郭氏。郭氏是郭豫之女，郭

---

① 《晋书》卷三十三《王祥传》，第989页。
② 王乂卒年不详，万斯同《晋方镇年表》中，泰始四年的幽州刺史还是王乂，泰始五年、六年幽州刺史空缺，泰始七年八月幽州刺史为卫瓘，故王乂应卒于泰始四年至七年间。
③ 《晋书》卷四十三《王戎传》，第1233页。
④ [南朝宋]刘义庆著，[南朝梁]刘孝标注，余嘉锡笺疏《世说新语笺疏》，第874页。

豫的伯父即曹魏名将郭淮，父亲郭配，是当时的名士，郭豫的姐妹，分别嫁给了西晋开国功臣裴秀和贾充，生裴浚、裴頠（267－300年）和贾南风（257－300年）、贾午，则王衍的妻子郭氏与权臣裴頠和皇后贾南风都是表亲。《晋书》卷四十三《王衍传》载：

> 衍妻郭氏，贾后之亲，藉中宫之势，刚愎贪戾，聚敛无厌，好干预人事，衍患之而不能禁。

王衍无法禁止妻子敛财，只能借素为郭氏忌惮的京师大侠李阳之威以压制郭氏，"非但我言卿不可，李阳亦谓不可"，"郭氏为之小损。"王衍一向不满妻子的贪婪，"故口未尝言钱"，郭氏欲试一试王衍是否真的不会说出"钱"字，遂令婢女在床边堆满钱币，使不能绕行。王衍早晨起床后见床边都是钱，对婢女说："举阿堵物却！"仍是口不言钱。

西晋后期，政治风云迭起，王氏子弟每每依靠姻亲关系躲过一次次政治灾难。晋武帝时，皇后父杨骏欲将自己的女儿嫁给王衍，王衍不愿与外戚杨氏结亲，遂佯狂推掉了婚事。元康初杨氏族灭，王衍得以免祸。王氏家族拒绝与弘农杨氏联姻，却与同为外戚的贾氏和裴氏建立了密切的关系。西晋一朝，有据可查的琅邪王氏子弟通婚情况兹列如下：

西晋时期琅邪王氏婚姻关系一览表

琅邪王氏成员	配偶	配偶郡望	资料来源
王基	羊济女	泰山羊氏	《晋书·羊鉴传》
王正	夏侯庄女	谯郡夏侯氏	《晋书·王廙传》
王衍	郭豫女	太原郭氏	《世说新语·规箴》
王导	曹韶女淑	彭城曹氏	《世说新语·德行》
	雷氏	雷氏	《世说新语·惑溺》
王敦	晋武帝女襄城公主司马修祎	河内司马氏	《晋书·王敦传》
王衍小女惠风	愍怀太子司马遹		《晋书·列女传》
王戎女	裴頠	河东裴氏	《世说新语·任诞》
王衍第四女	裴遐		《世说新语·文学》
王衍长女	贾谧	平阳贾氏	《晋书·愍怀太子传》
王戎女	任瞻	乐安任氏	《世说新语·纰漏》
王戎女	刘粹	沛国刘氏	《世说新语·赏誉》
王戎女	刘宏		
王戎女	刘漠		

| 王旷 | 卫氏 | 河东卫氏 | 《王氏宗谱》 |
| 王廙 | 郗说女 | 济阴郗氏 | 《法书要录·右军书记》 |

贾南风是元康年间的实际统治者，贾氏成为惠帝一朝最显赫的外戚，该家族与裴氏、郭氏本是姻亲，而琅邪王氏又与他们联姻。王戎女婿裴頠是皇后贾南风的表弟，元康年间的朝廷重臣。王衍妻郭氏则是贾南风的表姐妹，其长女嫁与贾谧。凭借这一层层的姻亲关系，王戎能长期立足中枢，王衍能长期担任禁军将领，拱卫宫室安全。此外，王衍也利用其他婚姻关系，确保自己在朝中的地位。王衍小女为太子妃，与皇室拉上了关系。另一女嫁河东裴氏裴遐（裴楷弟裴绰子）。《世说新语·文学》"裴散骑娶王太尉女"注引《永嘉流人名》："衍字夷甫，第四女适遐也。"河东裴氏是著名的政治、文化大族，时人将裴氏、王氏相提并论，甚至有"八裴方八王"之说①，但西晋初期，裴氏家族的社会地位远在王氏之上，至西晋后期，琅邪王氏才能与之比肩。而且，裴遐的从妹是东海王越的王妃，王衍可以通过裴遐与东海王越建立密切的联系。此外，王敦尚晋武帝女襄城公主，拜驸马都尉。尽管王戎、王衍、王敦并没有仅仅依靠姻亲关系立足政坛，但这一重重的联姻关系确实保证了他们在复杂的政局中游刃有余。

当然，纵是姻亲，政治利益不同，观点也不会相同。元康年间，针对西晋王朝实际上的主宰者贾南风，辅政大臣们曾有过多次争议。《晋书》卷三十五《裴頠传》载：

> 頠深虑贾后乱政，与司空张华、侍中贾模议废之而立谢淑妃。华、模皆曰："帝自无废黜之意，若吾等专行之，上心不以为是。且诸王方刚，朋党异议，恐祸如发机，身死国危，无益社稷。"頠曰："诚如公虑。但昏虐之人，无所忌惮，乱可立待，将如之何？"华曰："卿二人犹且见信，然勤为左右陈祸福之戒，冀无大悖。幸天下尚安，庶可优游卒岁。"此谋遂寝。頠旦夕劝说从母广城君，令戒喻贾后亲待太子而已。

《晋书》卷三十一《后妃上》载：

> 模知后凶暴，恐祸及己，乃与裴頠、王衍谋废之，衍悔而谋寝。

考张华于元康六年（296年）正月被任命为司空，元康九年（299年）贾模卒，故上文所提废黜贾后之事，当发生在元康六年至九年之间，而在元康七年（297年）王戎拜司徒，同年王衍成为领军将军，统率禁军。据此可推知，裴頠联络贾模、张华、王衍诸人意欲废黜贾后，更有可能发生在元康七年以后，因为只有控制禁军，才能顺利发动宫廷政变。上文虽未提到王戎，但通过与王衍的关系，作为三公之一的王戎也很可能参与其中。本来，贾后荒淫凶暴之名已遍及朝野，若身为重要辅臣

---

① 《世说新语·品藻》"正始中，人士比论"条："裴徽方王祥，裴楷方王夷甫，裴康方王绥，裴绰方王澄，裴瓒方王敦，裴遐方王导，裴頠方王戎，裴邈方王玄。"

的张华、贾模、裴頠联手而起,再加上王衍的禁军配合,废黜贾后应是没有疑义的。但张华深知宗室诸王时刻窥伺朝局,表面上的平静一旦被打破,后果将不堪设想,他已经六十多岁(300 年被杀,终年六十九岁),只希望在贾后"无大悖","天下尚安"的局面下"优游卒岁"而已,不愿搞乱政局,"身死国危,无益社稷"。王衍为何反对废黜贾后史无详载,很可能是王衍考虑到与贾氏的姻亲关系,以及贾后执政与自己的政治利益问题而却步的。因为缺乏禁军的配合,废黜贾后之事遂不了了之。

王戎、王衍尽可能避免卷入政治纷争,只能暂时保住家族利益。若要使家族有更大的发展,积极进取是必不可少的,这正是在元康后期的一系列变故中,琅邪王氏族人反应不一的原因。如在废太子事件中,与王戎和王衍的举措相反,他们的族弟,时任太子舍人的王敦明目张胆地站在太子一方。贾南风将司马遹由金墉城迁居许昌时,严令东宫官属不得相送,但王敦却与同僚江统、潘滔、杜蕤、鲁瑶等人不顾禁令于路侧流涕拜送,甚为时人称赏。齐王冏起兵讨赵王伦,传檄各地,很多琅邪王氏子弟意识到这是一个重新崛起的机会,于是积极参与其中。王敦劝说他时任兖州刺史的叔父王彦起兵,《晋书》卷九十八《王敦传》:

> 赵王伦篡位,敦叔父彦为兖州刺史,伦遣敦慰劳之。会诸王起义兵,彦被齐王冏檄,惧伦兵强,不敢应命,敦劝彦起兵应诸王,故彦遂立勋绩。

此后王彦积极参与了成都王颖进攻洛阳的军事活动,黄桥一役失败后,成都王颖一度要撤兵自保,赖卢志与王彦的劝说,才能反败为胜,攻入洛阳。扬州刺史郗隆承檄后犹豫不定,即被其参军王邃(王览第三子王会之子)所杀。成都王颖的亲信孟玖陷害陆机、陆云兄弟,致其被杀,且株连三族。陆氏兄弟出身江东大族,祖父陆逊、父亲陆抗,皆是孙吴著名政治家、军事家,陆机、陆云又都是当时著名的文学家,时人有"二陆入洛,三张(张载、张协、张亢,当时的著名文士)减价"[1]之誉,故陆氏兄弟之死,"天下切齿",时任成都王颖从事中郎的王澄"发玖私奸,劝颖杀玖,颖乃诛之,士庶莫不称善。"[2]

王敦、王邃、王澄等人的举措,在一定程度上提高了琅邪王氏家族的声望,有利于全族的发展。

(三)投靠东海王

"八王之乱"的最后胜利者是东海王越,早在他与河间王颙东西对峙之时,因其三个弟弟各据要地、部将作战得力,很多人提前看到了双方争斗的结果,于是形成了"朝士多赴越"的局面。但东海王越是司马懿四弟司马馗之孙,高密王司马泰之子,与晋武帝、晋惠帝的帝系关系过于疏远,并不具备皇室近属的身份,在宗室、朝臣中的号召力毕竟有限。为弥补此不足,他力求联络高门士族和地方名士,利用

---

① 《晋书》卷五十五,史臣曰,第 1525 页。
② 《晋书》卷四十三《王戎传》附《王澄传》,第 1239 页。

他们的社会影响和实际力量来巩固自己的统治。自汉末发展起来的士族，随着西晋政权的动荡屡遭打击。有些士族竭力避祸自保，远离朝堂，如颍川庾衮在"八王之乱"中率领宗族、部曲保聚于禹山、林虑山，琅邪王舒拒绝征辟，留守家乡。至于南方士族，如张翰、顾荣等人，大多辞官南归，希望远离中原战火。士族星散，名士凋零，东海王越必须找到一个在士林中有较大影响的人为自己招揽人才，扩大自己的政治影响，以巩固自己的政治地位。王衍此时已是当时声望最高的名士，故东海王越拉拢王衍，二人共执朝政。王衍借名士领袖的身份，为东海王越招引士族名士，此时，大批名士相继投靠东海王，《世说新语·赏誉》曰："司马太傅府多名士，一时隽异。"①

"八王之乱"结束后，"越专擅威权，图为霸业，朝贤素望，选为佐吏，名将劲卒，充于己府，不臣之迹，四海所知。"②光熙元年（306年）十一月，东海王越毒死晋惠帝，扶植晋怀帝继位，以尚书左仆射王衍为司空，构建了"王与马，共天下"的早期雏形。在王衍任职中枢之时，琅邪王氏族人大多归属东海王。王澄、王敦分别出任荆州刺史和青州刺史，执行王衍的"三窟"计划，王导从东海王府转入琅邪王府，辅佐琅邪王司马睿南下（详见本书第四章 永嘉南渡）。其他王氏族人，还有三人与东海王府有关联。《晋书》卷七十六《王廙传》：

> 王廙字世将，丞相导从弟，而元帝姨弟也。父正，尚书郎。廙少能属文，多所通涉，工书画，善音乐、射御、博弈、杂伎。辟太傅掾，转参军。豫迎大驾，封武陵县侯，拜尚书郎，出为濮阳太守。元帝作镇江左，廙弃郡过江。帝见之大悦，以为司马。

《晋书》卷七十一《孙惠传》：

> 越诛周穆等，夜召参军王廙造表，廙战惧，坏数纸不成。

《世说新语·识鉴》"王平子素不知眉子"条注引《晋诸公赞》：

> 王玄字眉子，夷甫子也。东海王越辟为掾，后行陈留太守。大行威罚，为坞人所害。③

王廙和王玄，以东海王越的掾属身份入仕，王舒虽被征辟，却未赴任，《晋书》卷七十六《王舒传》：

> 王舒，字处明，丞相导之从弟也。父会，侍御史。舒少为从兄敦所知，以天下多故，不营当时名，恒处私门，潜心学植。年四十余，州礼命，太傅辟，皆不就。

因史料缺乏，其他王氏族人与东海王越的关系已不可详考，但当时东海王大权独揽，王衍是其主要助手的情况下，王氏族人的出仕应该比较容易，即便不入东海

---

① [南朝宋]刘义庆著，[南朝梁]刘孝标注，余嘉锡笺疏《世说新语笺疏》，第439页。

② 《晋书》卷五十九《东海王越传》，第1625页。

③ [南朝宋]刘义庆著，[南朝梁]刘孝标注，余嘉锡笺疏《世说新语笺疏》，第396页。

王府，也会从其相近的人员或政府机构起家，如王彬"光禄大夫傅祗辟为掾。"王棱"少历清官"。

其他诸多琅邪士族也在此时进入东海王府，如颜含：

> 本州辟，不就。东海王召以为太傅参军，出补闾阳令。[①]

东海王府中的很多琅邪士族后来都转到琅邪王司马睿府，并随之南下，开辟了新的政治格局。

① 《晋书》卷八十八《颜含传》，第2286页。

第四章　永嘉南渡

西晋末年，内有宗室混战的"八王之乱"，外有"五胡乱华"，国家四分五裂，战乱频起，生灵涂炭，局势更加动荡。永嘉五年（311年）和建兴四年（316年），匈奴汉政权先后攻陷西晋都城洛阳和长安，俘晋怀帝和晋愍帝，大肆屠杀中原百姓。当时，西晋宗室大部分死于战乱，在屡经胡族铁骑蹂躏的北方已经无力重建汉族政权，只有江南地区战争较少，还基本稳定，因此，大批中原官员、百姓南迁躲避战乱，史称"永嘉南渡"。在这一历史进程中，以琅邪王氏为首的琅邪士族，辅助琅邪王司马睿南下，在江南建立了东晋政权。

一、西晋后期局势

西晋后期，内忧外患日趋严重，五胡内迁，民族矛盾激化，流民纷起，统治危机不断加剧。

（一）北方民族矛盾加剧

中国古代，在今天的东北、西北和河套以北的广大区域，生活着大量以游牧为主的少数民族。早在东汉末时期，匈奴、鲜卑、羯、氐、羌等少数民族就不断内迁。少数民族逐步向黄河流域迁徙，大概有两个原因。

首先是中原农业文明的吸引。传统的农耕经济，春耕夏耘秋收冬藏，百姓虽被束缚于土地，却拥有不用四处迁徙的稳定生活，再加上中原的繁荣富庶和先进的文化，对周边少数民族有一定的吸引力，吸引他们逐渐向黄河流域迁移。

其次是北方少数民族自身生存的需要。根据目前的考古研究，自东汉末直至六朝，是中国历史上的寒冷期，自然灾害频发。竺可桢先生《中国近五千年来气候变迁的初步研究》①，将中国五千年划分成四个温暖期和四个寒冷期，其中三国至六朝，是历史上的第二个寒冷期：

> 到东汉时代即公元之初，我国天气有趋于寒冷的趋势，有几次冬天严寒，晚春国都洛阳还降霜降雪，冻死不少穷苦人民。但东汉冷期时间不长。当时的天文学家、文学家张衡（公元78—139年）曾著《南都赋》，赋中有"穰橙邓橘"之句，表明河南省南部橘和柑尚十分普遍。直到三国时代曹操（公元

---

① 竺可桢：《中国近五千年来气候变迁的初步研究》，《考古学报》，1972年第1期，第15页。
① 竺可桢：《中国近五千年来气候变迁的初步研究》，《考古学报》，1972年第1期，第15页。

155—220 年）在铜雀台种橘，只开花而不结果，气候已比前述汉武帝时代寒冷。曹操儿子曹丕，在公元 225 年到淮河广陵（今之淮阴）视察十多万士兵演习，由于严寒，淮河忽然冻结，演习不得不停止。这是我们所知道的第一次有记载的淮河结冰。那时气候已比现在寒冷了。这种寒冷气候继续下来，直到第三世纪后半叶，特别是公元 280—289 年的十年间达到顶点，当时每年阴历四月（等于阳历五月份）降霜。徐中舒曾经指出汉晋气候不同，那时年平均温度大约比现在低 1—2℃。

铜雀台在今天的河北临漳，曹操时期，在那里种橘只开花不结果，说明气温较低。黄初六年（225 年）十月，曹丕率十万大军至广陵准备伐吴，是岁大寒，淮河结冰，战船无法行驶，最后只能停止。这是目前所知的淮河封冻的最早记载。

此后的寒冷记录情况，在《三国志》《晋书》中都有记录。《三国志·吴书·孙权传》记载：

赤乌四年（241 年）一月，襄阳大雪，平地雪深三尺，鸟兽死者大半。

西晋时期的气温情况，据《晋书》卷三《武帝纪》、卷四《惠帝纪》、卷二十七《五行上》、卷二十九《五行下》，按时间顺序排列如下：

泰始六年（270 年）冬：大雪。

泰始七年（271 年）十二月：大雪。

泰始九年（273 年）四月：陨霜。

咸宁三年（277 年）八月：平原、安平、上党、泰山四郡霜，害三豆。是月，河间暴风寒冰，郡国五陨霜伤谷。

咸宁五年（279 年）六月：陨霜，伤秋麦千三百余顷，坏屋百二十余间。

太康元年（280 年）三月：河东、高平霜雹，伤桑麦。

太康二年（281 年）二月：陨霜于济南、琅邪，伤麦。壬申，琅邪雨雹，伤麦。三月甲午，河东陨霜，害桑。

太康三年（282 年）十二月：大雪。

太康五年（284 年）九月：南安郡霖雨暴雪，树木摧折，伤秋稼。是秋，魏郡西平郡九县、淮南、平阳霖雨暴水，霜伤秋稼。

太康六年（285 年）：二月，东海陨霜，伤桑麦。三月戊辰，齐郡临淄、长广不其等四县，乐安梁邹等八县，琅邪临沂等八县，河间易城等六县，高阳北新城等四县陨霜，伤桑麦。

太康八年（287 年）四月：齐国、天水陨霜，伤麦。

太康九年（288 年）四月：陇西陨霜。

太康十年（289 年）四月：八郡国陨霜。

元康五年（295 年）十二月：丹阳建邺大雪。

元康六年（296 年）三月：东海陨霜，伤桑麦。

元康七年（297 年）七月：秦、雍二州陨霜，杀秋稼。

元康九年（299 年）三月：河南、荥阳、颍川陨霜，伤禾。

光熙元年（306 年）八月：霰雪。

永嘉元年（307 年）十二月：冬雪，平地三尺。

建兴元年（313 年）十月：大雪。

从上述史料记载可知，晋武帝至晋惠帝统治时期，气温严重偏低，三、四月和七、八、九月的春秋时节，就会下霜，甚至六月就有霜冻，九月即下暴雪，"害三豆""伤谷""伤秋麦""伤桑麦""伤麦""害桑""杀秋稼""伤禾"，严重影响了农业生产。根据这些春秋时节天气反常的记载，有学者推算，当时的气温应该比现在低 2℃－4℃。

中原地区的降温尚且如此，北方的寒冷天气更加恶劣，使中国北部和西北部原来逐水草而居的少数民族生存环境严重恶化。有学者研究指出，气温一年若平均降低 2℃，牧草的生长最多会短缺 40 天。天寒地冻的气候，牧草无法生长，大量牲畜都被饿死、冻死，游牧民族食物短缺，日常生计难以维持，只能向黄河流域迁徙，与内地农耕地区的汉民族争夺生存空间，五胡内迁直至"五胡乱华"的大幕开始拉开。

自东汉末到曹魏、西晋，匈奴、鲜卑、羯、氐、羌、乌桓等少数民族陆续向中原迁移，与汉族人民长期杂居在一起。例如，东汉末年北方军阀混战之时，就有二十余万匈奴人乘机迁徙到雍州（治长安，今陕西省西安市）、并州（治晋阳，今山西省太原市）一带。曹操对北方内迁少数民族有提防之心，故采取了分而治之的方法。《晋书》卷九十七《匈奴传》载：

建安中，魏武帝始分其众为五部，部立其中贵者为帅，选汉人为司马以监督之。魏末，复改帅为都尉。其左部都尉所统可万余落，居于太原故兹氏县；右部都尉可六千余落，居祁县；南部都尉可三千余落，居蒲子县；北部都尉可四千余落，居新兴县；中部都尉可六千余落，居大陵县。

曹操将内迁的匈奴人分为五部，分居五地，并设汉人司马予以监控。西晋初，又有二十余万匈奴人投归西晋，有一部分被迁入内地。

武帝践阼后，塞外匈奴大水，塞泥、黑难等二万余落归化，帝复纳之，使居河西故宜阳城下。后复与晋人杂居，由是平阳、西河、太原、新兴、上党、乐平诸郡靡不有焉。

其他少数民族，如鲜卑主要是迁居至幽州（治蓟，今北京市）、并州之北及代北（拓拔鲜卑）等地。氐、羌主要由陇右、河西（包括青海）迁入陕西关中等地。到晋惠帝元康九年（299 年），江统《徙戎论》记载："关中之人百余万口，率其少多，戎狄居半。"① 今陕西一带，少数民族占了人口总数的一半左右。根据这个比例，北部、西北、东北诸郡（今河北、山西、甘肃、辽宁）的少数民族人口所占比例应该也不低，内迁人口总数有多少缺少具体史料，但《晋书》卷二《文帝纪》记载了景元四年（263年）的内迁人口数：

> 九服之外，绝域之氓，旷世所希至者，咸浮海来享，鼓舞王德，前后至者八百七十余万口。

《晋书》卷十四《地理上》记载：

> 太康元年（280年），平吴，大凡户二百四十五万九千八百四十，口一千六百一十六万三千八百六十三。

虽然这两个数据都可能不准确，但"八百七十余万口"，约占太康时期编户人口数的一半，与江统《徙戎论》中描述"戎狄居半"的情况基本吻合，说明内迁的少数民族人口总数是十分巨大的。

西晋政府对内迁的北方少数民族，最初是基本保留了他们原来的基层组织——"落"，除了保留其部落首领，还选派地方官或特别设置的管理少数民族的官员，如匈奴的五部都尉、护羌校尉、护乌丸校尉等直接进行统治。随着少数民族与汉族杂居时间延长，除了一部分还保留了原来的部落组织，一部分很快改变了原来的游牧习俗，转而适应农耕生活，逐步走向汉化，成为与普通百姓一样的"编户齐民"（如关中一部分氐羌），还有些人成为世家豪门的佃客、部曲或奴婢，如后赵皇帝羯族人石勒就曾被东嬴公司马腾卖给茌平人师懽为奴。内迁的少数民族，与编户等同的都要缴纳租调，"丁男课田五十亩，丁女二十亩，次丁男半之，女则不课。男女年十六已上至六十为正丁，十五已下至十三、六十一已上至六十五为次丁，十二已下六十六已上为老小，不事。"即便保留部落组织的，仍要受到盘剥，"远夷不课田者输义米，户三斛，远者五斗，极远者输算钱，人二十八文。"② 除了纳租调，还要为统治者服兵役，经常被征调四处打仗。

与汉族长期杂居的少数民族，有一部分逐步汉化，在一定程度上形成了民族大融合的局面，但这种局面却不为统治者认可。不可否认，长期的华夷观念，使很多官僚士绅歧视少数民族，视他们为影响中原王朝的不稳定势力，屡有镇压之举，也激起了部分少数民族的反抗，如鲜卑秃发树机能、匈奴人郝散、郝度元、氐人齐万年等都曾带领少数民族起义。《资治通鉴》卷八十一，太康元年（280年）：

> 汉、魏以来，羌、胡、鲜卑降者，多处之塞内诸郡。其后数因忿恨，杀害长吏，渐为民患。

平吴不久，侍御史郭钦就曾向晋武帝上书，指出少数民族潜在的威胁以及解决

---

① 《晋书》卷五十六《江统传》，第1533页。
② 《晋书》卷二十六《食货志》，第790页。

之道：

> 戎狄强犷，历古为患。魏初人寡，西北诸郡皆为戎居。今虽服从，若百年之后有风尘之警，胡骑自平阳、上党不三日而至孟津，北地、西河、太原、冯翊、安定、上郡尽为狄庭矣。宜及平吴之威，谋臣猛将之略，出北地、西河、安定，复上郡，实冯翊，于平阳已北诸县募取死罪，徙三河、三魏见士四万家以充之。裔不乱华，渐徙平阳、弘农、魏郡、京兆、上党杂胡，峻四夷出入之防，明先王荒服之制，万世之长策也。①

郭钦建议将部分内迁少数民族迁出，确保西晋王朝的安全。此建议虽然颇有远见，未及"百年之后"，仅二十多年后就爆发了"五胡乱华"，但当时却无法真正实施。因为这些内迁的少数民族人数众多，分散各地，与汉族已经长期杂处，根本不可能将他们再迁回原来的居处。

西晋王朝的民族歧视和民族压迫政策，使民族矛盾日益激化，少数民族不断起义，而且规模越来越大。尤其在"八王之乱"时期，中央政权无力镇压频繁爆发的少数民族起义，致使局势进一步动荡。元康九年（299 年），江统作《徙戎论》，再次呼吁将少数民族迁回故地：

> ……非我族类，其心必异，戎狄志态，不与华同。而因其衰弊，迁之畿服，士庶玩习，侮其轻弱，使其怨恨之气毒于骨髓。至于蕃育众盛，则坐生其心。以贪悍之性，挟愤怒之情，候隙乘便，辄为横逆。而居封域之内，无障塞之隔，掩不备之人，收散野之积，故能为祸滋扰，暴害不测。此必然之势，已验之事也。当今之宜，宜及兵威方盛，众事未罢，徙冯翊、北地、新平、安定界内诸羌，著先零、罕并、析支之地；徙扶风、始平、京兆之氐，出还陇右，著阴平、武都之界。廪其道路之粮，令足自致，各附本种，反其旧土，使属国、抚夷就安集之。戎晋不杂，并得其所，上合往古即叙之义，下为盛世永久之规。纵有猾夏之心，风尘之警，则绝远中国，隔阂山河，虽为寇暴，所害不广。……

江统对少数民族持有强烈的偏见，称"羌戎狡猾""并州之胡，本实匈奴桀恶之寇也"，他和郭钦一样，建议将少数民族迁出：

> 以四海之广，士庶之富，岂须夷虏在内，然后取足哉！此等皆可申谕发遣，还其本域，慰彼羁旅怀土之思，释我华夏纤介之忧。惠此中国，以绥四方，德施永世，于计为长。②

当时少数民族的内迁和发展已成燎原之势，晋武帝时期不可能完成的任务，晋惠帝时期也无法实行，而且，接连不断的内乱已使统治者无暇解决胡族内迁的问题。

---

① 《晋书》卷九十七《匈奴传》，第 2549 页。
② 《晋书》卷五十六《江统传》，第 1531、1234 页。

"八王之乱"中，北部藩王、军镇将领为补充兵源，不断招引少数民族为己所用，这些胡人军队作战力较强，本身又因对西晋的民族政策怀有刻骨仇恨，所以在作战中往往对敌对军队和所进攻区的汉民进行残酷屠杀，在一定程度上削弱了汉族军队的抵抗力量。诸王连年征战，主要目标是争夺最高统治权，无暇顾及少数民族。而匈奴、鲜卑、羯、氐、羌等少数民族在其强有力的首领领导下，从被迫卷入西晋内部斗争发展为主动争夺中原的控制权，尤以匈奴的势力发展最快。

三国时，曹操将匈奴分成五部，分而治之，本来难以形成较大势力。但成都王颖却任命匈奴贵族刘渊为冠军将军，监五部军事，等同于将分裂为五部的匈奴统一起来了。永安元年（304年），刘渊乘北方大乱之机在并州起兵，建立汉国（后改为赵，史称前赵、汉赵），自立为汉王，永嘉二年（308年）称帝，以平阳（今山西省临汾市）为都，积极准备灭亡西晋。永嘉三年（309年），刘渊派其第四子刘聪与王弥两次进攻洛阳，遭到晋军抵抗，都未能攻下。永嘉四年（310年）七月，刘渊病死，刘聪杀兄长刘和继位。刘聪文武双全，其麾下又有石勒、王弥等悍将，乘西晋王朝风雨飘摇之际，展开了对西晋政权的大规模进攻，中国北方很快陷入了战火纷飞之中。

永嘉四年（310年）十月，刘聪派其子刘粲、刘曜（刘渊养子）和王弥率众四万进攻洛阳。洛阳被围，东海王越征天下兵马入援京师，他向各地发出檄文，"当须合会之众，以俟战守之备。宗庙主上，相赖匡救。檄至之日，便望风奋发，忠臣战士效诚之秋也。"但自东海王越为清除异己杀了缪播、王延等人后，已经大失人心，各地军镇长官多观望不救。朝中惶恐，多欲迁都以避难，只有"王衍以为不可，卖车牛以安众心。"当时，东海王越与晋怀帝之间的矛盾日益激化，且时局不利，他以讨伐石勒为借口，将大部分军队调出洛阳，向许昌进发，意图以建立军功的方式强化手中的权力。晋怀帝无力反抗，只能看东海王越撤出洛阳，仅留河南尹潘滔、龙骧将军李恽、右卫将军何伦等留守京城，"宫省无复守卫，荒馑日甚，殿内死人交横；盗贼公行，府寺营署，并掘堑自守。"① 昔日繁华的都城，凋敝不堪，已与荒城没有什么分别了。

永嘉五年（311年）三月，东海王越病死于项（今河南省周口市沈丘县），托付后事于王衍，王衍遂与众人商议，护送东海王越的灵柩还葬东海国。四月，得知消息的石勒率众追击，在苦县宁平城（今河南省周口市鹿邑县西南）大败晋兵，"以骑围而射之，相践如山。王公士庶死者十余万。"② 东海王越麾下的晋军全军覆没。

永嘉五年（311年）五月，刘聪派前军大将军呼延晏统兵二万七千人进攻洛阳，行至河南时就已连续十二次击败晋军，杀三万多人。接着，刘曜、王弥和石勒都奉

---

① ［宋］司马光著，［元］胡三省注《资治通鉴》卷八十七，永嘉四年，第 2755 页。
② 《晋书》卷五十九《东海王越传》，第 1625 页。

命与呼延晏会合，六月，宫城陷落，俘晋怀帝和羊皇后。刘曜等人在皇宫纵兵大掠，尽收宫人和珍宝，又大杀宗室、官员和百姓，死者达三万余人，宫庙、官府被焚烧，西晋陵墓被发掘，洛阳变成一片瓦砾。

永嘉五年（311年）八月，刘聪派刘粲、刘曜等率军进攻长安，南阳王模兵败投降，被刘粲所杀，刘曜被派驻长安，匈奴军队在关中大肆屠杀掳掠，昔日繁华的关中白骨蔽野，百姓存者百无一二。

永嘉六年（312年）四月，晋冯翊太守索綝、安定太守贾疋和雍州刺史曲特等率部苦战数月，收复长安，刘曜掠八万人口回归平阳。时晋怀帝被俘，中原无主，贾疋等人拥立西晋宗室秦王司马邺为皇太子，在长安建行台。次年晋怀帝遇害，司马邺继位，即晋愍帝，改元建兴，定都长安。当时，西晋政权分崩离析，地方官员各自为政，中原士族大部分已经迁至江南，晋愍帝的实际控制力极弱，西晋政权基本名存实亡。

建兴四年（316年），刘曜再攻长安，长安外无援兵，内无粮草，物价飞涨，米每斗金二两，人相食。十一月，晋愍帝出降，西晋灭亡。

（二）流民起义纷起

西晋末年，"八王之乱""五胡乱华"继踵，兵连祸结，天灾不断，百姓流离失所，形成了严重的流民问题。流民起义此伏彼起，更加剧了时局动荡，削弱了西晋的统治力量，加速了西晋的灭亡。

1. 流民与流民问题产生的原因

第一，西晋统治阶层的压迫与剥削是流民产生的根本原因。

从司马懿崛起到司马师、司马昭把持曹魏政权，再到司马炎称帝，西晋王朝最终建立，这是一个代表士族地主阶层利益的政权，所以，王朝制定颁行的制度都是有利于统治阶层利益的。九品中正制确保了士族、地主的政治权利，占田制则保障了他们的经济利益。《晋书》卷二十六《食货志》记载，平吴后西晋颁布占田制，以法律形式承认士族官员占有土地和荫亲属、荫客的特权：

> 其官品第一至于第九，各以贵贱占田，品第一者占五十顷，第二品四十五顷，第三品四十顷，第四品三十五顷，第五品三十顷，第六品二十五顷，第七品二十顷，第八品十五顷，第九品十顷。而又各以品之高卑荫其亲属，多者及九族，少者三世。宗室、国宾、先贤之后及士人子孙亦如之。而又得荫人以为衣食客及佃客，品第六已上得衣食客三人，第七第八品二人，第九品及举辇、迹禽、前驱、由基、强弩、司马、羽林郎、殿中冗从武贲、殿中武贲、持椎斧武骑武贲、持鈒冗从武贲、命中武贲武骑一人。其应有佃客者，官品第一第二者佃客无过五十户，第三品十户，第四品七户，第五品五户，第六品三户，第七品二户，第八品第九品一户。

占田制虽然规定了官员士族占田和荫户的数额，但主旨不是限制占田，而在于确认和保护他们已占到的土地和户口的既成事实。对一般的编户（自耕农），占田制也规定了他们的占田数和纳税的田亩数：

> 男子一人占田七十亩，女子三十亩。其外丁男课田五十亩，丁女二十亩，次丁男半之，女则不课。男女年十六已上至六十为正丁，十五已下至十三、六十一已上至六十五为次丁，十二已下六十六已上为老小，不事。

占田制并不是官府授田，而是在曹魏屯田制破坏的情况下，允许农民占垦荒地。占田只按性别，没有年龄之分，纳税的课田数则有年龄、性别的区别，且占田数高于课田数，其实是鼓励人们去占田垦荒，扩大耕地面积，有利于农业生产的发展。太康年间，"是时天下无事，赋税均平，人咸安其业而乐其事。"[1]虽有夸大之处，也多少反映出太康之治的基本概况，毫无疑问与国家统一、社会安定和占用制的推行有关系。

与占田同时颁行的是户调式：

> 丁男之户，岁输绢三匹，绵三斤，女及次丁男为户者半输。

这个数据与西晋初稍有变化，据《初学记》卷二十七引《晋故事》记载，晋泰始三年（267 年）：

> 凡民丁课田，夫五十亩收四斛，户绢三匹，绵一斤。

比较曹魏时期的赋税，无论是西晋初还是平吴后，其实都是增多了：

> 及初平袁氏，以定邺都，令收田租亩粟四升，户绢二匹而绵二斤，余皆不得擅兴，藏强赋弱。[2]

西晋时期，一斛为十斗，一斗为十升，按五十亩收四斛的税率，一亩征收八升田租，也就是说，西晋初对农民征收的田租比曹操时期增加了一倍，户调绢数增加一匹，绵减少一斤，至太康时期，绵又增加为三斤。虽然自占田制颁行后，农民占田数量增加，整体赋役平均稍减，但一来他们未必都能占够七十亩，二来还要面临官僚士绅的土地兼并，如王戎就是"广收八方园田水碓，周遍天下"[3]，石崇有"水碓三十余区，苍头（即奴仆）八百余人，他珍宝货贿田宅称是。"[4]地主庄园的建立过程，就是土地兼并日益严重的过程，农民丧失土地后，或者投身地主庄园为奴[5]，或者只能背井离乡沦为流民。尤其西晋中后期政治腐败，豪奢之风兴起，统治阶层

---

[1]　《晋书》卷二十六《食货志》，第 791 页。
[2]　《晋书》卷二十六《食货志》，第 782 页。
[3]　《晋书》卷四十三《王戎传》，第 1234 页。
[4]　《晋书》卷三十三《石崇传》，第 1008 页。
[5]　《初学记》卷十八引徐广《晋记》载："王戎殖财贿，家僮数百"。[唐] 徐坚：《初学记》，中华书局，1982 年版，第 442 页。

对农民的盘剥逐步加剧，也逼得他们大批量沦为流民，形成了严重的社会危机，一旦遇到灾荒、战乱，必将引发全面的经济崩坏。

第二，战乱是流民产生的重要原因。

自 291 年至 306 年，西晋统治集团内部爆发了"八王之乱"，随之而起的"五胡乱华"，战火燃遍黄河流域。在诸王长期的混战中，有近三十余万人被杀。永嘉、建兴年间，西晋王朝趋于崩溃，匈奴人刘渊的汉政权，羯人石勒的后赵政权，鲜卑拓跋猗卢的代政权，相继建立，北方进入了少数民族政权并立的时代。这期间，战乱纷起，长期遭受西晋政权盘剥压制的少数民族，对西晋政府官员、士族乃至普通百姓进行了残酷的民族屠杀行动，仅永嘉五年（311 年）四月至六月，相继有近二十万人被杀。尤其在石勒崛起的过程中，征战杀戮尤重，他在追击王衍的苦县宁平城一战中，一战击杀十余万晋军，其侄子石虎"降城陷垒，不复断别善恶，坑斩士女，鲜有遗类。"① 永嘉以后残酷血腥的民族战争，北方的城市、乡村多遭洗劫，平民百姓被大肆屠杀，上百万人被迫逃离家园，北方田园荒芜，社会生产遭到极大破坏，中原百姓陷于水深火热之中。永嘉元年（307 年），刘琨被任命为并州刺史，赴任路上目睹流民之惨状：

> 臣自涉州疆，目睹困乏，流移四散，十不存二，携老扶弱，不绝于路。及其在者，鬻卖妻子，生相捐弃，死亡委危，白骨横野，哀呼之声，感伤和气。群胡数万，周匝四山，动足遇掠，开目睹寇。②

当时，除了北方部分士族地主在原籍建坞自保外，大部分中原士族地主携宗族、部曲、宾客和乡邻组成武装组织，少则几百人，多则数千人，逃离沦为战场的家园，形成了规模较大的流民潮。

第三，天灾加剧了流民问题。

西晋时期，气候异常，天灾屡现。邓云特《中国救荒史》记载："终魏晋之世，黄河长江两流域间，连岁凶灾，几无一年或断。总计二百年间中，遇灾凡三百零四次，其频度甚密，远逾前代。举凡地震、水、旱、风、雹、蝗螟、霜雪、疾疫之灾，无不纷至沓来，一时俱见。"③ 根据陈高佣《中国历代天灾人祸表》④ 统计，西晋武帝、惠帝时期，灾害频发近百次。

年代	水灾	旱灾	风灾	雹灾	蝗灾	霜灾	疾疫	合计
265 年—279 年	11	5	1	1	3	1	1	23
280 年—289 年	11	10	5	7	2	4	0	39

① 《晋书》卷一百六《石季龙上》，第 2761 页。
② 《晋书》卷六十二《刘琨传》，第 1680 页。
③ 邓云特：《中国救荒史》，上海书局，1984 年版，第 12 页。
④ 陈高佣：《中国历代天灾人祸表》，上海书店出版社，1986 年。

| 290 年—299 年 | 6 | 4 | 2 | 4 | 1 | 1 | 3 | 21 |
| 300 年—306 年 | 2 | 5 | 2 | 1 | 4 | 0 | 1 | 15 |

西晋时期水、旱、蝗灾尤其严重。如泰始六年（270 年），"六月，大雨霖。甲辰，河、洛、伊、沁水同时并溢，流四千九百余家，杀二百余人，没秋稼千三百六十余顷。"[①]泰始七年（271 年）六月，"大雨霖，伊、洛、河溢，流居人四千余家，杀三百余人。"[②]洪水肆虐，百姓财产损失严重。再如旱灾，永嘉三年（309 年），"大旱，江、汉、河、洛皆竭，可涉。"长江、汉江、黄河、洛河皆可蹚水而过，可见干旱程度。又如蝗灾，永嘉四年（310 年）五月，"幽、并、司、冀、秦、雍等六州大蝗，食草木，牛马毛，皆尽。"[③]蝗虫太多，不仅吃光了草木，连牲畜身上的毛都被吃光了，这是多么可怕的景象。西晋中后期持续不断的战乱，使统治者无暇顾及民生，农业发展的基本保障设施，如水利工程等得不到维护，直接导致灾害防御能力降低，无法抵御水旱灾害，土地荒芜越来越严重。何况大灾之后往往有大疫，百姓挣扎在死亡线上，无可奈何之下，只能四处就食，大量人口死于各种灾难或逃难途中，详细的死亡人口数据，根本无法统计。

总之，流民出现和流民问题的形成，是多重因素构成的。《晋书》卷二十六《食货志》感慨：

> 及惠帝之后，政教陵夷，至于永嘉，丧乱弥甚。雍州以东，人多饥乏，更相鬻卖，奔迸流移，不可胜数。幽、并、司、冀、秦、雍六州大蝗，草木及牛马毛皆尽。又大疾疫，兼以饥馑。百姓又为寇贼所杀，流尸满河，白骨蔽野。刘曜之逼，朝廷议欲迁都仓垣。人多相食，饥疫总至，百官流亡者十八九。

2. 流民起义

西晋末年的社会危机，致使流民数量大增，在流亡过程中，又遭战乱、饥馑和地方官吏杀戮、移徙地土著的排挤欺凌，生活无着的流民被迫铤而走险，大规模的流民起义日益增多。

元康六年（296 年）夏，孙秀等扰乱关中，匈奴、氐、羌纷起反抗，拥立氐帅齐万年为帝。是年关中战乱，爆发了严重的饥荒、瘟疫。次年雍州、秦州大旱，疾疫横行，物价飞涨，米每斛值万钱。元康八年（298 年），连年饥荒，逼得略阳、天水、扶风、始平、武都、阴平六郡的数万家百姓经汉中流入巴蜀就食，其中的略阳巴氐人李特、李庠、李流兄弟获得流民拥戴，隐然成为流民领袖。

永宁元年（301 年）十月，朝廷命令在蜀流民回乡，官府借此机会，处处设立关卡，搜刮流民财物，最终激起流民反抗，李特帅流民屡败晋军，声势越来越大，

---

① 《晋书》卷二十七《五行上》，第 821 页。
② 《晋书》卷三《武帝纪》，第 61 页。
③ 《晋书》卷五《怀帝纪》，第 119、120 页。

攻占广汉,进围成都。太安二年(303 年)二月,在益州刺史罗尚和地方豪强的围攻下,李特战死,其弟李流继续统领流民,九月,李流病死,李特之子李雄接掌流民队伍,于十二月攻下成都,次年,李雄称成都王,光熙元年(306 年)四月,李雄在成都称帝,国号大成。

秦、雍六郡流民在巴蜀起义,是西晋末年流民起义中规模最大的一次,李雄建立的大成政权,是十六国中最早建立的国家,建国之时,"八王之乱"尚未结束,但巴蜀一带已经独立于西晋统治之外,预示着西晋王朝离灭亡不远了。

太安二年(303 年),就在李流围攻成都,益州流民起义势力越来越大之时,朝廷急征荆州丁壮赶赴益州镇压,遭到荆州民众的强烈反抗。五月,义阳(今河南省南阳市新野县)蛮首领张昌在安陆(今湖北省孝感市云梦县)聚众起义,荆州地区逃避戍役的丁壮和当地流民纷纷参加,短时间内就汇聚了三万人。张昌趁西晋诸王争权混战之机,分兵四出攻城略地。张昌亲率队伍北攻樊城、襄阳,杀都督荆州诸军事新野王司马歆。部将石冰向东进攻扬州、江州,击败扬州刺史陈徽,尽占其地。部将陈贞向南攻陷武陵、零陵、豫章、武昌、长沙等地。临淮人封云起兵攻克徐州,以响应张昌。很快,张昌的势力迅速扩大到荆州、江州、扬州、豫州和徐州的大部分地区,张昌自行委派官吏,声势浩大。同年七月,新任荆州刺史刘弘调集精兵强将围攻张昌,起义军被陶侃击败。次年八月,张昌在长沙境内被俘杀,荆州的流民起义失败。

永兴二年(305 年),原为成都王颖部将的公师藩,欲迎回已经被废黜的成都王颖,自称将军,起兵于赵、魏,攻打郡县,人数一度达数万。牧帅汲桑与被掠卖为奴的羯人石勒起兵响应,公师藩败亡后,汲桑与石勒在河北继续坚持反晋活动。永嘉元年(307 年),汲桑自称大将军,以石勒为扫虏将军,攻占邺城,杀新蔡王司马腾,并放火焚烧邺城宫殿,大火旬日不灭,此役杀士民万余人,汲桑大肆抢掠而去,欲乘胜南下兖州。东海王越派兖州刺史苟晞征讨,大小三十余战,杀万余人,汲桑战败被杀,石勒投奔刘渊。

永兴三年(306 年),山东又爆发刘伯根、王弥领导的流民起义,二人率数万人进攻临淄,击败了青州都督、高密王司马略派来镇压的军队,不久,被青州刺史、宁北将军王浚打败,刘伯根被杀,王弥率领残部退守长广山(今山东省莱阳市)。永嘉元年(307 年),王弥再度出山,自称征东大将军,纵部众在青州、徐州大肆掳掠,东海王越调派苟晞为青州都督,欲用他稳定山东。苟晞到任后,严刑峻法,每天都要杀人,青州人怨声载道,称苟晞为"屠伯"。同年十二月,顿丘郡太守魏植受流民胁迫造反,率五六万流民大掠兖州。苟晞又被调去镇压兖州的流民起义,将青州的镇压任务交给了弟弟苟纯,苟纯杀人比苟晞还狠,不久将王弥击败,王弥投奔刘渊,在其支持下收集残部,又发展为数万人的队伍,分遣诸将攻掠青州、徐州、兖州和豫州,苟晞与他连续交战也未能获胜。永嘉二年(308 年),王弥率军先后攻入许昌、进逼洛阳。永嘉三年（309 年），王弥劫掠襄城郡各县，因逃避战乱而流散在颍川、襄城、汝南、南阳和河南的数万家流民，因不满当地居民的欺压，遂焚烧城邑、杀害地方官吏以响应王弥。永嘉五年（311 年），王弥与刘曜、石勒产生矛盾，被石勒所杀。

永嘉四年（310 年），雍州部分流民在南阳一带谋生，朝廷下诏令他们返回故土，当时关中荒残，流民皆不愿归。征南将军山简、南中郎将杜蕤奉命派兵押送流民北返关中，催促他们限期出发，激起了流民的强烈不满。京兆新丰（今陕西省西安市临潼区）人王如乘势发动流民起义，夜袭山简、杜蕤二军，击败了他们。雍州流民首领庞寔、严嶷、侯脱分别聚众攻打城镇，杀死地方官吏来响应王如，很快便发展到四五万人，王如自称大将军，兼司、雍二州牧，称藩于刘渊的汉政权。起义军转战于洛阳、襄城（今河南省许昌市襄城县）、穰县（今河南省邓县）、宛县（今河南省南阳市）一带，屡屡击败西晋军队。但此时起义军内部爆发内讧，王如勾结石勒消灭了侯脱，削弱了起义军的力量，最后他也被石勒击败，永嘉六年（312 年）被迫投降于扬州刺史王敦，后为王敦所杀，此次流民起义终归失败。

永嘉五年（311 年），因成汉政权在巴蜀建立，战乱不断，巴蜀地区的数万家百姓流亡到荆、湘地区，遭当地大姓侵凌欺侮，都心怀怨恨，一部分流民杀了地方县令，屯聚于乐乡。荆州刺史王澄派王机征讨，流民因势力弱，主动请降，王澄假意应允，待流民军弃械投降之后实施了屠杀，将八千多流民沉入江中淹死，他们的妻子儿女被王澄赏赐给部下为奴。激愤之下，荆州流民再反。恰在此时，湘州刺史荀眺听闻荆州流民之变，并得报湘州的巴蜀流民也欲造反，准备杀死全部流民。结果消息外泄，为求活命，四、五万家流民一时皆反，推蜀人杜弢为主。杜弢自称梁、益二州牧，湘州刺史，率众攻破郡县，荀眺弃城逃往广州。此后，杜弢军先后击败广州刺史郭讷、荆州刺史王澄派来的军队，向南攻破零陵、桂阳（今湖南省郴州市），向东侵扰武昌（今湖北省鄂州市），袭击沔阳（今湖北仙桃市），屡败晋军。建兴三年（315 年），琅邪王司马睿令征南将军王敦、荆州刺史陶侃等人集结大军讨伐杜弢，前后交战数十次，杜弢的将士死伤惨重，重压之下，杜弢一度投降，被司马睿任命为巴东监军，但不久他再次反叛，攻陷豫章（今江西省南昌市），晋军在陶侃、周访等人的指挥下，连续击败杜弢，其部众溃散，杜弢死于逃亡途中，湘州流民起义失败。

总之，西晋末年的流民几乎遍及北方，流民起义次数多、规模大、范围广，这些起义虽然陆续被西晋统治者镇压下去，但流民问题始终未能根本解决，而且流民起义又和民族矛盾互相联系，使中国北部陷入了长期的战乱之中，加速了西晋王朝的灭亡。

（三）南方出现分裂势力

西晋后期，中国北方局势进一步恶化，战争增多，灾荒屡发，流民数量日益增多。南方同样也开始出现分裂、动荡的苗头，李雄在成都称帝，长江上游基本独立，荆州、湘州爆发的流民起义，使长江中游出现动荡，石冰、陈敏相继占据扬州，昭示西晋政权在长江下游的统治也不稳固。尤其扬州一带是孙吴故地，一旦出现动荡，对中原政局影响深远，因此，很多政治家都在注意观察江东政局。

自汉末开始，孙策、孙权兄弟割据江东，在三国孙吴统治时期，江东世家大族逐渐形成为一支独立的社会力量，《抱朴子·外篇》卷三十四《吴失》描述了他们雄厚的经济实力：

> 势利倾于邦君，储积富乎公室。出饰翟黄之卫从，入游玉根之藻棁。僮仆成军，闭门为市，牛羊掩原隰，田池布千里。……金玉满堂，妓妾溢房，商贩千艘，腐谷万庾，园圃拟上林，馆第僭太极，梁肉余于犬马，积珍陷于帑藏。[1]

此外，江东大族还拥有一定的军事力量，《三国志》卷二十八《魏书·邓艾传》载：

> 名宗大族，皆有部曲，阻兵仗势，足以建命。

同时，他们还把持中央和地方政权，尤其以顾、陆、朱、张为代表的世家大族，代有高官，执掌权柄。以陆氏为例，《世说新语·规箴》载：

> 孙皓问丞相陆凯曰："卿一宗在朝有几人？"陆曰："二相、五侯、将军十余人。"皓曰："盛哉！"[2]

总之，江东大族依靠经济、军事实力，把持中央或地方大权，是孙吴割据江东的重要支撑力量。

西晋灭吴之初，为了迅速稳固大局，没有对孙吴旧地进行大规模的整顿，而是保留了孙吴时期的建制，"其牧守已下皆因吴所置，除其苛政，示之简易，吴人大悦。"[3]这样的安置措施，固然可以收揽民心，却使江东继续保持了孙吴立国以来的相对独立地位，江东豪族的庄园经济和武装组织也原封不动地保留下来。王仲荦先生指出，西晋如此措置，是因为西晋统治者在平吴之后，看到江东世家豪强大地主内部很团结，经济势力很雄厚，武装力量很强大，这对于中央来说，固然有所不利，但这只是问题的一个方面。晋廷采取这样的策略的考虑还在于：对江东世族强制性的武力摧残并不一定能取得实际效果，反而会引起激烈的反抗。更重要的是，孙吴末年，江南的阶级矛盾日趋激化，保留江东大族的武装力量以及滋养这种武装力量的庄园经济，来共同镇压人民，比消灭它远为有利。无论从现实还是从长远角度考

---

① 杨明照：《抱朴子校笺》，中华书局，1997 年版，第 145、148 页。
② ［南朝宋］刘义庆著，［南朝梁］刘孝标注，余嘉锡笺疏《世说新语笺疏》，第 551 页。
③ 《晋书》卷三《武帝纪》，第 71 页。

虑，维持吴地大族势力比消灭它更为有利。①

西晋平吴后，晋武帝为了稳定江东局势，采纳了吴人华谭的安抚吴地之策：

> 吴阻长江，旧俗轻悍。所安之计，当先筹其人士，使云翔闾阎，进其贤才，待以异礼；明选牧伯，致以威风；轻其赋敛，将顺咸悦，可以永保无穷，长为人臣者也。②

太康初，晋武帝曾下诏书：

> 伪尚书陆喜等十五人，南士归称，并以贞洁不容皓朝，或忠而获罪，或退身修志，放在草野。主者可皆随本位就下拜除，敕所在以礼发遣，须到随才授用。③

晋武帝对"吴之旧望，随才擢叙"④，陆机、陆云、顾荣、张翰等"南金"相继北上洛阳。尽管如此，江南大族被视为"亡国之余"，只能是西晋政权中的一个点缀，中原士族根本不把他们放在眼里，即便孙吴宗室也不为人所重，《晋书》卷六十六《陶侃传》载：

> 伏波将军孙秀以亡国支庶，府望不显，中华人士耻为掾属，以侃寒宦，召为舍人。

江南大族入晋后丧失了原有的政治地位，刘颂上书直言：

> 孙氏为国，文武众职，数拟天朝，一旦湮替，同于编户。⑤

陆机也曾上书称：

> 至于荆、扬二州，户各数十万，今扬州无郎，而荆州江南乃无一人为京城职者，诚非圣朝待四方之本心。⑥

即便能够入仕为官，在中原士族把持的政权内，江南士人依然仕途艰难，如贺循治理地方很有政绩，"政教大行，邻城宗之。然无援于朝，久不进序。"⑦贺循难以升迁，但总算保住了性命，周处则丧命西北。周处任御史中丞时，"凡所纠劾，不避宠戚。"连梁王肜也被他弹劾过，"梁王肜违法，处深文案之。"周处弹劾的"宠戚"，多为中原士族，他们想方设法排挤周处。元康六年（296年），秦州、雍州的氐、羌族反叛，拥齐万年为帝，西北形势吃紧。时梁王肜被调到关中，负责镇压齐万年的叛军。朝臣借此机会，称周处是"吴之名将子也，忠烈果毅"，鼓动晋惠帝命他与梁王肜和夏侯骏西征，这无疑是把周处往死路上推。伏波将军孙秀知其将死，

① 王仲荦：《魏晋南北朝史》，第114-115页，上海人民出版社，1979年版。
② 《晋书》卷五十二《华谭传》，第1450页。
③ 《晋书》卷五十四《陆喜传》，第1487页。
④ 《晋书》卷三《武帝纪》，第72页。
⑤ 《晋书》卷四十六《刘颂传》，第1294页。
⑥ 《晋书》卷六十八《贺循传》，第1825页。
⑦ 《晋书》卷六十八《贺循传》，第1824页。

劝他以母亲年老须奉养推辞,"卿有老母,可以此辞也。"① 周处自知难逃梁王肜的陷害,自以为人臣必尽忠节,乃慷慨上路。果然,梁王肜和夏侯骏逼周处以五千兵迎战齐万年的七万军队,且断绝周处的后路,致使周处力战而亡。

自孙吴立国,与曹魏、西晋长期并立,政权分隔再加上长江天险,致使南北文化交流不畅,风俗差异巨大。江东大族入晋后,丧失了原有的社会地位,从一开始就备受排挤,仕途坎坷,甚至有人因此而丧命,这使他们对中原王权始终抱有不信任和仇恨的心理,与中央的关系比较疏远。何况,入晋不过十年时间,西晋朝廷内部就爆发了"八王之乱",为求自保,江东士人尽量避免卷入统治阶级内部争权夺利的斗争。如顾荣为司马冏主簿,"冏擅权骄恣,荣惧及祸,终日昏醉,不综府事。"他写信给朋友说:"吾为齐王主簿,恒虑祸及,见刀与绳,每欲自杀,但人不知耳。"② 顾荣努力自保,也竭力劝陆机等朋友远离是非,《晋书》卷五十四《陆机传》载:

> 时中国多难,顾荣、戴若思等咸劝机还吴,机负其才望,而志匡世难,故不从。

陆机未听顾荣的劝说,追随成都王颖,不久即卷入成都王颖和长沙王乂之争,与弟弟陆云、陆耽同遭杀身之祸,临死还感慨:"华亭鹤唳,岂可复闻乎!"《世说新语·尤悔》"陆平原河桥败"条注引《八王故事》曰:

> 华亭,吴由拳县郊外墅也,有清泉茂林。吴平后,陆机兄弟共游于此十余年。

《资治通鉴》卷八十五,太安二年,胡三省注曰:

> 机发此言,有咸阳市上叹黄犬之意。华亭时属吴郡。嘉兴县界有华亭谷、华亭水,至唐始分嘉兴县为华亭县。今县东七十里,其地出鹤,土人谓之曰鹤窠。

秦朝李斯被杀前对儿子说:"吾欲与若复牵黄犬俱出上蔡东门逐狡兔,岂可得乎?"③ 胡三省用此言比附陆机的"华亭鹤唳,岂可复闻乎!"说他们都是临死前追忆昔年生活,悔入仕途。

陆机兄弟被杀,对江东士人震动极大,成都王颖的大将军参军孙惠给淮南内史朱诞写信称:"不意三陆相携暗朝,一旦湮灭,道业沦丧,痛酷之深,荼毒难言。国丧俊望,悲岂一人!"④ 孙惠竟称西晋为"暗朝",对西晋政权的失望和痛恨溢于言表。

陆机兄弟死后,江东士人皆有朝不保夕之感,他们不愿到已经陷入战乱的中原

---

① 《晋书》卷五十八《周处传》,第 1570 页。
② 《晋书》卷六十八《顾荣传》,第 1812 页。
③ 《史记》卷八十七《李斯列传》,第 2562 页。
④ 《晋书》卷五十四《陆云传》,第 1486 页。

任职，大多重返江东。《晋书》卷六十八《顾荣传》：

> 及帝西迁长安，征为散骑常侍，以世乱不应，遂还吴。

《晋书》卷六十八《纪瞻传》：

> 永康初，州又举寒素，大司马辟东阁祭酒。其年，除鄢陵公国相，不之官。明年，左降松滋侯相。太安中，弃官归家。

《晋书》卷六十八《贺循传》：

> 赵王伦篡位，转侍御史，辞疾去职。后除南中郎长史，不就。

《晋书》卷七十《甘卓传》：

> 卓见天下大乱，弃官东归。

《晋书》卷九十《张翰传》：

> 齐王冏辟为大司马东曹掾。同时执权，翰谓同郡顾荣曰："天下纷纷，祸难未已。夫有四海之名者，求退良难。吾本山林间人，无望于时。子善以明防前，以智虑后。"荣执其手，怆然曰："吾亦与子采南山蕨，饮三江水耳。"翰因见秋风起，乃思吴中菰菜、莼羹、鲈鱼脍，曰："人生贵得适志，何能羁宦数千里以要名爵乎！"遂命驾而归。

顾荣等人返回江东，一方面是为自保，另一方面，是为了实现自己的政治目标。孙吴政权的长期统治，培植了江东士族雄厚的根基，虽然孙吴政权被西晋所灭，但江东士族始终有一个独立发展的企望，早在西晋统一之初，就被晋武帝视为"吴人轻雌，屡作妖寇"，"吴人轻锐，难安易动。"[1]多次爆发反抗西晋统治的活动。西晋末年中原大乱的时候，在中原为官的江东士族大多返回故土，希望能在江东寻找新的代理人，乘中原已乱之机恢复孙吴时期的统治，建立新的割据政权。接下来的石冰、陈敏之乱，给江东大族图谋复兴孙吴旧业提供了机会。

西晋末年的江南并不平静。先是太安二年（303 年）五月，蛮族首领张昌在荆州发动汉族、蛮族起兵，得到江汉一带百姓的响应，先后击斩平南将军羊伊、镇南大将军新野王司马歆等人。虽然到八月即被荆州刺史刘弘镇压，但张昌的部将封云已在七月攻克了徐州，石冰攻占了江州、扬州，扬州刺史陈徽出逃。十二月，江东大族周玘挺身而出，他秘密联系前南平内史王矩，推前吴兴太守顾秘都督扬州九郡诸军事，共同组织义军，斩杀石冰委派的吴兴太守及其属官，击败了石冰部将羌毒所率的数万人，并临阵将羌毒斩杀。江东大族贺循和甘卓都起兵响应，他们很快击败石冰，迫使石冰自临淮退往寿春。时任广陵度支的陈敏，因负责将江南粮食运转京城，掌控一部分兵力，又得到坐镇寿春的征东将军刘准支持，他率军击败石冰，次年二月，又与陈敏连续数十战，以少胜多，最终与周玘合围石冰于建康。三月，石冰北投封云，封云的司马张统斩杀石冰和封云投降，扬州、徐州得以平定。平乱

---

① 《晋书》卷五十二《华谭传》，第 1450 页。

有功的周玘、贺循都散众还家，不言功赏，陈敏则升任广陵相。

永兴元年（304 年）十一月，晋惠帝被张方裹挟到长安，此后宗室诸王、少数民族权贵在中原征战不休，陈敏因天下已乱，便有割据江东的意图。其父闻之大怒："灭我门者，必此儿也！"①不久忧惧而亡，陈敏因之离职守丧。永兴二年（305 年）十二月，东海王越准备西进长安迎接晋惠帝，遂起用陈敏为右将军、假节、前锋都督，因被兖州刺史刘乔击败，陈敏请求东归收兵，到历阳（今安徽省巢湖市和县）后举兵反叛。恰逢吴王常侍甘卓弃官东归，抵达历阳，陈敏给自己的儿子娶甘卓的女儿为妻，并让甘卓假称皇太弟令，任命自己为扬州刺史，他再以扬州刺史的身份，派其弟陈昶率数万精兵据守乌江，陈恢向南侵扰江州，陈斌向东劫掠东南诸郡，原来的江州刺史应邈、扬州刺史刘机、丹阳太守王旷等只好弃官逃走。陈敏占据吴越之地后，首先拉拢江东士族，"以顾荣为右将军，贺循为丹杨内史，周玘为安丰太守，凡江东豪杰、名士，咸加收礼，为将军、郡守者四十余人；或有老疾，就加秩命。"周玘、贺循都曾与陈敏一起镇压石冰，或许对陈敏有些了解，所以一个装病，一个装疯，拒绝出任陈敏所任官职，"循诈为狂疾，得免，乃以荣领丹杨内史。玘亦称疾，不之郡。"其他江东大族，大都表面上接受陈敏委任。陈敏也曾怀疑江东士族终不能为己用，欲尽诛之，赖顾荣从中调和得以全济，他对陈敏说：

> 中国丧乱，胡夷内侮。观今日之势，不能复振，百姓将无遗种。江南虽经石冰之乱，人物尚全，荣常忧无孙、刘之主有以存之。今将军神武不世，勋效已著，带甲数万，舳舻山积，若能委信君子，使各尽怀，散蒂芥之嫌，塞谗谄之口，则上方数州，可传檄而定；不然，终不济也。②

当时北方陷入混战，朝廷诏令难以到达，顾荣等人无法核实消息真伪，只能暂时接受任命，再者，陈敏手握强兵，一旦不与他合作，马上就会有危险，除此原因之外，江南士族暂时接受陈敏，主要是因为他们割据独立的追求此前无法实施，陈敏起事却给了他们恢复孙吴旧业的机会。江东士族已知中原必乱，希望能够保持江南的稳定，希望有一个能代表自己利益的政权来统治江东。《晋书》卷七十《甘卓传》载：

> 卓见天下大乱，弃官东归，前至历阳，与陈敏相遇。敏甚悦，共图纵横之计，遂为其子景娶卓女，共相结托。

《晋书》卷六十八《顾荣传》载：

> 荣私于卓曰："若江东之事可济，当共成之。然卿观事势当有济理不？"

陈敏与甘卓的"共图纵横之计"，顾荣与陈敏所言的"孙、刘之主"，与甘卓所

---

① 《晋书》卷一百《陈敏传》，第 2615 页。

② 《资治通鉴》卷八十六，永兴二年，第 2715 页。《晋书》卷六十八《贺循传》："循辞以脚疾，手不制笔，又服寒食散，露发袒身，示不可用，敏竟不敢逼。是时州内豪杰皆见维絷，或有老疾，就加秩命，惟循与吴郡朱诞不豫其事。"

说的"江东之事"，其实是一件事，在中原已乱的情况下，陈敏欲效仿孙权割据江东，江东大族考虑的则是如何确保江南稳定，确保维护相对独立的政权，保护江南士族的利益。如此一来，双方有共同合作的可能，是以能够暂时联手。

不久，陈敏自称都督江东军事、大司马、楚公，封十郡，加九锡，宣称将入长安奉迎晋惠帝銮驾。虽然陈敏未必是真心奉迎晋惠帝，但此举显然和江东士族割据江东的政治目标是不同的。更为关键的是，江东士族在与陈敏短暂的合作中，已经感到陈敏无法成为孙权、刘备式的人物，不可能完成割据江东的政治图谋。《晋书》卷一百《陈敏传》载：

> 敏凡才无远略，一旦据有江东，刑政无章，不为英俊所服，且子弟凶暴，所在为患。

《晋书》卷六十八《顾荣传》：

> 敏既常才，本无大略，政令反覆，计无所定，然其子弟各已骄矜，其败必矣。

这两则史料所说"无远略""无大略"，都是指陈敏缺乏长期的政治规划，且纵容子弟行凶，侵犯江东士族的利益，江东大族对陈敏大为不满，抛弃他另立新主已成必然之势。

此外，陈敏以镇压石冰之功崛起，自谓勇略无敌，开疆拓土不在话下，因此，刚在扬州站住脚，就任命其弟陈恢为荆州刺史，进攻武昌，与西晋委派的荆州刺史刘弘争夺荆州。刘弘以陶侃为前锋迎战，屡屡击败陈恢。《资治通鉴》卷八十六，永兴二年载：

> 侃以运船为战舰，或以为不可。侃曰："用官船击官贼，何为不可！"侃与恢战，屡破之；又与皮初、张光、苗光共破钱端于长岐。

除了西线失利，陈敏还面临着北部的军事压力。东海王越夺取大权后，以周馥为镇东将军，取代了此前毫无建树的刘准，周馥在寿春集结兵力，准备南下进攻江东。

陈敏所用非人，为政举措也不符合江东士族的利益需求，尤其是军事扩张失利，江东压力骤增。所有这一切，让顾荣等人忧心忡忡，意识到陈敏终究不是孙策、孙权，没有掠定南方的能力。恰在此时，东海王越军谘祭酒华谭写信给顾荣分析利弊：

> 石冰之乱，朝廷录敏微功，故加越次之礼，授以上将之任，庶有韩卢一噬之效。而本性凶狡，素无识达，贪荣干运，逆天而动，阻兵作威，盗据吴会，内用凶弟，外委军吏，上负朝廷宠授之荣，下孤宰辅过礼之惠。天道伐恶，人神所不祐。虽阻长江，命危朝露。忠节令图，君子高行，屈节附逆，义士所耻。王蠋匹夫，志不可屈；于期慕义，陨首燕庭。况吴会仁人并受国宠，或剖符名郡，或列为近臣，而便辱身奸人之朝，降节逆叛之党，稽颡屈膝，不亦羞乎！昔龚胜绝粒，不食莽朝；鲁连赴海，耻为秦臣。君子义行，同符千载，遥度雅

量，岂独是安！

昔吴之武烈（孙坚，谥号武烈皇帝），称美一代，虽奋奇宛叶，亦受折襄阳。讨逆（孙策，曾任讨逆将军，谥号长沙桓王）雄气，志存中夏，临江发怒，命讫丹徒。赖先主（孙权）承运，雄谋天挺，尚内倚慈母仁明之教，外杖子布廷争之忠，又有诸葛、顾、步、张、朱、陆、全之族，故能鞭笞百越，称制南州。然兵家之兴，不出三世，运未盈百，归命入臣。今以陈敏仓部令史，七第顽冗，六品下才，欲蹑桓王之高踪，蹈大皇（孙权谥号大皇帝）之绝轨，远度诸贤，犹当未许也。诸君垂头，不能建翟义之谋；而顾生俯眉，已受羁绊之辱。皇舆东轩，行即紫馆，百僚垂缨，云翔凤阙，庙胜之谟，潜运帷幄。然后发荆州武旅，顺流东下，徐州锐锋，南据堂邑；征东劲卒，耀威历阳；飞桥越横江之津，泛舟涉瓜步之渚；威震丹阳，擒寇建邺，而诸贤何颜见中州之士邪！……①

华谭此信，首先分析了陈敏以自己的亲族为核心，根本不顾及江东士族的利益。"内用凶弟，外委军吏"，陈敏自封楚公、加九锡，以其弟陈恢为荆州刺史、陈闿任历阳太守、陈瓒镇江州、陈斌东取诸郡。江东士族之所以与陈敏合作，是希望利用他建立割据政权，维护江东士族的政治、经济利益，而陈敏的所作所为，显然是先将自己的家族摆在核心位置上，完全不顾及江东士族的利益。

其次，华谭分析的是陈敏的社会阶层与江东士族不一致。他劝说顾荣等放弃陈敏的理由，竟然不是指斥陈敏是乱臣贼子，而是指明陈敏能力不及孙策、孙权。陈敏出身寒微，既不是文化士族，也非武力强宗，此前的任职官位很低，并无多少政治才能，远不能和孙策、孙权相提并论，其覆灭是必不可免的。"今以陈敏仓部令史，七第顽冗，六品下才，欲蹑桓王之高踪，蹈大皇之绝轨，远度诸贤，犹当未许也。"陈寅恪先生在《论东晋王导之功业》中指出：

陈敏之失败由于江东之豪宗大族不与合作之故，史传所载甚明，不待详论。西晋末年孙吴旧壤内文化世族如吴郡顾氏等，武力豪宗如义兴周氏等，皆当日最强之地方势力，陈敏既不属于文化世家，又非武力豪族。故华谭一檄提醒顾、周诸人之阶级性，对症下药，所以奏效若斯之神速也。东汉末年孙氏一门约相当于义兴周氏之雄武，而政治社会地位则颇不及之，孙坚、策、权父子兄弟声望才智又远过于陈敏，此孙氏为江淮之豪家大族所推戴，得成霸业，而陈敏则为东吴之豪宗大族所离弃，终遭失败也。

……考司马氏之篡魏，乃东汉儒家大族势力之再起，晋之皇室及中州避乱南来之士大夫大抵为东汉末年之儒家大族拥戴司马氏集团之子孙，其与顾荣诸人虽属不同邦土，然就社会阶级言之，实为同一气类，此江东士族宁戴仇雠敌

---

① 《晋书》卷一百《陈敏传》，第2616页。

国之子孙以为君主，而羞于同属孙吴旧壤寒贱庶族之陈敏合作之故也。^①

再次，华谭透露了东海王越以后的军事安排，称将有三路大军进攻江东："发荆州武旅，顺流东下，徐州锐锋，南据堂邑；征东劲卒，耀威历阳。"此前，陈恢西征荆州屡败于陶侃，周馥已在寿春备战，徐州是东海王越的大后方，自然也会安排军队南下，三方夹击之下，仅凭江东一地又如何能挡，必然会"擒寇建邺"。正如田余庆先生在《东晋门阀政治》一书中所言：

> 华谭此信，显然是受命于司马越、王衍，目的是告诫南士，如果要保障江东士族利益，只有反戈一击，消灭陈敏，与司马越合作。顾荣、甘卓、纪瞻同华谭一样，都曾居司马越幕府，与越有旧，遂与周玘定策灭敏。

> 从陈敏兴败之中，王、马与南士各自作出了自己的估量。王、马理解到江东形势亟待强藩出镇，否则还可能出现第二个陈敏；南士则准备接受从北方来的强藩，只要他们有足够的名分和权威而又尊重南士的利益。这样，司马睿与王导才得以在南士的默许下过江，而过江后的首要任务，就是尽力笼络南士，协调南北门阀士族的利益。^②

史籍记载，顾荣等人接到华谭的信后，皆有惭愧之意，于是共商讨灭陈敏之计。事情散见于《晋书》的《陈敏传》《华谭传》《周玘传》《顾荣传》《甘卓传》《纪瞻传》《贺循传》，《资治通鉴》也有详细记载。他们先是与江北的西晋军队取得联系，请他们发兵南下，自己愿为内应，此前逃跑的扬州刺史刘机又被派了回来，"遣扬州刺史刘机等出历阳讨敏。"^③然后周玘联络同乡钱广，杀了领兵数万屯驻乌江的陈昶，顾荣说服甘卓^④，与周玘、纪瞻等共同起兵攻陈敏。陈敏的很多部下都信任顾荣、周玘，两军隔江对阵时，顾荣麾下士兵大喊：你们多是因为顾荣、周玘才追随陈敏，如今他们已经与陈敏断绝关系，你们还跟着陈敏做什么？顾荣拿着白羽扇指挥军队，陈敏军队顿时溃散，陈敏被俘后斩于建邺（今江苏省南京市），夷三族。

永嘉元年（307 年）二月，陈敏之乱平定。三月，东海王越征召江南士族代表入京为官：

> 诏征顾荣为侍中，纪瞻为尚书郎。太傅越辟周玘为参军，陆玩为掾。玩，机之从弟也。荣等至徐州，闻北方愈乱，疑不进，越与徐州刺史裴盾书曰："若荣等顾望，以军礼发遣！"荣等惧，逃归。^⑤

---

① 陈寅恪：《金明馆丛稿初编》，生活·读书·新知三联书店，2001 年版，第 58、60 页。

② 田余庆：《东晋门阀政治》，北京大学出版社，1996 年版，第 21 页。

③ ［宋］司马光著，［元］胡三省注《资治通鉴》卷八十六，永嘉元年，第 2725 页。

④ 《晋书》卷六十八《顾荣传》：顾荣暗中联络甘卓，劝他反陈敏，"若江东之事可济，当共成之。然卿观事势当有济理不？敏既常才，本无大略，政令反覆，计无所定，然其子弟各已骄矜，其败必矣。而吾等安然受其官禄，事败之日，使江西诸军函首送洛，题曰逆贼顾荣、甘卓之首，岂惟一身颠覆，辱及万世，可不图之！"

⑤ ［宋］司马光著，［元］胡三省注《资治通鉴》卷八十六，永嘉元年，第 2727 页。

征召江南士人不成，只能派人南下，控制江南这块领土，南渡的计划正式展开。

二、琅邪士族南渡

西晋末年的战乱，不仅加速了西晋政权的灭亡，也给琅邪士族带来致命威胁，尤其是在政治旋涡中心的琅邪王氏更是感同身受。在北方已经大乱的情况下，为国为家都需要寻找政治靠山和安身立命之地，放眼全国，只有南方战乱少，还可暂时安身，因此，琅邪王氏家族的南渡计划早在"八王之乱"后期就已经开始规划实施，这就有了王衍与东海王司马越和王导与琅邪王司马睿分别在洛阳、建康搭起的政治构架。

（一）南渡前的规划

东海王越与王衍共执朝政时，针对北方胡族崛起的态势，曾对以刘渊、石勒为代表的少数民族势力构筑了宏大的战略防御体系。只是因用人不当再加上内部的权力斗争，致使北方防御体系很快就被胡族突破，匈奴的势力迅速扩展至并州、冀州、青州、司州、兖州、豫州等北方大部区域，仅剩王浚控制的幽州尚能勉强维持。即便是在这种困难的情况下，东海王越与王衍仍固守中原，没有迁都的打算。鉴于北方已经基本陷入战乱，他们开始着手准备以大本营徐州为核心，荆州、扬州为两翼，构筑新的防御阵线。在这三州的刺史人选上，琅邪王氏的代表人物王衍首先考虑的就是自己的族人。

王衍任职中枢之时，琅邪王氏族人大多归属东海王，他尤其着意安排了王澄（269—312 年）、王敦（266—324 年）、王旷、王导（276—339 年）四人担任要职，为后来东晋政权的建立和王氏家族的发展，创造了有利条件。

《晋书》卷四十三《王衍传》，王衍向司马越建议：

> "中国已乱，当赖方伯，宜得文武兼资以任之。"乃以弟澄为荆州，族弟敦为青州。因谓澄、敦曰："荆州有江汉之固，青州有负海之险，卿二人在外，而吾留此（洛阳），足以为三窟矣。"

《世说新语·简傲》"王平子出为荆州"条注引《晋阳秋》：

> 惠帝时，太尉王夷甫言于选者，以弟澄为荆州刺史，从弟敦为青州刺史。澄、敦俱诣太尉辞，太尉谓曰："今王室将卑，故使弟等居齐、楚之地，外可以建霸业，内足以匡帝室，所望于二弟也！"

《晋书》卷四十三《王澄传》：

> 少历显位，累迁成都王颖从事中郎。……及颖败，东海王越请为司空长史。……惠帝末，衍白越以澄为荆州刺史、持节、都督，领南蛮校尉，敦为青州。

《晋书》卷九十八《王敦传》：

惠帝反正，敦迁散骑常侍、左卫将军、大鸿胪、侍中，出除广武将军、青州刺史。永嘉初，征为中书监。于时天下大乱，敦悉以公主时侍婢百余人配给将士，金银宝物散之于众，单车还洛。东海王越……以敦为扬州刺史。

根据上述史料，应当是光熙元年（306 年）末王衍向东海王越提出了派王澄、王敦出镇荆州、青州。此前的荆州刺史是刘弘，太安二年（303 年）张昌在荆州发动流民起义，刘弘由"宁朔将军、假节、监幽州诸军事，领乌丸校尉"调任"使持节、南蛮校尉、荆州刺史"，奉命镇压起义。平定荆州后，刘弘竭力安抚流民，发展生产，使荆州成为江南难得稳定的区域。"于时流人在荆州十余万户，羁旅贫乏，多为盗贼。弘乃给其田种粮食，擢其贤才，随资叙用。""劝课农桑，宽刑省赋，岁用有年，百姓爱悦。"荆州居长江中游，时上游的益州有李雄进攻成都，下游扬州有石冰、陈敏之乱，刘弘除了稳定荆州，还向益州刺史罗尚提供粮草支援，向东击败陈敏西进的部队，给扬州形成较大压力。此外，他早在河间王颙与东海王越相争时，就表明态度，支持东海王越，"弘以张方残暴，知颙必败，遣使受东海王越节度。时天下大乱，弘专督江汉，威行南服。"[1] 刘弘成为东海王越的支持力量，他控制的荆州也是江南能够稳固的重要支撑。光熙元年（306 年），东海王越迎回晋惠帝不久，刘弘病死于襄阳。荆州作为江南重镇，刺史出缺，给王衍安排自己的弟弟王澄提供了机会。同时，他也将族弟王敦派到了青州。显而易见，在国难当头之时，王衍作为朝中重臣，所考虑的不是如何挽救国家民族于危难之中，而是将家族利益放在首位。王澄出任荆州刺史，控制长江中游，永嘉三年（309 年），王敦又调任扬州刺史，坐镇长江下游，兄弟二人控制了江南的两大军镇，正是王衍的如此安排，使琅邪王氏获得了向江南发展的有利条件。

王旷，字世弘，生卒年不详，是书圣王羲之的父亲。王旷是琅邪王司马睿的姨表兄，二人幼年相交，关系密切。何况司马睿十五岁即嗣位琅邪王，无论是对母亲的夏侯氏家族，还是琅邪国大族，都比其他年长藩王更依赖些，琅邪王氏的王正一支，恰好将这两个条件合二为一。王正娶于夏侯氏，生王旷、王廙和王彬，王廙与王导、司马睿生于同年，比他们稍小，"王廙，字世将，丞相导从弟，而元帝姨弟也。"王廙曾称自己与司马睿"恩侔于兄弟，义同于交友。"[2] 比他年长的王旷则更应该是琅邪王氏与琅邪王最紧密的联系。王旷早期经历不详，他出现于史册是在陈敏之乱前任丹杨郡（后改称丹阳）太守。太康二年（281 年），平吴的第二年，晋武帝命将丹阳郡的郡治由宛陵（今安徽省宣城市宣州区）迁至原来吴国的政治核心建邺。《晋书》卷十五《地理下》载：

> 丹杨郡汉置。统县十一，户五万一千五百。

① 《晋书》卷六十六《刘弘传》，第 1763、1765、1766 页。
② 《晋书》卷七十六《王廙传》，第 2002、2003 页。

> 建邺本秣陵，孙氏改为建业。武帝平吴，以为秣陵。太康三年，分秣陵北为建邺，改"业"为"邺"。 江宁太康二年，分建邺置。丹杨丹杨山多赤柳，在西也。于湖 芜湖 永世 溧阳溧水所出。江乘 句容有茅山。湖熟 秣陵

建邺既是丹杨郡的郡治所在，也是扬州刺史的治所。王衍在向江南安插人手之时，除了会考虑到中游重镇荆州，孙吴故地扬州必然也不会放过。只是，王衍安排王澄为荆州刺史，是借用了刘弘死去、荆州刺史出缺的机会，扬州刺史刘几尚在任，不可能任意更改，但扬州刺史的统治核心区丹杨郡他仍能插上手，这大概就是王旷出任丹杨郡太守的原因。虽然不知王旷在建邺的任职时间始于何时，但结束的时间明确载于史册，永兴二年（305年）十二月，"右将军陈敏举兵反，自号楚公，矫称被中诏，从沔汉奉迎天子；逐扬州刺史刘机、丹杨太守王旷。"[1] 官员为人驱逐，有守土不利之责，若不被罢官，就必须承担收复之任，这也是后来平定陈敏之乱，西晋从淮南派出的人就是扬州刺史刘机的原因。王旷被陈敏驱逐，只能北上，投靠一个距江南较近，利于反攻江南，且与他关系较好，能够提供一定军事力量的地方官，这个人就是自己的姨表弟，坐镇下邳的琅邪王司马睿。《晋书》卷八十《王羲之传》载：

> 父旷，淮南太守。元帝之过江也，旷首创其议。

向南迁徙的策略就这样被王旷明确提出了。司马睿过江后，立即任命王旷为淮南太守，一是酬其建策南迁之功，二则是让他成为自己在江北的屏障。

至于王导，更是琅邪王氏向江南发展的关键人物。《晋书》卷六十五《王导传》载：

> 王导，字茂弘，光禄大夫览之孙也。父裁，镇军司马。导少有风鉴，识量清远。年十四，陈留高士张公见而奇之，谓其从兄敦曰："此儿容貌志气，将相之器也。"初袭祖爵即丘子。司空刘寔寻引为东阁祭酒，迁秘书郎、太子舍人、尚书郎，并不行。后参东海王越军事。

> 时元帝为琅邪王，与导素相亲善。导知天下已乱，遂倾心推奉，潜有兴复之志。帝亦雅相器重，契同友执。帝之在洛阳也，导每劝令之国。会帝出镇下邳，请导为安东司马[2]，军谋密策，知无不为。

王导十四岁是太康十年（289年），时族兄王戎已是朝中显贵，王衍声名鹊起，从兄王敦尚晋武帝女襄城公主，拜驸马都尉。张公称赞王导为将相之器，其中的家族背景和族人势力影响应是重要因素，但从中亦可看到王导个人的才华，"少有风鉴，识量清远"，当是在高官辈出的显贵家族中长期接受家学教育的结果。王导成年后，历史已经进入了贾南风把持政权的元康时期，王戎、王衍任职中央，借助九

---

① 《晋书》卷四《惠帝纪》，第106页。

② "请导为安东司马"，应当是平东司马之误，一直到两年后，也就是永嘉元年（307年），司马睿才改任为安东将军、都督扬州江南诸军事、假节，渡江镇守建邺。

品中正制度，援引王氏子弟入仕。青年王导并没有被家族在朝中的优势地位冲昏头脑，他周旋于洛阳上层社会的权贵、名士之间，静观朝局，凭借敏锐的政治直觉，综合分析各方政治势力后，察觉到了朝野暂时安宁的背后隐藏着巨大的凶险，这正是他在三十岁前只是承袭祖父爵位而未担任实际职务的重要原因。最早征辟王导入仕的是司空刘寔，他是当时的礼学名家，永康元年（300 年）升任司空①，辟王导为东阁祭酒。是年王导二十五岁，在朝局未稳、各诸侯王为争夺最高统治权互相残杀之时，连王戎、王衍都小心谨慎，远离政治纷争，政治观点日渐成熟的王导又怎会轻易涉足官场，于是，他拒绝了征召，不管是东阁祭酒，还是秘书郎、太子舍人、尚书郎一概不就。

永兴二年（305 年），东海王越已经基本控制了东方，《资治通鉴》卷八十六，永兴二年载：

> 七月，越传檄山东征、镇、州、郡云："欲纠帅义旅，奉迎天子，还复旧都。"……是时，越兄弟并据方任，于是范阳王虓及王浚等共推越为盟主，越辄选置刺史以下，朝士多赴之。

东海王越逐步成为西晋王朝实际上的最高统治者，王导终于以"参东海王越军事"的身份踏入官场，琅邪王氏最璀璨的一颗政治明星冉冉升起。

王导是一位杰出的政治家，在中原已乱的情况下，他与王衍都意识到必须另寻出路，创造条件，复兴晋王朝，并由此确立起王氏家族的霸业。王衍虽期望王敦与王澄"外可以建霸业，内足以匡帝室"②，但其主要目标仍锁定在中原，"及石勒、王弥寇京师，……时洛阳危逼，多欲迁都以避其难，而衍独卖车牛以安众心"③，正是这种思想的反映。王导比王衍有更高的政治才能，其敏锐的政治洞察力和远大目光更是王衍所不能及的，他潜怀兴复晋室之志，在错综复杂的政治派系中积极寻找合作者和代理人，准备在适当的时机投身政治斗争，施展自己的政治抱负。王导看到，中原已难保住，只有江南还可暂时安身，但自己在王氏家族中虽然有王览嫡孙的身份，政治地位和声望却远不及王衍、王澄和王敦，因此，当王衍为琅邪王氏家族精心设计"三窟"之计时，委以重任的是王澄和王敦，而将王导排除在外。以王导当时的政治地位，想在江南独立创出一番事业是非常困难的，只能选择一个有一定号召力的代理人来执行此计划，而他选定的最佳人选是与自己"素相亲善"的本国封王琅邪王司马睿。

---

① 《晋书》卷四十一《刘寔传》记载是元康九年（299 年），《晋书》卷四《惠帝纪》载：元康六年（296 年）"司空、下邳王晃薨。以中书监张华为司空"，永康元年（300 年）四月赵王伦发动政变，"司空张华、尚书仆射裴𬱟皆遇害"，赵王伦自任相国，重新委派官员，"右光禄大夫刘寔为司空"。今从《惠帝纪》。

② ［南朝宋］刘义庆著，［南朝梁］刘孝标注，余嘉锡笺疏《世说新语笺疏·简傲》"王平子出为荆州"条注引《晋阳秋》，第 770 页。

③ 《晋书》卷四十三《王衍传》，第 1238 页。

司马睿是司马懿的曾孙,属宗室远支,素无威望,王导与司马睿交好,固然是因其宗室身份大可借用,主要还是由琅邪王氏家族与琅邪王的特殊关系决定的。太兴三年(320年),已经是东晋开国皇帝的司马睿下诏:

> 先公武王(司马伷)、先考恭王(司马觐)临君琅邪四十余年,惠泽加于百姓,遗爱结于人情。……琅邪国人在此者近有千户,今立为怀德县,统丹杨郡。①

诏书中所说的"惠泽""遗爱"未必都是事实,琅邪国最显赫的家族琅邪王氏固然需要与琅邪王建立互相需要、互相支持的政治合作关系,却不是仅靠琅邪王光耀门楣,更多的是凭借自王祥以来的家族名望和族人的各自努力。但自司马睿祖父司马伷被封为琅邪王,无论如何都会与琅邪王氏建立密切的联系,以换取封国内豪族的支持。待至司马觐在位期间,他与王览子王正都娶于夏侯氏,与琅邪王氏建立了姻亲关系。司马睿继位琅邪王时,琅邪王氏已经成为西晋最有名望的家族之一,在一定程度上说,琅邪王甚至不如王戎、王衍的权势大,司马睿更需要获得琅邪王氏的支持,因此,他与姨兄弟王旷、王廙等人保持了较好的关系,王廙曾自述"恩侔于兄弟,义同于交友。"②对王氏其他子弟,司马睿也多有结交,他曾对王敦说:"与卿及茂弘(王导)当管鲍之交。"对与他生于同年、王览的嫡孙王导更是自幼相识、相交,"素相亲善""契同友执",直至登基称帝后还念念不忘与王导的"布衣之交"。可以说,司马睿与王导、王敦、王旷、王廙等王氏子弟的个人情谊和姻亲关系,是他们政治合作的情感基础,但琅邪王与琅邪王氏的政治合作,一开始就是不对等的,相对弱势的琅邪王,似乎预示了东晋初"王与马,共天下"时皇权的衰落,而琅邪王氏的权力一度凌驾于皇帝之上。

太熙元年(290年),二月,司马觐死,年仅十五岁的司马睿嗣位为琅邪王,当年四月,晋武帝崩,历史进入了晋惠帝时代。此后司马睿经历了外戚屠戮、宗室纷争,自己的三个叔父搅入其中,先是三叔司马繇诛杀杨骏有功,自大招嫉,再加上二叔司马澹诋毁,被贬官流放。接着贾南风执政,司马澹因娶了贾南风表妹郭氏,在家族中仗势欺人,连诸葛太妃(司马伷妻)都被欺负。赵王伦得势,司马澹又投靠赵王伦,任领军将军。四叔司马漼此时也应是投靠了赵王伦,他与赵王伦的同党王舆关系不错,否则,也不会在王舆倒戈时与他一起攻杀孙秀。当时的琅邪王司马睿,自少年至青年,眼睁睁地看着这些宗室屠杀、亲人反目,他本属宗室远支,琅邪国实力也相对较弱,无能为力之下,只能韬晦自保,"及惠皇之际,王室多故,帝每恭俭退让,以免于祸。沈敏有度量,不显灼然之迹,故时人未之识焉。"当时,只有嵇康的儿子嵇绍觉得"琅邪王毛骨非常,殆非人臣之相也。"③

---

① 《晋书》卷六《元帝纪》,第 153 页。
② 《晋书》卷七十六《王廙传》,第 2003 页。
③ 《晋书》卷六《元帝纪》,第 143 页。

永宁元年（301年），赵王伦废惠帝自立，很快三王起兵，赵王伦、孙秀皆被杀。此前司马澹、司马漼投靠赵王伦，尽管司马漼最后追随王舆杀了孙秀，算是能够自保，但司马澹却难逃其咎。为了保司马澹一命，也为了避免牵连到琅邪王司马睿，诸葛太妃出面，以不孝之名请求流放司马澹，放回司马繇。

"八王之乱"后期，司马睿任左将军，虽然他不属于政治核心圈，保持相对超然的政治立场，但他留在各方政治势力角逐的洛阳，稍有不慎就会成为政治斗争的牺牲品，因此，他的好友王导屡屡建议他回到封国，避免卷入权力纷争，保存实力，以备他日大用。也许是司马睿并没有太大的政治野心，也许是因为还没有直接威胁到自己，也许是当时他还没有王导的政治眼光，总之王导劝过多次，都没能将司马睿劝回封国，但一场大战就逼得他不得不逃回封国了。

永兴元年（304年）七月，东海王越奉晋惠帝讨伐成都王颖，赴者云集，众十余万。当时邺城人心惶惧，成都王颖几欲逃离，下属亦分成战、和两派，《晋书》卷五十九《成都王颖传》：

> 颖欲走，其掾步熊有道术，曰："勿动！南军必败。"颖会其众问计，东安王繇乃曰："天子亲征，宜罢甲，缟素出迎请罪。"司马王混、参军崔旷劝颖距战，颖从之，乃遣奋武将军石超率众五万，次于荡阴。

司马繇从流放地返回后起复为宗正卿，又升任尚书左仆射，因母亲诸葛太妃去世而留滞邺城。司马繇与成都王颖的关系疏远，但因琅邪与东海毗邻，自己与东海王越颇有同命相怜之感，在天子亲征的历史背景下，再加上琅邪王司马睿还在晋惠帝的队伍中，劝成都王颖投降，结束战祸是他能选择的最好办法。但一旦成都王颖出降，直接影响到的不是司马繇，而是成都王颖权力的丧失和其属官的失势，甚至下狱、被杀，因此，成都王颖的直系多劝他出兵迎战。荡阴之战，东海王越大败，晋惠帝及随他出征的宗室、重臣全部被俘入邺城，其中就包括琅邪王司马睿。大胜之后的成都王颖想起司马繇的投降之言，恼怒之下将他杀死。司马睿恐祸及自己，趁雷雨天防备疏松之时逃出邺城。逃亡路上，司马睿忆起好友王导曾对自己说过，尽量远离政治中心，最好回琅邪国躲过战乱的言语，逃回洛阳后，立即接母亲夏侯太妃返回琅邪国，这大概是他在政治上信赖王导，以后委以重任的开始，也是后来他执行琅邪王氏家族规划的南渡计划的前提。

永兴二年（305年），自荡阴之战失利后，东海王越逃回封国，东海中尉刘洽劝他再次起兵与成都王颖对抗。七月，东海王越自下邳收兵开始崛起，取得徐州后，逐步控制江淮，稳固在东方的统治。徐州已经成为东海王越的大后方，尤其下邳的地位非常关键，一定要选稳妥的人控制，但他的三个弟弟皆在外领兵，只能找与自己关系较近、立场一致的人。恰在此时，司马睿逃回与东海毗邻的琅邪国，又因叔父被杀而与成都王颖结仇，再加上，此时随着东海王越的崛起，琅邪王氏家族已与东海王联手，因此，司马睿就成为东海王越和琅邪王氏都认可的镇守下邳、留守大后方的最佳人选。《晋书》卷六《元帝纪》载：

> 东海王越之收兵下邳也，假帝辅国将军。寻加平东将军、监徐州诸军事，镇下邳。

《资治通鉴》卷八十六，永兴二年八月：

> 司空越以琅邪王睿为平东将军，监徐州诸军事，留守下邳。睿请王导为司马，委以军事。

《晋书》卷六十五《王导传》载：

> 会帝出镇下邳，请导为安东司马，军谋密策，知无不为。

进入东海王越幕府未久的王导，转入琅邪王麾下，出任其司马，南渡计划一步一步展开了。

王导离开在当时最有希望成为最高统治者的东海王越，转入名位不显的琅邪王麾下，《晋书》卷六十五《王导传》称："导知天下已乱，遂倾心推奉，潜有兴复之志。"这样的记载应是后人的附会，以当时司马睿的政治地位和实力，王导再如何相信自己的政治眼光，也不可能以扶植司马睿成就"帝业"为目标。这一年的王导，还不可能预见到仅仅十二年后司马睿就会在建康称帝，他对司马睿的"倾心推奉"，除了两人之间的个人情谊，更多的应该是考虑到自己在东海王府并不是特别出色，与东海王越信任的人相比，并没有太大的发展空间，而转为琅邪王僚属，则会开辟一方新的天地，尤其司马睿被派驻下邳，离江南较近，日后向江南发展有更多便利。王导职务的变迁，有王衍的安排，但更多的应该是王导自己的选择，他虽然被排除在"三窟"计划之外，却凭借着自己的努力，成为琅邪王氏家族向南发展、开基江左的关键人物。

王导随司马睿在下邳镇守两年后，虽然东海王越已经能够控制朝局，但他与晋怀帝的矛盾开始加剧，地方分裂势力进一步发展，西晋王朝的直辖区域大大减少。尤其琅邪王氏瞩目的江南，相继爆发了石冰、陈敏之乱，仰赖江东士族率领乡里私兵，协助西晋军队相继击败石冰、诛灭陈敏，稳定了江南秩序，为后来东晋在江东的统治营造了一个较为安定的政治局面。同时，在这所谓的"三定江南"（第三次是在永嘉四年平定钱璯的反叛）的过程中，也显示出江东士族在当地雄厚的实力，而且，他们不愿应召入京为官，再次分裂独立的趋势仍在。作为执政者，东海王越必须考虑派出强有力的助手控制江南，填补陈敏败亡后的江南权力真空。此前，为平定陈敏，他起用平东将军周馥取代镇东将军刘准，都督扬州江北诸军事，屯驻淮南郡寿春，随着周馥势力的逐步增强和东海王越在朝中越来越专制，双方的矛盾冲突越来越明显，"馥自经世故，每欲维正朝廷，忠情恳至。以东海王越不尽臣节，每言论厉然，越深惮之。"[1]为提防周馥，东海王越也必须在扬州安插自己的人，排

---

[1] 《晋书》卷六十一《周浚传》附《周馥传》，第1663页。

挤周馥在扬州的势力。而他与王衍共同搭建的政治构架，决定了即将派驻江南的必然也会是西晋宗室与琅邪王氏合作的构架。于是，永嘉元年（307 年）七月，"以平东将军、琅邪王睿为安东将军、都督扬州江南诸军事、假节，镇建邺（313 年，晋愍帝司马邺继位，为避讳改为建康）。"①

对出镇江南，王导早有规划。在"八王之乱"的政治漩涡中冷静观察思考多年，又在临近江南的下邳潜心谋划两年的王导，已经具备了长远的政治眼光。他看到，在经过长期诸侯混战和胡族侵扰之后，中原已难保住，江南虽然也被战乱波及，但大体还能保持稳定，已经成为中原士族躲避战乱的最佳场所，先南据扬州，再控制整个江南已经是唯一的保存社稷、绵延家族之路。何况，离开徐州下邳移镇扬州建邺，也是王导为司马睿做出的重要规划，此举不仅便于自己与琅邪王氏家族名正言顺远离中原战乱，也便于司马睿的势力向南方拓展，借助南渡的中原士族和南方士族的力量，逐步摆脱东海王越的直接控制，既避免在日后东海王越与晋怀帝或其他地方军阀的冲突中受牵连，又谋求更多的政治自立。也许，正是在这一时期，王导的南渡计划与扶植司马睿的"帝业"计划才真正联系在一起。

为达此目的，王导力劝司马睿早图江东建设。《晋书》卷六《元帝纪》载：

永嘉初，用王导计，始镇建邺。

《世说新语·言语》"顾司空未知名"条注引邓粲《晋纪》曰：

导与元帝有布衣之好，知中国将乱，劝帝渡江，求为安东司马，政皆决之，号仲父。晋中兴之功，导实居其首。②

王导在南渡之事上确实起了极大的作用，但要说是他一人之力却不可信，搜索史料，可见其他几种说法。

《晋书》卷五十九《东海王越传》载：

初，元帝镇建邺，裴妃之意也，帝深德之。

东海王妃出自裴氏家族，其兄裴盾、裴邰一任徐州刺史，与安东将军监徐州诸军事司马睿共治下邳，一为司马睿安东府长史，与安东府司马王导相交甚深。所以裴妃对于司马睿渡江之事，很可能起过推动作用。

《晋书》卷八十《王羲之传》载：

父旷，淮南太守。元帝之过江也，旷首创其议。

东晋人裴启所撰《语林》载：

大将军（敦）、丞相（导）诸人在此时闭户共为谋身之计，王旷世弘（王旷字世弘）来在户外，诸人不容之。旷乃剔壁窥之，曰："天下大乱，诸君欲何所图谋？"将欲告官。遽而纳之，遂建江左之策。

① 《晋书》卷五《怀帝纪》，第 117 页。
② ［南朝宋］刘义庆著，［南朝梁］刘孝标注，余嘉锡笺疏《世说新语笺疏》，第 95 页。

王旷在陈敏之乱前任丹杨郡太守，驻建邺，虽然任职时间不详，但相比较而言，他对江南的形势显然比从未去过建邺的王敦、王导等人更熟悉，王旷"建江左之策"，应该是在了解中原动荡、江南可以偏安的基础上提出的。

综合以上材料，田余庆先生在《东晋门阀政治·释"王与马共天下"》中曾做过精辟的分析：

> 南渡问题不是一人一时的匆匆决断，而是经过很多人的反复谋划。概括言之，南渡之举王氏兄弟曾策划于密室，其中王旷首倡其议，王敦助其谋，王导以参东海王越军事，为琅邪王睿司马的关键地位主持其事；裴妃亦有此意，居内大力赞助；最后决策当出自司马越与王衍二人，特别是司马越。……至于司马睿本人，如《晋书》卷五九《八王传·序》所说："譬彼诸王，权轻众寡，度长絜大，不可同年"，所以他在南渡问题上只能是被动从命，无决断权。①

另，王汝涛先生在南渡问题上提出了自己的意见，他在《琅邪王氏考信录·永嘉南渡决策者为王旷考》中明确指出，是王旷先说服姨兄弟司马睿，再劝说王导率全族南迁。

在定策南迁的过程中，王导留给后人的历史形象与安排三窟之计的王衍迥然不同，率领族人避祸虽然也是其目的之一，但更重要的，是王导在长期的思考、准备之后，希望在江东复兴晋王朝，同时确立起王氏家族的霸业。在新的历史机遇面前，王导利用自己所处的有利地位，以及与王衍和东海王越的关系为司马睿游说，让司马睿出镇江南，开始得到独立发展的机会。永嘉元年（307年），王导随司马睿南渡建邺，完成了建立东晋政权的关键一步。

（二）永嘉南渡

自"八王之乱"开始，北部中国尤其中原一带爆发了大规模的混战，匈奴、羯、鲜卑等少数民族政权相继建立，战争屠杀、民族压迫愈演愈烈，再加上各种天灾持续不断，迫使大量百姓逃离家园沦为流民。永嘉之后，洛阳、长安相继陷落，晋怀帝、晋愍帝被俘，西晋王朝覆灭。当时，唯有琅邪王司马睿控制的江东地区还算安稳，于是西晋官民纷纷南渡避难，"自夷狄乱华，司、冀、雍、凉、青、并、兖、豫、幽、平诸州一时沦没，遗民南渡。"②"时海内大乱，独江东差安，中国士民避乱者多南渡江。"③避难到江南的人占全部流徙人口的十分之六七，史称"永嘉南渡"或"衣冠南下"。

从晋怀帝永嘉年间（307—312年）到南朝宋元嘉年间（424—453年），北方黄河流域的汉族人口大规模向南方淮河流域、长江流域迁徙，这是中国历史上第一次

---

① 田余庆：《东晋门阀政治》，北京大学出版社，1989年版，第19页。
② 《宋书》卷三十五《州郡一》，第1028页。
③ [宋]司马光著，[元]胡三省注《资治通鉴》卷八十七，永嘉五年，第2766页。

大规模人口迁徙，也是黄河文明与长江文明的一次大规模交汇。

自永嘉开始的南迁，百余年间共有四次移民高潮①：

第一次：永嘉初年，今河北、山西、山东、河南和江苏、安徽二省淮北部分的流民，为躲避北方战乱，相继渡淮河、长江向南迁徙。

第二次：东晋成帝（325—342 年在位）初年，苏峻、祖约叛乱，后赵乘机南侵，江淮间大乱，淮南原居民以及原来侨居在淮南的北方人纷纷渡长江南迁。

第三次：东晋哀帝（362—365 年在位）时期及以后一二十年间，中原各少数民族政权征战不休，频繁的战乱中，关中遭到严重破坏，今陕西、甘肃境内的人口大量南迁至汉水流域，一部分进入四川盆地。

第四次：南朝宋文帝元嘉（424—453 年）年间和宋明帝泰始（465—471 年）年间，随着北魏太武帝拓跋焘统一北方，此前由宋武帝刘裕收复的中原地区再次失陷，淮北各地都被北魏占领，大量人口渡淮南迁。此外，西部氐人的战乱也迫使关陇流民南迁至汉水流域和四川北部。

据谭其骧先生《晋永嘉丧乱后之民族迁徙》一文考证，永嘉之乱后到南朝刘宋为止，一百多年间几次大批南渡的人口多达九十万人，约为当时北方人口的八分之一，约占刘宋总人口数的六分之一。其中，迁往扬州的南迁人口最多，占全部南迁总人数的一半以上②。但谭其骧先生主要依据《宋书·州郡志》记载的宋大明八年（464 年）的户口数做出此推断，因为人口统计误差，致使当时典籍中的户口数大大低于实际的户口数，何况大明八年距永嘉年间已 150 多年，九十万人的数据不可能是精确的。另据葛剑雄先生估计，到宋大明年间，北方移民及其后裔的总数至少是户口数的一倍有余，即 200 万左右③。

永嘉南渡的路线主要有东西二线：

东线：沿邗沟和淮河流域东南向的支流为主线，向东南方向迁移，因此，处于邗沟南端的今江苏扬州及其长江对岸的今镇江、常州一带，成为山东及苏北移民的集合地，河南人也大多向东南迁入安徽，而不是向正南进入湖北。

西线：水路是循汉水南下，所以沿汉水的南郑（今陕西省汉中市）和襄阳（今湖北省襄樊市）成为移民重要的集散地。陆路则取道金牛道（南栈道）西南进入四川。

按今天的地域划分，当时接受北方移民最多的是江苏省，东晋政权在此地设侨郡 23 个、侨县 75 个，以安置南下的北方移民，在今南京、镇江、常州一带最为集中，苏北地区则以扬州、淮阴等地为主。移民的来源，今山东省占了一半以上，其次是河北、河南、山西、陕西等省。接受北方移民第二位的是安徽，其境内的移民

①　葛剑雄：《葛剑雄文集·普天之下》，广东人民出版社，2014 年版，第 155 页。
②　谭其骧：《长水集》，人民出版社，1987 年版，第 219 页。
③　葛剑雄：《中国移民史（第二卷）》，福建人民出版社，1997 年版，第 412 页。

大多来自河南，其次为河北、山东和山西。今湖北境内的移民主要来自山西、陕西和河南。今陕西秦岭以南的汉中地区安置的移民几乎都是来自甘肃和本省北部。

总而言之，移民迁入地可以分为东西二区：东区包括长江下游及淮河流域，以接受黄河下游今山东、河北及河南东部的移民为主。西区包括长江流域上游及汉水流域，以接受今甘肃、陕西、山西及河南西部移民为主。

以上是北方士族、百姓南渡的时间和基本路线，至于琅邪士族的南渡，应该是在琅邪王司马睿南下后逐步展开的。《资治通鉴》卷八十六，永嘉元年：

> 七月……己未，以琅邪王睿为安东将军，都督扬州江南诸军事，假节，镇建邺。
>
> ……
>
> 九月，戊申，琅邪王睿至建邺。

司马睿七月接到任命，九月才抵达建邺。按说，从下邳至建邺，最便捷的道路是水路，自下邳经泗水至淮阴，再转邗沟直至长江，溯江而上即可至建邺，若是轻舟急进，根本无须两月之久。十年后的建武元年（317年）正月，弘农太守宋哲自华阴（今陕西省华阴市）逃亡江东，二月即至建康。此时洛阳、长安已经陷落，北方战乱不休，更兼华阴至建康的路途是下邳至建邺路途的三倍，宋哲又多走陆路，仍能在一个月左右抵达，比司马睿的南下速度快了许多。想来除了交通不便、运力有限外，更根本的原因是军府搬迁非同小可，更何况还是已经打定主意要立足江南，不会轻易返回的搬迁，事无巨细，必须考虑周详，是以延迟。

当南渡计划确定之后，琅邪王氏、诸葛氏、颜氏、刘氏等族中子弟相继进入琅邪王司马睿府，并随之南下，开辟了新的政治格局。司马睿抵达建邺时，安东将军府的主要属官应该同时抵达，除了司马王导外，琅邪士族还包括诸葛恢、颜含、刘超等人。《晋书》卷七十七《诸葛恢传》：

> 恢弱冠知名，试守即丘长，转临沂令，为政和平。……元帝为安东将军，以恢为主簿，……于时王氏为将军，而恢兄弟及颜含并居显要，刘超以忠谨掌书命，时人以帝善任一国之才。

除了王导等安东将军府属官，王旷以丹杨太守的身份应该与司马睿同时抵达建邺，不久，王旷即被任命为淮南太守，成为司马睿的北部屏障。初到江南的王导等人，大概不会携带全部家眷，但一旦立定脚跟之后，就会陆续将族人接到江南。以琅邪王氏家族为例，此时，王祥分支已经衰微，王戎、王衍子孙单薄，且多死于战乱，过江的大都是王览的孙辈，根据史料记载，梳理如下：

```
                              ┌ 导
                              │ 颖
                     裁 ─────┤ 敞
                              └ 释道宝

                              ┌ 含
                     基 ─────┤ 敦
                              └ 竺道潜

            王览 ┤        会 ─────┤ 舒
                              └ 邃

                              ┌ 旷
                     正 ─────┤ 廙
                              └ 彬

                     彦 ─────┤ 棱
                     琛        └ 侃
```

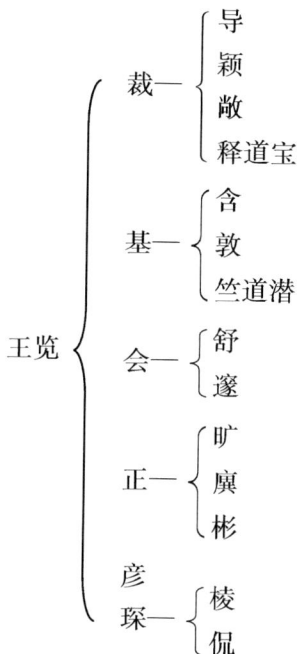

《晋书》卷六十五《王导传》：

> 二弟：颖、敞，少与导俱知名，时人以颖方温太真，以敞比邓伯道，并早卒。

《高僧传》卷四《竺法崇传》载：

> 时剡东仰山，复有释道宝者。本姓王，琅邪人，晋丞相导之弟。弱年信悟，避世辞荣，亲旧谏止，莫之能制。……后以学行显焉。[①]

此处虽未言及渡江时间，但显然"剡东仰山"是在浙江省绍兴境内，已属江南。

王含过江时间不详，过江后累迁征东将军，都督扬州江西诸军事。应该与其弟王敦过江的时间差不多，在永嘉三年（309年）前后。《晋书》卷九十八《王敦传》：

> 永嘉初，征为中书监。……（永嘉三年）东海王越自荥阳来朝，……越以敦为扬州刺史。

《高僧传》卷四《竺法潜传》载：

> 竺潜，字法深，姓王，琅邪人，晋丞相武昌郡公敦之弟也。年十八出家，事中州刘元真为师。……

> 至年二十四，讲《法华》《大品》，既蕴深解，复能善说。故观风味道者，常数盈五百。晋永嘉初，避乱过江，中宗元皇，及肃祖明帝，丞相王茂弘，太尉庾元规，并钦其风德，友而敬焉。

---

① [梁]释慧皎撰，汤用彤校注《高僧传》，中华书局，1992年版，第171页。

……以晋宁康二年卒于山馆。春秋八十有九。①

竺潜，又称竺法潜、竺道潜，生卒年为公元286—374年，十八岁出家时为西晋太安二年（303年），二十四岁讲《法华》《大品》时，是西晋永嘉三年（309年）。"晋永嘉初，避乱过江"，时间不详，应该在309年前后，大约是随王敦南下。

王会的儿子王舒，过江时间不详。《晋书》卷七十六《王舒传》：

> 王舒，字处明，丞相导之从弟也。父会，侍御史。舒少为从兄敦所知，以天下多故，不营当时名，恒处私门，潜心学植。年四十余，州礼命，太傅辟，皆不就。及敦为青州，舒往依焉。时敦被征为秘书监，以寇难路险，轻骑归洛阳，委弃公主。时辎重金宝甚多，亲宾无不竞取，惟舒一无所眄，益为敦所赏。及元帝镇建康，因与诸父兄弟俱渡江委质焉。参镇东军事，出补溧阳令。

据此可知，王舒的过江时间应该是在永嘉元年"元帝镇建康"之后，且王舒渡江后的官职是"参镇东军事"，也就是任镇东将军参军。《晋书》卷六《元帝纪》：

> 永嘉初，用王导计，始镇建邺，……属太妃薨于国，自表奔丧，葬毕，还镇，增封宣城郡二万户，加镇东大将军、开府仪同三司。

司马睿任镇东大将军是在葬母之后。《晋书》卷三十一《后妃上》：

> 元夏侯太妃，名光姬，沛国谯人也。……永嘉元年，薨于江左，葬琅邪国。

《建康实录》卷五亦云：

> 太妃讳光姬……永嘉元年，薨于江左。②

尊经阁本《世说新语》汪藻《考异》：

> 十一月，太妃薨于本国琅邪，上便欲奔丧，顾荣等固留，乃止。上即表求奔丧，诏听。二年三月，上还琅邪国，四月葬太妃，上还建康。

据上述史料，永嘉元年十一月，司马睿母夏侯太妃去世，虽然三条记载关于她的去世地点有差异，但有一点是相同的，夏侯太妃葬于琅邪国，司马睿必然回琅邪国奔丧。永嘉二年四月，司马睿才返回江南，也就是说，他升任镇东大将军应该是在此月之后。据此可知，王舒的渡江时间约在永嘉二年。

王舒弟王邃，字处重，《世说新语·赏誉》：

> 王大将军与元皇表云："舒风概简正，允作雅人，自多于邃。最是臣少所知拔。"注引《王邃别传》：邃字处重，琅邪人，舒弟也。意局刚清。以政事称。累迁中领军。尚书左仆射。③

《资治通鉴》卷八十四，永宁元年记载，王邃时为扬州刺史郗隆的参军，镇石头，齐王冏传檄扬州，邀郗隆共起兵攻打赵王伦，郗隆迟疑未决，被王邃所杀：

> 冏檄至扬州，州人皆欲应冏。刺史郗隆，……以兄子鉴及诸子悉在洛阳，

---

① [梁]释慧皎撰，汤用彤校注《高僧传》，第156页。

② [唐]许嵩撰，张忱石点校《建康实录》，中华书局，1986年版，第134页。

③ [南朝宋]刘义庆著，[南朝梁]刘孝标注，余嘉锡笺疏《世说新语笺疏》，第447页。

疑未决，悉召僚吏谋之。……隆停檄六日不下，将士愤怒。参军王邃镇石头，将士争往归之，隆遣从事于牛渚禁之，不能止。将士遂奉邃攻隆，隆父子及顾彦皆死，传首于同。

这说明，永宁元年（301 年），王邃已经在江南，因为史料缺乏，现在已经无法确知他是此后一直在江南，还是曾回北方，再与王舒等"诸父兄弟俱渡江"。

《晋书》卷七十六《王廙传》：

> 王廙，字世将，丞相导从弟，而元帝姨弟也。……辟太傅掾，转参军。豫迎大驾，封武陵县侯，拜尚书郎，出为濮阳太守。元帝作镇江左，廙弃郡过江。帝见之大悦，以为司马。频守庐江、鄱阳二郡。
>
> ……
>
> （王）彬字世儒。少称雅正，弱冠，不就州郡之命。光禄大夫傅祇辟为掾。后与兄廙俱渡江，为扬州刺史刘机建武长史。元帝引为镇东贼曹参军，转典兵参军。
>
> ……
>
> （王）棱字文子，彬季父国子祭酒琛之子也。少历清官。渡江，为元帝丞相从事中郎。从兄导以棱有政事，宜守大郡，乃出为豫章太守，加广武将军。……
>
> 弟侃，亦知名，少历显职，位至吴国内史。

这些王氏子弟，除了两位出家的，过江后多历要职，在东晋王朝的建立过程中发挥了重要作用。他们过江的时间应该差不多，《王舒传》称"与诸父兄弟俱渡江"，他们的家眷或与他们同时，或稍微延后，陆续过江，王廙所作《中兴赋》曰：

> 昔忝濮阳，弃官远迹，扶持老母，携将细弱，越长江归陛下者，诚以道之所存，愿托余荫故也。

西晋濮阳属兖州，在今河南东北部，在琅邪国偏西北处。《资治通鉴》卷八十六，永嘉二年：

> 三月，太傅越自许昌徙镇鄄城。
>
> ……
>
> 八月，丁亥，太傅越自鄄城徙屯濮阳；未几，又徙屯荥阳。

是年刘渊、王弥、石勒相继挑起几次大战，战事吃紧，东海王越从鄄城一路向西向洛阳方向撤退，或许王廙就是在此年"弃郡过江"。他若从濮阳郡太守一职弃官南下，可能会先归琅邪，"扶持老母，携将细弱"，其中的"细弱"，应该包括了家眷、奴婢、部曲，甚至包括一部分乡邻。后来司马睿下诏"琅邪国人在此者近有千户，今立为怀德县，统丹杨郡。"①

琅邪王氏家族渡江的最后时间，大约不会晚于永嘉四年（310 年）。

首先，是北方频繁的战乱，无论是琅邪国还是部分琅邪王氏子弟久居的洛阳都处于长期战乱中，无法立足。《资治通鉴》卷八十六：

永嘉元年（307 年）：

二月：王弥寇青、徐二州，自称征东大将军，攻杀二千石。太傅越以公车令东莱鞠羡为本郡太守，以讨弥，弥击杀之。

五月：（汉）桑大破魏郡太守冯嵩，长驱入邺，（司马）腾轻骑出奔，为桑将李丰所杀。……遂烧邺宫，火旬日不灭；杀士民万余人，大掠而去。济自延津，南击兖州。太傅越大惧，使苟晞及将军王赞等讨之。

七月：石勒与苟晞等相持于平原、阳平间，数月，大小三十余战，互有胜负。

九月：苟晞追击汲桑，破其八垒，死者万余人。

十二月：乞活田甄、田兰、薄盛等起兵，为新蔡王腾报仇，斩汲桑于乐陵。顿丘太守魏植为流民所逼，众五六万，大掠兖州，晞出屯无盐以讨之。

永嘉二年（308 年）：

三月：王弥收集亡散，兵复大振。分遣诸将攻掠青、徐、兖、豫四州，所过攻陷郡县，多杀守令，有众数万；苟晞与之连战，不能克。夏，四月，丁亥，弥入许昌。

七月：汉王渊寇平阳，太守宋抽弃郡走，河东太守路述战死。

九月：汉王弥、石勒寇邺，和郁弃城走。

十月：并州刺史刘琨使上党太守刘惇帅鲜卑攻壶关，汉镇东将军綦毋达战败亡归。

石勒、刘灵帅众三万寇魏郡、汲郡、顿丘，百姓望风降附者五十余垒。

永嘉三年（309 年）：

三月：左积弩将军朱诞奔汉，具陈洛阳孤弱，劝汉主渊攻之。渊以诞为前锋都督，以灭晋大将军刘景为大都督，将兵攻黎阳，克之；又败王堪于延津，沈男女三万余人于河。

四月：汉安东大将军石勒寇巨鹿、常山，众至十余万。

七月：王弥……与楚王聪共攻壶关，以石勒为前锋都督。刘琨遣护军黄肃、韩述救之，聪败述于西涧，勒败肃于封田，皆杀之。

八月：汉主渊命楚王聪等进攻洛阳；诏平北将军曹武等拒之，皆为聪所败。

十月：汉主渊复遣楚王聪、王弥、始安王曜、汝阴王景帅精骑五万寇洛

---

① 《晋书》卷六《元帝纪》，第 153 页。

阳，……太傅越婴城自守。

十一月：王弥南出轘辕，流民之在颍川、襄城、汝南、南阳、河南者数万家，素为居民所苦，皆烧城邑，杀二千石、长吏以应弥。石勒寇信都，杀冀州刺史王斌。王浚自领冀州。诏车骑将军王堪、北中郎将裴宪将兵讨勒，勒引兵还，拒之；魏郡太守刘矩以郡降勒。勒至黎阳，裴宪弃军奔淮南，王堪退保仓垣。

十二月：王弥表左长史曹嶷行安东将军，东徇青州，且迎其家；渊许之。
永嘉四年（310年）：

正月：汉镇东大将军石勒济河，拔白马，王弥以三万众会之，共寇徐、豫、兖州。二月，勒袭鄄城，杀兖州刺史袁孚，遂拔仓垣，杀王堪。复北济河，攻冀州诸郡，民从之者九万余口。

三月：曹嶷自大梁引兵而东，所至皆下，遂克东平，进攻琅邪。

十月：汉河内王粲、始安王曜及王弥帅众四万寇洛阳，石勒帅骑二万会粲于大阳，败监军裴邈于渑池，遂长驱入洛川。

京师饥困日甚，太傅越遣使以羽檄征天下兵，使入援京师。帝谓使者曰："为我语诸征、镇：今日尚可救，后则无及矣！"既而卒无至者。征南将军山简遣督护王万将兵入援，军于涅阳，为王如所败。如遂大掠沔、汉，进逼襄阳，简婴城自守。

太傅越既杀王延等，大失众望；又以胡寇益盛，内不自安，乃戎服入见，请讨石勒，且镇集兖、豫。……十一月，甲戌，越帅甲士四万向许昌，留妃裴氏、世子毗及龙骧将军李恽、右卫将军何伦守卫京师，防察宫省；以潘滔为河南尹，总留事。

十二月：初，帝以王弥、石勒侵逼京畿，诏苟晞督帅州郡讨之。会曹嶷破琅邪，北收齐地，兵势甚盛，苟纯闭城自守。晞还救青川，与嶷连战，破之。

除了战乱，还有天灾，恶劣的自然环境，迫使北方士民逃离家园，琅邪王氏等不得不南下避难。

永嘉三年：大旱，江、汉、河、洛皆竭，可涉。

永嘉四年：幽、并、司、冀、秦、雍六州大蝗，食草木、牛马毛皆尽。

再有，就是琅邪王氏族人的任职。永嘉三年（309年）初，王敦渡江任扬州刺史。北方战乱频发，七月，王旷被司马越调往北方迎战刘聪，《晋书》卷五《怀帝纪》：

刘元海遣子聪及王弥寇上党，围壶关。并州刺史刘琨使兵救之，为聪所败。淮南内史王旷、将军施融、曹超及聪战，又败，超、融死之。
《资治通鉴》卷八十六，永嘉三年：

太傅越遣淮南内史王旷、将军施融、曹超将兵拒聪等。旷济河，欲长驱而前，融曰："彼乘险间出，我虽有数万之众，犹是一军独受敌也。且当阻水为固以量形势，然后图之。"旷怒曰："君欲沮众邪！"融退，曰："彼善用兵，旷暗于事势，吾属今必死矣！"旷等逾太行与聪遇，战于长平之间，旷兵大败，融、超皆死。

三位将领出战，仅明确记载了施融、曹超战死，王旷自此下落不明，琅邪王氏损失了重要的家族成员。更为严重的是，这年底，王弥的部将曹嶷攻破琅邪，故土已经无法立足。而随着战事吃紧，洛阳也难保住，琅邪王氏族人曾长期居住的都城已经成为危城。

据上述史料，琅邪王氏家族的南迁，大约在永嘉元年至永嘉四年间，其他琅邪士族的南迁时间，也大体相同。此后，到达江南的琅邪士族，翻开了历史新的一页。

第五章　东晋初的琅邪士族

两晋之际，北方陷入战乱，南迁的北方士族与南方士族合作，在江南共同建立了新政权。其中，琅邪士族在东晋王朝建立、发展的过程中发挥了重要作用，对家族也产生了不同影响①。

一、建立东晋政权

永嘉元年（307 年），琅邪王司马睿以安东将军的身份，"都督扬州江南诸军事，假节，镇建邺。"② 名义上，司马睿应该掌控扬州长江以南的广大地区，但他携王导等人过江之初，面对的是一个极为困窘的局面。

首先，实际控制的疆域面积极小，势力所及，仅有长江下游的丹杨郡、吴兴郡、吴郡、会稽郡等地，领土约占扬州总面积的六分之一。

其次，当时陈敏新败，江东士族未完全归附，局势不稳，战乱时有发生。安东军府内部也充斥着各种矛盾，尤其江东士族与北方士族矛盾重重，难以携手合作，南北士族与皇室之间也存在权利之争，潜伏着各种问题。可以说，以琅邪王司马睿为首的江东地方政权走向东晋王朝的道路荆棘丛生，但在以琅邪王氏为代表的琅邪士族努力下，联合南北士族的力量，为新王朝开疆拓土，平定江南，最终还是将司马睿送上了皇帝宝座。

（一）确立并维护司马睿的地位

初履南土，当务之急是切实地在江南站稳脚跟，如果是颇有威望之人被派驻江东，应该很容易就能解决此难题，但西晋政府派过来的是"名论素轻"的琅邪王司马睿。"及惠皇之际，王室多故，帝每恭俭退让，以免于祸。沈敏有度量，不显灼

---

① 两晋之际，琅邪王氏是影响最大的政治和军事力量，其风头完全盖过了其他琅邪士族，故本章主要以琅邪王氏为主，其他如琅邪诸葛氏、颜氏、刘氏在东晋立国和巩固的过程中，也各自做出一些贡献。诸葛恢、颜含和刘超并任显职，因社会地位不同，他们的政治态度也不相同，诸葛氏与司马氏是姻亲关系，与东晋皇室关系密切，诸葛恢一度成为辅政大臣。颜含秉持素退之风，仅使颜氏家族成为一般的高门士族，而非琅邪王氏那样的一流门阀士族。刘超长期掌管机密，因起自低层士族，只能依仗皇室维系自己的家族。琅邪孙氏因孙秀被杀，株连甚多，过江孙氏族人，只能居于下层，传袭五斗米道，逐渐积累着家族力量。具体内容参见本书第二章。

② 《晋书》卷五《怀帝纪》，第 117 页。

然之迹，故时人未之识焉。"① 当时西晋宗室诸王拼杀殆尽，而司马睿属宗室远支，素无重望，江东大族根本不把他放在眼里，身为谋主的王导不得不想办法树立司马睿的威望。

《资治通鉴》卷八十六，永嘉元年：

> 九月，戊申，琅邪王睿至建业。睿以安东司马王导为谋主，推心亲信，每事咨焉。睿名论素轻，吴人不附，居久之，士大夫莫有至者，导患之。会睿出观禊，导使睿乘肩舆，具威仪，导与诸名胜皆骑从，纪瞻、顾荣等见之惊异，相帅拜于道左。导因说睿曰："顾荣、贺循，此土之望，宜引之以结人心。二子既至，则无不来矣。"睿乃使导躬造循、荣，二人皆应命而至。以循为吴国内史；荣为军司，加散骑常侍，凡军府政事，皆与之谋议。又以纪瞻为军祭酒，卞壶为从事中郎，周玘为仓曹属，琅邪刘超为舍人，张闿及鲁国孔衍为参军。……王导说睿："谦以接士，俭以足用，用清静为政，抚绥新旧。"故江东归心焉。

《晋书》卷六十五《王导传》记载的更详细些：

> 及徙镇建康，吴人不附，居月余，士庶莫有至者，导患之。会敦来朝，导谓之曰："琅邪王仁德虽厚，而名论犹轻。兄威风已振，宜有以匡济者。"会三月上巳，帝亲观禊，乘肩舆，具威仪，敦、导及诸名胜皆骑从。吴人纪瞻、顾荣，皆江南之望，窃觇之，见其如此，咸惊惧，乃相率拜于道左。导因进计曰："古之王者，莫不宾礼故老，存问风俗，虚己倾心，以招俊乂。况天下丧乱，九州分裂，大业草创，急于得人者乎！顾荣、贺循，此土之望，未若引之以结人心。二子既至，则无不来矣。"帝乃使导躬造循、荣，二人皆应命而至，由是吴会风靡，百姓归心焉。自此之后，渐相崇奉，君臣之礼始定。

《晋书·王导传》增加的是王敦的戏份，但《晋书》卷九十八《王敦传》对上巳节的活动却没有详细记载，只有一句：

> 帝初镇江东，威名未著，敦与从弟导等同心翼戴，以隆中兴，时人为之语曰："王与马，共天下。"

王敦比王导、司马睿年长十岁，少年时即显名一时，娶晋武帝女襄城公主，拜驸马都尉，除太子舍人，历任给事黄门侍郎、散骑常侍、侍中、青州刺史、中书监、扬州刺史等职，的确是"威风已振"。但无论是《资治通鉴》还是《晋书》，都将此事定在"观禊"上，这是每年三月三日上巳节才有的风俗活动。永嘉元年（307 年）九月，司马睿与王导等人才抵达建邺，如果修禊祈福，最早应该是在永嘉二年（308年）三月，那时，王敦卸任青州刺史改任中书监刚刚三个月②，"于时天下大乱，敦

---

① 《晋书》卷六《元帝纪》，第 143 页。

② 万斯同《晋方镇年表》：王敦于永嘉元年三月任青州刺史，同年十二月司马越任命苟晞为都督青州诸军事，领青州刺史，王敦卸任。《二十五史补编》，中华书局，1955 年版，第 3394 页。

悉以公主时侍婢百余人配给将士，金银宝物散之于众，单车还洛。"① 所谓"来朝"，即便不是去洛阳朝见晋怀帝，也应该是去见东海王司马越，无论如何也不会到建邺见琅邪王司马睿。如果是晚一年，到永嘉三年（309 年）三月，王敦就任扬州刺史，此事倒是可能发生，只是，那时已经是司马睿渡江南下两年之后，与"居月余"的记载不相合。因此，《资治通鉴》未采用《晋书·王导传》中关于王敦的记载，只是记述了王导为抬高司马睿的声望而做的上巳观禊安排，应该是考虑到了王敦的就职时间。

无论是《资治通鉴》还是《晋书》对江东士族纪瞻、顾荣等人"见之惊异，相帅拜于道左""窃觇之，见其如此，咸惊惧，乃相率拜于道左"的描述，都是有问题的，绝非实情。纪瞻、顾荣等人，经过了陈敏之乱之后，不可能不知道司马睿是中原政权派驻江东的代表，断无可能羁延半年之久再"拜于道左"的道理。陈敏图谋割据江东，都能立即启用顾荣等人，司马睿、王导等人也深知必须聘请出身当地大族，了解江东形势，有一定号召力、影响力的名士来辅助建设江东新政权，才能将江东稳定下来，因此，这就有了顾荣、贺循、纪瞻、周玘等人的任职安排，"由是吴会风靡，百姓归心焉。自此之后，渐相崇奉，君臣之礼始定。"田余庆先生在《东晋门阀政治》中分析：

> 从陈敏兴败之中，王、马与南士各自作出了自己的估量。王、马理解到江东形势亟待强藩出镇，否则还可能出现第二个陈敏；南士则准备接受从北方来的强藩，只要他们有足够的名分和权威而又尊重南士的利益。②

因此，江东士族与司马睿、王导的合作，是出于政治考量，也是经历了较长时间的磨合才完成的，绝非如《晋书》《资治通鉴》所记载，通过一场小小的观禊活动就能使江东大族俯首称臣。当然，这段生动的非真实性记载，也在一定程度上向后人展示了当时司马睿与王导所面对的艰难环境，以及王导为司马睿集团能够立足江东所做的巨大贡献，"时无思晋之士，异文叔之兴刘；辅佐中宗，艰哉甚矣！"③

（二）制定施政方针

九月，司马睿到建邺，十一月，其母夏侯太妃去世，司马睿回琅邪国奔丧，那时正是刚到江南，立足未稳之时，稳定江东，主持政权建设的重任压到了王导头上。针对当时的江东局势，王导采取"镇之以静"的政策，制定了"谦以接士，俭以足用，以清静为政，抚绥新旧"④ 的基本施政方针，为东晋政权打下了基础。

"谦以接士"和"抚绥新旧"互相配合。"新"是指原先活动在中原，后追随司

---

① 《晋书》卷九十八《王敦传》，第 2554 页。
② 田余庆：《东晋门阀政治》，北京大学出版社，1996 年版，第 21 页。
③ 《晋书》卷六十五《王导传》，第 1760 页。
④ ［宋］司马光著，［元］胡三省注《资治通鉴》卷八十六，永嘉元年，第 2731 页。

马睿南下的北方贵族官员和普通百姓,"旧"是指江东土著,包括南方士族和庶民百姓,所谓"谦以接士"主要针对社会上层的北方士族和江东士族。

永嘉之乱后,北方士族、百姓大规模南下,民族危机当前,南方人和北方人需要协力同心共抗胡虏,但固定的疆域短时间内涌入了上百万人口,资源争夺难以避免,所以,南人与北人既要同舟共济,又互相敌视。依靠南北士族支持建立起来的东晋政权,内部矛盾重重。解决北方士族与南方士族之间错综复杂的矛盾冲突,是王导面临的主要问题,他坚持"以清静为政,抚绥新旧"的方针,积极斡旋,调停南人与北人之间的利益纷争,竭力缓和南北大族之间的矛盾。

初到江东,首先要做的是笼络江东士族,取得他们的支持。陈敏等人的败亡,使王导意识到,要想在江南站稳脚跟,稳定江南局势,必须避免与江东士族产生激烈冲突,取得他们的支持。当时的江东士族,基本可以划分成两类,一类是以顾荣为代表的文化士族,一类是以周玘为代表的武力豪宗,前者家学传承,社会影响大,后者拥兵自重,既是江东稳固的维系力量,又是江东不安定因素的制造者。

对这两类士族,王导采取了分化拉拢的措施。他亲自造访贺循、顾荣,先将这两位江东文化士族的代表拉进司马睿的军府中,以后再将纪瞻等"南土之秀"委以要职,顾荣又上表推荐江东士人:"陆士光(陆晔)贞正清贵,金玉其质;甘季思(甘卓)忠款尽诚,胆干殊快;殷庆元(殷祐)质略有明规,文武可施用;荣族兄公让(顾谦)明亮守节,困不易操;会稽杨彦明、谢行言皆服膺儒教,足为公望;贺生沈潜,青云之士;陶恭兄弟才干虽少,实事极佳。凡此诸人,皆南金也。"值司马睿、王导努力招揽吴人之际,自然很快予以任用,"书奏,皆纳之。"① 就这样,王导结好江东大族的代表人物顾荣、贺循,进而通过顾荣、贺循的人际关系,将江东文化士族集团争取到了司马睿一边。对江东的武力豪宗,王导一方面要任用,另一方面也小心提防。江南义兴大族周玘,"宗族强盛,人情所归,帝疑惮之。"司马睿渡江之前,周玘参与了讨灭石冰、陈敏的军事行动,司马睿一到江东,很快委任他为仓曹属。仓曹,主要负责管理仓库事物,正职为掾,副职为属。周玘有将才,而屈就管理仓库的副职,其实正是司马睿等人在自身军事实力不济的情况下,对周玘既要用、又要防的心态反映。在镇压钱璯之乱后,周玘有"三定江南,开复王略"之功,得以拜建威将军、吴兴太守,封乌程县侯。但此时王敦已经成为江东政权的军事统帅,周玘仍被排挤在权力中枢之外。

虽然司马睿和王导在政治上对江东士族开放仕宦之途,将顾荣、贺循、纪瞻、周玘等人引入朝堂,大量招揽南士,安排一部分江东士族出任地方官,但在江东新政权中,骨干力量是以琅邪王氏为首的北方大族,江东士族的政治地位明显低于北

---

① 《晋书》卷六十八《顾荣传》,第 1814 页。

方士族。直到东晋建国，"侍中皆北士"[1]，"南土之士未尽才用。"[2] 江东士族对此极其不满，"时中国亡官失守之士避乱来者，多居显位，驾御吴人，吴人颇怨。"[3] 南北士族之间、南方士族与司马睿之间的矛盾逐步激化。

渡江前期，刚刚南下的北方士族，仅能在政治上居优势，军事力量和经济实力都无法与江东士族抗衡，如果拥有部曲私兵的南方豪强起而反抗，势必会引起江东新政权的不稳和纷争，削弱司马睿集团的统治实力。这是身为司马睿谋主的王导不得不认真应对并谋划解决之道的问题。当然，解决的方法不外乎两种，一种是隐忍相待，争取与武力豪宗和平相处，一种是激其生变，乘机除之。作为明智的政治家，王导更倾向于后一种，尤其是在王敦掌控军权后，清除南方武力豪宗的计划一步步展开，希望能借此扩大北方士族的军事影响，震慑南方士族。王导选择的第一个重点打击对象，就是实力最强的周玘家族。

因周玘家族的军事实力和社会影响过大，司马睿与王导等人对他的猜忌从未停止，过江初的任用和褒奖都是希望能安抚拉拢周玘为己所用。《晋书》卷五十八《周玘传》：

> 玘三定江南，开复王略，帝嘉其勋，以玘行建威将军、吴兴太守，封乌程县侯。吴兴寇乱之后，百姓饥馑，盗贼公行，玘甚有威惠，百姓敬爱之，期年之间，境内宁谧。帝以玘频兴义兵，勋诚并茂，乃以阳羡及长城之西乡、丹阳之永世别为义兴郡，以彰其功焉。

如果周玘能像讨平石冰、陈敏之后散众归家，不求功赏，司马睿对他应该是放心的。但在平定钱璯之后，司马睿看到的是周氏家族的实力和周玘的影响力，王导、王敦等人更是明确意识到周氏家族已经成为江东政权的不稳定因素，为顾全大局，势必要除之而后快。于是，接下去就是逼其生变了。

自王敦南下，周玘等人基本处于闲置的状态。建兴元年（313 年），周玘因被猜忌排挤而久不得升迁，以致心怀怨望，准备以自己的军事实力反抗朝廷。"于时中州人士佐佑王业，而玘自以为不得调，内怀怨望，复为刁协轻之，耻恚愈甚。"于是他与镇东将军祭酒王恢合谋，联络淮泗地区的流民，准备在淮泗和三吴同时起兵，"诛诸执政"，即杀掉王导等执政的北方士族代表，与"诸南士共奉帝以经纬世事"，以司马睿为虚君，建立以江东士族为核心的政权。是时，司马睿集团的军事力量虽有发展，恰值王敦统帅主力部队征讨荆州，建康兵微将寡，一旦周玘起兵，建康必遭重创，纵然王敦能回师救援，江东政权也会元气大伤，而且刚刚弥合的南北士族矛盾只会愈加激化，司马睿等人更难在江东立足。危急时刻，王导诸人一方面以流民对付流民，迅速诛杀了淮泗流民首领夏铁，另一方面，明知周玘的阴谋却引而不

① 《晋书》卷七十七《陆晔传》，第 2023 页。
② 《晋书》卷六十八《顾荣传》，第 1814 页。
③ 《晋书》卷五十八《周处传》附《周勰传》，第 1574 页。

发，在缺乏强大兵力的情况下，使用政治手段解决此次危机。先是司马睿下令召周㠣为镇东司马，周㠣不知阴谋已经败露，准备至建康继续准备起事。但他未至建康，就被改任为建武将军、南郡太守，司马睿一道命令把他打发到王敦的控制区。此时，周㠣已经感觉不妙，无奈西行入荆州，刚到芜湖，又接到改任军咨祭酒的调令，虽然保留了建武将军的职衔，且进爵为乌程县公，但几次任职命令和任官地的变换，周㠣明白所谋之事已经泄露，自知不为朝廷所容，忧愤发病，临死时嘱咐儿子周勰说："杀我者诸伧（伧，是南方人对北方人的蔑称）子，能复之，乃吾子也。"①

一年多后，周勰集合一些怨恨北士的豪强，谋起兵攻王导、刁协等人，"豪侠乐乱者翕然附之"，孙皓族人孙弼也起兵响应，杀吴兴太守，"有众数千"②，准备杀向建康。周勰叔父周札为司马睿的丞相从事中郎，正因病回乡休养，听闻周勰推自己为主帅，惊惶之下，立即向地方官告变，表明自己绝不参加的态度。司马睿闻讯欲派兵征讨，王导根据建康的兵力情况劝阻："今少发兵则不足以平寇，多发兵则根本空虚"③，遂派周氏族人黄门侍郎周莚回乡应急处理，而周莚果然不负王导对他"忠果有谋"的评价，杀参与叛乱的周札的儿子周续，叛乱者作鸟兽散，很快就平息此事。周札在此事中的表现，颇有大义灭亲之意，但事实上他"性矜险好利，外方内荏""性贪财好色，惟以业产为务。"周札贪婪成性，始终将家族利益放在首位，能及时告变，并不是对司马睿政权的忠心，而是因为他清楚当时的政治形势。王敦已经占据长江中游，手握强兵，即便周勰能够成功攻入建康，甚至控制扬州，一旦王敦顺流而下，周勰必败无疑，到那时，牵连的就是整个周氏家族。正因为对政局有清醒的认识，周札才能及时站出来，压制周勰，甚至牺牲了一个儿子，使事态没有扩大。叛乱平定后，周札又凭借周氏家族在江东盘根错节的实力，力保周勰，当然，也因为王导出于拉拢江东士族的方略而调停，司马睿"以周氏奕世豪望，吴人所宗，故不穷治，抚之如旧。"周勰被周札痛责，自知复仇无望，此后终日沉湎酒色，不久死去，"勰为札所责，失志归家，淫侈纵恣，每谓人曰：'人生几时，但当快意耳。'终于临淮太守。"④

通过周氏家族的两次事件，可以看到王导在实力有限的情况下，为消弭南方武力豪宗的反抗隐患所做的不懈努力。

此后，南北士族之间没有发生太大的武力冲突，但矛盾和斗争依旧存在。《晋书》卷七十七《陆玩传》载：

> 时王导初至江左，思结人情，请婚于玩。玩对曰："培塿无松柏，薰莸不同器。玩虽不才，义不能为乱伦之始。"导乃止。玩尝诣导食酪，因而得疾。与

---

① 《晋书》卷五十八《周处传》附《周㠣传》，第 1573、1574 页。
② 《晋书》卷五十八《周处传》附《周勰传》，第 1574 页。
③ [宋] 司马光著，[元] 胡三省注《资治通鉴》卷八十九，建兴三年，第 2817 页。
④ 《晋书》卷五十八《周处传》附《周勰传》，第 1574 页。

导笺曰:"仆虽吴人,几为伧鬼。"其轻易权贵如此。

为了能够和江东士族建立密切的联系,王导初到江左,欲与陆玩联姻。联姻是士族之间建立联系最有效的方式之一,东晋南朝士族联姻最重门第,本来,琅邪王氏家族都是与当时的名门望族联姻,并且特别重视其联姻对象的文化,如王戎、王衍与裴氏,此后的王氏与郗氏、王氏与谢氏,皆为当时的一流大族,其学术思想亦有相通之处。陆玩是孙吴丞相陆逊的侄孙,虽说在江东也是门第高贵,但在西晋时期其社会地位远不及琅邪王氏,而且两家族的思想文化亦有很大差距,王导主动提出与陆玩缔结秦晋之好,在当时是极为难能可贵的。陆玩表面以"小地方长不出大松柏,香的薰草和臭的莸草不能放在一个容器里"表示谦挹,却以"义不能为乱伦之始"加以拒绝,轻蔑之情溢于言表。王导在联姻上碰了钉子,但他仍坚持与陆玩往来,某次以北方人爱吃的奶酪招待陆玩,时南方人食用奶酪较少,陆玩吃得又稍微多了些,回家后就病倒了,他以调侃的语气表达了对北方食品和北方士人的嘲讽。无论是婚姻大事还是饮食小事,陆玩对王导都持傲慢、轻鄙的态度,这其实也是江东大部分士人对北方士族的态度。

《世说新语·政事》载:

> 陆太尉诣丞相咨事,过后辄翻异。王公怪其如此,后以问陆。陆曰:"公长民短,临时不知所言,既后觉其不可耳。"[1]

陆玩是江东士族的代表人物,他与王导的政见分歧,也是江东士族对北方士族并不心服的表现之一。南北士族心理隔膜之深亦由此可见一斑,这个问题不能解决,势必要影响南北士族之间的团结。王导为了稳固大局,尽快立足江东,在过江之初,即小心翼翼与江东士族周旋,并以中原士族领袖的身份,尽可能做好沟通南北文化的工作,努力消除南北士族之间的心理隔阂。

《晋书》和《世说新语》中,记载了大量王导笼络江东士族的事例,从政治联姻到日常生活细节,从宾客接洽到学习吴语,王导努力拉近与江东士人的关系,增强南北士族的凝聚力。

过江之初,中原士人凭借政治、文化优势,在言行举止中时时表露出优越感,瞧不起南方士族,刁协、周顗轻视周𡷫、王恢,差点演变成重大政治事件,"于时中州人士佐佑王业,而𡷫自以为不得调,内怀怨望,复为刁协轻之,耻恚愈甚。时镇东将军祭酒东莱王恢亦为周顗所侮,乃与𡷫阴谋诛诸执政。"江东士人在西晋时期被视为"亡国之余",遭中原士族多年压制,如今在他们眼中这帮"中国亡官失守之士"居然能"多居显位,驾御吴人"[2],无疑也是怨愤不已,常蔑称其为"伧"。南北士族之间的积怨,致使双方隔膜较深。而王导以北方士族领袖之尊,却能打破

① [南朝宋]刘义庆著,[南朝梁]刘孝标注,余嘉锡笺疏《世说新语笺疏·政事》,第176页。
② 《晋书》卷五十八《周处传》附《周𡷫传》《周勰传》,第1573、1574页。

双方壁垒，不仅注意与江东高门士族建立密切的联系，还利用自己的人格魅力和处世手段，将中下层的南方士人都团结在自己周围。《世说新语·政事》载：

> 王丞相拜扬州，宾客数百人并加沾接，人人有说色。唯有临海一客姓任及数胡人为未洽，公因便还到过任边云："君出，临海便无复人。"任大喜说。因过胡人前弹指云："兰阇，兰阇。"群胡同笑，四坐并欢。

同条注引《晋阳秋》曰：

> 王导接诱应会，少有忤者。虽疏交常宾，一见多输写款诚，自谓为导所遇，同之旧昵。

王导任扬州刺史，是在建武元年（317年），《晋书》卷六十五《王导传》记载：

> 晋国既建，以导为丞相军谘祭酒。……俄拜右将军、扬州刺史、监江南诸军事，迁骠骑将军，加散骑常侍、都督中外诸军、领中书监、录尚书事、假节，刺史如故。

从这一连串的官衔看，王导已经是炙手可热的政治红人，以致前往道贺的宾客竟有数百人之多。王导善于察言观色，揣摩人意，从容应对，能够顾及到所有人的感受，使宾主尽欢，哪怕初次与他见面的人，也会感觉到为王导所重视、亲近，如故交老友一般。他周旋于数百客人之间，不拘他们的身份地位，"并加沾接"，尽显其平易近人的风采，现场气氛热烈，唯有一位来自临海的任姓客人和几位胡僧颇被冷落。任姓客人大约官职不是很高，否则不会无人关注，而王导发觉后，主动上前与他交谈："君出，临海便无复人。"言外之意，任姓客人乃临海最出众的人才，将他的身份作用大大抬高了，难怪这位客人喜不自胜。王导又走到胡僧跟前，弹指打招呼："兰阇！"弹指原是来自印度的佛教礼仪，用以表示欢喜、赞叹、致敬等意，余嘉锡在此处的笺疏中解释兰阇为清净之意，分析王导的意思是：

> 盖赞美诸胡僧于宾客喧噪之地，而能寂静安心，如处菩提场中。然则己之未加沾接者，正恐扰其禅定耳。群胡意外得此褒誉，故皆大欢喜也。[①]

在这场招待会上，王导展示了高超的交际手腕，让所有客人都没有受冷落之感。交际如此，从政也是如此，他以丞相之尊，放低身段，周旋于皇室、北方士族、流民团体、南方士族甚至江南蛮族等不同利益集团之间，团结一切可以团结的力量，只为了能维系江东政权稳定，对抗北方的胡族政权。

王导为了拉近与南方士人的距离，努力学习使用吴地语言。渡江之初，北方士族轻视吴语，吴人也因自己的文化影响不如中原而产生自卑之感，羡慕洛生之咏，鄙薄本地方言。为了表示对吴姓士族的尊重，王导主动学习吴语。《世说新语·排调》载：

> 刘真长始见王丞相，时盛暑之月，丞相以腹熨弹棋局，曰："何乃淘！"刘

[①] ［南朝宋］刘义庆著，［南朝梁］刘孝标注，余嘉锡笺疏《世说新语笺疏·政事》，第176页。

既出，人问见王公云何，刘曰："未见他异，唯闻作吴语耳。"

注引《语林》曰：

> 真长云："丞相何奇，止能作吴语及细唾也。"[1]

在王导的身体力行影响下，琅邪王氏子弟多习南音，《世说新语·轻诋》：

> 支道林入东，见王子猷兄弟。还，人问："见诸王何如？"答曰："见一群白颈乌，但闻唤哑哑声。"[2]

王徽之，字子猷，王羲之第五子，是王导的侄孙辈，他们的吴侬软语让刚从北方南下的支道林十分反感，讽之为"一群白颈乌"。陈寅恪先生称：

> 吴语者当时统治阶级之北人及江左吴人士族所同羞用之方言，王导乃不惜屈尊为之，故宜为北人名士所笑，而导之苦心可以推见也。[3]

更为重要的是，王导努力将玄学介绍给南方士族，使玄学清谈风靡江东（详见本书第六章）。唐长孺先生指出：玄学家"重新发挥老子无为而治的主张，指导怎样作一个最高统治者，这种政治主张随着门阀的发展与巩固，实质上是要削弱君权，放任世家大族享受其特权。"[4]经过王导等人的努力，南方士族熟悉了玄学清谈，理解了玄学中蕴含的清静无为的理论，进而意识到这是一种有利于门阀士族统治的政治理论，正是在此基础上，南北大族的思想得到了统一，他们协力同心，抗御外侮，共同维护门阀政治，东晋在江东的统治能够延续一百多年，实与此有关。

综上所述，在司马睿即帝位以前，王导安抚江南士族的措施取得了极大的成功，"由是吴会风靡，百姓归心焉。自此之后，渐相崇奉，君臣之礼始定。"[5]

争取南方士民的支持，是司马睿集团得以立足江东的关键，但要进一步开疆拓土、发展壮大自己的力量，就必须取得渡江南下的中原士族的支持。

自"八王之乱"始，西晋政局动荡，中原战乱不休。元嘉五年（311年），左支右绌支撑西晋危局的东海王越病死，他统帅的西晋最后一支主力部队被石勒击败，全军覆没。不久，洛阳陷落，晋怀帝被俘，西晋政府在中原一带已经看不到重建的希望。此时，司马睿和王导诸人在江东已经经营了五年，基本能够保持稳定的环境，身处永嘉之乱中的北方官民士绅，在为自己寻找安身立命之地时，大部分将目光投向了江东。《隋书》卷二十四《食货志》曰："晋自中原丧乱，元帝寓居江左，百姓之自拔而奔者，并谓之侨人。"对众多渡江南下的西晋官员、士族和百姓如何安置，是摆在江东新政权面前的一个棘手问题，也是必须立即解决的难题，因为这涉及江

---

① [南朝宋] 刘义庆著，[南朝梁] 刘孝标注，余嘉锡笺疏《世说新语笺疏·排调》，第792页。

② [南朝宋] 刘义庆著，[南朝梁] 刘孝标注，余嘉锡笺疏《世说新语笺疏·轻诋》，第848页。

③ 陈寅恪：《述东晋王导之功业》，载《金明馆丛稿初编》，生活·读书·新知三联书店，2001年版，第62页。

④ 唐长孺：《魏晋南北朝史论丛》，生活·读书·新知三联书店，1954年版，第323页。

⑤ 《晋书》卷六十五《王导传》，第1746页。

东内部政治利益和经济利益的分割，极易引发土著和侨人之间的纷争，而一旦爆发激烈冲突，江南动荡，北方胡人则会乘机南下，无论是汉族政权还是中华文化都会遭到毁灭性打击。关键时刻，还是王导出谋划策，安抚侨人，促成南北士族团结合作，共渡难关。

渡江南下的北方士族，是司马睿新政权的主要支柱，也是与江东士族抗衡的重要政治力量。王导首先做的是保障他们在政权中的核心地位。《晋书》卷六十五《王导传》谓："洛京倾覆，中州士女避乱江左者十六七，导劝帝收其贤人君子，与之图事。"司马睿从中辟掾属百余人，时人谓之"百六掾"。江东新政权为他们移居江南、进入仕途提供各种优惠条件，既可以继续吸引北方士人南下，也为江东积累了一大批长于政治管理的杰出人才。至此，"乃备百官，立宗庙社稷于建康。"在吸纳南下士人的过程中，王导以其卓越的政治才能、高超的交际手段和特殊的人格魅力为士人所推崇，被誉为"江左管夷吾"，为稳固政局、立足江东和凝聚人心发挥了不可替代的作用。在王导主持下，侨姓士族在中枢机关把持尚书令、仆射、中书监、中书令、侍中和吏部尚书等职，故过江之初，"王敦、王导、周顗、刁协并为腹心股肱，宾礼名贤，存问风俗，江东归心焉。"[1]为确保他们的利益能长久维持下去，王导继续施行九品中正制，士族子弟凭其门资即可入仕为官，"贵仕素资，皆由门庆，平流进取，坐致公卿。"[2]门阀政治正式开启。

其次，满足南渡士族"求田问舍"的要求，允许他们在江南地区广占土地，建立新的经济基础。为此，东晋政府继续推行了西晋的占田荫客制。《晋书》卷二十六《食货志》记载，西晋颁布的户调式，规定按官品高低占有一定的土地和劳动力：

> 其官品第一至于第九，各以贵贱占田，品第一者占五十顷，第二品四十五顷，第三品四十顷，第四品三十五顷，第五品三十顷，第六品二十五顷，第七品二十顷，第八品十五顷，第九品十顷。而又各以品之高卑荫其亲属，多者及九族，少者三世。宗室、国宾、先贤之后及士人子孙亦如之。而又得荫人以为衣食客及佃客，品第六以上得衣食客三人，第七第八品二人，第九品……一人。其应有佃客者，官品第一第二者佃客无过五十户，第三品十户，第四品七户，第五品五户，第六品三户，第七品二户，第八品第九品一户。

户调式从经济制度上保证了门阀士族的特权，成为其政治特权的经济保障。《隋书》卷二十四《食货志》记载：东晋时，

> 都下人多为诸王公贵人左右、佃客、典计、衣食客之类，皆无课役。官品第一第二，佃客无过四十户。三品三十五户。第四品三十户。第五品二十五户。第六品二十户。第七品十五户。第八品十户。第九品五户。其佃谷，皆与大家

---

① 《晋书》卷六《元帝纪》，第145页。
② 《南齐书》卷二十三，史臣曰，第438页。

量分。其典计，官品第一第二，置三人。第三第四，置二人。第五、第六……
一人。皆通在佃客数中。官品第六以上，并得衣食客三人。第七第八二人。第
九品……一人。客皆注家籍。

从这里我们可以看到，除衣食客两晋相同以外，东晋时期的荫佃客数大大增加
了，同时增加的还有荫典计数。显然，东晋的占田荫客制比西晋时期的规模更加扩
大了，这使南渡士族虽丧失了北方的家园，却能很快在江南得到补偿，逐渐安定
下来。

再有，就是引玄风南渡，为侨姓士族提供一副心灵上的灵丹妙药，让他们在最
短的时间内从国破家亡的伤感情绪中解脱出来，进而振奋精神，鼎力支持新政权
（详见本书第六章）。

此外，王导还实行了侨置郡县的制度，安置渡江南下的流民。西晋末年，北方
人民大量南迁避乱，他们往往以家族或宗族为单位，集体南迁。

《晋书》卷六十二《祖逖传》：

祖逖，字士稚，范阳遒（今河北省保定市涞水县）人也。世吏二千石，为
北州旧姓。……及京师大乱，逖率亲党数百家避地淮泗，以所乘车马载同行老
疾，躬自徒步，药物衣粮与众共之，又多权略，是以少长咸宗之，推逖为行主。
达泗口，元帝逆用为徐州刺史，寻征军谘祭酒，居丹徒之京口。

祖逖集结数百家南迁避难，至广陵郡，被司马睿任命为徐州刺史。

《晋书》卷六十七《郗鉴传》：

于时所在饥荒，州中之士素有感其恩义者，相与资赡。鉴复分所得，以恤
宗族及乡曲孤老，赖而全济者甚多，咸相谓曰："今天子播越，中原无伯，当归
依仁德，可以后亡。"遂共推鉴为主，举千余家俱避难于鲁之峄山。

元帝初镇江左，承制假鉴龙骧将军、兖州刺史，镇邹山。……三年间，众
至数万。帝就加辅国将军、都督兖州诸军事。

郗鉴先集合数千家聚于峄山，与石勒苦苦周旋了十余年，直到祖逖去世，北伐
事业瓦解，在后赵政权的逼迫下，被迫南下合肥。

《晋书》卷一百《苏峻传》：

苏峻，字子高，长广掖人（今山东省莱阳市）也。……永嘉之乱，百姓
流亡，所在屯聚，峻纠合得数千家，结垒于本县。于时豪杰所在屯聚，而峻最
强。……元帝闻之，假峻安集将军。时曹嶷领青州刺史，表峻为掖令，峻辞疾
不受。嶷恶其得众，恐必为患，将讨之。峻惧，率其所部数百家泛海南渡。既
到广陵，朝廷嘉其远至，转鹰扬将军。会周坚反于彭城，峻助讨之，有功，除
淮陵内史，迁兰陵相。

苏峻先是在本县集结流亡百姓，迫于曹嶷的压力，不得不率领所聚流民南下，
归附司马睿。与一般流民南下不同，苏峻走的是海路，"率其所部数百家泛海南渡"。

北方南下的流民长期遭受战乱之害，也长期抵抗胡族侵扰，他们南下时，为了防止胡族袭扰和追击，往往公推有军事才能或组织才能的人为流民帅，率数百家乃至数千家集体行动，一路南下，一路浴血奋战，到达长江北岸时，已经成为战斗力较强的军事集团。对这些由流民帅控制的武装组织，如果能妥善安置，他们便会成为江东政权的有力支持者，既可以成为兵员的主要来源，用以抗御北方少数民族政权的南侵，保卫江东新政权，亦可以其众多劳动人手以及先进的生产技术和经验促进江南经济的发展。倘不能妥善安置，他们便会与朝廷对抗，与土著争利，此前流民起义频发的社会状况就会重演，江东会因此而动荡不安。

王导按照"以清静为政，抚绥新旧"的政策方针，建议司马睿在流民比较集中的地区，"取旧壤之名，侨立郡县"①，即按照西晋在中原的地方行政机构设置相应的州、郡、县。如太兴三年（320年），司马睿下诏设怀德县、琅邪郡安置琅邪国人：

> 琅邪国人在此者近有千户，今立为怀德县，统丹杨郡。②

许嵩《建康实录》卷五注：

> 怀德县，在宫城南七里，今建初寺前路东，后移于宫城西北三里青园寺西。帝又创已北为琅邪郡，而怀德属之，后改名费县。③

琅邪郡下属除费县外，又相继设阳都、即丘、临沂、开阳等侨县，将原来琅邪国的属地名称搬到了江南。

据史籍记载，东晋初期侨立之州有：司州、兖州、豫州、雍州、徐州、青州、冀州、梁州、并州等。先后侨立之郡，可考者为八十一，侨置之县，可考者二百三十六。侨州郡县设有大量文武职位，可以为原本任职中原，如今"亡官失守"的北方士族提供一条新的入仕途径，使他们不仅在中央占据优势，还可出任各级地方官，以此与南方士族争夺对地方的控制，达到平衡南北士族势力的目的。同时，王导推行的侨置郡县政策，稳定了从北方南迁的流民，虽然将流民大部分阻在长江之北，避免过江后难以控制，但却用授以官职的手段拉拢了大部分流民帅，如祖逖、郗鉴、刘遐、苏峻等，他们的武装成为东晋初期保卫建康、抗御胡虏、稳固东晋政权的主要力量。田余庆先生说："东晋一朝，皇帝垂拱，士族当权，流民出力，门阀政治才能维持。"④而对流民的大多数——普通百姓来说，也基本上能够获得较为稳定的生产和生活条件，在一定时期内甚至优于土著，便于他们能够在江南扎下根来，恢复和发展生产，进一步稳定社会秩序，推动了江南经济开发。

王导笼络江东士族，安抚南渡的北方士族，但初来乍到的北方士族必不可免的会与江东土著发生一些矛盾冲突，尤其是在政治、经济领域。如果政治领域虽然对

---

① [唐] 魏征：《隋书》卷二十四《食货志》，中华书局，1973年版，第673页。
② 《晋书》卷六《元帝纪》，第153页。
③ [唐] 许嵩撰，张忱石点校《建康实录》，中华书局，1986年版，第134页。
④ 田余庆：《东晋门阀政治》，北京大学出版社，1996年版，第349页。

江东士族开放仕宦之途但不能让他们居于核心，那么，经济领域中就势必要放松些，这就是王导"以清静为政"的关键所在，尽可能不触动原有的政治经济利益格局，在错综复杂的局势中维持各方势力的相对平衡。

为避免南北士族之间的经济利益冲突，王导首先要做的是不损害江东士族的经济利益。是时，江东大族顾、陆、朱、张四姓的庄园田产多集中在丹杨郡、吴兴郡和吴郡，王导要求渡江南下的北方士族，不可在南方士族的势力范围内建立庄园，为此专门划定经济特区，令次等士族到京口、晋陵安居，高等士族到会稽郡、临海郡建立庄园。陈寅恪先生《述东晋王导之功业》一文中论述了王导安置南渡士族的地域选择：

> 东西晋之间江淮以北次等士族避难南来，相率渡过阻隔胡骑之长江天堑，以求保全，以人事地形便利之故，自必觅较接近长江南岸，又地广人稀之区域，以为安居殖产之所。此种人群在当时既非占有政治文化上之高等地位，自不能亦不必居住长江南岸新立之首都建康及其近旁。复以人数较当时避难南来之上下两层社会阶级为多之故，又不便或不易插入江左文化士族所聚居之吴郡治所及其近旁，故不得不择一距新邦首都不甚远，而又在长江南岸较安全之京口晋陵近旁一带，此为事势所必致者也。……
>
> 至南来北人之上层社会阶级本为住居洛阳及其近旁之士大夫集团，在当时政治上尤其在文化上有最高之地位，晋之司马氏皇室既舍旧日之首都洛阳，迁于江左之新都建业，则此与政治中心最有关系之集团自然随司马氏皇室，移居新政治中心之首都及其近旁之地。王导之流即此集团之人物，当时所谓"过江名士"者是也。但建业本为孙吴旧都，吴人之潜在势力甚大，又人口繁庶，其经济情势必非京口晋陵一带地广人稀空虚区域可比。此集团固占当日新都政治上之高位，若复殖产兴利，与当地吴人作经济上之竞争，则必招致吴人之仇怨，违反当日笼络吴人之国策，此王导及其集团之人所不欲或不能为者也。其豪奢腐败促成洛阳政权之崩溃，逃命江左，"寄人国土"，喘息稍定，旧习难除，自不能不作"求田问舍"之计，以恢复其旧日物质及精神上之享乐。新都近旁既无空虚之地，京口晋陵一带又为北来次等士族所占有，至若吴郡、义兴、吴兴皆是吴人势力强盛之地，不可插入。故惟有渡过钱塘江，至吴人士族力量较弱之会稽郡，转而东进，为经济之发展。①

晋陵原名毗陵，东海王越的世子名司马毗，为避其名讳，毗陵郡更名为晋陵郡。晋陵郡、会稽郡和临海郡原为土旷人稀的地区，经济比较落后。《史记》卷一百二十九《货殖列传》载：

> 楚越之地，地广人稀，饭稻羹鱼，或火耕而水耨，国隋嬴蛤，不待贾而足，

---

① 陈寅恪：《金明馆丛稿初编》，第66、69页。

地热饶食，无饥馑之患，以故呰窳偷生，无积聚而多贫。是故江淮以南，无冻饿之人，亦无千金之家。

《元和郡县图志》卷二十五，江南道一，润州丹阳县条云：

> 新丰湖在县东北三十里，晋元帝大兴四年晋陵内使张闿所立。旧晋陵地广人稀，且少陂渠，田多恶秽。闿创湖，成灌溉之利。初以劳役免官，后追纪其功，超为大司农。

晋陵等地广人稀之地，自然条件不佳，生产落后，正是南渡士族集中了一批流民为奴为客，兴修水利，利用北方先进的农业技术进行集体生产，才使得这些地区得到开发，江南经济逐渐赶上甚至超过其他地区。《宋书》卷五十四《孔季恭传》载：

> 江南……自汉氏以来，民户凋耗，荆楚四战之地，五达之郊，井邑残亡，万不余一也。……自晋氏迁流，迄于太元之世，百许年中，无风尘之警，区域之内，晏如也。……地广野丰，民勤本业，一岁或稔，则数郡忘饥。会土带海傍湖，良畴亦有数十万顷，膏腴上地，亩值一金，鄠、杜之间，不能比也。荆城跨南楚之富，扬部有全吴之沃，鱼盐杞梓之利，充仞八方；丝绵布帛之饶，覆衣天下。

此则史料介绍了汉末江南的破败，永嘉南渡后经济的发展，应该说，侨姓士族建立的庄园对开发江南和发展经济还是起了一定作用的。当然，王导当时并未想到，他安置次等士族的晋陵，此后成为强兵猛将的产生地，是维系东晋政权的重要军事力量，在东晋后期淝水之战中打败前秦苻坚的北府兵就诞生在这里，一代名将刘牢之和刘宋开国皇帝刘裕也从这里走上了金戈铁马的征途。

王导为了安定南方豪强，在经济上尽量不触动他们的根本利益，有时也不得不做出一定的让步。甚至在东晋建国十年后，还继续坚持此方针。《晋书》卷八十八《颜含传》载：

> 豫讨苏峻功，封西平县侯，拜侍中，除吴郡太守。王导问含曰："卿今莅名郡，政将何先？"答曰："王师岁动，编户虚耗，南北权豪竞招游食，国弊家丰，执事之忧。且当征之势门，使反田桑，数年之间，欲令户给人足，如其礼乐，俟之明宰。"含所历简而有恩，明而能断，然以威御下。导叹曰："颜公在事，吴人敛手矣。"未之官，复为侍中。

苏峻之乱是327—329年，颜含在叛乱平定后被任命为吴郡太守，临赴任前王导问他到郡后的治理方案，颜含的施政方针意在将南北权豪隐匿的户口全部征出，使其成为国家编户。当时，大战刚刚结束，吴人在平叛中出力不少，毫无疑问，颜含的举措必然激起吴人反抗，势必引发政局的再次动荡。王导怎敢将颜含派过去，表面感慨"颜公在事，吴人敛手矣"，实际上却是将他留在京城任侍中，另行委派他人出任吴郡太守。《晋书》卷四十三《山涛传》附《山遐传》也载了类似的事例：

退字彦林，为余姚令。时江左初基，法禁宽弛，豪族多挟藏户口，以为私附。退绳以峻法，到县八旬，出口万余。……诸豪强莫不切齿于退。

山退为余姚县令，严查豪族为避税而隐匿的人口，稍微缓和下来的南北大族之间的矛盾再度激化。王导权衡利弊，最后将山退免官，而对隐匿户口的豪强不予追究，以此来消弭吴人的敌对情绪，最终达到稳定江东的目的。

总之，渡江之初，王导在极为艰险的情况下，为建设和稳固江东政权做出了最大贡献，一向被视为东晋中兴第一功臣，桓彝、温峤等名士誉之为"江左管夷吾"，邓粲《晋纪》称："晋中兴之功，导实居其首。"[①]《晋书·王导传》称王导"匡时辅政"，晋成帝赞他"文贯九功，武经七德，外缉四海，内齐八政，天地以平，人神以和，业同伊尹，道隆姬旦。"[②] 陈寅恪先生在《述东晋王导之功业》一文中表述："王导之笼络江东士族，统一内部，结合南人、北人两种实力，以抵抗外侮，民族因得以独立，文化因得以续延，不谓之民族之功臣，似非平情之论也。"[③]

（三）拓土开疆

在东晋王朝建立过程中，毫无疑问琅邪王氏族人功劳最大。《资治通鉴》卷九十一，太兴三年载：

帝之始镇江东也，敦与从弟导同心翼戴，帝亦推心任之，敦总征讨，导专机政，群从子弟布列显要，时人为之语曰："王与马，共天下。"

可以说，王导、王敦是东晋建立过程中的两大支柱。王导从政治层面制定了东晋王朝的施政方针，确保了东晋王朝能够立足江东；王敦则用手中的军队扫平江东的分裂势力，从军事上确保了东晋政权的稳固。兄弟二人一文一武，一内一外，联手建立、稳固了东晋王朝。王导功业已见前述，王敦之功主要在拓土开疆。

首先，平定扬州，稳定统治。

初到江南的安东将军司马睿，仅能控制长江下游的三吴地区，长江中游的荆州、湘州、江州和南方的交州、广州等地，都在他人的控制之下，或仍奉东海王越控制的洛阳政府为主，或者意欲独立发展，或者忙于镇压流民起义，基本处于各自为政的状态。此时，北方局势进一步恶化，东海王越和王衍已经无力长时间支撑，大批中原士族、官员和百姓陆续南迁，如果司马睿不能迅速控制江南，将无法在江南立足，汉族政权无法巩固，更无力与少数民族政权相抗衡。当此危急时刻，王敦出任扬州刺史后，利用手中掌握的军队，竭尽全力扫平江东的分裂势力，为东晋王朝的建立和巩固作了不懈的努力。

王敦南下时，江南初定，战乱时有发生，时时威胁着立足未稳的新政权。他利

---

① ［南朝宋］刘义庆著，［南朝梁］刘孝标注，余嘉锡笺疏《世说新语笺疏·言语》"顾司空（和）未知名"条注引邓粲《晋纪》，第95页。

② 《晋书》卷六十五《王导传》，第1761、1752页。

③ 陈寅恪：《金明馆丛稿初编》，第77页。

用自己的威望，与王导共同努力维护新政权，司马睿才算是在江东站住脚跟。《晋书》卷九十八《王敦传》：

> 帝初镇江东，威名未著，敦与从弟导等同心翼戴，以隆中兴，时人为之语曰："王与马，共天下。"

当江东逐步稳定的时候，北方的战乱进一步加剧。永嘉四年（310年）正月，石勒、王弥大举进攻徐州、豫州、兖州和冀州，兖州刺史袁孚、车骑将军王堪相继被杀。东海王越焦头烂额之际，急征在军界颇有声望的王敦为尚书，令他与建武将军钱璯一同率部北上洛阳，意欲加强洛阳守卫力量，同时，也有削弱琅邪王司马睿势力的意图。钱璯是吴兴豪族，曾与周玘一起平定陈敏之乱，二月，他与王敦行至广陵（今江苏省扬州市），听闻刘聪已经逼近洛阳，懦弱不敢继续前进，但琅邪王司马睿以耽误军期为由催促他，钱璯于是举兵谋反。钱璯密谋先袭杀王敦，然后劫持孙权的后人孙皓之子孙充，立为吴王，意在争取江东大族的支持。王敦及时发觉，匆忙逃回建邺，向司马睿告变。当时，钱璯已经自称平西大将军、八州都督，杀了度支校尉陈丰，焚烧邸阁，派兵进攻阳羡。司马睿虽急令将军郭逸、郡尉宋典讨伐钱璯，但他能调动的兵力较少，郭逸等人畏惧钱璯人多势众，迟迟不敢应战。危急时刻，还是周玘率领乡里义众，与郭逸联手消灭了钱璯的叛军，传首建康。钱璯之乱，《晋书》记载较少，但仍能看出当时司马睿实力较弱，其兵力甚至不及江东土著豪族，这是王导等人竭力笼络江东士族的原因之一，也是后来王敦尽力平定江东，而无力北伐的原因之一。

因钱璯之乱而逃回建邺的王敦，大概认真考虑了当时的局势，毅然放弃了还在北方挣扎的司马越和王衍，彻底站到了司马睿和王导一方。王敦没有去洛阳就任尚书，而是留在建邺接受了司马睿给他的安东将军府军谘祭酒一职。军谘祭酒与王敦的原职扬州刺史地位差距甚大，他无法再任扬州刺史，是因为此时的扬州刺史自他受诏北上始，已经改为了刘陶，此任命应该是司马越以晋怀帝的诏令形式下达，司马睿无论从名义上还是实力上都无法与司马越抗衡，只能接受刘陶的任职。这时王与马的政治架构基本形成，对王敦这样的将才，司马睿也不会轻易放手，他让王敦进入安东将军府，实际上是让他进入了江东政权的核心，从此王敦与王导一起辅佐琅邪王司马睿，共谋江东大事。"敦与从弟导等同心翼戴，以隆中兴。"一年后，即永嘉五年（311年）二月，王敦再任扬州刺史。《晋书》卷九十八《王敦传》载：

> 会扬州刺史刘陶卒，帝复以敦为扬州刺史，加广武将军。寻进左将军、都督征讨诸军事、假节。

《资治通鉴》卷八十七，永嘉五年：

> 扬州刺史刘陶卒。琅邪王睿复以安东军谘祭酒王敦为扬州刺史，寻加都督征讨诸军事。

首先，刘陶之死，可能就很有问题，不排除是被王敦设计害死的可能，他可是连自己的同族兄弟王澄、王棱都能下手除掉的人，对妨碍自己上位的刘陶更不在话下。其次，州刺史的任命，理应由皇帝决定，但显然，王敦的扬州刺史任命，是琅邪王司马睿发布的。因为，此时的局势已经到了不得不立即让王敦扛起重担的地步了。

永嘉四年（310年）十一月，东海王越与王衍等人率西晋最后一支精兵部队撤出洛阳，晋怀帝一度要反抗，但进攻防卫宫城的何伦失败，只能以委罪竟陵王楙告终。君相之间日益激化的矛盾，引发了一系列冲突，甚至影响到了江东。《资治通鉴》卷八十七，永嘉四年十一月：

> 扬州都督周馥以洛阳孤危，上书请迁都寿春。太傅越以馥不先白己而直上书，大怒，召馥及淮南太守裴硕。馥不肯行，令硕帅兵先进。硕诈称受越密旨，袭馥，为馥所败，退保东城。
>
> ……
>
> （永嘉五年正月）裴硕求救于琅邪王睿，睿使扬威将军甘卓等攻周馥于寿春。馥众溃，奔项，豫州都督新蔡王确执之，馥忧愤而卒。

周馥为扬州都督，镇寿春，司马睿亦为扬州都督，镇建邺，二人所督范围，一在江北，一在江南。当时，各地已经形成了割据纷争的局面，执掌中央权柄的东海王越根本无法调动各地军队，纵然他向各地发出檄文，"当须合会之众，以俟战守之备。宗庙主上，相赖匡救。檄至之日，便望风奋发，忠臣战士效诚之秋也"，结果却是"所征皆不至。"[1]因此，东海王越想征与己有异的周馥入朝，趁机除掉他，却被早知其谋的周馥明确拒绝。东海王越命淮南太守裴硕进攻周馥也被击败，退保东城。裴硕无法越过周馥盘踞的寿春西去洛阳求援，只能向最近的司马睿求救。

自三国时期，曹魏为威逼江东，在淮南屯驻重兵。此时中原分崩离析，司马睿若要在江东站稳脚跟，必须北控淮南，西控荆州。这时周馥坐镇淮南，且提议将都城迁到寿春，就构成了对江东的严重威胁。《晋书》卷六十一《周浚传》附《周馥传》载周馥上书：

> 今王都罄乏，不可久居，河朔萧条，崤函险涩，宛都屡败，江汉多虞，于今平夷，东南为愈。淮扬之地，北阻涂山，南抗灵岳，名川四带，有重险之固。是以楚人东迁，遂宅寿春，徐邳、东海，亦足戍御。且运漕四通，无患空乏。虽圣上神聪，元辅贤明，居俭守约，用保宗庙，未若相土迁宅，以享永祚。臣谨选精卒三万，奉迎皇驾。辄檄前北中郎将裴宪行使持节、监豫州诸军事、东中郎将，风驰即路。荆、湘、江、扬各先运四年米租十五万斛，布绢各十四万匹，以供大驾。令王浚、苟晞共平河朔，臣等戮力以启南路。迁都弭寇，其计并得。

---

[1] 《晋书》卷五十九《东海王越传》，第1625页。

周馥对司马越把持朝政极为不满，"馥自经世故，每欲维正朝廷，忠情恳至。以东海王越不尽臣节，每言论厉然，越深惮之。"他绕过司马越上书提议迁都，意在让晋怀帝摆脱司马越的控制，自己则可以挟天子以令诸侯，因此迁都后的安排显然没有司马越，只提到王浚、苟晞扫平北方动乱，而自己则要"戮力以启南路"。向南正是向司马睿的地盘发展，纵然司马越应允，只怕司马睿都要反对，所以一接到裴硕的求援请求，他立即派扬威将军甘卓北上进攻寿春，周馥兵败，忧愤而死。淮南问题解决了，扬州北部威胁暂时解除。

其次，扫平江东分裂势力，扩大统治区域。

扬州刚刚平定，荆州又爆发了大规模的流民起义，给下游扬州再次造成严重威胁。当此时刻，完全仰赖江东大族的武装力量是无法支撑司马睿政权的，必须组建南渡士族的军队。于是，扬州刺史刘陶适时"卒"，王敦上位，并且很快"都督征讨诸军事"，军事征伐的权力移到了王敦手中，此后他成为江东政权最重要的军事统帅，数年中，统帅甘卓、周访、陶侃等人，扫平江东，大大扩展了司马睿的辖区。

永嘉五年三月，司马越病死，六月，刘曜等人攻破洛阳，俘晋怀帝。战乱中，中原大部分士族选择了渡江南下，投奔江东。《资治通鉴》卷八十七，永嘉五年：

> 时海内大乱，独江东差安，中国士民避乱者多南渡江。镇东司马王导说琅邪王睿，收其贤俊，与之共事。睿从之，辟掾属百余人，时人谓之百六掾。

所谓"贤俊"，包括了后来在东晋政权中名重一时的周顗、桓彝、刁协、王承、卞壶、诸葛恢、陈頵、庾亮等许多名士。一时间，琅邪王司马睿府中人才济济，虽晋怀帝尚在，但西晋王朝的政治重心显然已经转移到江东。因此，晋怀帝被俘后，苟藩（西晋开国重臣苟勖之子）与弟弟苟组建行台于密县，传檄四方，推琅邪王司马睿为盟主。

尽管如此，并不是所有人都愿意唯司马睿马首是瞻，江州刺史华轶就是典型的例子。华轶是曹魏重臣华歆曾孙，少时以才气闻名，成年后礼贤下士，博爱宽仁，被东海王越提拔，仕至江州刺史。"在州甚有威惠，州之豪士接以友道，得江表之欢心，流亡之士赴之如归。"当时四方分裂，洛阳孤危，西晋中央政权基本名存实亡，而华轶却仍然坚决站在皇室正统晋怀帝一边，"每遣贡献入洛，不失臣节。"他交代入京使臣："若洛都道断，可输之琅邪王，以明吾之为司马氏也。"这句话看似是对经营江东并有所成就的司马睿的认可，但背后隐含的意思却是，除非洛阳的西晋皇权再也无法维系，否则是不会奉琅邪王为主的。他如此说，也如此做，经常以未见诏书为由拒绝司马睿教令，"轶自以受洛京所遣，而为寿春所督，时洛京尚存，不能祇承元帝教命。"[①]司马睿对于华轶的举措非常不满，派扬烈将军周访率众驻扎彭泽以防备华轶。不久，洛阳陷落，晋怀帝被俘，当司马睿收到苟藩的檄文，以盟

---

① 《晋书》卷六十一《华轶传》，第 1671、1672 页。

主身份设置官署，改易地方长官，俨然要建立一个与北方分庭抗礼的江东小朝廷的时候，华轶仍拒绝听从司马睿的命令。司马睿随即下令王敦率历阳内史甘卓、扬烈将军周访等兴兵讨伐华轶。很快，华轶兵败，被周访所杀，传首建邺。如此，长江中游重镇江州就归入了司马睿辖区。

江州与湘州①是江南两大军镇荆州、扬州之间的缓冲地带。从地理形势上看，荆州对下游的扬州有高屋建瓴之势，一旦发生军事冲突，荆州兵即可顺流东下，扬州基本处于无险可守的境地。因此，对司马睿的江东政权来说，占据江州之后，势必要拿下湘州、荆州，进一步巩固江东政权。

当时，十余万巴蜀流民寄居于荆、湘，因不堪当地官员豪强的欺凌，推杜弢为主进行反抗，加剧了荆、湘地区的动荡局势。此时的荆州刺史王澄，屡为杜弢所败，已经无力镇压，也无心镇压了，"与（王）机日夜纵酒，投壶博戏，数十局俱起。杀富人李才，取其家资以赐郭舒。南平太守应詹骤谏，不纳。于是上下离心，内外怨叛。澄望实虽损，犹傲然自得。"②如此一来，王澄已经不适合待在荆州。永嘉六年（312年），司马睿以盟主身份召王澄为军谘祭酒，而以周顗为宁远将军、荆州刺史、领护南蛮校尉、假节。王澄东下，路过王敦的驻地豫章，被王敦所杀。《晋书》卷四十三《王澄传》：

> 澄夙有盛名，出于敦右，士庶莫不倾慕之。兼勇力绝人，素为敦所惮，澄犹以旧意侮敦。敦益忿怒，……令力士路戎搤杀之，时年四十四，载尸还其家。

代替王澄的周顗刚入荆州即遭逢叛乱，赖陶侃救援才得幸免，狼狈逃至江州王敦的驻地。王敦在做好了军事部署后，指挥武昌太守陶侃、寻阳太守周访和历阳内史甘卓共同讨伐杜弢，他们兵分三路向杜弢的势力范围发动进攻。很快，在陶侃进攻下，杜弢败退至长沙，荆州局势顿改，对此，王敦也赞誉有加，"若无陶侯，便失荆州矣。"③本来，荆州局势稍稳，周顗就应该返回荆州任职，但此前他的狼狈失据和陶侃的英勇奋战形成了鲜明的对比，为更好控制荆州，王敦上表以陶侃为荆州刺史。尽管司马睿不满此次人事变动，只是他还仰赖王敦掌控荆州、江州，便只好承认既成事实，将周顗召回建邺再任军谘祭酒，不久转为右长史。

此后，王敦着意于平定荆州的流民起义。在其军事威压之下，永嘉六年（312年）十二月，王如投降。此后三年，王敦指挥陶侃、周访、甘卓等主要进攻杜弢，前后数十战，消灭了他的大部分军事力量，当然陶侃等人也付出了巨大代价。杜弢是文武兼资的将才，在与晋军周旋中，多次击败陶侃等人，以致陶侃一度被免官，

---

① 元康元年（291年）分荆州、扬州地设江州，包括今天江西的大部，以及湖北、湖南、浙江等地区，行政中心在今江西九江。永嘉元年（307年）分荆州、江州地设湘州，相当于现在的湖南一带，行政中心在长沙。

② 《晋书》卷四十三《王戎传》附《王澄传》，第1240页。

③ 《晋书》卷六十六《陶侃传》，第1770页。

以白衣领荆州刺史之职。

建兴三年（315 年）二月，走投无路的杜弢向司马睿请降，并许诺为其所用，可以提兵北上，进击盘踞中原的胡人政权，或者西征巴蜀，消灭李雄建立的成汉政权。是时杜弢尚有万余人，若真能用以北伐、西征，确有补益。两年前，司马睿派祖逖北伐时，仅有数百人而已，何况杜弢也是难得的将才，未尝不能收复失地。于是，在杜弢旧交应詹的周旋下，司马睿抱着培植自身军事实力的目的，接受杜弢投降，颁布了大赦令，免其反逆之罪，任命他为巴东监军。此时，王敦诸人已经与杜弢连续作战三年多，眼看就要将其扑灭时，接到杜弢投降并成为巴东监军的消息，他们拒绝执行司马睿的停战命令，继续向杜弢的残部进攻。三月，愤慨不已的杜弢杀了司马睿的使者，攻陷豫章。

一时间，战局再次胶着。司马睿急于插手荆州、江州，建康朝堂甚至出现了司马睿亲征之议。琅邪国侍郎王鉴上书，列举王敦军队作战不利的种种表现，"去年已来，累丧偏将，军师屡失"，认为"虽继遣偏裨，惧未足成功也。"建议司马睿亲征，"愚谓尊驾宜亲幸江州"，排兵布阵，"进左军于武昌，为陶侃之重；建名将于安成，连甘卓之垒。"完全将王敦排除在外。是时已入夏，"议者或以当今暑夏，非出军之时。"王鉴建议"今宜严戒，须秋而动。"王鉴时任琅邪国侍郎，他的上书，应该是秉持司马睿之意，因此，"疏奏，帝深纳之，即命中外戒严，将自征弢。"①眼看司马睿就要亲征江州，必然影响到王敦的权势，王敦严令诸军进攻，终在八月彻底击败杜弢部众，杜弢死于逃亡途中。司马睿夺取王敦兵权的计划也以失败告终。

在此次事件中，拒不执行司马睿的命令，陶侃、周访、甘卓是实际执行者，但最后拍板的肯定是前线最高统帅王敦。此前，王敦拒绝周颤再任荆州刺史，而推荐陶侃任荆州刺史，显然是为了阻止司马睿插手荆州。王敦与司马睿的矛盾，在荆州刺史任免和平定杜弢一事中已经从酝酿到最后爆发出来了。只是此时北方陷入战乱，东晋政权还未正式建立，双方还彼此依靠，再加上王导的居中协调，并未真正撕破脸而已。但私底下的动作必然不少，王敦甚至曾和王导商议另立他人，只是当时并没有比司马睿更合适的人选，被王导拒绝，以致王敦永昌元年（322 年）起兵攻入建康后，还责怪王导没有听从自己的意见。《资治通鉴》卷九十二：

> 初，西都覆没，四方皆劝进于帝。敦欲专国政，忌帝年长难制，欲更议所立，王导不从。及敦克建康，谓导曰："不用吾言，几至覆族。"

荆州平定，王敦团队中的内部矛盾也随即爆发。因陶侃军功卓著，他坐镇荆州，王敦欲控制上游，挟制建康的谋划便无法实施。因此，他设法软禁陶侃，更因陶侃属吏在荆州发动兵变一度要除之而后快，只是当时陶侃的姻亲周访还手握强兵，王敦不能不有所顾忌，最后只能调派军队入荆州平叛，而将陶侃任命为广州刺史，既

---

① 《晋书》卷七十一《王鉴传》，第 1889—1891 页。

是远远打发了事，也有让陶侃去开拓广州之意，此后不久，陶侃果然凭借个人才能，击败杜弘、王机，平定广州。

杜弢之乱被平息后，长安的晋愍帝派人南下，准备接管荆州。名义上，晋愍帝还是最高统治者，他一厢情愿的认为，一道诏书就可以占据荆州，遂以侍中第五猗为安南将军，监荆、梁、益、宁四州诸军事、荆州刺史。实际上，不仅江东政权已经基本独立，就是王敦也不是晋愍帝能控制得了的，他经过三年血战才得来的荆州，又怎会轻易交出。虽然此时王敦已经在挑战司马睿的权威，但在共同对抗长安的晋愍帝方面，两人还不得不合作，双方妥协的结果，是新任荆州刺史的人选。王廙，既是王敦的堂弟，又是司马睿的表弟，他出任荆州刺史，当是王敦和司马睿暂时不能公开决裂之时最好的结果。

当时，陶侃已经南下广州，但其荆州旧部郑攀等人举兵反抗，联系割据汉水、沔水的杜曾，共奉第五猗为荆州刺史，正式向王敦宣战。王廙上任后，督诸军讨伐杜曾，却为其所败，部将朱轨、赵诱皆为杜曾所杀。这一战，实际上是江东政权与长安政权的一战，面对荆州再度紧张的局势，王敦不得不调派周访进攻杜曾，才能让王廙顺利入主荆州，但直至长安陷落，晋愍帝被俘，荆州的战争都未曾停止。直至太兴二年（319 年），周访大败杜曾，将其斩杀，荆州才算是完全平定。

自永嘉五年（311 年）王敦担任军事统帅开始，数年之间，他指挥陶侃等将领相继平定江州、湘州、荆州和广州，使江东政权的势力达到江南全境。尚在北方的西晋中央也不得不承认司马睿的地位，晋怀帝封司马睿为镇东大将军，兼督扬、江、湘、交、广五州诸军事，将江南大半归其统辖。建兴元年（313 年），晋怀帝死，晋愍帝在长安即位，遥授司马睿为左丞相，督陕东诸军事，将大半中国划归其统辖，希望他能率兵北上洛阳，扫平中原。时江东未定，司马睿无意北伐，但又不能公开与皇帝作对，恰值祖逖上表请求北伐，便顺水推舟，允其北伐，"乃以逖为奋威将军、豫州刺史，给千人廪，布三千匹，不给铠仗，使自招募。"[1]祖逖领了豫州刺史的虚衔和少量军资，仅率部曲百余家北上，击楫中流，踏上了艰苦的北伐之路。建兴三年（315 年），随着江东局势的稳定，江东地位日益重要，晋愍帝任司马睿为丞相、大都督、督中外诸军事。建兴四年（316 年），在匈奴刘曜的进逼之下，晋愍帝

---

① 《晋书》卷六十二《祖逖传》，第 1655 页。

出降。建武元年（317年）二月，平东将军宋哲携晋愍帝诏书[①]奔江南，云："朕今幽塞穷城，忧虑万端，恐一旦崩溃，卿指诣丞相，具宣朕意，使摄万机，时据旧都，修复陵庙，以雪大耻。"由此可见，司马睿在江东的开疆拓土，已使西晋王室将政权复兴的希望寄托在他身上。三月，司马睿称晋王，摄大位，"乃备百官，立宗庙社稷于建康。"[②]以示自己是西晋司马皇室最正统的继承者，事实上建立起了东晋政权。太兴元年（318年）三月，晋愍帝被杀的消息传到建康，司马睿即位称帝，是为晋元帝，东晋王朝正式建立。

二、巩固东晋政权

（一）"王与马，共天下"

自永嘉元年（307年）司马睿南下，至建武元年（317年）称晋王，短短十年时间，司马睿最终能"一马化为龙"[③]，与王敦、王导的倾心推奉有极大的关系。他们在国家民族危亡之际，辅助司马睿南下，在内忧外患、困难重重的局面中别开生面，从政治、经济到军事，竭力发展巩固新政权。世人一般将东晋政权视为中原政权在南方的延续，是晋朝的"中兴"，东晋统治者出于统绪的合法继承考虑，也是这样自我定位的。但从立国的过程来看，东晋名为"中兴"，实则"新创"，是以琅邪王氏为首的北方士族联合江东士族共同创立的新政权，在这一过程中，王敦、王导功勋卓著。因此，司马睿即晋王位，立即加封王敦为大将军、王导为骠骑将军，都督中外诸军事。司马睿正式登基称帝，受百官朝贺时，"命导升御床共座。导固辞，至于三四，曰：'若太阳下同万物，苍生何由仰照！'帝乃止。"[④]

东晋初，琅邪王氏家族的势力也达到空前鼎盛的阶段。是时，王导身居相位，

---

① 《晋书》卷六《元帝纪》称："建武元年春二月辛巳，平东将军宋哲至，宣愍帝诏曰……"《资治通鉴》卷九十："春，正月，汉兵东略弘农，太守宋哲奔江东。……二月……宋哲至建康，称受愍帝诏，令丞相琅邪王睿统摄万机。"这两则史料都不能证明晋愍帝诏书的真实性，不排除是江东方面伪造，主要目的当然是为了抬高司马睿的地位，使其能够名正言顺的登基称帝。若真是伪造诏书，主谋者很可能是王导，时江东大权掌控在他和王敦手中，而王敦其实是想另立他人。《晋书》卷六十五《王敦传》载："时王氏强盛，有专天下之心，敦惮帝贤明，欲更议所立，导固争乃止。"王导坚持立司马睿固然有很多原因，但方法手段最高明的莫过于从继承正统方面着手，趁乱伪造皇帝诏书，明确司马睿继位的合理合法性，可以打消很多人的怀疑、犹豫和反对。从宋哲身上，似乎也可以看到某些迹象。宋哲后来被视为东晋的开国功臣，累迁散骑常侍、都督秦梁二州诸军事、冠军将军、梁州刺史、野王公，但因事迹不详，《晋书》并未给他立传。1965年在南京象山琅邪王氏家族墓中出土了《王兴之、宋和之夫妇墓志》，王兴之是王彬的儿子，王导的侄子，宋和之即宋哲之女。这桩婚事，多半是王导与宋哲定下的，联系他为确保王氏家族的利益而定下王羲之与郗鉴女儿的婚姻，亦可推测王导当年为拉拢宋哲而许下了此桩婚事。
② 《晋书》卷六《元帝纪》，第144页。
③ 《晋书》卷二十八《五行中》："太安中，童谣曰：'五马游渡江，一马化为龙。'后中原大乱，宗藩多绝，唯琅邪、汝南、西阳、南顿、彭城同至江东，而元帝嗣统矣。"第845页。
④ 《晋书》卷六十五《王导传》，第1749页。

兼扬州刺史，在内执政；王敦为大将军，都督江、扬、荆、湘、交、广六州军事、荆州刺史，拥重兵镇守武昌，也就是说，今湖北、湖南、广东、安徽、江苏等东晋大半势力范围都归王敦控制了。"江左大镇，莫过荆、扬"①，扬州为政治、经济中心，荆州则是军事重镇，时王导坐镇扬州，王敦控制荆州，"敦总征讨，导专机政，群从子弟布列显要，时人为之语曰：'王与马，共天下。'"②

王导是东晋立国的关键人物之一，这也为时人所公认，据《晋书》卷六十五《王导传》记载，司马睿曾对王导说："卿，吾之萧何也"，尊王导为"仲父"。明帝即位，王导受遗诏辅政，"一依陈群辅魏故事。"明帝崩，成帝幼年即位，"见导，每拜。又尝与导书手诏，则云'惶恐言'，中书作诏则曰'敬问'，于是以为定制。"《晋书》卷七十八《孔愉传附孔坦传》云：

> 成帝每幸丞相王导府，拜导妻曹氏，有同家人。

《晋书》卷三十九《荀勖传附荀奕传》载：

> 时又通议元会日帝应敬司徒王导不。博士郭熙、杜援等以为礼无拜臣之文，谓宜除敬。侍中冯怀议曰："天子修礼，莫盛于辟雍。当尔之日，犹拜三老，况今先帝师傅。谓宜尽敬。"事下门下，奕议曰："三朝之首，宜明君臣之体，则不应敬。若他日小会，自可尽礼。"……诏从之。

《世说新语·轻诋》"王丞相轻蔡公"条注引《妒记》记载：

> 丞相曹夫人性甚忌，禁制丞相，不得有侍御，乃至左右小人，亦被检简，时有妍妙，皆加诮责。王公不能久堪，乃密营别馆，众妾罗列，儿女成行。……曹氏闻，惊愕大恚。命车驾，将黄门及婢二十人，人持食刀，自出寻讨。王公亦遽命驾，飞辔出门，犹患牛迟，乃以左手攀车阑，右手捉麈尾，以柄助御者打牛，狼狈奔驰，方得先至。蔡司徒闻而笑之。乃故诣王公，谓曰："朝廷欲加公九锡，公知不？"王谓信然，自叙谦志。蔡曰："不闻余物，唯闻有短辕犊车，长柄麈尾尔。"王大愧。

蔡谟戏弄王导："朝廷欲加公九锡"，王导虽"自叙谦志"，却谓为然，其地位之高、势力之大由此亦可见一斑。时王敦假手王廙杀谯王司马承（《世说新语》作司马丞），其妻不敢对儿子说实话，"吾所以积年不告汝者，王氏门强，汝兄弟尚幼，不欲使此声著，盖以避祸耳！"③王敦自己在给晋元帝的上书中也称："臣门户特受荣任，备兼权重，渥恩偏隆，宠过公族。"后来明帝讨伐王敦时所下的诏书里还承认："先帝以圣德应运，创业江东，司徒导首居心膂，以道翼赞。故大将军敦参处股肱，或内或外，夹辅之勋，与有力焉。阶缘际会，遂据上宰，杖节专征，委以五

---

① 《南齐书》卷十五《州郡志下》，第 274 页。
② ［宋］司马光著，［元］胡三省注《资治通鉴》卷九十一，太兴三年，第 2884 页。
③ ［南朝宋］刘义庆著，［南朝梁］刘孝标注，余嘉锡笺疏《世说新语笺疏·仇隙》"王大将军执司马愍王"条，第 927 页。

州。"① 由此可见，琅邪王氏是东晋初的头号门阀，其势力远超宗室。"王与马，共天下"恰如其分地道出了琅邪王氏家族当时的政治地位，是琅邪王氏势力达到巅峰的标志。

（二）王敦之乱

当琅邪王氏家族的势力发展到顶峰的时候，一场由王敦引发的危机也悄悄来临，几乎将琅邪王氏逼到了毁灭的边缘。

王敦为人豪爽不羁，青年时期在晋武帝座扬槌击鼓，"音节谐捷，神气豪上，傍若无人。举坐叹其雄爽。"②《世说新语·豪爽》共十三则，王敦一人就占了五则，其豪放直爽的个性跃然于纸上。

王敦个性中另一个突出的特色是心肠刚硬、残忍冷酷。在洛阳任太子舍人时，就被同僚潘滔评为"蜂目已露，但豺声未振。"③ 第一次起兵东下时，周顗说他"刚愎强忍，狼抗无上。"④ 身死之后，被温峤评为"刚愎不仁，忍行杀戮。"⑤ 晋武帝时，石崇与王恺斗富，时常举办宴会炫耀。有一次王恺宴客，王敦与王导都在座，乐队中吹笛子的女伎稍有走调，王恺即命人将她打死，座上的客人都大惊失色，唯王敦神色自若，"一坐改容，敦神色自若。"不久，王敦与王导又赴宴会，王恺令美人劝酒，凡客人饮酒不尽，都要杀劝酒的美人，王导素不能饮酒，为不使劝酒美人获罪，遂勉强饮尽，以致大醉，而王敦则故意不饮，劝酒美人悲惧失色，王敦傲然不视。王导回家后还感慨："处仲若当世，心怀刚忍，非令终也。"⑥ 过江后，王敦为自身利益，甚至不惜杀害同族兄弟王澄，后起兵谋反时，从弟王棱日夜切谏，王敦恼怒之下，派人将他暗杀。

过江后，王敦利用手中的军队，扫平分裂势力，控制了长江中游的军政大权。权势欲是逐渐膨胀的，王敦凭借手中的强兵猛将和居高临下的地理优势，日益骄横，欲专制朝政。在荆州，王敦不经过朝廷，擅自任免手下将官，私自擢用杜弢降将杜弘，授予聚党数千人、据险自固的何钦等人四品将军的官职，专擅之迹渐显。新建立的东晋王朝，逐渐笼罩在王敦日渐强势的阴影中。如果说此前江东政权的主要矛盾是南北士族之间的矛盾，而自王敦占据荆州后，就变成了长江中游的荆州和下游的扬州之间的矛盾，自王敦到后来的陶侃、庾亮、桓温、桓玄等人，都是以荆州威压扬州，达成自己的政治目的。故杜佑《通典》卷一百八十三《州郡十三》曰：

① 《晋书》卷九十八《王敦传》，第 2561 页。

② [南朝宋] 刘义庆著，[南朝梁] 刘孝标注，余嘉锡笺疏《世说新语笺疏·豪爽》"王大将军年少时"条，第 594 页。

③ 《晋书》卷九十八《王敦传》，第 2553 页。

④ 《晋书》卷六十九《周顗传》，第 1852 页。

⑤ 《晋书》卷六十七《温峤传》，第 1788 页。

⑥ 《晋书》卷九十八《王敦传》，第 2553 页。《世说新语·汰侈》记载此故事发生在石崇家，并详载"已斩三人，颜色如故，尚不肯饮。丞相让之，大将军曰：'自杀伊家人，何预卿事！'"

荆楚风俗，略同扬州，杂以蛮左，率多劲悍。南朝鼎立，皆为重镇。然兵强财富，地逼势危，称兵跋扈，无代不有。晋王敦、陶侃、桓温、桓玄，宋谢晦、南郡王义宣、袁顗、沈攸之、桂阳王休范，齐陈显达，梁武帝、陈王琳、华皎，皆自上流拥兵东下。是以上游之寄，必详择其人焉。①

在荆扬之争初露苗头的时候，晋元帝司马睿也没有置之不理，何况，封建社会皇帝的专制集权倾向是永恒的，即便他是懦弱的君主，也不甘心大权旁落。晋元帝鉴于王氏兄弟权势太重，特别是对"专任阃外，手控强兵"②的王敦日渐疑心，在江东政局稍稍稳定之后，开始着手削弱琅邪王氏家族的势力。晋元帝在朝中疏远王导，重用刁协、刘隗等人，分王导之权。

刁协（？－322 年），字玄亮，渤海饶安（今河北省沧州市盐山县）人，南渡前任颍川太守，渡江后入司马睿幕府，由镇东军谘祭酒累迁至丞相左长史，东晋建立后历任尚书左仆射、尚书令，一度成为司马睿的心腹。刁协竭力助司马睿伸张皇权：

> 性刚悍，与物多忤，每崇上抑下，故为王氏所疾。又使酒放肆，侵毁公卿，见者莫不侧目。然悉力尽心，志在匡救，帝甚信任之。以奴为兵，取将吏客使转运，皆协所建也，众庶怨望之。③

所谓"以奴为兵"，是为了弥补兵源不足而采取的措施。永嘉之后，大量北方流民南下，有相当多的人沦为门阀士族的奴仆，并未登记在政府户籍之中。晋元帝下诏免除他们的奴仆身份，统一编入军队之中，虽然得以征调了两万多人，在一定程度上加强了朝廷所控制的军队实力，但此举毫无疑问触及了高门世族的利益，引起他们的普遍不满。

刘隗（273—333 年），字大连，彭城（今江苏省徐州市）人，少年时颇有文采，以秘书郎起家，南渡前仕至彭城内史，避乱渡江后，任从事中郎，累迁至御史中丞、侍中、丹阳尹。刘隗秉性刚直，他坚定站在晋元帝一边，对影响皇权、行为不法的世家大族屡屡弹劾，据《晋书·刘隗传》记载，被他弹劾的有世子文学王籍之、东阁祭酒颜含、庐江太守梁龛、参与梁龛宴会的丞相长史周顗等三十余人、丞相行参军宋挺、奋武将军阮抗、南中郎将王含、从事中郎周筵、法曹参军刘胤、法曹属李匡等人，弹劾理由各不相同，如违背礼仪、贪污、用人不当、纵人行凶、执法不公等等，逼得王导都曾上疏引咎解职，"王氏深忌疾之"④，其他南北大族也极讨厌他。但这样的人正是一心加强皇权、与门阀士族相抗衡的晋元帝所需要的，因此很快引为心腹，予以重用。

---

① [唐]杜佑著，王文锦点校《通典》，中华书局，1992 年版，第 4892 页。
② 《晋书》卷九十八《王敦传》，第 2557 页。
③ 《晋书》卷六十九《刁协传》，第 1842 页。
④ 《晋书》卷六十九《刘隗传》，第 1836 页。

太兴初年（318 年），刘隗与"刁协并为元帝所宠，欲排抑豪强。诸刻碎之政，皆云隗、协所建。"①"刻碎之政"实际与王导此前"清净为政"的政策有关，不触及士族集团的利益，固然有稳定局势之效，但姑息纵容世家大族也有诸多恶果。晋元帝为加强皇权，尊崇法家的为政理念，刑狱渐多，与王导的清静为政的方针大不相同。《晋书》卷四十九《阮籍传》附《阮孚传》称：

> （阮孚）避乱渡江，元帝以为安东参军。蓬发饮酒，不以王务婴心。时帝既用申韩以救世，而孚之徒未能弃也。

《晋书》卷七十二《郭璞传》载郭璞因"阴阳错缪，而刑狱繁兴"上疏：

> ……陛下即位以来，中兴之化未阐，虽躬综万机，劳逾日昃，玄泽未加于群生，声教未被乎宇宙，臣主未宁于上，黔细未辑于下，《鸿雁》之咏不兴，康衢之歌不作者，何也？杖道之情未著，而任刑之风先彰，经国之略未震，而轨物之迹屡迁。……臣窃为陛下惜之。

太兴四年（321 年）三月，有太阳黑子出现，郭璞以"囹圄充斥，阴阳不和"为由，请求减轻刑罚，赦免部分囚徒。同年十一月，皇孙司马衍（后来的晋成帝）出生，郭璞再次上疏：

> 臣窃惟陛下符运至著，勋业至大，而中兴之祚不隆、圣敬之风未跻者，殆由法令太明，刑教太峻。故水至清则无鱼，政至察则众乖，此自然之势也。……陛下上承天意，下顺物情，可因皇孙之庆大赦天下。

《晋书》卷七十三《庾亮传》云：

> 时帝方任刑法，以《韩子》赐皇太子，亮谏以申韩刻薄伤化，不足留圣心，太子甚纳焉。

晋元帝"用申韩以救世""法令太明，刑教太峻"，实际上是用法家思想来加强君主集权，抑制世家大族的权力，以改变主弱臣强的局面。他在刘隗、刁协的支持和建议下，抑制豪族、整饬吏治，虽然晋元帝忌惮世族势大，不敢全盘否定王导的方针，但相比王导"清净为政"方针显得刻薄的措施接连不断。

刘隗、刁协的所作所为，引起了以琅邪王氏为首的世家大族的不满，所以王导被疏远，获得士族的广泛同情，"及刘隗用事，导渐见疏远，任真推分，澹如也。有识咸称导善处兴废焉。""王敦之反也，刘隗劝帝悉诛王氏，论者为之危心。"②王敦起兵，王导素服请罪，扬州别驾顾和等下属纷纷慰问，称："王光禄（王含，是时

---

① 《晋书》卷六十九《刘隗传》，第 1837 页。所谓"刻碎之政"，"刻"是刻薄，"碎"即是严察琐碎，唐长孺先生《王敦之乱与所谓刻碎之政》一文论之甚详，载《魏晋南北朝史论拾遗》，中华书局，1983 年版，第 151 页。

② 《晋书》卷六十五《王导传》，第 1749 页。

投奔王敦）远避流言，明公蒙尘路次，群下不宁。"①周嵩上疏盛赞王导，批评晋元帝疏远忠臣，亲近小人：

> 今王导、王廙等，方之前贤，犹有所后。至于忠素竭诚，义以辅上，共隆洪基，翼成大业，亦昔之亮也。虽陛下乘奕世之德，有天人之会，割据江东，奄有南极，龙飞海颢，兴复旧物，此亦群才之明，岂独陛下之力也。今王业虽建，羯寇未泉，天下荡荡，不宾者众，公私匮竭，仓庾未充，梓宫沈沦，妃后不反，正委贤任能推毂之日也。功业垂就，晋祚方隆，而一旦听孤臣之言，惑疑似之说，乃更以危为安，以疏易亲，放逐旧德，以佞伍贤，远亏既往之明，顾伤伊管之交，倾巍巍之望，丧如山之功，将令贤智杜心，义士丧志，近招当时之患，远遗来世之笑。②

而且，周嵩还曾直接对刁协发难，表示自己的不满。《世说新语·方正》载：

> 周伯仁（周顗，周嵩兄）为吏部尚书，在省内夜疾危急。时刁玄亮为尚书令，营救备亲好之至，良久小损。明旦，报仲智（周嵩），仲智狼狈来。始入户，刁下床对之大泣，说伯仁昨危急之状。仲智手批之，刁为辟易于户侧。既前，都不问病，直云："君在中朝，与和长舆（和峤）齐名，那与佞人刁协有情？"迳便出。③

此外，孔愉也曾上书为王导鸣不平，《晋书》卷七十八《孔愉传》：

> 于时刁协、刘隗用事，王导颇见疏远。愉陈导忠贤，有佐命之勋，谓事无大小皆宜谘访。

周嵩是北方士族，顾和、孔愉是江东士族，他们的言论举措，代表的是南北大族对王导的支持。由此可见，刘隗、刁协在朝中已经陷入孤立之中。

王导生性淡然，又深识谦抑之道，默然居守。而王敦极为不平，他知道王导在朝堂上的地位关系着自己在荆州的势力，也影响着琅邪王氏家族的社会地位。为了维护门户利益，他上书给司马睿，为王导在朝内所受的冷遇鸣不平：

> 导昔蒙殊宠，委以事机，虚己求贤，竭诚奉国，遂藉恩私，居辅政之重。帝王体远，事义不同，虽皇极初建，道教方阐，惟新之美，犹有所阙。臣每慷慨于迟远，愧愤于门宗，是以前后表疏，何尝不寄言及此。陛下未能少垂顾眄，畅臣微怀，云导顷见疏外，所陈如昨，而其萌已著，其为咎责，岂惟导身而已。群从所蒙，并过才分。导诚不能自量，陛下亦爱忘其短。常人近情，恃恩昧进，独犯龙鳞，迷不自了。臣窃所自忧虑，未详所由，惶愧踟蹰，情如灰土。天下事大，尽理实难，导虽凡近，未有秽浊之累；既往之勋，畴昔之顾，情好绸缪，

---

① ［南朝宋］刘义庆著，［南朝梁］刘孝标注，余嘉锡笺疏《世说新语笺疏·言语》"王敦兄含为光禄勋"条，第98页。

② 《晋书》卷六十一《周浚传》附《周嵩传》，第1661页。

③ ［南朝宋］刘义庆著，［南朝梁］刘孝标注，余嘉锡笺疏《世说新语笺疏》，第310页。

足以历薄俗，明君臣，合德义，同古贤。昔臣亲受嘉命，云："吾与卿及茂弘当管鲍之交。"臣忝外任，渐冉十载，训诱之诲，日有所忘；至于斯命，铭之于心，窃犹眷眷，谓前恩不得一朝而尽。

伏惟陛下圣哲日新，广延俊乂，临之以政，齐之以礼。顷者令导内综机密，出录尚书，杖节京都，并统六军，既为刺史，兼居重号，殊非人臣之体。流俗好评，必有讥谤，宜省录尚书、杖节及都督。且王佐之器，当得宏达远识、高正明断、道德优备者，以臣暗识，未见其才。然于见人，未蹰于导；加辅翼积年，实尽心力。霸王之主，何尝不任贤使能，共相终始！管仲有三归反坫之讥，子犯有临河要君之责，萧何、周勃得罪图圄，然终为良佐。以导之才，何能无失！当令任不过分，役其所长，以功补过，要之将来。导性慎密，尤能忍事，善于斟酌，有文章才义，动静顾问，起予圣怀，外无过宠，公私得所。今皇祚肇建，八表承风；圣恩不终，则遐迩失望。天下荒弊，人心易动；物听一移，将致疑惑。臣非敢苟私亲亲，惟欲忠于社稷。①

王敦本就对司马睿登基不满，按照他的政治设想，更应该立一个对王氏家族唯唯诺诺的皇帝，自己可以像曹操那样"挟天子以令诸侯"，由于王导的坚持，才不得不支持司马睿称帝。如今王导被排挤，他愤愤不平之下，先摆出王导的功绩，"虚己求贤，竭诚奉国"，"居辅政之重"，"辅翼积年，实尽心力"，并提出了具体的解决办法，建议晋元帝若觉得王导权势太重，"内综机密，出录尚书，杖节京都，并统六军，既为刺史，兼居重号，殊非人臣之体"，不妨"省录尚书、杖节及都督"。此上疏表面为王导抱不平，暗里指责晋元帝不能任贤使能，甚至威胁要采取适当的行动，若"圣恩不终，则遐迩失望。天下荒弊，人心易动，物听一移，将致疑惑。"王导在建康先收到这份奏疏，怕惹出事端，遂封还给王敦。王敦又派人直接送达晋元帝，晋元帝阅此奏章，极为不快，连夜召宗室谯王司马承商议对策，司马承表示："陛下不早裁之，难将作矣。"②而刘隗也曾"以王敦威权太盛，终不可制，劝帝出诸心腹，以镇方隅。"③王敦的上书，进一步激化了琅邪王氏与晋元帝之间的矛盾，晋元帝由此开始暗作军事部署，筹划在外树立藩屏，以制约王敦的军事力量，双方开始进入剑拔弩张的态势。

太兴三年（320年），梁州刺史周访去世。王敦为保障自己的上游安全，抢先派自己的从事中郎郭舒赶赴梁州，监襄阳军。晋元帝当然不肯放过控制梁州、威慑荆州的机会，他很快命湘州刺史甘卓接任梁州刺史一职，并顺势征郭舒为右丞，只是被王敦留而不遣。梁州争夺暂告一段落，接着双方围绕湘州刺史一职又开始了新一

---

① 《晋书》卷九十八《王敦传》，第 2556 页。
② 《晋书》卷三十七《谯王司马承传》，第 1104 页。
③ 《晋书》卷六十九《刘隗传》，第 1838 页。

轮争斗。湘州据长江中游，控驭荆、交、广三州，位置十分重要。王敦上表举荐自己的亲信、吴地大族沈充任湘州刺史之职。晋元帝断然拒绝了王敦的请求，派遣谯王司马承出镇湘州，以分荆州之势。太兴四年（321 年）七月，晋元帝以尚书仆射戴渊为征西将军，都督司、兖、豫、并、冀、雍六州诸军事，司州刺史，镇守合肥；以丹阳尹刘隗为镇北将军，都督青、徐、幽、平四州诸军事、青州刺史，镇淮阴。戴、刘二人率领从扬州"以奴为兵"征发来的士兵出镇，名义上是对付北方的少数民族，实际上是晋元帝在继司马承出镇湘州后的另一防范王敦的重要军事部署，"外以讨胡，实御（王）敦也。"①

王敦"既素有重名，又立大功于江左，专任阃外，手控强兵，群从贵显，威权莫贰"，本已骄横日甚，如此受晋元帝猜忌，不平之心加上野心，激怒迸发，"遂欲专制朝廷，有问鼎之心。"每次饮酒后都吟咏曹操的乐府歌："老骥伏枥，志在千里。烈士暮年，壮心不已。"②边歌边以如意打唾壶为节，以致唾壶的边沿出现了许多个缺口。

晋元帝欲加强皇权、限制打击世家大族的举措，激化了君臣之间的矛盾。王敦在部分大族支持下，谋划东下建康，给晋元帝一个教训，只是前期他身边掣肘颇多，尤其是凉州刺史周访和豫州刺史祖逖，这两位都是能征善战的勇将，而且都对王敦的举措持反对态度。

王敦调周访去荆州讨伐杜曾时，曾许诺以他为荆州刺史，司马睿也派人见周访，做出了同样的许诺。但周访浴血奋战平定杜曾、稳定荆州形势后，王敦立即将荆州控制在自己手中，改任周访为梁州刺史。王敦自知理亏，亲自写信解释，并派人携玉环、玉碗等重礼安抚周访，周访大怒之下，将礼物摔碎，从此视王敦为仇敌，"阴欲图之。即在襄阳，务农训卒，勤于采纳，守宰有缺辄补，然后言上。敦患之，而惮其强，不敢有异。"周访智勇过人，他致力于北伐，在襄阳练兵备战，给荆州的王敦造成了不小的压力。"闻敦有不臣之心，访恒切齿。敦虽怀逆谋，故终访之世未敢为非。"③

祖逖自北伐后，数年间收复黄河以南大片失地，石勒不敢南侵。王敦曾派人联络祖逖，透露了自己欲东下建康的意图，祖逖勃然大怒，《世说新语·豪爽》载：

> 王大将军始欲下都处分树置，先遣参军告朝廷，讽旨时贤。祖车骑尚未镇寿春，瞋目厉声语使人曰："卿语阿黑：何敢不逊！催摄面去，须臾不尔，我将三千兵，槊脚令上！"王闻之而止。④

王敦早有进兵建康、威慑朝廷之意，惮于祖逖所统强兵，不敢轻举妄动。

① 《晋书》卷九十八《王敦传》，第 2558 页。
② 《晋书》卷九十八《王敦传》，第 2557 页。
③ 《晋书》卷五十八《周访传》，第 1581 页。
④ [南朝宋] 刘义庆著，[南朝梁] 刘孝标注，余嘉锡笺疏《世说新语笺疏》，第 598 页。

周访坐镇襄阳，在王敦的上游，有他在，王敦就不敢轻易离开荆州东下建康。祖逖虽在北方，却形成了对王敦的威慑。是以他们二人在，王敦再恼怒，也不得不顾及大局，只能引而不发。太兴三年（320年）八月，周访去世，王敦少了一个心头大患。太兴四年（321年）九月，祖逖去世，王敦再无顾忌，加快了起兵的步伐。

永昌元年（322年）正月，王敦数次上书为王导和自己辩白未果后，以问罪刘隗、为王导伸冤为名在武昌起兵向建康进攻。出兵前，王敦又上了一道表章，指责刘隗"邪佞谄媚，潜毁忠良，疑惑圣听"，在为刘隗开列的大量罪状中，最主要的一条就是取奴为兵，"大起事役，劳扰士庶"，"外托举义，内自封植"，"赋役不均"，"免良人奴，自为惠泽"，以致"百姓哀愤，怨声盈路"。显然，王敦以此争取世家大族对他起兵的支持。王敦声称，他身为宰辅，"与国存亡"，不能坐视刘隗误国。他甚至指斥元帝"自从信隗已来，刑罚不中，……弃忽忠言，遂信奸佞"，暗讽其为昏君。王敦措辞强硬，表示不杀刘隗绝不罢兵，要求晋元帝"速斩隗首"，"隗首朝悬，诸军夕退。"①

与王敦起兵同时，其心腹沈充在吴兴起兵进行响应。

晋元帝接到王敦的奏表，立即命令刘隗、戴渊还军保卫建康，同时下诏讨伐王敦，"王敦凭恃宠灵，敢肆狂逆，方朕太甲，欲见幽囚。是可忍也，孰不可忍也！今亲率六军，以诛大逆，有杀敦者，封五千户侯。"②君臣矛盾彻底爆发，再无回旋余地。

本来王敦可以迅速东下，但原先答应与他一起出兵的梁州刺史甘卓不仅未应约东下，反而先是谏阻，后来竟然起兵进攻武昌，谯王司马承也在湘州举兵反抗。一时间，王敦上下游都出了变故，他不敢在后方不稳的局势下东下建康，竟然拖延了两个月之久。眼看陶侃出兵北上，戴渊、刘隗回防建康，局势越加不利，王敦权衡利弊，置后方于不顾，甩开甘卓、司马承，孤军东下，直扑建康。

王敦起兵给留在建康的王氏族人带来极大困难。古制，谋反谋逆，罪及三族。刘隗回京与刁协一起劝说晋元帝尽诛王氏全族。时王敦兄王含弃职逃奔姑孰，王导惶惧之下，每天带着二十多名群从兄弟子侄到皇宫门外素服待罪。一日，尚书左仆射周顗入朝，王导叫住周顗对他说："伯仁，以百口累卿！"周顗没有搭理王导，"直入不顾"。见到晋元帝后，周顗盛称王导忠诚，极力申救，晋元帝纳其言。周顗喜饮酒，与晋元帝商量妥当后，在宫中痛饮，尽醉而出。王导一行人还在宫门外，见周顗出宫，再次向他呼救。周顗不但不搭理王导，反而对左右侍从说："今年杀诸贼奴，取金印如斗大系肘。"③回家后，周顗又上表晋元帝，竭力证明王导无罪，言辞恳切。所有这一切，王导全然不知，"导不知救己，而甚衔之。"在周顗的申救下，

---

① 《晋书》卷九十八《王敦传》，第2558、2259页。

② 《晋书》卷九十八《王敦传》，第2559页。

③ 《晋书》卷六十九《周顗传》，第1853页。

晋元帝命人送还王导朝服，并于宫中召见。王导跪地叩首，说："逆臣贼子，何世无之，岂意今者近出臣族！"晋元帝赞王导"大义灭亲，可以吾为安东时节假之。"①

三月，王敦带兵进至芜湖，又上书晋元帝要求惩办刁协。晋元帝任命王导为前锋大都督，加封戴渊为骠骑将军，周顗为尚书左仆射，王邃为右仆射，分别统领军队，又加封周札为右将军，与刘隗分别守卫建康城的两个军事要塞——石头城和金城。晋元帝还任命梁州刺史甘卓为镇南大将军、侍中、都督荆梁二州诸军事，改调陶侃为江州刺史，命令他们各率所部攻打王敦的后方。

四月，王敦的军队到达建康，周札不战而降，石头城落入王敦之手。晋元帝连派刁协、刘隗、戴渊等人反攻，结果一触即溃。王敦顺利入城，"拥兵不朝，放肆兵士劫掠内外。"②晋元帝劝刁协、刘隗出逃避祸，刁协年老，不堪骑马，又素无恩信，半路即被杀，刘隗被迫外投石勒，得以保全性命。晋元帝的人身安全也受到威胁，他派人转告王敦说："公若不忘本朝，于此息兵，则天下尚可共安也。如其不然，朕当归于琅邪，以避贤路。"③《晋书》卷九十八《王敦传》载晋元帝语曰："欲得我处，但当早道，我自还琅邪，何至困百姓如此！"说的更是直白。

王敦入建康，打的是"清君侧"的旗号，他没有派兵入宫，就是不想把事情做绝。晋元帝派百官到石头城拜见王敦后，双方都有了台阶可下。晋元帝可保全皇位，王敦却要清除异己。王敦的参军吕猗说："周顗、戴若思皆有高名，足以惑众，近者之言曾无愧色。公若不除，恐有再举之患，为将来之忧耳。"④王敦深表赞同，但戴渊、周顗名声太大，"敦素惮顗，每见顗辄面热，虽复冬月，扇面手不得休"，此时欲杀他们一时也下不了决心，便试探性地向王导征询意见："周顗、戴若思南北之望，当登三司，无所疑也。"王导不答。王敦又问："若不三司，便应令仆邪？"王导仍旧默然。王敦会意："若不尔，正当诛尔。"王导仍旧无语。于是，王敦下令逮捕周顗和戴渊，随意捏造罪名，押至石头城处死。不久，王导在中书省翻检他失势时朝廷官员呈给皇帝的奏疏，发现了周顗竭力解救自己的奏章。此时，王导才知道自己做了错事，他执表流涕，悲不自胜，对儿子们说："吾虽不杀伯仁，伯仁由我而死。幽冥之中，负此良友！"⑤

在这场事变中，王导最初是站在王敦一方的，如他后来所说："昔年佞臣乱朝，人怀不宁，如导之徒，心思外济。"⑥所以周札开城迎王敦，后虽为王敦所杀，王导在王敦死后仍予以赠谥。"札在石头，忠存社稷，义在亡身。""论者谓札知隗、协

---

①　《晋书》卷六十五《王导传》，第 1749 页。
②　《晋书》卷九十八《王敦传》，第 2559 页。
③　《晋书》卷六《元帝纪》，第 155 页。
④　《晋书》卷六十九《戴若思传》，第 1847 页。
⑤　《晋书》卷六十九《周顗传》，第 1853 页。
⑥　《晋书》卷九十八《王敦传》，第 2563 页。

乱政,信敦匡救,'"如此,札所以忠于社稷也。"在王导看来,王敦这次起兵并没有明显的反叛迹象,不能因为王敦第二次起兵是证据确凿的反叛就认为他第一次起兵也是反叛。即使王敦当时已有反意,但大家都没有认识到,所以不能以此苛求周札。"至于往年之事,自臣等有识以上,与札情岂有异!此言实贯于圣鉴,论者见奸逆既彰,便欲征往年已有不臣之渐。即复使尔,要当时众所未悟。既悟其奸萌,札与臣等便以身许国,死而后已。"① 温峤也曾说过:"大将军此举似有所在,当无滥邪?"② 后来晋明帝的诏书中也认为王敦的此次起兵,是因为"刁协、刘隗立朝不允,敦抗义致讨,情希鹯拳,兵虽犯顺,犹嘉乃诚,礼秩优崇,人臣无贰。"③ 正是由于有了琅邪王氏等大族的支持,希望王敦能够利用武力打压皇权,维护世家大族的利益,王敦第一次起兵才能够成功。

王导支持王敦清除异己,既是为了维护南北世家大族的利益,也是为了维护琅邪王氏家族的地位。作为一个合格的政治家,他清楚在当时南北分立、胡族虎视的历史背景下,要维护家族利益,就必须维护以司马氏为代表的正统皇权,哪怕王氏家族势力再强,皇权再怎么形同虚设,王氏家族权益的获得还必须经过这个脆弱的皇权来授权,否则就没有合法性可言。所以,王导也不是无条件地支持王敦,《晋书》卷六十五《王导传》载:

> 时王氏强盛,有专天下之心,敦惮帝贤明,欲更议所立,导固争乃止。及此役也,敦谓导曰:"不从吾言,几致覆族。"导犹执正议,敦无以能夺。

王导不仅反对废黜晋元帝,还坚定维护司马绍的太子位。

> 初,帝爱琅邪王裒,将有夺嫡之议,以问导。导曰:"夫立子以长,且绍又贤,不宜改革。"帝犹疑之。导日夕陈谏,故太子卒定。

《晋书》卷六《明帝纪》:

> 及王敦之乱,六军败绩,帝欲帅将士决战,升车将出,中庶子温峤固谏,抽剑斩鞅,乃止。敦素以帝神武明略,朝野之所钦信,欲诬以不孝而废焉。大会百官而问温峤曰:"皇太子以何德称?"声色俱厉,必欲使有言。峤对曰:"钩深致远,盖非浅局所量。以礼观之,可称为孝矣。"众皆以为信然,敦谋遂止。

司马绍的母亲荀氏有鲜卑血统,使司马绍的外貌与常人有异,王敦曾蔑称他为"黄须鲜卑奴"。司马绍文武双全,富有智谋,"有文武才略,钦贤爱客,雅好文辞""善抚将士",为朝野信服,他的性格刚强果敢,与父亲截然相反。王敦攻入石头,晋元帝懦弱低头,他却要率侍卫拼死一战。虽然被温峤劝阻,但王敦却感到这是一个棘手的人物,为防患于未然,决定召集百官,以不孝的罪名废太子。只是太子属官中庶子温峤首先反对,他的回答"众皆以为信然",显然并不仅指太子属官,

---

① 《晋书》卷五十八《周处传》附《周札传》,第1576页。
② 《晋书》卷六十九《周𫖮传》,第1852页。
③ 《晋书》卷九十八《王敦传》,第2561页。

而是朝堂百官，王导正是百官之首。他们都意识到，如果任由王敦废黜太子，那王敦不仅凌驾于皇权之上，也会打破皇权与门阀士族以及门阀士族之间的微妙平衡，这是谁都不想看到的结果。因此，温峤一发声，王导肯定会附和，也正是由于他的肯定和保护，司马绍才能继续保有太子位。

无论是反对废黜晋元帝还是反对废黜太子，王导都站到了王敦的对立面。与此同时，他们的堂弟王彬也成为王敦的反对者。他一向与周顗交好，奉晋元帝命去见王敦，却是先去哭吊周顗，然后再痛斥王敦。《晋书》卷七十六《王彬传》载：

> 勃然数敦曰："兄抗旌犯顺，杀戮忠良，谋图不轨，祸及门户。"音辞慷慨，声泪俱下。敦大怒，厉声曰："尔狂悖乃可至此，为吾不能杀汝邪！"时王导在坐，为之惧，劝彬起谢。彬曰："有脚疾已来，见天子尚欲不拜，何跪之有！此复何所谢！"敦曰："脚痛孰若颈痛？"彬意气自若，殊无惧容。

以王导、王彬、温峤为代表的朝臣公开反对王敦夺取朝廷大权，坚定维护皇室，才使此次兵祸仅限于上层，并未波及东晋全境，可谓虽叛未乱。

王敦杀了戴渊、周顗等人，肃清了朝中反对派，全面掌握了朝廷大权。但他不敢在建康久居，永昌元年（322年）五月，王敦还屯武昌，临行前又在京城设置了留府，以控制朝廷。回武昌不久，他督率大军残酷镇压湘州刺史司马承和梁州刺史甘卓，二人相继被杀，荆、湘局势稳定下来，陶侃则退回广州。大势已定，晋元帝不得不以王敦为丞相、江州牧，进爵武昌郡公。王敦控制了朝政，自为扬州牧，把几个军事重镇全部换上自己的亲属或心腹，以兄王含为征东将军、都督扬州江西诸军事，从弟王舒为荆州刺史，王彬为江州刺史，王邃为徐州刺史。"改易百官及诸军镇，转徙黜免者以百数，或朝行暮改，惟意所欲。"[①] 不久，王敦加领宁益二州都督，势力更加强大了。到此为止，王敦还是秉持他以前的想法，他只想效仿曹操，无意夺取皇位。当然，之所以有这样的结果，也是因为王导为了更好地维护王氏家族的利益，联合王氏族人和其他朝臣对王敦采取了消极抵抗的策略，使王敦不能不有所顾忌，无法实现篡权野心。

永昌元年（322年）十一月，晋元帝在忧愤中病死，太子司马绍继位，是为晋明帝。

因为王敦曾经提议废黜司马绍的太子位，对于新君登基颇为忌惮。为试探晋明帝，也为了加强对建康的控制，王敦"讽朝廷征己，帝手诏征之。"晋明帝知道，如果不同意王敦的奏请，只能是给王敦折辱朝廷甚至再次起兵提供借口，索性顺水推舟，允其所奏，并派太常应詹赴武昌"拜授加黄钺，班剑武贲二十人，奏事不名，入朝不趋，剑履上殿。"将臣子所能享有的最高待遇全都给了。其实，王敦不仅没有入朝辅政的打算，连建康都不愿踏入，他只是找个借口将自己的大本营移到建康

---

① ［宋］司马光著，［元］胡三省注《资治通鉴》卷九十二，永昌元年，第2905页。

附近，就近威慑朝廷。太宁元年（323 年）三月，王敦自武昌移镇姑孰（今安徽省马鞍山市当涂县）。为了打压晋明帝，王敦连他的心腹中书令温峤都调到自己麾下任左司马，以王导为司徒，自领扬州牧，内外大权集于一身，"既得志，暴慢愈甚，四方贡献多入己府，将相岳牧悉出其门。"其部属沈充、钱凤、诸葛瑶等人"并凶险骄恣，共相驱扇，杀戮自己；又大起营府，侵人田宅，发掘古墓，剽掠市道，士庶解体，咸知其祸败焉。"①

晋明帝为加强皇权，也为报父仇，暗中联络反对力量，尤其是征集军事力量。时京城卫戍部队刚经过王敦的重创，且他临走前曾对朝廷的征兵权做过严格的限制，临时征兵是行不通的。门阀士族多作壁上观，他们的私人武装在局势未明朗之前肯定不会为皇权所用。晋明帝唯一可用的军事力量，只有江北的流民武装。这时，恰值郗鉴率部从北方南下合肥，他手下的部众已经有十余年与胡族作战的经历，战斗力极强，而他过江较晚，也急需在东晋朝堂谋得立足之地。于是，在面见晋明帝之后，郗鉴接受了晋明帝托付的重任。《晋书》卷六十七《郗鉴传》载：

> 时明帝初即位，王敦专制，内外危逼，谋杖鉴为外援，由是拜安西将军、兖州刺史、都督扬州江西诸军、假节，镇合肥。敦忌之，表为尚书令，征还。道经姑孰，与敦相见，敦谓曰："乐彦辅短才耳。后生流宕，言违名检，考之以实，岂胜满武秋邪？"鉴曰："拟人必于其伦。彦辅道韵平淡，体识冲粹，处倾危之朝，不可得而亲疏。及愍怀太子之废，可谓柔而有正。武秋失节之士，何可同日而言！"敦曰："愍怀废徙之际，交有危机之急，人何能以死守之乎！以此相方，其不减明矣。"鉴曰："丈夫既洁身北面，义同在三，岂可偷生屈节，靦颜天壤邪！苟道数终极，固当存亡以之耳。"敦素怀无君之心，闻鉴言，大忿之，遂不复相见，拘留不遣。敦之党与谮毁日至，鉴举止自若，初无惧心。敦谓钱凤曰："郗道徽儒雅之士，名位既重，何得害之！"乃放还台。鉴遂与帝谋灭敦。

郗鉴至合肥，暗中联络流民帅，准备联合应对王敦。对这些实力强劲的流民武装，王敦也颇为忌惮，于是施压晋明帝，将郗鉴调回朝中任尚书令，接着安排兄长王含接替郗鉴统辖流民军。郗鉴回建康时，特意在芜湖面见王敦，两人就乐广和满奋的才德问题一番探讨，郗鉴表明了自己忠于朝廷的态度，"洁身北面"，不肯"偷生屈节"，王敦大怒之下将他囚禁，又碍于其声望不得不放了他。郗鉴到建康后，立即将联络流民帅的结果汇报给晋明帝，他们共同确定了拉拢、起用苏峻和刘遐的对策。

面对晋明帝加强建康防务的局面，王敦当然不会坐视，图谋再度起兵，一场新的变乱已经不可避免。只是他未及发动，消息已经传回建康。这其中的关键人物还

---

① 《晋书》卷九十八《王敦传》，第 2560 页。

是王敦的堂弟王彬和侄子王允之。《晋书》卷七十六《王彬传》载：

> 后敦议举兵向京师，彬谏甚苦。敦变色目左右，将收彬，彬正色曰："君昔岁害兄，今又杀弟邪？"先是，彬从兄豫章太守棱为敦所害，敦以彬亲故容忍之。俄而以彬为豫章太守。

《晋书》卷七十六《王允之传》载：

> 允之字深猷。总角，从伯敦谓为似己，恒以自随，出则同舆，入则共寝。敦尝夜饮，允之辞醉先卧。敦与钱凤谋为逆，允之已醒，悉闻其言，虑敦或疑己，便于卧处大吐，衣面并污。凤既出，敦果照视，见允之卧吐中，以为大醉，不复疑之。时父舒始拜廷尉，允之求还定省，敦许之。至都，以敦、凤谋议事白舒，舒即与导俱启明帝。

王允之心思机敏，连王敦都觉得他像自己，经常带他出入，王允之因此能够获悉王敦与钱凤的逆谋。回京后，立即将所听消息告诉父亲王舒，王舒大惊之下，即刻转告王导，并迅速与王导一起入宫禀报晋明帝。

王彬劝阻、王舒与王导告密，看似"大义灭亲"，其实是为保全琅邪王氏家族不得不为之。他们知道，王敦的权势和地位，是巩固琅邪王氏家族的重要支撑力量，但他日渐膨胀的野心已经引起了皇室和其他世家大族的不满，一旦矛盾再次爆发，风口浪尖上的琅邪王氏家族必难保全。王敦第一次起兵时，刘隗就曾建议晋元帝将王氏家族的人全部杀光，由于晋元帝的懦弱和周顗等人的援救才得以幸免。而此时在位的晋明帝，杀伐决断堪为英主，对王敦又怀有刻骨仇恨，一旦王敦起兵，得胜，则是琅邪王氏在王敦攻入建康城前即举族被杀，失败，王氏家族更将大祸临头。何况，根据从王彬和王允之处所获消息，他们知道王敦已经生了重病，如果能拖到他病死，自然可以消弭大祸。为防止王敦孤注一掷起兵，王导及时向晋明帝汇报，一方面是为琅邪王氏家族争取一线生机，另一方面是打算从晋明帝处打听他如何调兵遣将，一旦获知准确消息，不妨先通报给王敦，让他不敢轻举妄动，待到拖死他，琅邪王氏家族与皇室和其他世家大族的矛盾就可以从容解决。

此时，王敦尽管在病中，也开始了一系列准备工作。为清扫障碍，太宁二年（324 年）春正月，他编造借口，将曾经的功臣周扎灭族。《晋书》卷五十八《周扎传》载：

> 王敦举兵攻石头，扎开门应敦，故王师败绩。敦转扎为光禄勋，寻补尚书。顷之，迁右将军、会稽内史。时扎兄靖子懋晋陵太守、清流亭侯，懋弟筵征虏将军、吴兴内史，筵弟赞大将军从事中郎、武康县侯，赞弟缪太子文学、都乡侯，次兄子勰临淮太守、乌程公。扎一门五侯，并居列位，吴士贵盛，莫与为比，王敦深忌之。后筵丧母，送者千数，敦益惮焉。及敦疾，钱凤以周氏宗强，与沈充权势相侔，欲自托于充，谋灭周氏，使充得专威扬土，乃说敦曰："夫有国者患于强逼，自古衅难恒必由之。今江东之豪莫强周、沈，公万世之后，二

族必不静矣。周强而多俊才，宜先为之所，后嗣可安，国家可保耳。"敦纳之。时有道士李脱者，妖术惑众，自言八百岁，故号李八百。自中州至建邺，以鬼道疗病，又署人官位，时人多信事之。弟子李弘养徒灊山，云应谶当王。故敦使庐江太守李恒告札及其诸兄子与脱谋图不轨。时筵为敦谘议参军，即营中杀筵及脱、弘，又遣参军贺鸾就沈充尽掩杀札兄弟子，既而进军会稽，袭札。札先不知，卒闻兵至，率麾下数百人出距之，兵散见杀。

义兴周氏一门五侯，贵显莫比，是王敦颇为忌惮的江东士族势力，他在钱凤和沈充的撺掇下，杀其满门。王敦的本意，既是加强自己的心腹沈充的实力，又是警告门阀士族，不要为晋明帝所用。但他随意捏造罪名就擅杀义兴周氏这样的名门望族（同时被杀的北方大族汝南周氏周嵩[1]），其他大族如何不会寒心，一旦王敦得势，这些大族的日子必不会好过。毫无疑问，他们为了自保，必然也会向晋明帝一方靠拢。

太宁二年（324 年）五月，王敦病势日益沉重，他不得不着手安排身后之事了。王敦无子，过继了哥哥王含的儿子王应为子，他矫诏拜王应为武卫将军，作为自己的副手，拜王含为骠骑大将军。心腹钱凤问王敦如何安排后事，并建议"脱其不讳，便当以后事付（王）应"，王敦说：

> 非常之事，岂常人所能！且应年少，安可当大事。我死之后，莫若解众放兵，归身朝廷，保全门户，此计之上也。退还武昌，收兵自守，贡献不废，亦中计也。及吾尚存，悉众而下，万一侥幸，计之下也。[2]

从客观形势来看，王敦对时局的估计是清醒、明智的！东晋政权之所以能够存在，是因为南北世家大族势力平衡，不可能从中推出一个作为领袖，只能共同推戴司马氏做皇帝来维持这种平衡。司马氏皇族虽然势力衰微，但作为汉族合法政权的象征，还是具有很高人望的，在当时内忧外患的局势下，若是由王氏取司马氏而代之，势必将琅邪王氏推到与所有世家大族对立的危险境地，一旦内战爆发，不仅琅邪王氏有覆族之险，东晋政权也将陷入无休止的混战之中，若北方胡族乘虚南下，到那时，半壁江山也难以保住。所以，只有维护司马氏的帝位才能维持平衡局面，稳定东晋政权，也只有保住了江南的半壁江山，才能更好地维护琅邪王氏家族的利益。从琅邪王氏家族内部来看，立场也不统一。王敦从弟王棱在他第一次起兵就日夜切谏，王敦恼怒之下，派人将他暗杀。王彬当面指责王敦"抗旌犯顺，杀戮忠良，

---

① 周嵩，周颛之弟，《晋书》卷六十一《周浚传》附《周嵩传》载："王敦既害颛而使人吊嵩，嵩曰：'亡兄天下人，为天下人所杀，复何所吊！'敦甚衔之，惧失人情，故未加害，用为从事中郎。嵩，王应嫂父也，以颛横遇祸，意恒愤愤，尝众中云：'应不宜统兵。'敦密使妖人李脱诬嵩及周筵潜相署置，遂害之。嵩精于事佛，临刑犹于市诵经云。"第 1661 页。

② 《晋书》卷九十八《王敦传》，第 2560 页。

谋图不轨，祸及门户"①，后又屡屡劝谏，几为王敦所杀。王舒得到王敦欲谋叛的消息后，立即与王导一起觐见晋明帝，以实相告。更让王敦头疼的是，王导为维护家族的最高利益，联合其他朝臣对王敦采取了消极抵抗的策略，使王敦不能不有所忌惮。从家、国两方面考虑，王敦认为解除武装，入朝为官是保全家族、国家稳固的上策，退回武昌自保是中策，率军进攻建康是下策。但钱凤听后竟然认为王敦所说下策正是上策，遂与沈充等人谋划二次叛乱，待王敦死后进攻建康。

虽然王敦对时局已经有了清醒的认识，希望"解众放兵，归身朝廷"，以此保全门户，但年轻气盛的晋明帝却不肯放过他。太宁二年（324 年）六月，温峤设计重返建康，将所知情况全部报给晋明帝，并与庾亮一起谋划消灭王敦。晋明帝终于下决心讨伐王敦，为得到确切的军事部署情报，他竟只带几个随从微服出行，冒险到于湖侦察王敦的营垒部署情况。王敦得报，立即遣骑兵追击，晋明帝用计才得脱身。《晋书》卷六《明帝纪》载：

> 帝亦驰去，马有遗粪，辄以水灌之。见逆旅卖食妪，以七宝鞭与之，曰："后有骑来，可以此示也。"俄而追者至，问妪。妪曰："去已远矣。"因以鞭示之。五骑传玩，稽留遂久，又见马粪冷，以为信远而止不追。帝仅而获免。

回到建康后，晋明帝急令江北的流民军整军备战，随时渡江南下。六月二十七日，晋明帝公布了军事人员安排：

> 加司徒王导大都督、假节，领扬州刺史，以丹阳尹温峤为中垒将军，与右将军卞敦守石头，以光禄勋应詹为护军将军、假节、督朱雀桥南诸军事，以尚书令郗鉴行卫将军、都督从驾诸军事，以中书监庾亮领左卫将军，以尚书卞壸行中军将军。征平北将军、徐州刺史王邃，平西将军、豫州刺史祖约，北中郎将、兖州刺史刘遐，奋武将军、临淮太守苏峻，奋威将军、广陵太守陶瞻等还卫京师。②

从人员部署安排看，王导虽然居首，并不真正统军，事实上是被架空的，显然，晋明帝并不相信他。

此时的王导面临着生死抉择。他知道，王敦第一次起兵能够成功，是因为世家大族默许他讨伐破坏士族权益的刁协、刘隗，而第二次起兵恐怕是废晋明帝甚至取而代之③，一旦打破皇室与世家大族、士族与士族之间的平衡局面，势必要遭到朝野一致反对，这已经决定了王敦难逃失败的命运。王导自六月二十三日就接到了堂弟

---

① 《晋书》卷七十六《王彬传》，第 2005 页。

② 《晋书》卷六《明帝纪》，第 161 页。

③ [宋] 司马光著，[元] 胡三省注《资治通鉴》卷九十三载：王敦起兵前，钱凤等人问："事克之日，天子云何？"王敦回答说："尚未南郊，何得称天子！便尽卿兵势，保护东海王及裴妃而已。"东海王越与世子司马毗死后，司马睿将自己的第三子司马冲过继给司马毗，承袭其东海王爵位。裴妃是东海王越的王妃，洛阳陷落后一度被掠卖为奴，历经艰辛逃至建康。王敦的答复，实际已经将自己的计划暗示给钱凤：攻克建康后，废晋明帝，立司马冲为帝。

王邃的信，明确说明江北流民军的异动。一方是马上就要病死的王敦，一方是志在必得的年轻君主和马上就要南下的强悍流民军，王导审时度势，毅然与王敦划清界限，出任讨伐军的总指挥，在关键时刻承担起了保全门户的重担。王导知道王敦威名素著，诸将无不畏惧，为顺利平叛，他巧施妙计，利用王敦病重卧床之机，提前为王敦办丧事，"率子弟发哀，众闻，谓敦死，咸有奋志。"[①] 王导此策使军心大振，为后来的顺利平叛提供了条件。

晋明帝也故意称王敦病死，并正式颁布了讨伐诏书，《晋书》卷九十八《王敦传》载：

> 先帝以圣德应运，创业江东，司徒导首居心膂，以道翼赞。故大将军敦参处股肱，或内或外，夹辅之勋，与有力焉。阶缘际会，遂据上宰，杖节专征，委以五州。刁协、刘隗立朝不允，敦抗义致讨，情希鬻拳，兵虽犯顺，犹嘉乃诚，礼秩优崇，人臣无贰。事解之后，劫掠城邑，放恣兵人，侵及宫省；背违赦信，诛戮大臣；纵凶极逆，不朝而退。六合阻心，人情同愤。先帝含垢忍耻，容而不责，委任如旧，礼秩有加。朕以不天，寻丁酷罚，茕茕在疚，哀悼靡寄。而敦曾无臣子追远之诚，又无辅孤同奖之操，缮甲聚兵，盛夏来至，辄以天官假授私属，将以威胁朝廷，倾危宗社。朕愍其狂戾，冀其觉悟，故且含隐以观其终。而敦矜其不义之强，有侮弱朝廷之志，弃亲用羁，背贤任恶。钱凤竖子，专为谋主，逞其凶慝，诬罔忠良。周嵩亮直，谠言致祸；周札、周莚累世忠义，听受谮构，残夷其宗。秦人之酷，刑不过五。敦之诛戮，傍滥无辜，灭人之族，莫知其罪。天下骇心，道路以目。神怒人怨，笃疾所婴，昏荒悖逆，日以滋甚，辄立兄息以自承代，多树私党，莫非同恶，未有宰相继体而不由王命者也。顽凶相奖，无所顾忌，擅录冶工，辄割运漕，志骋凶丑，以窥神器。社稷之危，匪夕则旦。天下长奸，敦以陨毙。凤承凶宄，弥复煽逆。是可忍也，孰不可忍也！

> 今遣司徒导，镇南将军、丹阳尹峤，建威将军赵胤武旅三万，十道并进；平西将军邃率兖州刺史遐、奋武将军峻、奋威将军瞻精锐三万，水陆齐势；朕亲御六军，左卫将军亮，右卫将军胤，护军将军詹，领军将军瞻，中军将军壹，骁骑将军艾，骠骑将军、南顿王宗，镇军将军、汝南王祐，太宰、西阳王羕被练三千，组甲三万，总统诸军，讨凤之罪。罪止一人，朕不滥刑。有能杀凤送首，封五千户侯，赏布五千四。

> 冠军将军邓岳志气平厚，识经邪正；前将军周抚质性详简，义诚素著；功臣之胄，情义兼常，往年从敦，情节不展，畏逼首领，不得相违，论其乃心，无贰王室，朕嘉其诚，方任之以事。其余文武，诸为敦所授用者，一无所问，

---

① 《晋书》卷六十五《王导传》，第 1750 页。

刺史二千石不得辄离所职。书到奉承，自求多福，无或猜嫌，以取诛灭。敦之将士，从敦弥年，怨旷日久，或父母陨没，或妻子丧亡，不得奔赴，衔哀从役，朕甚愍之，希不悽怆。其单丁在军无有兼重者，皆遣归家，终身不调，其余皆与假三年，休讫还台，当与宿卫同例三番。明承诏书，朕不负信。

又诏曰："敢有舍王敦姓名而称大将军者，军法从事。"

这份诏书长近千字。第一段占诏书全文的一半，虽然褒奖了王导与王敦在东晋建立过程中的功勋，但重点在历数王敦的罪状：放纵士兵劫掠、诛戮大臣、擅自授官、滥杀无辜、劫夺漕运等等，痛责其"侮弱朝廷""背贤任恶""神怒人怨""昏荒悖逆"，段末说明王敦已经死了，钱凤继承其凶志，图谋为乱，以"是可忍也，孰不可忍也"结尾，愤慨之情跃然纸上。第二段展示朝廷讨伐逆臣贼子的声势，声称将派遣十万大军，水陆并进，并表示只杀钱凤一人，不扩大株连。第三段进一步分化瓦解王敦的阵营，王敦麾下的官员，一概既往不咎，属下士兵，凡是单丁，全部遣散回家，终身不用服役，其余士卒可给假三年，回营后与宿卫军享受同样待遇。

王敦见诏书后大怒，他孤注一掷，选择了下计，但此时已是"病转笃，不能御众"[1]，遂命王含为元帅，率军三万（《晋书》卷六《明帝纪》曰五万），以诛温峤为名，进攻建康。

七月初一，王含、钱凤率军抵达建康城下。晋明帝诏书中虽说有十万大军，但江北的流民军尚未赶到，京城中仅有三万兵马。王敦的打算是趁流民军还没有渡江，速战速决，占据建康，控制朝廷，流民军势必不战而退，到时就可以朝廷诏令形式强令他们退回江北，化解危局。但温峤命人拆毁秦淮河上的朱雀桥，王敦的大军一时难以攻城，只能暂时扎营。当日黄昏，刘遐和王邃率军抵达建康，兵力对比开始倾斜。

七月初二，王含收到了王导的来信：

近承大将军困笃绵绵，或云已有不讳，悲怛之情，不能自胜。寻知钱凤大严，欲肆奸逆，朝士忿愤，莫不扼腕。去月二十三日，得征北告，刘遐、陶瞻、苏峻等深怀忧虑，不谋同辞。都邑大小及二宫宿卫咸惧有往年之掠，不复保其妻孥，是以圣主发赫斯之命，具如檄旨。近有嘉诏，崇兄八命，望兄奖群贤忠义之心，抑奸细不逞之计，当还武昌，尽力藩任。卒奉来告，乃承与犬羊俱下，虽当逼迫，犹以闓然。兄立身率素，见信明于门宗，年逾耳顺，位极人臣，仲玉、安期亦不足作佳少年，本来门户，良可惜也！

兄之此举，谓可得如大将军昔年之事乎？昔年佞臣乱朝，人怀不宁，如导之徒，心思外济。今则不然。大将军来屯于湖，渐失人心，君子危怖，百姓劳弊。将终之日，委重安期，安期断乳未几日，又乏时望，便可袭宰相之迹邪？

---

[1] 《晋书》卷九十八《王敦传》，第 2563 页。

自开辟以来，颇有宰相孺子者不？诸有耳者皆是将禅代意，非人臣之事也。先帝中兴，遗爱在人。圣主聪明，德洽朝野，思与贤哲弘济艰难。不北面而执臣节，乃私相树建，肆行威福，凡在人臣，谁不愤叹！此直钱凤不良之心闻于远近，自知无地，遂唱奸逆。至如邓伯山、周道和恒有好情，往来人士咸皆明之，方欲委任，与共戮力，非徒无虑而已也。

导门户小大受国厚恩，兄弟显宠，可谓隆矣。导虽不武，情在宁国。今日之事，明目张胆为六军之首，宁忠臣而死，不无赖而生矣。但恨大将军桓文之勋不遂，而兄一旦为逆节之臣，负先人平素之志，既没之日，何颜见诸父于黄泉，谒先帝于地下邪？执省来告，为兄羞之，且悲且惭。愿速建大计，惟取钱凤一人，使天下获安，家国有福，故是竹素之事，非惟免祸而已。

夫福如反手，用之即是。导所统六军，石头万五千人，宫内后苑二万人，护军屯金城六千人，刘遐已至，征北昨已济江万五千人。以天子之威，文武毕力，岂可当乎！事犹可追，兄早思之。大兵一奋，导以为灼炟也。[①]

在信中，王导晓之以理，动之以情，为王含分析当时的政治状况，说明此次已经与王敦第一次起兵不同了，建议他迅速退兵，"当还武昌，尽力藩任"，既可保全性命，又可仍旧占据荆州要地，不失军权，可以更好地维护家族利益。这与此前王敦所提的上中下三策的中策正好相合，可能王家这两位顶尖人物对琅邪王氏家族的命运早有沟通，所以才有相近的规划。王导表示，琅邪王氏世受国恩，岂能做逆反之事，为今之计，只有擒杀钱凤，王家得以免祸，国家因此安定。为说动王含，王导还透露了朝廷的军事部署，"导所统六军，石头万五千人，宫内后苑二万人，护军屯金城六千人，刘遐已至，征北昨已济江万五千人。"告诉王含京城防卫力量增强，暗示他趁事情还有挽回的余地，早下决断。

王含只是庸才，他没有将王导的信放在心上，接着发愁如何渡过秦淮河攻城，丧失了挽回败局的机会。

七月初三夜，晋明帝招募的敢死队一千余人在将军段秀、中军司马曹浑的率领下，乘夜色悄然渡过秦淮河，于七月初四凌晨在越城发动袭击，大破王含军，杀其前锋何康。听闻败讯，王敦大怒："我兄老婢耳，门户衰矣！兄弟才兼文武者，世将（王廙，死于永昌元年十月）、处季皆早死，今世事去矣。"本想强撑病体，亲去前线指挥，无奈病入膏肓，不久病死，时年五十九。王应"秘不发丧，裹尸以席，蜡涂其外，埋于厅事中，与诸葛瑶等恒纵酒淫乐。"[②]看上去似是纨绔子弟的表现，其实也是掩盖王敦已死的方法，以此稳定军心。

七月初十，沈充率军抵达建康，与王含会师。七月十六，刘遐、苏峻率流民军

---

① 《晋书》卷九十八《王敦传》，第2563页。
② 《晋书》卷九十八《王敦传》，第2565页。

支援建康。七月二十四，双方决战，刘遐、苏峻与应瞻联手，击败王含主力，迫使其烧营退走。不久，沈充、钱凤被杀，王含、王应兵败后投奔荆州刺史王舒，被他沉于长江[①]，叛乱平定。

至于王敦，被东晋政府掘墓戮尸，首级被割下与沈充首级同日悬于京师。至此盖棺定论，封建史家也不得不承认王敦的功绩：

> 王敦历官中朝，威名素著，作牧淮海，望实逾隆，遂能托鱼水之深期，定金兰之密契，弼成王度，光佐中兴，卜世延百二之期，论都创三分之业，此功固不细也。[②]

王敦在东晋政权立足江南未稳之时，殚精竭虑，将长江中游的江州、湘州、荆州逐一平定，军功卓著，为东晋政权的建立和稳定做出了突出贡献。他最后走上反叛的道路，跟他刚愎阴狠的个性有关系，跟政治环境的变化、形势的发展尤其是因琅邪王氏宗族强盛、自己手控强兵而屡受晋室猜忌也有关系，并非完全出于个人野心的膨胀。

王敦死后，晋明帝碍于琅邪王氏家族的势力盘根错节，短时间难以彻底摧毁，同时也为了防止新上位的权臣庾亮成为王敦第二，必须用王导予以制衡，因此对琅邪王氏多加优容。王导的地位仍是崇高的：

> 敦平，进封始兴郡公，邑三千户，赐绢九千匹，进位太保，司徒如故，剑履上殿，入朝不趋，赞拜不名。[③]

其他王氏子弟多未受牵连：

> 敦平，有司奏（王）彬及兄子安成太守籍之，并是敦亲，皆除名。诏曰："司徒导以大义灭亲，其后昆虽或有违，犹将百世宥之，况彬等公之近亲。"乃原之。征拜光禄勋，转度支尚书。[④]

王舒也因讨伐王敦、杀王含父子有功而加官晋爵，都督荆州、平西将军，假节。晋明帝还专门下诏"王敦群从一无所问"[⑤]，琅邪王氏家族的实力依然雄冠江南各世家。

当然，琅邪王氏也不是全无损失。自太宁二年（324年）七月王敦死后，曾经镇守军事要地的王氏子弟陆续被调离，改任他职。十月，王彬由江州刺史调为光禄

---

① [南朝宋]刘义庆著，[南朝梁]刘孝标注，余嘉锡笺疏《世说新语笺疏·识鉴》："王大将军既亡，王应欲投世儒（王彬），世儒为江州；王含欲投王舒，舒为荆州。含语应曰：'大将军平素与江州云何，而汝欲归之？'应曰：'此乃所以宜往也。江州当人强盛时，能抗同异，此非常人所行。及睹衰危，必兴愍恻。荆州守文，岂能作意表行事？'含不从，遂共投舒。舒果沉含父子于江。彬闻应当来，密具船以待之。竟不得来，深以为恨。"
② 《晋书》卷九十八《王敦传》，第2567页。
③ 《晋书》卷六十五《王导传》，第1750页。
④ 《晋书》卷七十六《王彬传》，第2006页。
⑤ 《晋书》卷六《明帝纪》，第162页。

勋，应瞻接任江州刺史。刘遐取代王遂为徐州刺史，镇淮阴。次年六月，晋明帝改任王舒为湘州刺史，命陶侃继任荆州刺史。王彬从此被留在京城任职，王遂自此未现于史书，事迹不明，王舒虽仍为一州刺史，却被夹在陶侃和应瞻之间，就算有异心也无能为力，而且，很快也被征入京城为官。琅邪王氏家族连失三个军镇，在长江上游、中游的势力基本丧失。从此，琅邪王氏失去了对军队的控制之权，王氏家族对朝政的影响由文武二途一变而为文化影响政治一途，家族内部也由此形成了重文轻武的风气。王导诸子中，长子王悦"事亲色养，导甚爱之。"次子王恬"少好武，不为公门所重。导见悦辄喜，见恬便有怒色。"①尚文轻武使王氏子弟从此与军权无缘，并由此形成了鄙薄武职之风，即使担任军职，也不任军中庶务，王徽之即是明显的一例。他任车骑将军桓冲骑兵参军时，整日"蓬首散带，不综府事。"②《世说新语·简傲》载：

> 王子猷作桓车骑骑兵参军。桓问曰："卿何署？"答曰："不知何署，时见牵马来，似是马曹。"桓又问："官有几马？"答曰："不问马，何由知其数！"又问："马比死多少？"答曰："未知生，焉知死！"
> 王子猷作桓车骑参军。桓谓王曰："卿在府久，比当相料理。"初不答，直高视，以手版拄颊云："西山朝来致有爽气。"③

待至刘宋，随着皇权的加强，尚武已成为士族亡身灭门的原因之一。王蕴"少有胆力，以父揩（《南史》卷二十三《王蕴传》作"楷"）名宦不达，欲以将途自奋。每抚刀曰：'龙渊、太阿，汝知我者。'叔父景文诫之曰：'阿答，汝灭我门户！'"④后王蕴果死于非命。

（三）清净为政

自王敦死后，琅邪王氏失去了对军队的控制权，没有外部力量尤其是缺乏军事力量的支持，致使王导受到晋明帝庾皇后兄庾亮的排挤。太宁三年（325年）八月，晋明帝死，五岁的皇太子司马衍即位，是为晋成帝，庾太后临朝，政事一决于庾亮，庾氏家族开始崛起，"王与马，共天下"的局面结束了。

咸和二年（327年），庾亮为压制流民帅，不顾众臣反对，召历阳太守苏峻入京为大司农，激起苏峻和豫州刺史祖约的反叛，平叛后，庾亮被迫出都，任豫州刺史。咸和九年（334年）陶侃死，庾亮出镇荆州，都督江、荆、豫、益、梁、雍六州诸军事，领荆州、江州、豫州三州刺史，控制长江中游。一旦建康有变，庾亮即可率军顺流而下，所以表面上他是藩镇，但实际上却以外戚强藩之重控制朝政，"时亮

---

① 《晋书》卷六十五《王导传》，第 1754、1755 页。
② 《晋书》卷八十《王羲之传》附《王徽之传》，第 2103 页。
③ [南朝宋] 刘义庆著，[南朝梁] 刘孝标注，余嘉锡笺疏《世说新语笺疏》，第 773、774 页。
④ [梁] 萧子显：《南齐书》卷一《高帝上》，中华书局，1972 年版，第 11、12 页。

虽居外镇，而执朝廷之权，既据上流，拥强兵，趋向者多归之。"①时王导在朝辅政，因政见分歧以及王导的用人不当，陶侃、庾亮皆曾欲起兵废黜王导，赖与琅邪王氏家族有姻亲关系且又手握重兵的郗鉴极力反对，双方才未兵戎相见。"陶侃尝欲起兵废导，而郗鉴不从，乃止。至是，亮又欲率众黜导，又以谘鉴，而鉴又不许。"②

王导与庾亮的矛盾冲突，主要是两种执政方针的冲突。"先是，王导辅政，以宽和得众，亮任法裁物，颇以此失人心。"庾亮为政严苛，而王导仍坚持清静无为的方针，"时王导辅政，主幼时艰，务存大纲，不拘细目"③，"宁使网漏吞舟"，不为"察察之政。"④此前，王导没有彻底查办意图谋反的周玘、周勰父子，免山遐官，对江南大姓妥协退让，都是服从稳定大局的政治目的。

庾亮执政后，王导反对庾亮征召苏峻，避免激化国内矛盾。苏峻之乱后，建康城破坏严重，"宗庙宫室并为灰烬，温峤议迁都豫章，三吴之豪请都会稽。"王导反对迁都，既是安抚百姓，也是拒不向北方胡族政权示弱，维系东晋统治。"且北寇游魂，伺我之隙，一旦示弱，窜于蛮越，求之望实，惧非良计。今特宜镇之以静，群情自安。"⑤庾亮出京后，权势日重，王导尽力避免与他发生矛盾冲突，《晋书》卷六十五《王导传》载：

> 于时庾亮以望重地逼，出镇于外。南蛮校尉陶称间说亮当举兵内向，或劝导密为之防。导曰："吾与元规休戚是同，悠悠之谈，宜绝智者之口。则如君言，元规若来，吾便角巾还第，复何惧哉！"又与称书，以为庾公帝之元舅，宜善事之。于是谮间遂息。

若庾亮真的举兵东下，东晋政权势必再次动荡。王导一方面团结各世家大族，取得他们的支持，维持大族之间的平衡，同时结好郗鉴等流民帅，引为外援；另一方面，尽力协调荆州、扬州之间的关系，安抚人心，勉力维持政局稳定，为东晋政权争取了一段时间的和平岁月，有利于江南经济、文化的发展。

同时，王导是世家大族的代表，他推行清静无为的方针也是为了保护士族的利益。《晋书》卷七十三《庾翼传》载庾翼与庾冰书：

> 大较江东政，以伛偻豪强，以为民蠹，时有行法，辄施之寒劣。如往年偷石头仓米一百万斛，皆是豪将辈，而直打杀仓督监以塞责。

王导为政，以宽和著称，他的执政方针，并没有得到所有人的赞同，其中一部分人如陈頵就主张回到曹魏时的名法之治。对此，王夫之曾做过精辟的分析：

① 《晋书》卷六十五《王导传》，第 1753 页。
② 《晋书》卷七十三《庾亮传》，第 1922 页。
③ 《晋书》卷七十三《庾亮传》，第 1915、1921 页。
④ [南朝宋]刘义庆著，[南朝梁]刘孝标注，余嘉锡笺疏《世说新语笺疏·规箴》"王丞相为扬州"条，第 565 页。
⑤ 《晋书》卷六十五《王导传》，第 1751 页。

使导巫从颖言，大反前轨，任名法以惩创久驰之人心，江东之存亡未可知也。……晋代吏民之相尚以虚浮而乐于驰也久矣，一旦操之已蹙，下将何以堪之？且当其时，所可资以共理者，周颛、庾亮、顾荣、贺循之流，皆洛中旧用之士，习于通脱玄虚之风，未尝惯习羁络者；骤使奔走于章程，不能祗承，而固皆引去。于是虔矫束湿之人，拔自寒流以各逞其蹉躁，吏不习，民不安，士心瓦解，乱生于内而不可遏矣。夫卞壶、陶侃，固端严劲悫之士也，导固引壶于朝端，任侃于方岳矣，潜移默化，岂在一旦一夕哉？[①]

王导为团结南北大族，求得政局稳定，一生都在坚持清静无为的方针，《世说新语·政事》载：

丞相尝夏月至石头看庾公。庾公正料事，丞相云："暑可小简之。"庾公曰："公之遗事，天下亦未以为允。"

注引《殷羡言行》曰：

王公薨后，庾冰代相，纲密刑峻。羡时行，遇收捕者于途，慨然叹曰："丙吉问牛喘，似不尔！"尝从容谓冰曰："卿辈自是纲目不失，皆是小道小善耳。至如王公，故能行无理事。"谢安石每叹咏此唱。

又：

丞相末年，略不复省事，正封篆诺之。自叹曰："人言我愦愦，后人当思此愦愦。"

注引徐广《历纪》曰：

导阿衡三世，经纶夷险，政务宽恕，事从简易，故垂遗爱之誉也。[②]

《世说新语·规箴》：

王丞相为扬州，遣八部从事之职。顾和时为下传还，同时俱见。诸从事各奏二千石官长得失，至和独无言。王问顾曰："卿何所闻？"答曰："明公作辅，宁使网漏吞舟，何缘采听风闻，以为察察之政？"丞相咨嗟称佳，诸从事自视缺然也。[③]

王导的"愦愦"之政实际就是"镇之以静"的统治方略。陈寅恪先生对王导的执政方针做过这样的评价：

王导自言"后人当思此愦愦"，实有深意。江左之所以能立国历五朝之久，内安外攘者，即由于此。[④]

王导之后的执政者，奉行清静为政方针的，多能保持政局稳定，而东晋的几次

① [清] 王夫之：《读通鉴论》卷十二，中华书局，1975 年版，第 329 页。
② [南朝宋] 刘义庆著，[南朝梁] 刘孝标注，余嘉锡笺疏《世说新语笺疏》，第 177、178 页。
③ [南朝宋] 刘义庆著，[南朝梁] 刘孝标注，余嘉锡笺疏《世说新语笺疏》，第 565 页。
④ 陈寅恪：《述东晋王导之功业》，载《金明馆丛稿初编》，生活·读书·新知三联书店，2001 年版，第 61 页。

政局动荡，也正是执政者改变此方针的结果。经过几次反复，王导制定的"镇之以静，群情自安"①的治国方针，成为举国上下共同遵循的基本国策，使东晋最终能够立足江南并能持续百余年的统治。

咸康五年（339 年）七月，王导去世，终年六十四岁，琅邪王氏家族最耀眼的一颗明星陨落了。东晋政权对这位一手缔造了新王朝的开国功臣备极哀荣，晋成帝连续三天在朝堂举哀，遣大鸿胪持节监护丧事，一切礼仪，皆依西汉博陆侯霍光和西晋安平献王司马孚（司马懿兄长）的旧例。《晋书》卷六十五《王导传》载："及葬，给九游辒辌车、黄屋左纛、前后羽葆鼓吹、武贲班剑百人，中兴名臣莫与为比"。晋成帝下诏褒赞王导之功：

……公迈达冲虚，玄鉴劭邈；夷淡以约其心，体仁以流其惠；栖迟务外，则名隽中夏，应期濯缨，则潜算独运。昔我中宗、肃祖之基中兴也，下帷委诚而策定江左，拱己宅心而庶绩咸熙。故能威之所振，寇虐改心，化之所鼓，梼杌易质；调阴阳之和，通彝伦之纪；辽陇承风，丹穴景附。隆高世之功，复宣武之绩，旧物不失，公协其猷。若乃荷负顾命，保朕冲人，遭遇艰屯，夷险委顺；拯其沦坠而济之以道，扶其颠倾而弘之以仁，经纬三朝而蕴道弥旷。方赖高谟，以穆四海，昊天不吊，奄忽薨殂，朕用震恸于心。虽有殷之殒保衡，有周之丧二南，曷谕兹怀！今遣使持节、谒者仆射任瞻锡谥曰文献，祠以太牢。魂而有灵，嘉兹荣宠！

《晋书》卷六十五《王导传》"史臣曰"也力赞王导之功，将他与古代贤臣召公、管仲、萧何、曹参、诸葛亮相提并论，在"中原荡覆""时无思晋之士"时辅佐晋元帝司马睿艰苦创业，历王敦、苏峻之乱，竭尽忠诚，维护东晋政权：

实赖元宰，固怀匪石之心；潜运忠谟，竟翦吞沙之寇。乃诚贯日，主垂饵以终全；贞志陵霜，国缀旒而不灭。观其开设学校，存乎沸鼎之中，爰立章程，在乎栉风之际；虽则世道多故，而规模弘远矣。比夫萧曹弼汉，六合为家；奭望匡周，万方同轨，功未半古，不足为俦。至若夷吾体仁，能相小国；孔明践义，善翊新邦，抚事论情，抑斯之类也。提挈三世，终始一心，称为"仲父"，盖其宜矣。

① 《晋书》卷六十五《王导传》，第 1751 页。

第六章　琅邪文化南传

两晋之际，避乱南渡的琅邪士族，在江东新政权中拥有显赫的政治地位，在社会上也有巨大的影响，他们所承载的琅邪文化在江南广泛传播，逐渐与江东本土文化融合，这也是黄河流域文化与长江流域文化的一次大的交汇。南北文化的交融，既在乱世中保存了先进的中原文化，又推动了儒玄合流和文学、艺术、宗教的发展，北方的习俗也在南方普遍流行。南方文化格局为之一新，中国传统文化的重心因之由洛阳转移到建康。

一、江南主流文化走向玄儒交融

西晋后期，北方黄河流域先是因"八王之乱"而动荡，不久即陷入"五胡乱华"的长期战乱中，西晋政权因之瓦解，自夏商以来绵延了两千年之久的华夏文明遭到空前破坏。以琅邪王氏为代表的北方士族辅助琅邪王司马睿渡江南下，开创了东晋百年基业，他们不仅在政治、军事舞台上扮演了重要角色，还推动了中原文化向江南的传播，尤其是在玄风南渡及玄儒交融的过程中发挥了重要作用，正式拉开了南北文化大碰撞、大融合的序幕。

（一）玄风南渡

琅邪王氏自西汉王吉时期就确立了以经学传家的传统，在两汉"独尊儒术"的社会风习中，逐渐形成了儒学家风。魏晋之际，玄学兴起，清谈风靡社会上层，由儒入玄、玄儒双修渐渐成为士族的文化标志，王戎、王衍适时接受玄学，引领文化潮流。两晋之际，王导、王敦等人辅助司马睿在江东建立新政权的同时，也将盛于洛阳的玄学传播到了江南。

渡江之初，江东新政权面临外有胡族侵扰、内有各派政治势力矛盾冲突的纷繁复杂局面。在建立和巩固东晋政权的过程中，王导为团结南方士族，安抚北方士族，在坚持儒家传统的同时，适时将玄学思想引入政治，采取"镇之以静"的政策，制定了"谦以接士，俭以足用，以清静为政，抚绥新旧"①的基本施政方针，为东晋政权打下了基础。

两晋之际，南北文化因地域不同而差异较大，中原京洛一带玄学盛行，江南则

---

① ［宋］司马光著，［元］胡三省注《资治通鉴》卷八十六，永嘉元年，第 2731 页。

未染玄风，儒家学说依然盛行。以西晋时期最著名的南士陆机、陆云兄弟为例，陆机"少有异才，文章冠世，伏膺儒术，非礼不动。"陆云则被目为"当今之颜子。"[①]此外，贺循"其先庆普，汉世传《礼》，世所谓庆氏学。……（循）操尚高厉，童龀不群，言行进止，必以礼让。朝廷疑滞皆谘之于循，循辄依经礼而对，为当世儒宗。"[②]南方士族固守的两汉经学旧传统、坚持儒家礼教的社会风气，和当时北方士族中流行的清谈学风、受玄学影响的处世态度与道德标准均不相同，如北方士族居丧饮酒食肉，江南则习于礼法，风尚不同，南北相轻。因此，王导"初至江左，思结人情"，欲与江东士族代表陆玩联姻，"请婚于玩"，陆玩表面以"培塿无松柏，薰莸不同器"表示谦挹，却以"义不能为乱伦之始"[③]加以拒绝，南北士族心理隔膜之深亦由此可见一斑。

文化分歧最终会表现为政治纷争，格格不入的南北学风，使南北士族之间一直存在着矛盾和斗争，《世说新语·政事》载：

> 陆太尉诣丞相咨事，过后辄翻异。王公怪其如此，后以问陆。陆曰："公长民短，临时不知所言，既后觉其不可耳。"[④]

陆玩与王导的政见分歧，就是南北士族文化分歧的表现之一。江东大族周玘、周勰父子甚至打算以武力反抗，杀王导、刁协等在朝执政的北方大族代表，建立以江东大族为主导的割据政权，"与诸南士共奉帝以经纬世事。"[⑤]据此可知，以司马睿和王导为核心的新政权，若无法获得南方士族的支持，绝不可能在江东立足。

为稳固江东政局，调和南北士族矛盾成为当务之急，而最佳途径就是通过文化交融完成。在这一过程中，琅邪王氏家族做出了最大贡献。

过江之初，王导即以南渡士族领袖和江东新政权主要辅臣的身份，尽力做好争取南方士族的工作（详见本书第五章）。在政治上对南方士族开放仕宦之途，让他们可以担任部分中央和地方官职；经济上尽力避免南北士族的利益冲突，甚至要求渡江南下的北方士族，不能在南方士族的势力范围内"求田问舍"，对南方豪强挟藏户口也没有过分追究；习俗上尊重南方士族的习惯，不顾北方士族的耻笑，努力学习使用吴语；文化上竭力沟通南北文化，用统一思想的方式消除南北士族之间的心理隔阂，其中最重要的就是引玄风南渡。

王导努力将玄学介绍给南方士族，那么，对玄学并没有多少了解的南方士族有没有接受的可能呢？试以陆机、陆云为例说明。郦道元《水经注》卷十六《榖水注》记载了陆机入洛途中，在河南偃师夜遇王弼鬼魂：

① 《晋书》卷五十四《陆机传》，第 1467、1482 页。
② 《晋书》卷六十八《贺循传》，第 1824、1830 页。
③ 《晋书》卷七十七《陆玩传》，第 2024 页。
④ [南朝宋] 刘义庆著，[南朝梁] 刘孝标注，余嘉锡笺疏《世说新语笺疏·政事》，第 176 页。
⑤ 《晋书》卷五十八《周处传》附《周玘传》，第 1573 页。

袁氏《王陆诗叙》：机初入洛，次河南之偃师，时忽结阴，望道左若民居者，因往逗宿，见一少年，姿神端远，与机言玄，机服其能而无以酬折，前致一辩，机题纬古今，综检名实，此少年不甚欣解。将晓，去，税驾逆旅，妪曰：君何宿而来？自东数十里无村落，止有山阳王家墓。机乃怪怅，还睇昨路，空野霾云，攒木蔽日，知所遇者，审王弼也。①

《晋书》卷五十四《陆云传》记载了类似的事件，只是主角换成了陆云：

初，云尝行，逗宿故人家，夜暗迷路，莫之所从。忽望草中有火光，于是趣之。至一家，便寄宿，见一年少，美风姿，共谈《老子》，辞致深远。向晓辞去，行十许里，至故人家，云此数十里中无人居，云意始悟。却寻昨宿处，乃王弼冢。云本无玄学，自此谈《老》殊进。

陆机、陆云与王弼的鬼魂清谈当然不可信，剔除这两则记载中的虚幻荒诞，至少可以推测到以下事实：

首先，即便是南方著名才子陆机、陆云，在入洛阳之前，并未接触过玄学，"本无玄学"，与王弼鬼魂玄谈"服其能而无以酬折"，其他南方士人更可想而知，王导要在他们中间推广玄学，面临着巨大困难。

其次，太康十年（289年），陆机、陆云北上洛阳之后，在玄学清谈之风大盛的环境中，为与中原士人酬答，他们开始接触玄学，主要是王弼的玄学，而且清谈水平进步很快，"自此谈《老》殊进"。

以陆机、陆云为例可推知，其他南方士人在接触玄学后，有接受玄学的可能，这是永嘉以后玄学能在南方流行的原因之一。

东晋初，北方士族在朝堂上占有绝对优势，其思想文化自然成为社会主流文化，更兼他们本身具有的名士风度，使他们在文化方面有巨大的感染力，有引领文化潮流的可能。《晋书》卷六十五《王导传》载：苏峻之乱后，

时帑藏空竭，库中惟有练数千端，鬻之不售，而国用不给。导患之，乃与朝贤俱制练布单衣，于是士人翕然竞服之，练遂踊贵。乃令主者出卖，端至一金。其为时所慕如此。

《晋书》卷七十九《谢安传》：

少有盛名，时多爱慕。乡人有罢中宿县者，还诣安。安问其归资，答曰："有蒲葵扇五万。"安乃取其中者捉之，京师士庶竞市，价增数倍。安本能为洛下书生咏，有鼻疾，故其音浊，名流爱其咏而弗能及，或手掩鼻以斅之。

王导、谢安等北方士人的服饰用具、音容笑貌都为南方士人刻意效仿，他们擅长的玄学清谈亦逐渐为南方士人了解、接受。

两晋之际，王导是建康清谈场中的核心人物，公务之暇，时常与身边的士人清

---

① [北魏] 郦道元著，陈桥驿注释《水经注》，浙江古籍出版社，2000年版，第268页。

谈玄理至深夜甚至通宵达旦，《世说新语·文学》载：

> 殷中军（殷浩）为庾公（庾亮）长史，下都，王丞相为之集，桓公（桓温）、王长史（王濛）、王蓝田（王述）、谢镇西（谢尚）并在。丞相自起解帐带麈尾，语殷曰："身今日当与君共谈析理。"既共清言，遂达三更。①

《世说新语·赏誉》载：

> 王丞相招祖约夜语，至晓不眠。②

上述殷浩、祖约和桓温诸人都是北方士族，王导与他们的清谈活动，不仅使玄学清谈在江东蔚然成风，还在一定程度上影响了南方士族，长于玄谈者，多被提拔，不善清谈者，纵为高官，亦不为世人所重。《晋书》卷八十三《顾和传》记载王导盛赞顾和：

> 卿珪璋特达，机警有锋，不徒东南之美，实为海内之俊。

《世说新语·言语》"王敦兄含为光禄勋"条刘孝标笺疏注引《王丞相集》：

> 顾和理识清敏，劭令端古，宜得其才，以为别驾。③

顾和学习玄学颇有成就，"理识清敏"，因而被王导赞赏、提拔。另一南士陆玩则因不擅长玄学而自责，《晋书》卷七十七《陆玩传》记载了他给晋成帝的上表：

> 臣实凡短，风操不立，阶缘嘉会，便蕃荣显，遂总括宪台，豫闻政道。竟不能敷融玄风，清一朝序，咎责之来，于臣已重。

陆玩因"不能敷融玄风"而受"咎责"，被任命为司空时，自认为是"以我为三公，是天下为无人。"④

此外，南方士族逐渐效仿北方士族，将玄学清谈与家族文化、家族兴衰联系在一起，《世说新语·言语》载：

> 张玄之、顾敷是顾和中外孙，皆少而聪慧。和并知之，而常谓顾胜，亲重偏至，张颇不恢。于时张年九岁，顾年七岁，和与俱至寺中，见佛般泥洹像，弟子有泣者，有不泣者，和以问二孙。玄谓"被亲故泣，不被亲故不泣。"敷曰："不然，当由忘情故不泣，不能忘情故泣。"⑤

《世说新语·夙惠》载：

> 司空顾和与时贤共清言，张玄之、顾敷是中外孙，年并七岁，在床边戏。于时闻语，神情如不相属。暝于灯下，二儿共叙客主之言，都无遗失。顾公越席而提其耳曰："不意衰宗复生此宝。"⑥

① ［南朝宋］刘义庆著，［南朝梁］刘孝标注，余嘉锡笺疏《世说新语笺疏》，第212页。
② ［南朝宋］刘义庆著，［南朝梁］刘孝标注，余嘉锡笺疏《世说新语笺疏》，第454页。
③ ［南朝宋］刘义庆著，［南朝梁］刘孝标注，余嘉锡笺疏《世说新语笺疏》，第99页。
④ 《晋书》卷七十七《陆玩传》，第2026页。
⑤ ［南朝宋］刘义庆著，［南朝梁］刘孝标注，余嘉锡笺疏《世说新语笺疏》，第110页。
⑥ ［南朝宋］刘义庆著，［南朝梁］刘孝标注，余嘉锡笺疏《世说新语笺疏》，第591页。

这两则史料说的都是顾和及其孙顾敷、外孙张玄之，二小儿的年龄有些差异之处，但核心内容却都是介绍他们二人的玄学修习和表现。七岁的顾敷和张玄之，因耳濡目染，熟悉了玄学清谈，能准确把握玄学清谈要义，这说明，玄学清谈已经风靡江东，成了南方士人的必修课。时人重以义理品鉴人才，幼而颖悟，长大多致高名，因此，顾和将振兴顾氏门户的希望寄托在孙辈身上，"不意衰宗复生此宝"。

永嘉之乱，"洛京倾覆，中州士女避乱江左者十六七。"① 北方士族南渡，是为躲避中原战祸，虽然已经到了相对安全的环境，但江左政权草创，疆域小，实力弱，各种矛盾充斥其中，不能尽如人意。《世说新语·言语》记载了温峤南下之初看到的情况：

> 于时江左营建始尔，纲纪未举。温新至，深有诸虑。②

《晋书》卷六十五《王导传》记载了桓彝过江之初的忧惧：

> 桓彝初过江，见朝廷微弱，谓周顗曰："我以中州多故，来此欲求全活，而寡弱如此，将何以济！"忧惧不乐。

北方已经回不去了，南方存亡未卜，"深有诸虑""忧惧不乐"都反映出南渡士族渡江之初内心的惶惧不安，以至"流言满国，人心万端，去就纷纭"③，影响所至，连琅邪王司马睿都有"寄人国土，心常怀惭"④ 之感慨。北方战乱，被迫远离故土渡江南下的士族，亲历国家残破、族人流离失所的惨况，失落、伤感、绝望的情绪油然而生。《世说新语·言语》记载，卫玠被迫南渡，见大江东去，百感交集：

> 卫洗马初欲渡江，形神惨悴，语左右云："见此芒芒，不觉百端交集。苟未免有情，亦复谁能遣此！"⑤

《晋书》卷六十五《王导传》载：

> 过江人士，每至暇日，相邀出新亭饮宴。周顗中坐而叹曰："风景不殊，举目有江河之异。"皆相视流涕。惟导愀然变色曰："当共戮力王室，克复神州，何至作楚囚相对泣邪！"

更有甚者，为排遣国破家亡的伤痛，走上了狂饮纵欲之路。永嘉初，过江南下的胡毋辅之、谢鲲、阮放、毕卓、羊曼、桓彝、阮孚与光逸"散发裸裎，闭室酣饮……不舍昼夜。时人谓之八达。"⑥

倘若南渡士族长期沉浸在国破家亡的伤感情绪中，又如何能在江东开创新的基业？让南渡士族在最短的时间内振奋精神，鼎力支持新政权，是王导必须尽快解决

---

① 《晋书》卷六十五《王导传》，第 1746 页。
② [南朝宋] 刘义庆著，[南朝梁] 刘孝标注，余嘉锡笺疏《世说新语笺疏》，第 97 页。
③ 《晋书》卷六十八《顾荣传》，第 1813 页。
④ [南朝宋] 刘义庆著，[南朝梁] 刘孝标注，余嘉锡笺疏《世说新语笺疏》，第 91 页。
⑤ [南朝宋] 刘义庆著，[南朝梁] 刘孝标注，余嘉锡笺疏《世说新语笺疏》，第 94 页。
⑥ 《晋书》卷四十九《光逸传》，第 1385 页。

的一个难题。

为安抚南渡士族，王导一方面确保他们在政权中的核心地位，在中枢机关把持尚书令、尚书仆射、中书监、中书令、侍中和吏部尚书等高官要职；另一方面，继续推行西晋的占田荫客制，允许丧失了北方家园的士族在江南广占土地，建立新的经济基础；再有，就是为南渡士族提供一副心灵上的灵丹妙药。王导知道，要让南渡士族从国破家亡的伤感情绪中摆脱出来，当务之急是为他们创造一个熟悉的文化氛围，让他们的精神有所寄托。渡江南下的北方士族大多来自京洛地区，最熟悉的莫过于玄学清谈。

当时，一部分士族名士对永嘉之乱的惨痛教训加以反思，归罪于元康以来盛极一时的玄学，有"清谈误国"之论。应詹总结玄学清谈之害：

> 元康以来，贱经尚道，以玄虚宏放为夷达，以儒术清俭为鄙俗。永嘉之弊，未必不由此也。[①]

干宝指斥西晋王朝选拔人才重清谈虚名而轻实际政务：

> 朝寡纯德之人，乡乏不贰之老，风俗淫僻，耻尚失所，学者以老庄为宗而黜《六经》，谈者以虚荡为辨而贱名俭，行身者以放浊为通而狭节信，进仕者以苟得为贵而鄙居正，当官者以望空为高而笑勤恪。是以刘颂屡言治道，傅咸每纠邪正，皆谓之俗吏；其依杖虚旷，依阿无心者皆名重海内。[②]

葛洪对玄学之士大加挞伐：

> 口之所谈，身不能行；长于识古，短于理今，为政政乱，牧民民怨。[③]

卞壶厉斥尚清谈慕通达的贵族子弟：

> 悖礼伤教，罪莫斯甚！中朝（西晋）倾覆，实由于此。[④]

陈頵写信给王导，分析清谈之习带来的颓废之风：

> 中华所以倾弊，四海所以土崩者，正以取才失所，先白望而后实事，浮竞驱驰，互相贡荐，言重者先显，言轻者后叙，遂相波扇，乃至陵迟。加有庄老之俗倾惑朝廷，养望者为弘雅，政事者为俗人，王职不恤，法物坠丧。[⑤]

刘琨与胡族作战时，检讨自己当年在洛阳沉迷清谈的错误：

> 昔在少壮，未尝检括，远慕老庄之齐物，近嘉阮生之放旷，怪厚薄何从而生，哀乐何由而至。自顷辀张，困于逆乱，国破家亡，亲友凋残；负杖行吟，则百忧俱至，块然独坐，则哀愤两集时。……然后知聃、周之为虚诞，嗣宗之

---

① 《晋书》卷七十《应詹传》，第 1858 页。
② 《晋书》卷五史臣曰，第 135 页。
③ [晋] 葛洪：《抱朴子·外篇》卷二十二《行品》，杨明照《抱朴子外篇校笺》，中华书局，1991年版，第 550 页。
④ 《晋书》卷七十《卞壶传》，第 1871 页。
⑤ 《晋书》卷七十一《陈頵传》，第 1893 页。

为妄作也。^①

就连元康清谈领袖王衍被石勒推墙"填杀"前，回首往事，也追悔莫及：

> 呜呼！吾曹虽不如古人，向若不祖尚浮虚，戮力以匡天下，犹可不至今日。^②

渡江之初，新政权建设之路开启，正是丞相王导、大将军王敦"戮力以匡天下"之时，理应以国事为重，放弃"祖尚浮虚"之清谈，何况江南士人学承两汉，未涉玄风，更为他们提供了改弦更张的文化环境。但无论是王衍的墙下追悔之言，周边名士对玄学的抨击之词，还是新环境的影响，都未使王导、王敦放弃玄学。早在洛阳时，王导、王敦就积极与朝中名士结交，进入元康玄学的清谈场，跻身玄学名士行列。如王敦"口不言财利，尤好清谈"^③，与当时著名的清谈大家王衍、王澄、庾敳、胡毋辅之、谢鲲、阮修、光逸等人关系密切^④。王导亦参与其中。据《世说新语·容止》记载，有人去王衍家，见琅邪王氏的精英王戎、王衍、王敦、王导、王澄同聚一堂，不禁赞叹："今日之行，触目见琳琅珠玉。"^⑤

王敦过江后仍雅尚清谈，永嘉六年（312年），卫玠避乱过江，曾到其驻地与之清谈，《世说新语·赏誉》载：

> 王敦为大将军，镇豫章。卫玠避乱，从洛投敦，相见欣然，谈话弥日。

注引《玠别传》曰：

> 敦顾谓僚属曰："昔王辅嗣吐金声于中朝，此子今复玉振于江表，微言之绪，绝而复续。不悟永嘉之中，复闻正始之音。阿平（王澄）若在，当复绝倒。"^⑥

在王敦主持下，其幕府成为长江中游的清谈中心，汇聚了从北方南下的谢鲲、阮裕、羊曼等清谈名士，他们饮酒清谈，暂时忘却仓惶南渡的痛苦。随着王敦的权势扩张，野心不断膨胀，不臣之迹日渐显著，名士们不愿卷入政治斗争，更加沉湎于酒中。《晋书》卷四十九《阮籍传》附《阮裕传》载：

> 大将军王敦命为主簿，甚被知遇。裕以敦有不臣之心，乃终日酣觞，以酒废职。

《晋书》卷四十九《谢鲲传》载：

---

① [梁]萧统编，[唐]李善注《文选》卷二十五《刘越石答卢谌诗并书》，上海古籍出版社，1986年版，第1169页。

② 《晋书》卷四十三《王衍传》，第1238页。

③ 《晋书》卷九十八《王敦传》，第2566页。

④ 《世说新语·品藻》："王大将军下，庾公问：'闻卿有四友，何者是？'答曰：'君家中郎（庾敳）、我家太尉（王衍）、阿平（王澄）、胡毋彦国（胡毋辅之）。'"《晋书》卷四十三《王衍传》附《王澄传》："时王敦、谢鲲、庾敳、阮修皆为衍所亲善，号为四友，而亦与澄狎，又有光逸、胡毋辅之等亦豫焉。"

⑤ [南朝宋]刘义庆著，[南朝梁]刘孝标注，余嘉锡笺疏《世说新语笺疏》，第612页。

⑥ [南朝宋]刘义庆著，[南朝梁]刘孝标注，余嘉锡笺疏《世说新语笺疏》，第449、450页。

敦有不臣之迹，显于朝野。鲲知不可以道匡弼，乃优游寄遇，不屑政事，从容讽议，卒岁而已。每与毕卓、王尼、阮放、羊曼、桓彝、阮孚等纵酒，敦以其名高，雅相宾礼。

《晋书》卷四十九《羊曼传》载：

王敦既与朝廷乖贰，羁录朝士，曼为右长史。曼知敦不臣，终日酣醉，讽议而已。敦以其士望，厚加礼遇，不委以事，故得不涉其难。

积习之下，荆州属官颇"以谈戏废事"，以致后任荆州刺史陶侃不得不力纠此风：

乃命取其酒器、蒱博之具，悉投之于江，吏将则加鞭扑，曰："樗蒱者，牧猪奴戏耳！《老》《庄》浮华，非先王之法言，不可行也。"[1]

陶侃任荆州刺史七年（325—332 年），力禁玄风，这期间，名士们多东下建康，王敦建立的荆州清谈中心瓦解了。

在玄风南渡的过程中，身为东晋丞相的王导所起作用最大。王导青年时期深受玄风熏陶，对老庄玄学有浓厚兴趣。过江后，仍以参加元康年间的玄学清谈为最大光荣，时常对身边的人谈起当年洛阳的清谈盛况，"我与安期（王承）、千里（阮瞻）共游洛水边"[2]，"王丞相过江，自说昔在洛水边，数与裴成公（裴頠）、阮千里诸贤共谈道。羊曼曰：'人久以此许卿，何须复尔？'王曰：'亦不言我须此，但欲尔时不可得耳！'"[3]王导叹息元康清谈的盛况再也无法重现，对其充满眷恋之情。

王导是江东清谈领袖，作为资深政治家，他知道清谈并不会误国，当时人也并不完全同意"清谈误国"之论，如祖逖就曾说：

晋室之乱，非上无道而下怨叛也。由藩王争权，自相诛灭，遂使戎狄乘隙，流毒中原。[4]

清初王夫之称：

强宗妒后互乱，而氐、羯乘之以猖狂。小人浊乱，国无与立，非但王衍辈清谈误之也。[5]

正因为王导对时局和玄学清谈的深刻理解，他不仅没有抨击玄学，反而利用清谈形式和玄学理论为自己执政服务。

为安抚南渡士族，王导一方面以"戮力王室，克复神州"相号召，激发南渡士族维系江东新政权的勇气和收复故土的信念，另一方面，王导将北方盛极一时的玄学清谈之风推广到江南，为南渡士人营建了一个熟悉的文化环境，让他们的精神有

[1]《晋书》卷六十六《陶侃传》，第 1774 页。
[2]［南朝宋］刘义庆著，［南朝梁］刘孝标注，余嘉锡笺疏《世说新语笺疏·轻诋》，第 828 页。
[3]［南朝宋］刘义庆著，［南朝梁］刘孝标注，余嘉锡笺疏《世说新语笺疏·企羡》，第 630 页。
[4]《晋书》卷六十二《祖逖传》，第 1694 页。
[5]［清］王夫之：《读通鉴论》卷十一，中华书局，1975 年版，第 302 页。

所寄托。辩名析理的清谈活动，清谈场中的激烈交锋，将南渡士人趋于消极、颓丧的精神振奋起来，使他们逐渐摆脱了国破家亡的悲怆情绪，在新的土地上迅速适应下来。如桓彝与王导"极谈世事"之后，原本因朝廷微弱而忧惧失望的心情为之一变，对人说："向见管夷吾，无复忧矣。"①温峤见王导后，"深自陈结，丞相亦厚相酬纳。既出，欢然言曰：'江左自有管夷吾，此复何忧？'"②管仲是春秋时期的政治家，辅助齐桓公九合诸侯，一匡天下。桓彝、温峤等初过江时对江东新政权各种担忧，见辅政的王导言谈举止不凡，施政方针得当，转而认为时局有望，欣喜之下，都以管仲赞誉王导。

概而言之，两晋之际，王导、王敦等人引玄风南渡，并非仅出自个人喜好，而是在当时北方士族大举南迁的历史背景下，南北士族之间充满矛盾的政治局面中，达到以玄学理论笼络南方士族，以清谈方式安抚北方士族的政治目的。

（二）玄学三理

王导是两晋之际的著名政治家，同时又是江东的清谈领袖，虽热衷玄谈，但是关于他清谈的资料并不多，《世说新语·文学》记载：

> 旧云：王丞相过江左，止道《声无哀乐》《养生》《言尽意》，三理而已。然宛转关生，无所不入。③

渡江之初，王导集重臣与名士于一身，被称为"江左管夷吾"，身系江东安危，举手投足，一颦一笑都有举足轻重的感染力量。他谈《声无哀乐论》《养生论》和《言尽意论》，并非仅用于清谈场，而是与现实政治密切相关，是以清谈的方式向士人宣传其政治观点。

《声无哀乐论》是嵇康的名作，文章以为，声音是外在的客观事物，哀乐是内心的主观感受，二者没有必然的联系，"心之与声，明为二物"，批驳了儒家"移风易俗，莫善于乐"之说，提倡"崇简易之教，御无为之治。君静于上，臣顺于下。"④王导谈《声无哀乐论》，应该与此文崇尚自然的哲学思想有关，即利用其君主无为的理论，推行清静无为的政治方针。

两晋之际，外有异族强敌，内有错综复杂的矛盾，且主弱臣强，形成多元化的政治格局。对此，王导为司马睿制定了"谦以接士，俭以足用，以清静为政，抚绥新旧"⑤的基本施政方针，竭力联合江东所有势力，巩固江东新政权，共同对抗北方胡虏。

---

① 《晋书》卷六十五《王导传》，第 1747 页。
② [南朝宋]刘义庆著，[南朝梁]刘孝标注，余嘉锡笺疏《世说新语笺疏》，第 97 页。
③ [南朝宋]刘义庆著，[南朝梁]刘孝标注，余嘉锡笺疏《世说新语笺疏》，第 211 页。
④ 《全三国文》卷四十九，嵇康《声无哀乐论》，[清]严可均辑《全上古三代秦汉三国六朝文》，中华书局，1958 年版，第 1332 页。
⑤ [宋]司马光著，[元]胡三省注《资治通鉴》卷八十六，永嘉元年，第 2731 页。

　　渡江之初，大部分南迁避乱者都抱有收复北方失地、重返故土的希望。王导也有意识地利用北方士族的这一情绪，以"戮力王室，克复神州"勉励他们辅助江东新政权。但是，当时的客观形势并不利于江东。政权草创之际，司马睿诸人根基未稳，稳定江南是当务之急，倾全力北伐实无可能。在"镇之以静"方针的指导下，王导虽然以"克复神州"为旗号将南北士人团结起来，却并不主张对北方少数民族政权采取大规模的主动出击，他将流民帅多布置在长江一线，以防御为主。王导尽力维持偏安局面的同时，允许祖逖有限度的北伐，保卫东晋政权，在兵源不足、经济困窘的情况下，给祖逖一定援助，即是这种策略的体现。以当时的局势而言，这一策略是相当正确的。终东晋一朝，偏安局面没有改变，后来庾翼、殷浩、桓温北伐，征发过多，违背"镇之以静"的方针，皆以失败告终。

　　两晋之际，王导大力推行清静无为的方针，"务存大纲，不拘细目"[1]，"宁使网漏吞舟"，不为"察察之政"[2]，以此团结南北大族，求得政局稳定。（详见本书第五章）

　　此外，王导推行清静无为的方针，还与琅邪王氏家族的政治地位以及与皇室的关系密切相关。东晋初，琅邪王氏势力达到巅峰，有"王与马，共天下"之说，对司马氏皇权形成了较大的威胁。为加强皇权，晋元帝司马睿尊崇法家，希望用法家思想来加强君主集权，抑制世家大族的权力。晋元帝"用申韩以救世"[3]与王导"清净为政"的方针针锋相对，双方的矛盾冲突不可避免，最终激起了王敦的第一次起兵，晋元帝忧愤而死。王敦此次起兵，得到了大部分门阀士族支持，这说明，在皇权没有空前强大起来之前，申韩之政绝不是玄学政治的对手。

　　从王导执政开始，东晋门阀政治正式拉开了序幕。此后，又有颖川庾氏、谯国桓氏、陈郡谢氏几家南渡士族轮流执掌政权，"朝权国命，递归台辅，君道虽存，主威久谢。"[4]主弱臣强、皇权不振的局面，决定了为君主专制集权服务的儒学不可能独自承担起统治思想的重担，而最能为士族执政服务的理论莫过于"君主无为"，这是玄学的核心思想之一。唐长孺先生指出：玄学家"重新发挥老子无为而治的主张，指导怎样作一个最高统治者，这种政治主张随着门阀的发展与巩固，实质上是要削弱君权，放任世家大族享受其特权。"[5]这是王导以及此后的执政大臣庾亮、谢安等人始终未放弃玄学的原因之一。

　　《养生论》也是嵇康的名作，此文的核心观点是，通过合理的养生途径，做到"旷然无忧患，寂然无思虑"，"修性以保神，安心以全身，爱憎不栖于情，忧喜不

---

① 《晋书》卷七十三《庾亮传》，第 1921 页。
② [南朝宋] 刘义庆著，[南朝梁] 刘孝标注，余嘉锡笺疏《世说新语笺疏》，第 565 页。
③ 《晋书》卷四十九《阮籍传》附《阮孚传》，第 1346 页。
④ 《南史》卷一《宋本纪上》，第 31 页。
⑤ 唐长孺：《魏晋南北朝史论丛》，生活·读书·新知三联书店，1955 年版，第 323 页。

留于意，泊然无感，而体气和平"，就可延年益寿，"至于导养得理，以尽性命，上获千余岁，下可数百年，可有之耳。"嵇康的养生之道是"形神相亲，表里俱济"，并且"养神"重于"养形"，主张"清虚静态，少私寡欲。"①

王导谈《养生论》，是利用其"清虚静态，少私寡欲"的主张，指导当时士人的生活。自西晋中期起，君臣上下，无不穷奢极欲（详见本书第三章），加剧了社会矛盾，成为西晋速亡的原因之一。王导过江后，以政治家的敏锐，意识到"公卿世族，豪侈相高"②是中原大乱的重要原因，倘旧习不改，江南亦难免沦丧。何况，渡江之初，财政困难，国用不足，无力支撑奢靡生活。《晋书》卷六十一《周浚传》附《周嵩传》云：

> 今王业虽建，……公私匮竭，仓庾未充。

《晋书》卷七十九《谢安传》附《谢混传》载：

> 初，元帝始镇建业，公私窘罄，每得一豚，以为珍膳，项上一脔尤美，辄以荐帝，群下未尝敢食，于时呼为"禁脔"。

王导对当时"公私匮竭""公私窘罄"的财政问题深有体会，因此，初到江南，他为司马睿制定的基本施政方针中即有"俭以足用"一条，宽众息役，保证百姓农业生产的正常进行，使"荆扬晏安，户口殷实"③，为东晋立国江东奠定了坚实的经济基础。对习惯于奢侈生活的士族，王导一方面以法限制，"占山护泽，强盗律论，赃一丈以上，皆弃市。"④另一方面，则以提倡"清虚静态，少私寡欲"的《养生论》从理论上进行引导，让他们主动放弃奢侈腐化的生活。为达此目的，王导不仅在清谈场上谈《养生论》，也将其养生之道用于实践，"简素寡欲，仓无储谷，衣不重帛。"⑤王导威望甚高，其衣饰行为均为时人效仿，如他为解决财政困难，将府库中卖不出去的练布制成衣服穿上，士人便纷纷效仿，一时间，练布价格上涨。王导以丞相的身份做了极好的表率，引导士族走出耽于纵欲享乐的旧习，使两晋在奢靡之风上走出了不同的风格。《世说新语·汰侈》共载十二条，前十一条均为西晋豪奢之事，最后一条发生在东晋初："王右军（王羲之）少时，在周侯（周顗）末坐。割牛心啖之，于此改观。"⑥已完全没有石崇、王恺、王济等人奢侈无度的迹象了。

王导在清谈场谈《养生论》，并在生活中以身作则，"简素寡欲"，对当时和后世的士族产生了极大影响，士人不再追求穷奢极欲的生活，他们但求"足"而不求"富"，崇尚清高淡雅。《晋书》卷七十五《王述传》载：

---

① 《全三国文》卷四十八，嵇康《养生论》，[清]严可均辑《全上古三代秦汉三国六朝文》，第1324页。
② 《晋书》卷六十五《王导传》，第1746页。
③ 《晋书》卷六十五《王导传》，第1746页。
④ 《宋书》卷五十四《羊希传》，第1537页。
⑤ 《晋书》卷六十五《王导传》，第1752页。
⑥ [南朝宋]刘义庆著，[南朝梁]刘孝标注，余嘉锡笺疏《世说新语笺疏》，第885页。

初，述家贫，求试宛陵令，颇受赠遗，而修家具，为司州所检，有一千三百条。王导使谓之曰："名父之子不患无禄，屈临小县，甚不宜耳。"述答曰："足自当止。"时人未之达也。比后屡居州郡，清洁绝伦，禄赐皆散之亲故，宅宇旧物不革于昔，始为当时所叹。

《南史》卷二十四《王裕之传》附《王秀之传》：

（秀之）为晋平太守，期年求还，或问其故，答曰："此郡沃壤，珍阜日至，人所昧者财，财生则祸逐，智者不昧财，亦不逐祸。吾山资已足，岂可久留，以妨贤路。"乃上表请代。时人以为王晋平恐富求归。

《世说新语·德行》：

王恭从会稽还，王大（王忱，小字佛大）看之。见其坐六尺簟，因语恭："卿东来，故应有此物，可以一领及我。"恭无言。大去后，即举所坐者送之。既无余席，便坐荐上。后大闻之甚惊，曰："吾本谓卿多，故求耳。"对曰："丈人不悉恭，恭作人无长物。"①

有感于"财生则祸逐"，东晋士人但求"足"而不求"富"，这种社会风气，使士族大多安于现状，不追求过分豪奢的生活，因此，东晋初末出现西晋后期为争夺财产而发生的残酷斗争，有利于缓和统治集团内部的矛盾。同时，士族在职期间，只要"山资已足"，便不再过分刻剥百姓，也有利于缓解统治阶级与被统治阶级之间的矛盾。东晋前期和中期，始终没有爆发大规模的农民起义，固然与当时的主要矛盾是民族矛盾，阶级矛盾居于次要地位有关，东晋士族奢靡之风的改变亦是重要原因之一。

在处理国家政务时，王导也坚持俭约之风。《晋书》卷六十五《王导传》谓：

导善于因事，虽无日用之益，而岁计有余。

苏峻之乱平定后，宗庙宫室毁坏严重，多数人主张迁都，只是在选择新都地址上产生了分歧，温峤建议徙都豫章，三吴豪杰坚持迁都会稽，双方争执不下。王导本着"俭以足用"的方针，坚持不迁都，他说：

建康，古之金陵，旧为帝里，又孙仲谋、刘玄德俱言王者之宅。古之帝王不必以丰俭移都，苟弘卫文大帛之冠，则无往不可。若不绩其麻，则乐土为虚矣。且北寇游魂，伺我之隙，一旦示弱，窜于蛮越，求之望实，惧非良计。今特宜镇之以静，群情自安。

在王导的坚持下，东晋没有耗财费力迁都，而是将建康城重新修复，此后的宋、齐、梁、陈，一直定都建康，最终成就了南京"六朝古都"的美名。

东晋初期奢靡之风的改观，使东晋政权避免了重蹈西晋覆辙，逐渐在江东站稳脚跟，王导及其所谈论的《养生论》在此处发挥的作用是毋庸置疑的。

① ［南朝宋］刘义庆著，［南朝梁］刘孝标注，余嘉锡笺疏《世说新语笺疏》，第48页。

《言尽意论》是西晋名士欧阳建所作。先秦时期，儒家认为语言可以在人们的生活中起到表情达意的作用，同时也承认它有不完善之处，要用其他辅助手段解决，如《周易·系辞上》曰：

> 子曰："书不尽言，言不尽意。"然则圣人之意，其不可见乎？子曰："圣人立象以尽意，设卦以尽情伪，系辞焉以尽其言，变而通之以尽利，鼓之舞之以尽神。"①

而道家则主张言不尽意，得意而忘言。《庄子·外物》：

> 筌者所以在鱼，得鱼而忘筌；蹄者所以在兔，得兔而忘蹄；言者所以在意，得意而忘言。②

魏晋之际，玄学兴起，《老子》《庄子》和《周易》，被视为"三玄"，随着道家思想的传播，"言不尽意"成为流行思潮，荀粲、蒋济、钟会、傅嘏等人皆持"言不尽意"论，欧阳建在《言尽意论》中提及：

> 世之论者以为"言不尽意"，由来尚矣。至乎通才达识，咸以为然。若夫蒋公之论眸子，钟、傅之言才性，莫不引此为谈证。

蒋济认为看人的眼睛可以了解其才智和品格，"观其眸子，足以知人。"③钟会、傅嘏在辩论人的才性时，也引言不尽意论，他们的理论根据是：

> 夫天不言，而四时行焉。圣人不言，而鉴识存焉。形不待名，而方圆已著。色不俟称，而黑白已彰。然则名之于物，无施者也。言之于理，无为者也。④

将名与物，言与理分开，认为语言不能完全反映客观实际，从而间接否定了以经典古籍为标志的语言文化在历史发展中的作用。如荀粲批驳儒家典籍：

> 粲诸兄并以儒术论议，而粲独好言道，常以为子贡称夫子之言性与天道，不可得闻，然则六籍虽存，固圣人之糠秕。⑤

当"言不尽意"风行时，欧阳建却提出了"言尽意"论，"诚以理得于心，非言不畅；物定于彼，非名不辨"，确认了事物是不依人所设的名称为转移的客观存在，为"言尽意"论奠定了唯物主义哲学基础。接着，欧阳建进一步指出："言不畅志，则无以相接。名不辨物，则鉴识不显。鉴识显而名品殊，言称接而情志畅"，肯定了语言是表达思想、指称事物的工具，认为言能尽意，意只能通过言表现出来。并且，欧阳建认为，"名逐物而迁，言因理而变"，言与理的关系如同"声发响应，形存影附，不得相与为二。"从言理不二，言无不尽意的观点出发，欧阳建肯定了

---

① 宋祚胤译注《周易》，岳麓书社，2000 年版，第 342 页。
② 方勇译注《庄子》，中华书局，2010 年版，第 466 页。
③ 《三国志》卷二十八《钟会传》，第 784 页。
④ 《全晋文》卷一百零九，欧阳建《言尽意论》，[清]严可均辑《全上古三代秦汉三国六朝文》，第 2084 页。
⑤ 《三国志》卷十《魏书·荀彧传》注引何劭《荀粲别传》，第 319 页。

语言为表达思想所必需，得出"古今务于正名，圣贤不能去言"①的结论，捍卫了经典古籍尤其是儒家经典的权威性。

嵇康的《声无哀乐论》和《养生论》，道家色彩均多于儒家色彩，王导谈此两篇，是为他适应过江之初的政治需要，引道家"无为"思想入儒，政治上推行"清静为政"，生活上提倡"少私寡欲"，提供理论根据。虽然与当时的社会形势相合，不无进步意义，毕竟是削弱了儒家思想的作用。显然，在王导心目中，儒学已经失去了往日的独尊和支配地位，无法单独完成统治思想任务。反映在生活中，王导也很少以儒家礼教为行为准则，《世说新语》中多有记载，《方正》：

王丞相作女伎，施设床席。蔡公先在坐，不说而去，王亦不留。

《排调》：

王丞相枕周伯仁（周顗）膝，指其腹曰："卿此中何所有？"

康僧渊目深而鼻高，王丞相每调之。

《简傲》：

高坐道人于丞相坐，恒偃卧其侧。见卞令（卞壶），肃然改容云："彼是礼法人"。

同条注引《高坐传》曰：

王公曾诣和上，和上解带偃伏，悟言神解。见尚书令卞望之，便敛衿饰容。时叹皆得其所。

《轻诋》"王丞相轻蔡公"条注引《妒记》：

丞相曹夫人性甚忌，禁制丞相，不得有侍御，乃至左右小人，亦被检简，时有妍妙，皆加诮责。王公不能久堪，乃密营别馆，众妾罗列，儿女成行。

王导与诸名士、高僧之间不拘礼制的轻松表现，甚至其惧内，都是礼法观念淡漠的重要表现。

但王导毕竟出身于儒学世家，琅邪王氏源远流长的儒家文化传统，使他不可能挣脱与儒家名教的牢固联系。而且，作为政治家，王导也深知儒学更适于"治国平天下"，其伦理纲常、道德精神、社会原则、礼乐教化，对协调社会关系、处理社会事务、巩固封建统治秩序等仍然起着实际的支配作用，这是其他思想学说无法替代的。东晋初建，如果不对元康以来乱礼狂放、空谈虚无之风进行遏制，如果不能重提儒家学说和儒家精神，依赖礼法政教维持的社会统治秩序必将遭到更加严重的冲击，直接关系到东晋王朝的存亡。身为统治集团核心中的决策人物，王导在他执掌政权的三十余年间（307—339年）推行的种种措施：结援吴人，注重维护南北大族之间的合作，巩固江东政权；安抚士族，勉励他们"当共戮力王室，克复神州"，

① 《全晋文》卷一百零九，欧阳建《言尽意论》，[清]严可均辑《全上古三代秦汉三国六朝文》，第2084页。

竭力恢复儒家的社会责任意识;"每劝帝克己励节,匡主宁邦"①,力劝元帝戒酒②;坚持嫡长制,安定王储③;重视民生,妥善安置南渡流民,鼓励开荒,重视恢复和发展生产,坚持"宽众息役,惠益百姓"④的原则,等等,无一不是以儒家的政治理论为基础。经过西晋后期玄学风行、礼教颓毁之后,要保住能够维系人心的东晋政权,必须重建儒学的权威。因此,王导除了坚持以儒家政治理论为主要执政方针外,也在清谈场上,向士人宣传这一观点,他在选择嵇康的《声无哀乐论》和《养生论》的同时,也选择了批驳道家倾向"言不尽意"论的《言尽意论》,通过肯定儒家经典地位,进一步肯定了儒家思想的作用。

由此可见,王导自己虽然在生活中不拘礼法,但他以儒家纲常名教为修身治国之本的指导思想并未动摇,而且还注意引导东晋士族改变元康以来放荡不羁的形象,更在朝堂之上树立了一个礼法之士的典型——卞壶,为名士树立榜样,让他们主动效仿,遵从礼教。《晋书》卷七十《卞壶传》载:

> 壶干实当官,以褒贬为己任,勤于吏事,欲轨正督世,不肯苟同时好。……时贵游子弟多慕王澄、谢鲲为达,壶厉色于朝曰:"悖礼伤教,罪莫斯甚!中朝倾覆,实由于此。"欲奏推之,王导、庾亮不从,乃止,然而闻者莫不折节。

永嘉初,过江南下的胡毋辅之、谢鲲、阮放、毕卓、羊曼、桓彝、阮孚与光逸"散发裸裎,闭室酣饮……不舍昼夜,时人谓之八达"⑤,在当时产生了较大影响,致使社会上弥漫着纵欲主义情绪。对此,王导一方面提倡玄学清谈,将名士们的注意力吸引到辩名析理中;另一方面,以卞壶为放荡不羁的名士树立榜样,让他们折节改观。在王导诸人的努力下,东晋名士虽不拘礼法,但已经和元康以及永嘉初的名士放纵不羁有很大区别,他们多不重小节而不伤大雅,风流之美,过于前朝。《世说新语·雅量》载:

> 郗太傅在京口,遣门生与王丞相书,求女婿。丞相语郗信:"君往东厢,任

① 《晋书》卷六十五《王导传》,第1747、1746页。

② [南朝宋]刘义庆著,[南朝梁]刘孝标注,余嘉锡笺疏《世说新语笺疏·规箴》:"元帝过江犹好酒,王茂弘与帝有旧,常流涕谏。帝许之,命酌酒一酺,从是遂断。"注引邓粲《晋纪》曰:"上身服俭约,以先时务。性素好酒,将渡江,王导深以谏,帝乃令左右进觞,饮而覆之,自是遂不复饮。克己复礼,官修其方,而中兴之业隆焉。"第560页。

③ 《晋书》卷六十五《王导传》:"初,帝爱琅邪王裒,将有夺嫡之议,以问导。导曰:'夫立子以长,且绍又贤,不宜改革。'帝犹疑之。导日夕陈谏,故太子卒定。"第1750页。《世说新语·方正》:"元皇帝既登阼,以郑后之宠,欲舍明帝而立简文。时议者咸谓:'舍长立少,既于理非伦,且明帝以聪亮英断,益宜为储副'。周、王诸公,并苦争恳切。……由此皇储始定。"注引《中兴书》曰:"元皇以明帝及琅邪王裒并非敬后所生,而谓裒有大成之度,胜于明帝,因从容问王导曰:'立子以德不以年,今二子孰贤?'导曰:'世子、宣城俱有爽明之德,莫能优劣。如此,故当以年。'于是更封裒为琅邪王。"第304、305页。

④ 《晋书》卷六《元帝纪》,第150页。

⑤ 《晋书》卷四十九《光逸传》,第1385页。

意选之。"门生归，白郗曰："王家诸郎，亦皆可嘉，闻来觅婿，咸自矜持。唯有一郎，在床上坦腹卧，如不闻。"郗公云："此正好！"访之，乃是逸少，因嫁女与焉。①

自此，"坦腹东床""东床快婿"传为佳话，"令坦""东床"也因此成为女婿的代称。

（三）玄儒双修

综观王导一生，"内戢强臣，外御狄患，暇则从容谈说，自托风流。"②他谈《声无哀乐论》《养生论》和《言尽意论》，前两者是为他引道入儒提供理论依据，后者又为维护儒家地位所需，玄儒双修，方能"利用礼制以巩固家族为基础的政治组织，以玄学证明其所享受的特权出于自然。"③因此，尽管王导一生褒尚清谈，推崇玄学，但他始终具有强烈的对国家、社会的责任意识，他兼治儒道的政治实践，是以道为用、以儒为本，利用玄学清静简约、与民休息的政治学说，实现了安邦定国的儒家政治目标。

何况，为了能够笼络长于儒学的南方士族，王导也不可能放弃儒学。王导注重儒学的社会功用，对儒学之士多所引进，如贺循为"当世儒宗。……博览众书，尤精礼传"，为王导所推，荐于晋元帝。杨方，"公事之暇，辄读五经"④，被王导辟为掾，后著成《五经钩沉》《吴越春秋》。

此外，渡江南下的北方士族中，也有长于儒学的名士，王导对他们也多寄以维系儒学地位、推动儒学发展的重任。如琅邪名士颜含，"东宫初建，含以儒素笃行补太子中庶子，迁黄门侍郎、本州大中正，历散骑常侍、大司农。"⑤后来又命他为国子祭酒。观颜含的任职经历可知，王导对他的安排是先借其儒学之长，辅佐皇太子，意在培养储君的儒学基础；后任他为琅邪国大中正，负责品评琅邪国的士人，显然是让他关注琅邪士人的儒学素养；最后任颜含为官学的最高官员国子祭酒，仍然是看重其儒学地位。

尤其难能可贵的是，王导在艰难的环境中为复兴经学做出了最大的努力。

两晋之际，战乱频仍，官学遭到极大破坏，尤其是永嘉之乱给儒学造成的损失是难以弥补的。一方面，经学人才或死于战火，或避难于西北，江南大儒极缺，《晋书》卷七十五《荀崧传》曰：

自丧乱以来，儒学尤寡，今处学则阙朝廷之秀，仕朝则废儒学之俊。

在技术不发达的古代，人才是文化传播的载体，经学人才的缺乏，使儒学失去

---

① [南朝宋]刘义庆著，[南朝梁]刘孝标注，余嘉锡笺疏《世说新语笺疏》，第 361 页。
② [清]王夫之：《读通鉴论》卷十五，第 419 页。
③ 唐长孺：《魏晋南北朝史论丛》，生活·读书·新知三联书店，1955 年版，第 338 页。
④ 《晋书》卷六十八《贺循传》，第 1830、1831 页。
⑤ 《晋书》卷八十八《颜含传》，第 2286 页。

了顺利传播和复兴的最重要的条件。另一方面，是经书的损毁。《隋书》卷三十二《经籍志一》载：

惠、怀之乱，京华荡覆，渠阁文籍，靡有孑遗。

东晋之初，渐更鸠聚。著作郎李充，以（荀）勖旧簿校之，其见存者，但有三千一十四卷。

皮锡瑞在《经学历史》一书中说：

永嘉之乱，《易》亡梁丘、施氏、高氏，《书》亡欧阳、大小夏侯，《齐诗》在魏已亡，《鲁诗》不过江东，《韩诗》虽存，无传之者，孟、京、费《易》亦无传人，《公》《谷》虽在若亡。

再者，玄学的兴盛，对经学产生了极大的冲击，《晋书》卷九十一《儒林传》称：

有晋始自中朝，迄于江左，莫不崇饰华竞，祖述虚玄，摈阙里之典经，习正始之余论，指礼法为流俗，目纵诞以清高，遂使宪章弛废，名教颓毁，五胡乘间而竞逐，二京继踵以沦胥，运极道消，可为长叹息者矣。

在如此艰难的条件下，王导为复兴经学、推行儒学教育做了最大的努力。早在东晋初，军旅未息，人心离乱，百业待兴之时，王导即上疏提议兴办太学，传播儒家思想：

夫风化之本在于正人伦，人伦之正存乎设庠序。庠序设，五教明，德礼洽通，彝伦攸序，而有耻且格，父子兄弟夫妇长幼之序顺，而君臣之义固矣。《易》所谓"正家而天下定"者也。故圣王蒙以养正，少而教之，使化沾肌骨，习以成性，迁善远罪而不自知，行成德立，然后裁之以位。虽王之世子，犹与国子齿，使知道而后贵。其取才用士，咸先本之于学。故《周礼》，卿大夫献贤能之书于王，王拜而受之，所以尊道而贵士也。人知士之贵由道存，则退而修其身以及家，正其家以及乡，学于乡以登朝，反本复始，各求诸己，敦朴之业著，浮伪之兢息，教使然也。故以之事君则忠，用之莅下则仁。……

自顷皇纲失统，颂声不兴，于今将二纪矣。……先进忘揖让之容，后生惟金鼓是闻，干戈日寻，俎豆不设，先王之道弥远，华伪之俗遂滋，非所以端本靖末之谓也。殿下以命世之资，属阳九之运，礼乐征伐，翼成中兴。诚宜经纶稽古，建明学业，以训后生，渐之教义，使文武之道坠而复兴，俎豆之仪幽而更彰。……择朝之子弟并入于学，选明博修礼之士而为之师，化成俗定，莫尚于斯。①

王导充分认识到了学校教育引导社会人伦秩序的作用，运用恰当，即可发挥儒家伦理纲常规范等级尊卑的政治功能，所谓"以之事君则忠，用之莅下则仁。"可

---

① 《晋书》卷六十五《王导传》，第1747—1748页。

以说，王导的上书，明显具有扶持名教、复兴儒学伦理传统的倾向，也是他以儒家思想治国的总体政治纲领。

在王导推动下，太学当年便兴办起来，置《周易》王氏，《尚书》《毛诗》《周官》《礼记》《论语》《孝经》郑氏，《古文尚书》孔氏，《春秋左传》杜氏、服氏博士各一人，虽不能与西晋立博士十九人相比，但经学研究已初具规模。需要指出的是，儒家经典中最重要的《周易》，王导选择了王弼注，南齐陆澄说：

> 晋太兴四年，太常荀崧请置《周易》郑玄注博士，行乎前代，于时政由王、庾，皆俊神清识，能言玄远，舍辅嗣而用康成，岂其妄然。[1]

王导舍弃了郑玄注而用王弼注，固然是因为他"能言玄远"，但在实际执行过程中，却起到了引玄入儒的作用，玄儒双修逐渐成为学术主流。

王导将儒学和玄学融合在一起，主要是出于政治目的。渡江之初，王导面临的是一个前所未有的乱摊子，各派政治势力之间的矛盾冲突，极其困窘的经济状况，格格不入的南北学风，交织在一起，呈现出错综复杂的局面。就政治指导思想来说，无论是汉朝的儒法合流、曹魏的名法之治，还是西晋前期的礼法政治以及后期的玄学思想，都难以在江南奏效，必须另辟蹊径。为团结北方士族，王导不可能放弃玄学，为笼络南方士族，他又不能放弃儒学，更何况，治理国家，稳定社会，也不可能离开儒学。王导根据江东社会的实情，在坚持儒家传统的同时，适时将玄学思想引入政治，他强调以"和与靖"为目标，采取"镇之以静"的政策，制定了"谦以接士，俭以足用，以清静为政，抚绥新旧"的基本施政方针。这一方针既符合儒学的一般理论，又符合初镇建康的具体情势，很快使社会秩序得以稳定下来，为江东政权打下了基础。

王导作为琅邪王氏家族的领头人，一举一动都对家族产生极大的影响，他的玄儒双修，使琅邪王氏的家族文化由此走向了儒玄合流的道路。此后的王氏子弟，在接受儒家教育的同时，大多精通老庄，驰骋于清谈场。王导六子，长子王悦、四子王协早亡，其他四子均有名士风范，王恬"识理明贵，为后进冠冕也。"[2] 王洽"导诸子中最知名，与荀羡俱有美称。"[3] 王劭"清贵简素，研味玄赜。大司马桓温称为凤雏。"王荟"有清誉，夷泰无兢。"[4] 王导的众多侄子也受到了他的影响。如王胡之"性简，好达玄言。"[5] 王羲之"幼讷于言，人未之奇。……及长，辩赡，以骨鲠

---

① 《南齐书》卷三十九《陆澄传》，第684页。

② [南朝宋] 刘义庆著，[南朝梁] 刘孝标注，余嘉锡笺疏《世说新语笺疏·赏誉》"简文目敬豫为'朗豫'"条注引《文字志》，第477页。

③ 《晋书》卷六十五《王导传》，第1755页。

④ [南朝宋] 刘义庆著，[南朝梁] 刘孝标注，余嘉锡笺疏《世说新语笺疏·雅量》"王劭、王荟共诣宣武"条注引《劭荟别传》，第367页。

⑤ [南朝宋] 刘义庆著，[南朝梁] 刘孝标注，余嘉锡笺疏《世说新语笺疏·赏誉》"谢公云：'司州造胜遍决。'"条注引《文章志》，第485页。

称。"①王敦比之清谈名士阮裕,"大将军语右军:'汝是我佳子弟,当不减阮主簿。'"②随着王导子侄辈的相继入仕,有一部分人离开建康,将盛行于建康的玄风带到了江南各地。如王羲之在会稽与谢安、支道林、许询诸名士"出则渔戈山水,入则言咏嘱文"③,使当地成了仅次于建康的清谈中心。

作为江左一流高门,琅邪王氏家族的文化对当时社会的影响是不言而喻的。东晋时期,经学家同时兼通玄学,而玄学之士亦兼综经学,玄儒双修几乎成了东晋社会思潮的主流。如《晋书》卷五十六《江统传》附《江惇传》载:

> (江惇)性好学,儒玄并综。每以为君子立行,应依礼而动,虽隐显殊途,未有不傍礼教者也。若乃放达不羁,以肆纵为贵者,非但动违礼法,亦道之所弃也。乃著《通道崇检论》,世咸称之。

《晋书》卷七十三《庾亮传》:

> 亮美姿容,善谈论,性好《庄》《老》,风格峻整,动由礼节,闺门之内不肃而成,……

《晋书》卷九十四《戴逵传》:

> 戴逵……少博学,好谈论,善属文,……性高洁,常以礼度自处,深以放达为非道,乃著论曰:"……竹林之为放,有疾而为颦者也,元康之为放,无德而折巾者也,……且儒家尚誉者,本以兴贤也,既失其本,……其弊必至于末伪。道家去名者,欲以笃实也,苟失其本,又有越检之行。情理俱亏,则仰咏兼忘,其弊必至于本薄。……苟乖其本,固圣贤所无奈何也。……"

由此可见,玄学之士,并不排斥名教,儒雅之士,亦兼通玄学,他们反对的仅仅是名士们的放荡不羁。东晋一朝,激烈抨击玄学,指责何晏、王弼罪深于桀纣的仅范宁一人而已。从江惇著《通道崇检论》"世咸称之"来看,人们已基本接受了儒玄的融合,所以,"善谈论,性好《庄》《老》"与"风格峻整,动由礼节"才会奇妙地集中于一个人身上。

玄儒合流并不仅仅表现在社会风尚中,更重要的是,玄学辩名析理的学风影响了东晋南朝的经学发展,使南方经学由固守章句、烦琐考证转向注重义理,与因袭汉学的北朝经学有较大的区别。《世说新语·文学》载:

> 褚季野语孙安国云:"北人学问,渊综广博。"孙答曰:"南人学问,清通简要。"支道林闻之曰:"圣贤固所忘言。自中人以还,北人看书,如显处视月;南人学问,如牖中窥日。"④

《隋书》卷七十五《儒林传》曰:

---

① 《晋书》卷八十《王羲之传》,第 2093 页。
② [南朝宋]刘义庆著,[南朝梁]刘孝标注,余嘉锡笺疏《世说新语笺疏》,第 454 页。
③ 《晋书》卷七十九《谢安传》,第 2072 页。
④ [南朝宋]刘义庆著,[南朝梁]刘孝标注,余嘉锡笺疏《世说新语笺疏》,第 216 页。

南北所治，章句好尚，互有不同。……大抵南人约简，得其英华，北学深芜，穷其枝叶。

学者们玄儒兼综的治学方式，使他们很自然地将道家思想融入经学之中，对趋于僵化、烦琐的经学是一个巨大的冲击。由于"约简"，而"得其英华"，改变了汉代自"幼童而守一艺，白首而后能言"[①]的状况，故东晋南朝的士人多博览群书，颜之推《颜氏家训》云：时人"皆以博涉为贵，不肯专儒。"[②]所谓博涉，不仅指兼习儒、道、佛各家学说，而且还指兼通儒家诸经，"多专一经，罕能兼通"[③]的局面顿改，极大地推动了经学本身的兼容发展。

由于清谈的影响，东晋南朝的讲经方式也发生了极大的变化。汉代传经的主要途径是师传徒受，或父传子受，严格遵循师法、家法。东晋南朝时期则以相互论难、互相启发为主要的讲经形式，由一人或数人主讲，主讲者往往博采众家之说，提出自己的论点，听讲者可与之往复论辩。这种讲经方式，使南方的经学不可能专于一家，而是走向了综合发展的道路。这对经学的发展是极其有利的，所以，在隋朝统一南北之后，南学超越北学，最终完成了儒学的统一。皮锡瑞云：

北人笃守汉学，本近质朴；而南人善谈名理，增饰华词，表里可观，雅俗共赏。故虽以亡国之余，足以转移一时风气，使北人舍旧而从之。

……

经学统一之后，有南学，无北学。[④]

概而言之，两晋之际，王导、王敦出于政治目引玄风南渡，直接影响了江南文化的发展，此后的南北士族阶层，都不同程度地受到玄学影响，以他们为载体的哲学、文学、艺术、宗教都带上了玄学特色。

二、文学风格演变

先秦时期，文学与哲学、史学等融而未分，并无现代意义上的"文学"之称。到了汉代，文学一般是指学术，特别是儒学，《史记》《汉书》虽也为"文章尤著"者立传，但当时的文学作品多为宣扬儒家政教而作，文学只是经学的附庸。直到魏晋南北朝时期，越来越多的作家摆脱了经学的束缚，用文学作品自由的表达个人的思想感情和美的追求，逐渐从经学中分离出来。刘宋时期，宋文帝在朝廷立四馆，文学与玄学、儒学、史学并立，当时范晔作《后汉书》，单列《文苑传》，与《儒林传》并列，文学这才真正成为一门独立的学科。

---

① 《汉书》卷三十《艺文志》，第 1723 页。

② [北齐]颜之推撰，王利器集解《颜氏家训集解》卷三《勉学》，中华书局，1993 年版，第 177 页。

③ [清]皮锡瑞：《经学历史》，中华书局，1981 年版，第 126 页。

④ [清]皮锡瑞：《经学历史》，第 194、196 页。

魏晋时期，社会动荡不安，战乱、水旱灾害、瘟疫频发，人口急剧减少，曹操的"白骨露于野，千里无鸡鸣"诗句是当时惨状的真实写照。这一切都刺激着文士们抒发人生短暂、生命脆弱的感慨，表述个人感情的作品常现于文人笔端。因此，鲁迅先生在《魏晋风度及文章与药及酒之关系》一文中，称魏晋是"文学的自觉时代"。这种"自觉"，最早体现在士人对文学的重视上。三国时，曹丕将文章看成是"经国之大业，不朽之盛事"①，大大抬高了文学的地位。《宋书》卷五十五《臧焘传》史臣论曰：

> 自魏氏膺命，主爱雕虫，家弃章句，人重异术。

"雕虫"代指文学，"章句"即儒学。在统治者的提倡下，乱世文人对文学创作的兴趣越发浓厚，文学作品日见繁多，形式多样，题材丰富。可以说，文学已经成为魏晋士人一种必备的文化素养。在这种历史背景下，作为文化大族的琅邪王氏，在教育族中子弟时，自然将文学视为必须掌握的文化门类。再加上一流高门的社会地位，使王氏子弟大多过着稳定而且优裕的生活，有充足的时间和精力涉猎文学艺术领域，为他们从事文学创作提供了便利，进而形成了异常深厚的家族文学传统，王氏子弟几乎无人不能为文，终成文学世家。梁代王筠在《与诸儿书论家世集》中对琅邪王氏家族所取得的文学成就无比自豪，称：

> 史传称安平崔氏及汝南应氏，并累世有文才，所以范蔚宗云崔氏"世擅雕龙"。然不过父子两三世耳；非有七叶之中，名德重光，爵位相继，人人有集，如吾门世者也。沈少傅约语人云："吾少好百家之言，身为四代之史，自开辟已来，未有爵位蝉联，文才相继，如王氏之盛者也。"②

王筠引以自傲的"七叶之中"是从七世祖王导开始的，正是从这一时期开始，琅邪王氏家族对江南的文学发展产生了较大影响。

两晋之际，长期的战乱致使大批文士惨遭屠戮，文坛精英凋零殆尽，东晋文学艺术能在江南恢复，琅邪王氏家族功不可没。

东晋初建，百废待兴，统治者急需获取南北士族的鼎力支持，身为丞相的王导为能立足江东、稳定朝局，不断征召贤才能士，《世说新语·任诞篇》"王长史、谢仁祖同为王公掾"条注引《王濛别传》云：

> 丞相王导辟名士时贤，协赞中兴。旌命所加，必延俊义。③

大批幸免于战火的北方文士和南方知名文人相继进入朝廷，其中许多人都曾受到王导的赏识和重用。如干宝"少勤学，博览书记"，被王导荐于晋元帝为史官，

① [梁] 萧统编，[唐] 李善注《文选》卷五十二《典论论文》，上海古籍出版社，1986年版，第2271页。
② [唐] 姚思廉：《梁书》卷三十三《王筠传》，中华书局，1973年版，第486页。
③ [南朝宋] 刘义庆著，[南朝梁] 刘孝标注，余嘉锡笺疏《世说新语笺疏》，第746页。

后"王导请为司徒右长史,迁散骑常侍。著《晋纪》。"①"辞赋为中兴之冠"②的名士郭璞,被王导引为参军,非常器重,为此,郭璞特作《与王使君诗》五章表述知遇之恩,并盛赞王导匡主宁邦之功和招纳文士的政策:"化扬东夏,勋格宇宙","怀远以文,济难以略。"③此外,葛洪、李充等人也长期担任王导的掾属,建康逐渐汇聚了一批文学人才。正是在此基础上,经战乱破坏、文人流散的文坛才逐渐恢复,故刘勰《文心雕龙·时序篇》云:"元皇中兴,披文建学。"④可以说,东晋文坛在经过"八王之乱"文士惨遭屠戮和"永嘉之乱"战火的洗劫后,仍然能在江南恢复,王导居功甚伟。

东晋初期,不论政治权力还是社会地位,琅邪王氏家族都处于鼎盛阶段。当时,琅邪王氏的代表性文人是王导、王敦和王廙,他们处身于东晋政权初创期,又都是政治中枢的核心人物,政务、军务的处理占据了他们大量的时间,没有太多闲暇时间从事纯文学的创作,再加上作品流传过程中不可避免的散佚,得以保存下来的作品多为奏章表疏之类的应用文,与当时的政治形势息息相关,其历史价值远远大于文学价值。如王导的《上疏请修学校》《请建立国史疏》《议复肉刑》《上书论谥法》《议追赠周札》《上疏请自贬》《请原羊聃启》《迁丹阳太守上笺》等,王敦的《表庾亮为中书监》《表王舒》《举贺循为贤良杜夷为方正疏》《辞荆州牧疏》《上疏言王导》《上疏罪状刘隗》《上言父子生离服限》等,既有明显的政治实用性,又语词典雅、论证严密,堪为东晋疏文的代表。此外,王导、王敦的一部分教令、书信也流传下来,如《祭卫玠教》《求别驾教》《与贺循书》《答陶侃书》《遗王含书》《与从子允之书》《与刘隗书》等,从中也可看到他们的文学功底。东晋初的琅邪王氏子弟中,文学才华最高的当属王廙,他的诗赋作品虽有保留,但其中大多充斥着儒家的伦理说教,为统治者歌功颂德。这些都说明,东晋初期的琅邪王氏文学更多地体现在实用上,缺乏真正抒发个人感情的文学作品,但少有的几篇文章,预示着江南文学风格将来的演变。

当时玄学大行,玄言诗随之兴起,《文心雕龙·时序》曰:

自中朝贵玄,江左称盛,因谈余气,流成文体……诗必柱下之旨归,赋乃漆园之义疏。⑤

钟荣《诗品序》云:

永嘉时,贵黄、老,稍尚虚谈,于时篇什,理过其辞,淡乎寡味。爰及江表,微波尚传,孙绰、许询、桓、庾诸公诗,皆平典似《道德论》,建安风力尽

---

① 《晋书》卷八十二《干宝传》,第 2149、2150 页。
② 《晋书》卷七十二《郭璞传》,第 1899 页。
③ 逯钦立辑校《先秦汉魏晋南北朝诗》,中华书局,1983 年版,第 863 页。
④ [梁] 刘勰著,陆侃如、牟世金《文心雕龙译注 下》,齐鲁书社,1982 年版,第 330 页。
⑤ [梁] 刘勰著,陆侃如、牟世金《文心雕龙译注 下》,第 331 页。

矣。①

逐渐繁盛起来的文坛中出现了大量玄言诗文，一度成为江南文学的主流，而在这主流中，有一支流开始出现，那就是随着士族南迁、环境改变而产生的新诗风。

永嘉之乱，衣冠南渡，秀美清丽的江南风景吸引他们纵情于山水之间，闲情游戏之暇，势必意欲表达之，于是，他们的作品中逐渐出现了一些优美的写景句，初步扭转了玄言诗的风格。其中最有代表性的是王廙。

《隋书》卷三十五《经籍志四》录"《王廙集》十卷。梁三十四卷，录一卷。"《全晋文》卷二十辑其文十篇，《洛都赋》《思逸民赋》《笙赋》《白兔赋》《奏〈中兴赋〉上疏》《春可乐》《宰我赞》《保傅箴》《妇德箴》等。王廙"少能属文，多所通涉"，诗文俱佳，尤其长于写作辞赋，流传至今的文学作品有赋四篇，还有一篇《中兴赋》，已佚，从《奏〈中兴赋〉上疏》中可以得知此赋和《白兔赋》都是王廙为东晋政权的建立，为维护新王朝制造舆论而作，"宣扬盛美"，以达"嗟叹咏歌之义"②，政治意味较浓。

王廙的诗歌仅有一首《春可乐》流传下来：

> 春可乐兮，乐孟月之初阳。
> 冰泮涣以微流，土冒橛而解刚。
> 野暄卉以挥绿，山葱蒨以发苍。
> 吉辰兮上戊，明灵兮唯社。
> 百室兮必集，祈祭兮树下。
> 濯茆兮葅韭，齿蒜兮擗鲝。
> 缥醪兮浮蚁，交觞兮并坐。
> 气和兮体适，心怡兮志可。
> 浮盘兮流爵，接饮兮相娱。
> 上禊兮三巳，临川兮荡饮。
> 回波兮曲沼，夹岸兮道渠。
> 若乃良辰三祖，祈始吉元。
> 华坛峻□，羽盖幢幡。
> 弱篁平端。③

诗中"冰泮涣以微流，土冒橛而解刚。野暄卉以挥绿，山葱蒨以发苍"，生动地描绘了冰雪消融的早春时节，花草树木蓬发生机，远山含翠的景象，语言清新自然，山水诗初见端倪，玄风大盛的文学风格初步转变，对东晋中后期文人的文学创作产生了一定影响。

---

① [梁] 钟嵘著，周振甫译注《诗品译注》，中华书局，1998 年版，第 17 页。
② 《晋书》卷七十六《王廙传》，第 2002、2004 页。
③ 逯钦立辑校《先秦汉魏晋南北朝诗》，第 855 页。

王导去世后，琅邪王氏丧失了与皇室"共天下"的政治地位，进入中衰阶段。东晋中期，随着政治地位的丧失，王氏子弟大多远离权力中心，他们的心态、生活情趣以及所追求的境界也发生了变化，在悠闲、萧散、舒适的庄园生活中，或畅游山水，或饮酒清谈，期间创作了大量文学作品，不断提高王氏家族的文学成就和文学地位，并且，与他们的思想情趣相适应，在文学创作上形成了萧散闲适、平和恬淡的基本情趣和格调。这一时期，琅邪王氏家族有文集传世的四人：王羲之、王彪之、王洽、王胡之，其中最能代表王氏文学发展方向和格调的是王羲之。

王羲之（303－361年），字逸少，七岁时，父亲王旷因北征战败后下落不明，那时正是琅邪王氏家族最强盛的时代，在叔父王廙和从伯王敦、王导的教导和关怀下，王羲之逐渐成长起来，后起家秘书郎，出任临川太守，征西将军庾亮的参军、长史，再迁宁远将军，江州刺史，拜右军将军、会稽内史，他本性骨鲠气傲，因与上司王述不和，于永和十一年（355年）称病去职，世称王右军。

王羲之作为一名杰出的书法家，其政绩为书名所累，不为世人尽知，其文名也因"书圣"之尊而大打折扣。实际上，王羲之自幼勤学，身边的长辈又是琅邪王氏家族最杰出的政治、文化精英，在书法、文学、政治才能等诸方面对他多加培养，因此在十三岁时已有高名，被视为王氏的"佳子弟"，与王承、王悦并称"王氏三少"。成年后，王羲之屡任要职，最后的仕宦之地是风景秀美的会稽。《晋书》卷八十《王羲之传》载：

> 会稽有佳山水，名士多居之，谢安未仕时亦居焉。孙绰、李充、许询、支遁等皆以文义冠世，并筑室东土，与羲之同好。

王羲之任会稽内史期间，与这些名士交游频繁，"出则渔弋山水，入则言咏属文。"[①]在一次次的文人雅集中，文学佳作不断涌现。

永和九年（353年）上巳之日，王羲之以地方官和名士的双重身份，召集留居会稽的名流文士谢安、孙绰等人会于山阴兰亭。此地峰峦叠翠，溪水淙淙，众人曲水流觞，对景赋诗，成为东晋中期的一次文坛盛会。参加此次雅集的名流文士多达42人，其中赋诗者有26人，作品37首[②]。此次盛会汇聚了当时、当地的知名文士，而王氏一族即有10人，其中有9人赋诗（王献之时年九岁，未赋诗），共14首。

东晋中期，因玄学已遍及江南，深入到社会生活的各个领域，这一时期的文学之士，多是在清谈风气下成长起来的，清谈之余，以诗文点缀他们闲适自由的生活

---

① 《晋书》卷七十九《谢安传》，第 2072 页。

② 据宋施宿《嘉泰会稽志》卷十所引《天章寺碑》记载，王羲之、谢安、谢万、孙绰、徐丰之、孙统、王彬之、王凝之、王肃之、王徽之、袁峤之等十一人赋诗两首；郗昙、王丰、华茂、庾友、虞说、魏滂、谢绎、庾蕴、孙嗣、曹茂之、曹华、桓伟、王玄之、王蕴之、王涣之等十五人各赋一首；谢瑰、卞迪、丘髦、王献之、羊模、孙炽、刘密、虞谷、劳夷、后绵、华耆、谢腾、任凝、吕系、吕本、曹礼等十六人未赋诗，罚酒三觥。

是很自然的，"出则渔弋山水，入则言咏属文。""言咏"当指玄学清谈，而"属文"则是指诗歌、散文等文学创作。可以说，当时玄学清谈与文学创作的主流是并行不悖的文化现象。而那些身兼谈士与文宗二任者，便是这两股文化之流的共同承担者，一时间，玄言诗文成为文学的主流。同时，发现了江南山水之美的文士，易于在明山秀水中体悟玄理，通过诗歌阐发玄理，于是，带山水特色的玄言诗日渐增多。而兰亭集会所作的诗歌，大多既有玄言诗的特征，又有山水诗的色彩，成为东晋中期文学的典型代表。如王羲之五言《兰亭诗》：

> 悠悠大象运，轮转无停际。
>
> 陶化非吾因，去来非吾制。
>
> 宗统竟安在，即顺理自泰。
>
> 有心未能悟，适足缠利害。
>
> 未若任所遇，逍遥良辰会。

宇宙运转永无止息，非人力所能参与和控制。既然如此，不如顺其自然，以泰然处之的态度对待生死利害，对此暮春美景，就不要伤时叹逝了，该呼朋唤友，一起领会天地间的逍遥自得。这也正是王羲之与友人宴集的动机所在。他的另一首五言《兰亭诗》山水的特色更加明显：

> 三春启群品，寄畅在所因。
>
> 仰望碧天际，俯磐绿水滨。
>
> 寥朗无崖观，寓目理自陈。
>
> 大矣造化功，万殊莫不均。
>
> 群籁虽参差，适我无非新。[1]

三月暮春时节，万物复苏，生机益然，诗人们可以寄情山水，畅叙幽情。仰望万里晴空，俯看绿水之滨。面对着如此寥廓清朗、生机勃勃的景观，万物生长发育的常理得到了充分展示。大自然的造化之功，使万物在"道"的面前都是齐同、平等的。置身其中，万物虽千差万别，但它们给我的感受都是崭新的、可爱的。

从山水游赏中体悟到大自然生生不息的力量，由写景而抒发自己对人生乃至宇宙的看法，成为兰亭诗歌的共同特色。这些诗歌还算不上是纯粹的山水诗，但在布局谋篇、刻画物象等方面，为山水诗的真正形成积累了一定经验。

兰亭集会的名士们所作的诗篇被汇编为《兰亭集》，王羲之亲自为之作序，即流传千古的《兰亭集序》：

> 永和九年，岁在癸丑，暮春之初，会于会稽山阴之兰亭，修禊事也。群贤毕至，少长咸集。此地有崇山峻岭，茂林修竹，又有清流激湍，映带左右，引以为流觞曲水，列坐其次。虽无丝竹管弦之盛，一觞一咏，亦足以畅叙幽情。

---

① 逯钦立辑校《先秦汉魏晋南北朝诗》，第 895 页。

是日也，天朗气清，惠风和畅，仰观宇宙之大，俯察品类之盛，所以游目骋怀，足以极视听之娱，信可乐也。

夫人之相与，俯仰一世，或取诸怀抱，悟言一室之内，或因寄所托，放浪形骸之外。虽趣舍万殊，静躁不同，当其欣于所遇，暂得于己，快然自足，不知老之将至。及其所之既倦，情随事迁，感慨系之矣。向之所欣，俯仰之间，已为陈迹，犹不能不以之兴怀。况修短随化，终期于尽。古人云，死生亦大矣，岂不痛哉！

每览昔人兴感之由，若合一契，未尝不临文嗟悼，不能喻之于怀。固知一死生为虚诞，齐彭殇为妄作，后之视今，亦犹今之视昔，悲夫！故列叙时人，录其所述，虽世殊事异，所以兴怀，其致一也。后之览者，亦将有感于斯文。①

《兰亭集序》分为两部分，前面叙事、写景，既描写了兰亭优美的自然环境，又抒写了与朋友相聚的欢欣，后面阐释自己对宇宙的见解："固知一死生为虚诞，齐彭殇为妄作"，抒发了人生苦短、及时行乐、快然自足的情怀。全文情理并茂，虽带有玄学色彩，但语言质朴，基本摆脱了玄言体的枯燥、乏味，其前写景后论理的写作方式，也给后世的散文家们以启示。

总之，在文学自觉的历史大背景中，两晋之际的琅邪王氏子弟在深厚的家学渊源和优越的社会环境中，培养了较高的文学素养，文集颇多，代表了一个时代的文学水平。借助江左第一高门的政治和社会地位，一部分才华横溢的王氏子弟在文学创作方面成为引领当时文学潮流的风云人物，推动了江南文学风格的演变。

三、王氏书法

琅邪王氏家族是历史上历时最长、书家最多、影响最大的一个书家群体。自王导一代人起，王氏子弟大多擅长书法，形成了世代相传的书法传统，东晋南北朝时期最具代表性的书法家和书法作品多出自琅邪王氏家族。宋太宗淳化三年（992年），将密阁所藏从先秦到唐朝的历代法帖编为十卷，即著名的《淳化阁帖》，前五卷收录了十六位王氏子弟的作品，依次是王导、王敦、王洽、王珉、王珣、王徽之、王涣之、王操之、王凝之、王劭、王廙、王邃、王恬、王昙首、王僧虔、王筠，从第六卷到第八卷，是王羲之的书法，第九、十卷是王献之的书法，王氏子弟的作品竟占了半数以上，王氏书法之盛，由此可见一斑。

尽管《淳化阁帖》收录的王氏子弟作品是从王导、王敦开始的，但从现存史料来看，西晋时期的王氏子弟已经在书法方面取得一定成就。《宣和书谱》卷十四《草书二》载：

（王敦）初以工书得家传之学。

---

① 《晋书》卷八十《王羲之传》，第2099页。

王敦年轻时"得家传之学",应该是从父辈王裁、王基,甚至是祖父辈王祥、王览时期发展而来的王氏书法,只是当时最流行、成就最高的是张芝、钟繇和卫瓘的书法,王氏书法尚不能与之相提并论,故当时的王氏子弟多倾向于学习钟繇等人的书法。

《宣和书谱》①卷七《行书一》载:

（王衍）作行草尤妙,初非经意,而洒然痛快见于笔下,亦何事双钩、虚掌、八法、回腕哉?其自得于规矩之外,盖真是风尘物表脱去流俗者,不可以常理规之也。今御府所藏行书一:尊夫人帖。②

《宣和书谱》卷十三《草书一》:

（王戎）作草字得崔、杜法,妙鉴者多所称赏。自是所造渊深,一出便在人上。字画之工,特游戏耳。今御府所藏草书一:忻慰帖。③

行书、草书在汉代已经有所发展,本是为书写方便而发展来的文体。曹魏时期,由于钟繇等人的提倡,逐渐流行于士大夫之间,成为他们遣情逸志的表现形式之一。随着玄学的盛行,行书、草书的任意挥洒、不拘形迹,越来越为追求个性逍遥、纵情任性的玄学名士所欣赏。王戎与王衍,一是竹林七贤之一,一为元康玄学领袖,自然喜爱最能体现书者个性的行书、草书,故都以行书、草书见长,并有书帖传世。其中尤以王衍的成就最高,苏轼《题晋人帖》称:

余尝于李都尉玮处,见晋人数帖,皆有小印"涯"字,意其为王氏物也。有谢尚、谢鲲、王衍等帖,皆奇。而夷甫独超然如群鹤耸翅,欲飞而未起也。④

黄庭坚《跋法帖》:

王侍中学钟繇绝近,真行皆妙,如此书乃可临学。⑤

苏轼和黄庭坚对王衍都大加称赞,并称他学承曹魏书法名家钟繇的书风,钟繇与王羲之并称"钟王",在书法史上有重要地位,而王衍的书法与他"绝近",可见其书法成就也非比寻常。

两晋之际,琅邪王氏迁居江左,王氏书法从此南传,在江南大地上书写出最华美的篇章。东晋初,王敦、王导、王廙、王邃皆得家传书学,性格不同,身份地位不同,书学也各有所长。

《宣和书谱》卷七《行书一》载:

王邃失其世系……而世所传者特因其书尔。作行书有羲、献法……后世虽

---

① 《宣和书谱》是中国北宋徽宗宣和年间由官方主持编撰的宫廷所藏书法作品的著录著作。全书20卷,著录宣和时御府所藏历代法书墨迹,包括197人的1344件作品,按帝王和书体分类设卷。每种书体前有叙论,述及各种书体的渊源和发展,依次为书法家小传、评论,最后列御府所藏作品目录。

② 王群栗校注《宣和书谱》,浙江人民美术出版社,2012年版,第67页。

③ 王群栗校注《宣和书谱》,第128页。

④ [宋]苏东坡:《苏东坡全集:苏东坡文集6》,珠海出版社,1996年版,第1726页。

⑤ [宋]黄庭坚著,白石点校《山谷题跋》,浙江人民美术出版社,2016年版,第59页。

断纸余墨亦复宝之也。《婚事》一帖尤为人所知，流传至今，观其布置婉媚，构结有法，定非虚得名。大抵字学之妙，晋人得之为多，而王氏之学尤盛焉。今御府所藏行书一：婚事帖。[①]

王邃是王敦从弟，据《世说新语·赏誉》"王大将军与元皇《表》云"条注引《王邃别传》记载：

> 邃字处重，琅邪人，舒弟也，意局刚清，以政事称。累迁中领军、尚书左仆射。[②]

王邃生卒年不详，事迹亦不甚详，王敦死后也没有了他的相关记载，之所以能留名后世，主要因其书法成就，尤其《婚事帖》"布置婉媚，构结有法"，为后人赞赏。

《宣和书谱》卷十四《草书二》载：

> （王廙）少能属文，工书画，至音律、射、御、游艺无不精绝，作草隶、飞白得张芝、卫瓘遗法。自王羲之过江前，廙号为独步。羲之盖廙犹子，廙尝属之曰："吾无殊功异业与后人师法，惟书画可传。"其自许如此。王僧虔谓廙书为右军法，亦知其自信之笃也。独其草书为世所传。今御府所藏四：
>
> 草书：仲春帖。
>
> 章草：郑夫人帖。
>
> 行书：贺雪表、嫂何如帖。
>
> （王敦）初以工书得家传之学，其笔势雄健，如对武帝击鼓，振袖扬袍，旁若无人。……今御府所藏草书一：蜡节帖。
>
> （王导）善作字，规模前人。初师钟繇、卫瓘，力学不倦。至丧乱狼狈，犹携钟繇《宣示帖》过江，则其拳拳之志可知也。行草尤工，然论者以谓疏柯迥擢，密叶危阴，虽秀有余而实不足。晋元、明二帝并工书，皆推难于导，故当世尤所贵重。
>
> 子恬、洽皆以书名，时人方为杜、卫焉。唐王方庆，导之后裔也，尝以自导而下十一世书上则天后，后令崔融为《宝章阁》，序其事以赐之，举朝为荣。今御府所藏草书二：省示帖、改朔帖。[③]

此段记载涉及王廙、王敦、王导三人的书法成就，虽同列在草书一栏，却各有特色。

王敦青年时期豪爽不羁，声震朝野，中年执掌兵权，扫平江东，晚年坐大荆州，跋扈朝堂，堪称一代枭雄，中规中矩的隶书、楷书和飘逸的行书都未必能表达出他的胸襟和霸气，而笔意奔放、气势万千的草书则可以直抒胸臆，这是他喜爱草书、

---

① 王群栗校注《宣和书谱》，第73页。
② [南朝宋]刘义庆著，[南朝梁]刘孝标注，余嘉锡笺疏《世说新语笺疏》，第447页。
③ 王群栗校注《宣和书谱》，第133-135页。

长于草书的原因。王敦现存的作品《蜡节帖》笔势雄健，字里行间都透出威武雄壮之气，体现的正是威震朝野的大将军气度。

王导学书颇为勤奋，永嘉初过江之时，国事扰攘、家事缠身，仍不忘情于书法，携带钟繇的《宣示帖》南下。王导是东晋开国丞相，为政宽和，得朝野拥戴，同时他又是名士领袖，引领文化风尚。双重的身份，决定了他的书法必然具备端严与姿媚两种态势，而他擅长的行草书恰恰可以满足此要求。行草，即介于楷书、草书之间的一种字体，可以说是楷书的草化或草书的楷化，它是为了弥补楷书的书写速度太慢和草书的难于辨认而产生的，笔势不要求楷书那样端正，也不像草书那样潦草。楷法多于草法的叫"行楷"，草法多于楷法的叫"行草"。行草书笔法流动，书者可以纵情挥洒，书中所带的楷法，却又起着一定的约束作用，观《省示帖》，可见其笔力遒健，颇有成竹在胸、一泻千里之势，然其中的含蓄之美也是不容忽视的。王导的书法为当时的皇帝、朝臣、名士推重，也直接影响了王氏下一代人，王恬、王洽、王羲之等人皆学其书，是王氏书法发展史上的关键人物。

东晋初，在书法方面成就最高的是王廙，王僧虔《论书》云："王平南廙，右军叔，过江之前以为最。"[1] 王廙虽是晋元帝的表弟，屡任要职，但受政治才干的限制，他在东晋初并未达到王敦、王导的地位，自然也就不像他们那样大部分时间忙于政务、军务，而是将更多的时间和精力投入到文学艺术的创作中。王廙工于草书、隶书和飞白，得张芝、卫瓘遗法，名重一时。他对王氏书法的影响主要在两方面：其一，促成了王氏家族的书画传统，并提出了书法、绘画创作必须要有鲜明的个性，要"自成一家"的艺术理论，确定了王氏家族书画的基本精神。其二，王廙是王羲之走向书圣之路的教导者和指引者，为王氏书法的昌盛做出了突出贡献。王羲之幼年失父，叔父王廙主动承担了抚育、教导之责，直到永昌元年（322年）去世，是年王羲之二十岁，十余年的精心教导栽培，已经为王羲之打下了坚实的书学基础。据张彦远《历代名画记》卷五记载，王廙称：

> 吾兄子羲之，幼而岐嶷，必将隆余堂构。近始年十六，学艺之外，书画过目便能，就余请书画法，余画《孔子十弟子图》以励之。嗟尔，羲之可不勖哉！画乃吾自画，书乃吾自书。吾余事虽不足法，而书、画固可法。欲汝学书，则知积学可以致远；学画可以知师弟子行己之道。

从这段文字里可以看出王廙对王羲之的悉心教导和殷切期望，王羲之后来能成为书法史上的丰碑，王氏书风统领书坛一千余年，王廙功不可没。

东晋中期，琅邪王氏家族基本退出了政权中枢，远离了沉重的政务、军务，在优越的物质条件保障下，王氏子弟大多沉迷于玄学清谈的精神享受，悠游于江南的青山绿水中。他们比王敦、王导一代有了更多的闲情逸致研习书法，既用于写诗赋

---

[1] 《南齐书》卷三十三《王僧虔传》，第597页。

文，也用以书信往来，他们以萧散自得的心态作书，使这一时期的书法艺术成为东晋审美趣尚最具体的表现，正如宗白华所说："魏晋的玄学使晋人得到空前绝后的精神解放，晋人的书法是这自由的精神人格最具体最适当的艺术表现。这抽象的音乐似的艺术才能表达出晋人的空灵的玄学精神和个性主义的自我价值。"① 于是，东晋中期的王氏书法在王羲之、王献之、王恬、王洽等人的推动下，成为王氏书法的最高峰，也是中国书法史上的第一个高峰。

王羲之生在书法世家，相传他幼年即得其父王旷所授笔法，明陶宗仪《书史会要》说王旷"得蔡邕书法于卫夫人②，以授子羲之。"据史书记载，王羲之曾得卫夫人亲自教导，学习钟繇的楷书。过江后，王羲之主要是随叔父王廙学书，从伯王导也对他多有指点，并将自己珍藏的钟繇《宣示帖》相赠。成年以后，王羲之广泛地研习历史上著名书法家的碑帖作品，如李斯、曹喜、梁鹄、蔡邕、张芝等，博采秦汉魏晋诸家书法之精华，勤学苦练，终于隶、楷、行、草、章草、飞白皆精。在此基础上，王羲之秉承王廙"自成一家"的艺术理论，精研体势，推陈出新，一改汉、魏以来质朴古拙的书风，开创了流美飘逸的新书体，成为当时最著名的书法家。早在东晋中期，人们对王羲之的书法已是竞相购求，争相效仿，书《道德经》换白鹅、蕺山题扇等故事就是其书法成就在民间的反映。当时曾与王羲之齐名的书法家庾翼，对自己的子侄辈弃庾氏书法而学习王氏书法大不以为然，在荆州时写信回京城，称："小儿辈乃贱家鸡，爱野鹜，皆学逸少书。须吾还，当比之。"③ 后来见到王羲之答庾亮的章草，才心悦诚服，给王羲之写信道："吾昔有伯英（张芝）章草十纸，过江颠狈，遂乃亡失，常叹妙迹永绝。忽见足下答家兄书，焕若神明，顿还旧观。"④ 在庾翼看来，王羲之已经是继张芝之后的又一大书法家。时人学习王氏书法已经成为风尚，故葛洪曾感慨，南方士人放弃了曾经熟悉的南方书法："废已习之法，更勤苦以学中国之书。"⑤

王羲之为中国书法艺术树立了一座后人难以企及的高峰，被誉为"书圣"。历代书学评论家对其书法给予了最高的评价。南朝羊欣《采古今能书人名》评：

博精群法，特善草隶，古今无二。

① 宗白华：《美学散步》，上海人民出版社，2005年版，第364页。
② 卫夫人，卫铄，字茂漪，河东安邑（今山西夏县）人，是书法家卫瓘的侄女，书法家卫恒的堂妹，书承卫氏家法并师从钟繇，在钟繇的基础之上，更流露出一种清婉灵动、流畅瘦洁的韵味和特色。钟繇称其书法"碎玉壶之冰，烂瑶台之月，婉然芳树，穆若清风。"唐代韦续则云："卫夫人书，如插花舞女，低昂芙蓉；又如美女登台，仙娥弄影；又若红莲映水，碧沼浮霞。"王氏家族与卫夫人的关系众说纷纭，据康熙年间王国栋编的《王氏宗谱》（现藏北京图书馆）所载，王羲之母亲是河东安邑卫氏，而后来王羲之有《姨母帖》传世，有人据此推测卫夫人是王羲之的姨母。
③ 《南齐书》卷三十三《王僧虔传》，第597页。
④ 《晋书》卷八十《王羲之传》，第2100页。
⑤ ［晋］葛洪著，杨明照撰《抱朴子外篇校笺》，中华书局，1997年版，第12页。

庾肩吾《书品》曰：

> 贵越群品，古今莫二，兼撮众法，备成一家。

梁武帝《书评》云：

> 字势雄逸，如龙跳天门，虎卧凤阙。

《晋书》卷八十《王羲之传》载：

> 论者称其笔势，以为飘若浮云，矫若惊龙。

唐人张怀瓘《书断》评曰：

> 备精诸体，自成一家法，千变万化，得之神助，自非造化发灵，岂能登峰造极。

清刘熙载《书概》评：

> 力屈万夫，韵高千古。

唐太宗在历史上更是大力推广王羲之的书法，他亲自为《晋书·王羲之传》作传论，将王羲之推至书坛无出其上的最高地位：

> 详察古今，研精篆素，尽善尽美，其惟王逸少乎！观其点曳之工，裁成之妙，烟霏露结，状若断而还连；凤翥龙蟠，势如斜而反直。玩之不觉为倦，览之莫识其端，心慕手追，此人而已。其余区区之类，何足论哉！

从中国书法发展史看，楷书、草书和行书都成熟于王羲之的笔下，他的书法开一代新风，是我国书法史上一座承前启后的里程碑。

中国的书法艺术源远流长，随着文字的发展，相继经过了甲骨文、金文、篆书、隶书、楷书等发展阶段。秦汉时期，盛行篆书、隶书，三国时，钟繇完成了由隶书到楷书的重大转折和过度，但隶书的痕迹犹存。王羲之的楷书则完全摆脱了隶书的影响，使楷书独立成体，最终形成了和隶书不同的结体、笔画特点，完成了由隶书到楷书的飞跃。胡小石《书艺略论》说：

> 书家以钟、王并称。吾辈不当求其同，而当求其异。……钟书尚翻，真书亦带分势。其用笔尚外拓，故有飞鸟骞腾之姿，所谓钟家隼尾波也。王出于钟，而易翻为曲，减去分势。其用笔尚内抚，不折而用转，所谓右军，"一搨直下"之法。……其后钟为北书之祖，而王为南书之祖。①

单个汉字书写的运笔方向（笔顺）是自上而下、自左而右地组合而成的。也就是说汉字的起笔都在左上角，收笔都在右下角，这是右手执笔书写和视觉运动决定的。但古代汉文行文的款式是自上而下的竖式，不是现在通行的自左而右的横式，上一个汉字的收笔在右下角，如用翻笔，即横挑出锋似隶书之波势，就与下一汉字起笔在左上角的需求，存在了"背道而驰"的矛盾。王羲之易横为曲，把横出之笔锋改为回笔敛锋，向左下圆转，"顺道而驰"，向下个汉字的左上角"送去"。这种

---

① 郭维森编《学苑奇峰 文史学家胡小石》，南京大学出版社，2000年版，第264、265页。

回锋运笔，如果裹在原笔画之内，便成王羲之楷书式样；如果发锋，可与下个字的起笔相连、相顾盼，便成王羲之行、草式样。历代评价王羲之书法有"流便"的特点，就在于他的运笔把汉字书写笔顺的特点和汉文竖式书写的特点巧妙地和谐了起来，同时使楷书的特性得到了完善①。王羲之的楷书将成型期的钟繇楷书转为成熟，开一代新风，虽然书体的演进与新书体的诞生，并不是靠一、二个人完成的，而是在长时间使用过程中，经过广大劳动人民的不断改进，尤其是汉魏以来，文人书法家参与整理、改造、美饰之后，楷书字体渐渐脱离篆隶的影响，但王羲之在新书体的成熟与完善方面，所做的贡献的确是非常重要的，《南齐书》卷三十三《王僧虔传》云："变古制，今唯右军、领军（王洽）；不尔，至今犹法钟（繇）、张（芝）。"王羲之在楷书的发展方面做出了相当大的贡献，传世的楷书作品有《乐毅论》《黄庭经》和《东方朔画赞》。

　　此外，王羲之还长于草书，尤其在"今草"的完善过程中承上启下，推动了草书艺术的演进。草书始于汉初，其发展历程大体可分为早期草书、章草和今草三大阶段。在篆书向隶书转化的时期，为了便捷书写，民间流行一种笔画省略、结构简便的书体，此即早期草书。随着笔画简省的草字数量逐渐增多，写法逐渐统一，经过由量变到质变的过程，终于产生了笔画省变有章法可循的草书，这就是章草。章草字体具隶书形式，字与字不相牵连。东汉末期，带有隶意的章草已不能满足人们和社会发展的需要，于是章草进一步"草化"，书法家张芝对草体进行了整理和加工，脱去隶书笔画行迹，上下字之间笔势牵连相通，偏旁部首也做了简化和互借，书写时笔势流畅，可以一笔呵成，一气贯通，已不拘于章法，称为今草。这是草书艺术史上的第一次变革，张芝亦被尊为"草圣"。到了王羲之，又另创一条今草道路，即"作草如真"，以楷书的笔法写草书，字字独立，字画清晰。他的今草代表作品有《十七帖》《上虞帖》《平安帖》等，笔姿矫健雄逸，体态遒媚秀婉，风格清新流便，因此大行于世。王羲之的创新，使草书艺术发生了第二次变革，为书坛带来了无与伦比的生机。

　　王羲之最杰出的书法作品是行书，流传最广的也是行书。行书起源于汉末，是介于楷书和草书之间的一种字体，它既不像草书那样潦草，也不像楷书那样端正，写得比较放纵流动，近于草书的称"行草"；写得比较端正平稳，近于楷书的称"行楷"。汉魏时期，人们看重的仍然是书法的实用性，因此带有艺术色彩的行书并没有普遍地应用。直到东晋时期，王羲之、王献之等人在宽松的历史环境中，摆脱了各种束缚，任意挥洒，肆意奔放，使书法真正成为了一门独立的自觉艺术，行书由此大行。宗白华先生指出：

　　　　晋人风神潇洒，不滞于物，这优美的自由的心灵找到一种最适宜于表达他

---

　　①　参见金开诚主编《中国书法文化大观》，北京大学出版社，1995年版，第21页。

自己的艺术，这就是书法中的行草。行草艺术纯系一片神机，无法而有法，全在于下笔时点画自如，一点一拂皆有情趣，从头至尾，一气呵成，如天马行空，游行自在。……这种超妙的艺术，只有晋人萧散超脱的心灵，才能心手相应，登峰造极。[①]

王羲之将行书的实用性和艺术性最完美地结合起来，创作了《兰亭集序》《快雪时晴帖》《姨母帖》《奉橘帖》《丧乱帖》《孔侍中帖》《得示帖》等杰出的书法作品，其中，《兰亭集序》有"天下第一行书"之称，成为后代书法的范本。

《兰亭集序》是王羲之身处美景，酒酣兴逸之时所作，以高超的书艺承载绝妙的美文，形式和内容得到了天然的统一。《兰亭集序》分为两部分，前面叙事、写景，后面抒怀，全文情理并茂，不仅是文学史上的不朽之作，更以"天下第一行书"之名声闻天下，千百年来倾倒了无数文人墨客。《兰亭集序》全篇共二十八行，三百二十四字，章法布局，参差错落，浑然一体，字态潇洒飘逸，笔势流畅，遒媚劲健，如行云流水，达到了极高的艺术境界。凡有重复的字都个个不同，"之"字最多，有二十余字，竟无一雷同，姿态各异，极尽变幻之能事。明代解缙在《春雨杂述·书学详说》中说：

> 昔右军之叙《兰亭》，字既尽美，尤善布置，所谓增一分太长，亏一分太短。[②]

今人马宗霍《书林藻鉴》称：

> 学书家视《兰亭》，犹学道者之于《语》《孟》。羲、献余书非不佳，惟此得其自然，而兼具众美。[③]

王羲之是中国书法史上有着划时代意义的大书法家，他奠定了楷书、草书和行书三种字体的规范，此后书法界不再有字体的变革，只有风格的流变而已。王羲之的书法无疑是中国书法史上的最高峰，后世大凡学书，多以他的书帖为范本，被尊为"书圣"是当之无愧的。

升平五年（361年），王羲之卒，他毕生积累的书法艺术创作经验悉数传给七个儿子，凝之、徽之、操之、涣之与献之五人皆精通书法，名重一时，尤以王献之（344－386年）最得其父书学精髓，隶、楷、行、草皆精，在书法史上被誉为"小圣"。家族书法影响所致，不仅族中子弟多长于书法，名家辈出，甚至家中仆人都不例外，如《全晋文》载王献之《保姆砖志》：

> 琅邪王献之保母，姓李名如意，广汉人也。在母家志行高秀，归王氏，柔顺恭勤。善属文，能草书，解释老旨趣。年七十，兴宁三年（365年），岁在乙丑二月六日，无疾而终。……[④]

---

① 宗白华：《美学散步》，第363页。
② 曹利华、乔何编著《书法美学资料选注》，陕西人民出版社，2009年版，第472页。
③ 马宗霍：《书林藻鉴》，中华书局，1984年版，第50页。
④ 《全晋文》卷二十七，王献之《保姆砖志》，[清]严可均辑《全上古三代秦汉三国六朝文》，第1617页。

王献之的保姆都能"善属文，能草书，解释老旨趣"，文学、书法、清谈皆通，从中亦可见琅邪王氏家族的家学传承影响。尤其值得注意的是，李如意"能草书"，根据书法学习惯例，擅长草书的，多先习楷书、行书，有一定功底后才能学习草书，那么，李如意多半也对楷书、行书有过长时间的练习，她比王羲之（303－361年）年长，长期生活在王家，亲见王羲之教导子女，耳濡目染，终究有所成。

王羲之、王献之父子合称"二王"，他们全面继承了中国书法的传统，在楷书、行书和草书的发展、完善方面做出了突出贡献，开创了飘逸遒劲的新书风，创造了数以千计的书法艺术精品，代表了东晋南北朝时期书法的最高水平，对当时的书法艺术发展起了较大的推动作用。此前的书法家，看重的是书法的实用性，而在"二王"笔下，书法真正成为了一门艺术，尤其是王氏楷书、行书和草书，对后代书家影响至深且巨，整整统治了中国书坛一千多年。

四、道教、佛教传播

两晋之际，政局动荡，战乱频仍，八王之乱，"流尸满河，白骨蔽野"[①]，整个社会陷入灾难的深渊；永嘉之乱，北方士绅百姓纷纷南下避难，饱尝了国破家亡、妻离子散的痛苦。家国之忧，身世之感，使人们普遍感到人生无常，生死问题在人生中的分量陡然增加了，但在这重大的人生问题上，儒学与玄学却都交了白卷。儒学不谈生命的终极归宿，将血亲和政治放在首位，孔子说："敬鬼神而远之"，"未能事人，焉能事鬼？""未知生，焉知死？"[②] 把宗教信仰放到了现实人事的从属地位。玄学以道家思想为主，而道家淡于生死，认为"天地尚不能久，而况于人乎？"[③]"死生，命也，其有夜旦之常，天也。"将人之生死比为时间之昼夜，主张返璞归真，与大自然融为一体，"天地与我并生，而万物与我为一"[④]，甚至以生为苦，以死亡为休息，也不能为人们提供彼岸世界的生活状况介绍。因此，无论是官方传统的儒学还是名士派的玄学，都无法使人得到精神上的慰藉，无法单独支撑人们的精神世界，很多人选择从宗教中寻求解脱，于是，佛、道两种宗教得到了前所未有的巨大发展——不仅在民间广泛传播，还深入到士大夫的信仰之中。在这一过程中，琅邪王氏、琅邪孙氏家族起到了较大推动作用。

道教是中国土生土长的宗教。东汉顺帝时（126—144年），琅邪宫崇献上其师于吉所得"神仙书"——《太平经》，顺帝视为妖妄不经，仅收藏于宫中。此书后在民间流传，为张角、张陵奉行，演变成太平道与五斗米道。太平道在东汉末成为

---

① 《晋书》卷二十六《食货志》，第 791 页。
② 《论语》之《雍也》《先进》篇，杨伯峻：《论语译注》，中华书局，2009 年版，第 60、112 页。
③ 《道德经》二十三章，陈鼓应：《老子注译及评价》，中华书局，1984 年版，第 157 页。
④ 《庄子》之《大宗师》《齐物论》，郭庆藩：《庄子集释》，中华书局，1982 年版，第 241、第 79 页。

张角发动黄巾起义的重要工具，曾随着黄巾起义的爆发而广泛流传，但也因黄巾起义被镇压而转入秘密流行。五斗米道是张陵于东汉顺帝时在巴蜀鹤鸣山创立的，并自称出于太上老君的口授而造作道书，凡入道者须缴纳五斗米，故称五斗米道。五斗米道教徒尊张陵为天师，故又称"天师道"，后来成了道教的主流。

道教作为一种宗教所追求的最终目的是"长生不死"和"肉体成仙"，这是和其他宗教派别讲"灵魂不死"的重大区别。大部分宗教关注的都是"人死后如何"的问题，而道教却独树一帜，热衷于讨论"人如何不死"的问题。道教不像佛教那样认为人生的本质是苦难，相反认为，活着是乐事，死亡才是痛苦。因此，道教倡导性命双修，既超脱于尘世俗务，又不放弃享乐生活，既追求精神的超越，又讲究肉体的健康。在这种观念指导下，道教主张通过延长生命的长度和提高生命的质量以享受人生，讲究修炼各种养生之功，如内丹、服气、胎息、吐纳、服饵、辟谷、导引、房中术等，希望以此养生长寿。此外，人们还可以通过饮符水、佩咒印驱病避邪；通过斋戒、上章首过以去祸就福；甚至通过修炼，形神合一，能够"长生不死""肉体成仙"。道教的基本观念，迎合了统治阶级中某一部分人的需要和情趣，他们享受着人间的荣华富贵，感到人生的短暂，希望得道成仙，将人间的幸福带到仙界，因此，越来越多的门阀士族开始信道。据陈寅恪先生在《天师道与滨海地域之关系》一文中考证，琅邪王氏、孙氏、高平郗氏、陈郡谢氏、会稽孔氏、吴郡陆氏、张氏、钱唐杜氏、义兴周氏、吴兴沈氏，以及丹阳地区的葛氏、许氏和陶氏等都信奉五斗米道。

琅邪本是道教的发源地，有很多琅邪士人信奉道教，因其社会地位的不同，也使道教逐渐分化成上层神仙道教和下层民间道教两个层次。随着琅邪士人的南渡，再加上琅邪王氏等家族的显赫地位和社会影响，道教在东晋初得到广泛传播，盛行于三吴及滨海地区。

以上层道教来说，在世奉道教的大族中，琅邪王氏的道教信仰最引人注目，史载，"王氏世事张氏五斗米道。"[①]陈寅恪先生称，琅邪王氏的道教信仰可以追溯至西汉王吉时期：

> 王吉贡禹甘忠可等者，可谓上承齐学有渊源。下启天师道之道术，而后来琅邪王氏子孙之为五斗米教徒，必其地域熏习，家世遗传，由来已久。[②]

琅邪王氏的先祖王吉被尊为道教神仙，《真诰》卷十六《阐幽微第二》记载：

> 夫至廉者不食非己之食，不衣非己之布帛，王阳有似也。……积行获仙，不学而得。[③]

---

① 《晋书》卷八十《王羲之传》，第2103页。

② 陈寅恪：《天师道与滨海地域之关系》，载《金明馆丛稿初编》，生活·读书·新知三联书店，2001年版，第21页。

③ [梁]陶弘景：《真诰》，中华书局，1985年版，第205、206页。

魏晋时期的王氏子弟在道教经文中屡屡出现，部分被列为道教官员。《真诰》卷十六《阐幽微第二》：

> 蒋大侯^①先取（谢尚）为都尉，是以拘逼王长豫（王导长子王悦）为长史，委以军事，甚有高称。又云，王丞相为尚书令，大用事决万机。……王逸少有事系禁中，已五年云，事已散。……王廙为部鬼将军。^②

《真诰》卷八《甄命授第四》：

> 欲取谢奉补期门郎，而今已有兼人，北帝故权停之耳。近差王允之兼行得代。^③

《真诰》卷十七《握真辅第一》：

> 洞房先进经已写当奉，可令王旷来取。^④

甚至琅邪王氏族中的女子，都与道教有关。据《真诰》卷十三《稽神枢第三》记载，王衍小女惠风为愍怀太子妃，洛阳大乱时，被刘曜、石勒掠走，为免受辱，她在孟津投河自尽，其婢女亦随主投河，为女道徒韩西华所救：

> 王衍为晋武帝尚书令，其女字进贤，为愍怀太子妃。洛阳乱，刘曜、石勒略进贤，渡孟津河，于河中欲妻之，进贤骂曰：我皇太子妇，司徒公之女，而胡羌小子，敢欲干我乎。言毕，即投河中。其侍婢名六出，复言曰：大既有之，小亦宜然。复投河中。时遇嵩高女真韩西华出游而悯之，抚接二人，遂获内救，外示死形，体实密济，便将入嵩高山，今在华阳宫洞内易迁之中。^⑤

《真诰》中提及的王吉、王悦、王导、王羲之、王廙、王旷、王允之、王惠风等人的宗教活动和宗教地位，足可以为琅邪王氏奉道之旁证。且从王羲之一代起，琅邪王氏子弟名中多有一"之"字，王羲之七子：玄之、凝之、涣之、肃之、徽之、操之、献之。王廙子颐之、胡之，胡之子茂之，茂之子裕之。王彬子彪之，生子名越之、临之，临之子名纳之、环之，纳之子准之。在避讳极严的魏晋南北朝时期，"之"字竟不为讳，与道教信仰有关，这已是学术界的公论。

琅邪王氏家族中笃信道教的人颇多，尤其王羲之父子影响较大。王羲之"雅好服食养性，不乐在京师"，"与道士许迈共修服食，采药石不远千里。"《晋书》卷八十《王羲之传》附《许迈传》云：

> 许迈字叔玄，一名映，丹杨句容人也。家世士族，而迈少恬静，不慕仕进。……乃改名玄，字远游。……羲之造之，未尝不弥日忘归，相与为世外之

---

① 蒋大侯，汉末秣陵（今南京）尉蒋子文，讨贼战死于钟山，后改称蒋山。吴孙权为之立庙，称蒋侯庙，民间信奉之人颇多。
② ［梁］陶弘景：《真诰》，第199、201页。
③ ［梁］陶弘景：《真诰》，第99页。
④ ［梁］陶弘景：《真诰》，第219页。
⑤ ［梁］陶弘景：《真诰》，第164页。

交。玄遗羲之书云："自山阴南至临安，多有金堂玉室，仙人芝草，左元放之徒，汉末诸得道者皆在焉。"羲之自为之传，述灵异之迹甚多，不可详记。玄自后莫测所终，好道者皆谓之羽化矣。

在王羲之的影响下，其子王凝之、王徽之、王献之等都曾与许迈有过交往，《真诰》卷二十《真胄世谱》云：

> （迈）清虚道怀，遐棲世外，故自改名远游。与王右军父子周旋，子猷乃修再三之敬。[1]

王羲之父子与许迈结交，受其影响颇深，服食、炼丹、辟谷和上章、首过、祈祷等道教习俗愈加明显。

王氏家族流传下来的服食之术的资料颇多，《太平御览》卷六百六十九《道部·服饵上》记载：

> （迈）与王羲之父子为世外之交，羲之亦辞荣养生，每造远，弥日忘归，诗书往复，多论服饵。

《全晋文》中辑录的王羲之杂帖中有很多涉及道教服食，内容极为广泛，其中有涉及服食方法的，如：

> 服食故不可，乃将冷药，仆即复是中之者，肠胃中一冷，不可如何。是以要春秋辄大起，多腹中不调适，君宜深以为意。省君书，亦比得之，物养之妙，岂复容言，直无其人耳。许君见验，何烦多云矣。

有关于服食所需之物的，如：

> 得足下旃罽、胡桃药二种，知足下至，戎盐乃要也，是服食所须。
> 民自服橡屑，下断，体气便自差强。
> 仆近修小园子，殊佳，致果杂药，深可致怀也。
> 须狼毒，市求不可得，足下或有者，分三两，停须故示。

有关于服食之后效果的，如：

> 吾服食久，犹为劣劣。
> 仁祖服石散一齐，不觉佳。
> 妹极得散力，以为至慰。
> 服足下五色石膏散，身轻，行动如飞也。足下更与下匕致之不？治多少，寻面言之。

在王献之的杂帖中同样有关于服食的内容，如：

> 仆射得散力，甚慰。
> 献之比服黄耆，甚勤。
> 新妇服地黄汤来似减，眠食尚未佳，忧悬不去心。

---

[1] ［梁］陶弘景：《真诰》，第251页。

操之故平平，已再服散，冀得力。

献之昨来复下，如欲作麻，殊乏极，服石的丸，冀得力。

从这些有关服食的杂帖看，王羲之父子及其亲朋常服五石散或其他养生之物，这也表明道教服食的修炼方法在琅邪王氏家族中被普遍尊奉。

长期的服食经验累积，逐渐发展了王氏家族的医药学。葛洪在《抱朴子·杂应》中曾说："古之初为道者，莫不兼修医术，以救近祸焉。"并指出，"凡庸道士，不识此理"，大多不关心"治病之方"，"病痛及己，无以攻疗，乃更不如凡人之专汤药者。所谓进不得邯郸之步，退又失寿陵之义者也。"① 修道之人若不兼通医术，非但不能长生成仙，连自身的性命也难保，可见道教对医药学的重视。陈寅恪先生称："今所传黄帝内经素问，虽出后人伪造，实为中国医术古籍，而与天师道有关。……天师道世家皆通医药之术，尤有确证。中国儒家虽称格物致知，然其所殚精致意者，实仅人与人之关系。而道家则研究人与物之关系。故吾国之医药学术之发达出于道教之贡献为多。"② 王羲之"雅好服食养性"，"采药石不远千里"，正与道教的这一传统有关。目前保留的王羲之、献之的《杂帖》中还可以看到大量的有关药方、药草的记载，如关于如何医治风搐的：

节日萦牵少睡，鄞茶微炙，善佳。令姊差邪，石首鲞食之，消瓜成水，此鱼脑中有石如棋子，野鸭亦有，云此鱼所化，乾蜗青黛，主风搐搦良。

治疗腹痛的：

吾下势腹痛小差，须用女萎丸，得应甚速也。

治疗痈肿头的：

治头□□闷，或患痈肿头不即溃者，以此药帖之，皆良。□麻、巴豆、熏陆、石□、芎穷、松脂六物，□捣如米许粒，少加其分头闷处，先其巴豆三分、减一松脂，剃去发方寸，以帛贴药当病上。帖之周时，贴刮上烂皮，以生麻油和石□涂上，当有黄水出为佳。

去除斑痕的：

鸬鹚粪白，去瘢黡，令人色态。此禽不卵生，口吐其雏，独为异耳。

医治痔瘘的：

鹰嘴爪炙入麝香煎酥酒一盏服之，治痔瘘有验。

探讨治疗耳聋是否有效的：

天鼠膏治耳聋有验否？有验者乃是要药。

为朋友送药草的：

彼所须此药草，可示，当致。

---

① ［晋］葛洪著，王明校释《抱朴子内篇校释》卷十五《杂应》，中华书局，1986年版，第271页。

② 陈寅恪：《天师道与滨海地域之关系》，载《金明馆丛稿初编》，第31、36页。

求索药材的：

> 须狼毒，市求不可得，足下或有者，分三两，停须故示。

自种药材的：

> 仆近修小园子，殊佳，致果杂药。

这些记述，与王羲之、王献之因崇奉道教，通晓药理，重视服食养生，亲自采选药石、服食等密不可分。

王氏子弟服食的目的非常明确，就是希求长生，甚至成仙，这在王羲之的《择药帖》中有鲜明的反映：

> 乡里人择药，有发梦而得此药者，足下岂识之不？乃云服之令人仙，不知谁能试者，形色故小异，莫即尝见者。谢二侯。

为求成仙，王氏族人还服用丹药。1965 年，在南京象山东晋王氏家族墓的发掘中，王彬长女王丹虎墓内出土了二百多粒绿豆大小的红色丹丸[1]，部分已成粉末。据化验，丹丸的主要成分是硫化汞，是古代方士炼丹的主要原料，与葛洪《抱朴子》所记载的"丹砂"基本相同。这些丹丸可能是王氏家族中的道教徒"采药石不远千里"的结果。

服食丹药有时又与辟谷相结合。辟谷又称"却谷""断谷""绝谷""休粮""绝粒"，即不吃五谷，是道教修炼成仙的方法之一。道教认为，人食五谷杂粮，要在肠中积结成粪，产生秽气，阻碍成仙的道路。同时，人体中有三尸虫，专靠得此谷气而生存，有了它的存在，使人产生邪欲而无法成仙。因此，为了清除肠中秽气，除掉三尸虫，得道成仙，必须辟谷。从王羲之、王献之的《杂帖》中，可以推测他们的辟谷之术，如：

> 累书想至，君比各可不？仆近下数日，匆匆肿剧，数尔进退，忧之转深，亦不知当复何治？下由食谷也，自食谷，小有肌肉，气力不胜，更生余患，去月尽来，停谷啖面。复平平耳。

> 服油得力，更能停啖面，只五六日停也，不至绝艰辛也。足下明当必果，想即日如何？深想忆。

此外，某些道教仪式也在王氏家族流传，如上章、首过，这是道教徒病重之时常用之法。所谓"上章"，《隋书》卷三十五《经籍志四》"道经"解释说：

> 有诸消灾度厄之法，依阴阳五行数术，推人年命书之，如章表之仪，并具赘币，烧香陈读，云奏上天曹，请为除厄，谓之上章。

《三国志》卷八《张鲁传》注引《典略》，记载了道教的上章治病方法：

> 加施静室，使病者处其中思过。……鬼吏，主为病者请祷。请祷之法，书

---

① 参见南京市文物保管委员会《南京象山东晋王丹虎墓和二、四号墓发掘简报》，《文物》，1965年第 10 期，第 29 页。

病人姓名，说服罪之意。作三通，其一上之天，著山上，其一埋之地，其一沉之水，谓之三官手书。①

所谓"首过"，即自省思过，陈述自己的过失，表达忏悔、服罪之意。《世说新语·德行》记载：

> 王子敬病笃，道家上章应首过，问子敬"由来有何异同得失？"子敬云："不觉有余事，唯忆与郗家离婚。'"

注引《王氏谱》曰：

> 献之娶高平郗昙女，名道茂，后离婚。

余嘉锡先生《世说新语笺疏》此条下的案语先述五斗米道和太平道"有病自首其过"，"施静室，使病者处其中思过。又使人为鬼吏，主为病者请祷。请祷之法，书病者姓名，说服罪之意"的治病方法，指出，"今子敬病笃，而请道家上章首过，正是五斗米师为之请祷耳。"②王献之自称与郗道茂离婚是唯一过失，即是悔过以求恕罪之举。

王羲之诸子中信道最虔诚的莫过于王凝之，《晋书》卷八十《王羲之传》附《王凝之传》载：

> 王氏世事张氏五斗米道，凝之弥笃。孙恩之攻会稽，僚佐请为之备。凝之不从，方入靖室请祷，出语诸将佐曰："吾已请大道，许鬼兵相助，贼自破矣。"既不设备，遂为孙恩所害。

《魏书》卷九十六《僭晋司马叡传》亦载：

> 会稽内史王凝之事五斗米道，恩之来也，弗先遣军，乃稽颡于道室，跪而咒说，指麾空中，若有处分者。官属劝其讨恩。凝之曰："我已请大道出兵，凡诸津要各有数万人矣。"

所谓"靖室""道室"，就是"静室"，陆修静《道门科略》云：

> 奉道之家，靖室是致诚之所。其外别绝，不连他屋。其中清虚，不杂余物。开闭门户，不妄触突，洒扫精肃，常若神居。唯置香炉香灯章案书刀四物而已。③

王凝之在家中设靖室，大兵压境之时入靖室中祷告，足见其对道教法术之尊奉。王凝之所请"鬼兵"，可能就是"部鬼将军"王廙所统领之"鬼兵"，以子虚乌有之"鬼兵"抵挡敌军，只能是自蹈死地，留下千古笑柄。

上层道教逐步朝神仙道教发展，影响了士人的信仰和习俗。下层道教则广泛流行于民间，琅邪孙氏家族在其发展过程中起了较大推动作用。琅邪孙氏因孙秀被牵连，社会地位低微，何时渡江、代表人物是谁已经不可考，该家族再度载于史册是

① 《三国志》卷八《张鲁传》，第264页。
② [南朝宋]刘义庆著，[南朝梁]刘孝标注，余嘉锡笺疏《世说新语笺疏》，第40页。
③ 《道藏》第24册，天津古籍出版社，1988年版，第780页。

到了东晋后期的孙泰、孙恩。孙泰始现于史籍即与东晋五斗米道首领杜子恭有关。《晋书》卷一百《孙恩传》载：

> 恩叔父泰，字敬远，师事钱唐杜子恭。而子恭有秘术，尝就人借瓜刀，其主求之，子恭曰："当即相还耳。"既而刀主行至嘉兴，有鱼跃入船中，破鱼得瓜刀。其为神效往往如此。子恭死，泰传其术。然浮狡有小才，诳诱百姓，愚者敬之如神，皆竭财产，进子女，以祈福庆。

《南史》卷五十七《沈约传》载：

> 钱唐人杜炅，字子恭，通灵有道术，东土豪家及都下贵望并事之为弟子，执在三之敬。警（沈约的高祖沈警）累世事道，亦敬事子恭。子恭死，门徒孙泰、泰弟子恩传其业，警复事之。

杜子恭在当时名望较高，"东土豪家""都下贵望"都敬事之，《太平御览》卷六百六十六引《太平经》曰：

> 晋陆纳为尚书令，时年四十，病疮，告杜拐雌："奕世短寿，临终皆患此疮。"恭为奏章，又与云飞散谓纳曰："君命至七十。"果如其言。王右军病，请恭。恭谓弟子曰："右军病不差，何用吾？"十余日果卒。

陆纳是陆玩之子，堪称"东土豪家"，琅邪王氏的社会地位自不待言，从这两个事例中也可看出杜子恭与当时的社会上层交往颇多。而孙泰投身其门下，自然受其影响，与大族的交往颇多，尤其与司马道子、司马元显父子关系密切。《魏书》卷九十七《桓玄传》载桓玄讨司马元显檄文：

> 居丧极味，孙泰供其膳；在夜思游，亦孙泰延其驾。泰承其势，得行威福。

这时的孙泰，在江东道教发展中已经成为领袖人物，他一方面承袭了钱塘杜氏结交上层社会人士的传统，另一方面，则注重吸引普通百姓参与教团。如果说，杜子恭长于符箓治病，上章首过之术，吸引的是社会上层人士，孙泰则可能针对不同社会阶层施展了不同的手段。对社会上层，宣扬的是"养性之方""道术"和"秘术"：

> 太子少傅王雅先与泰善，言于孝武帝，以泰知养性之方，因召还。道子以为徐州主簿，犹以道术眩惑士庶。……黄门郎孔道、鄱阳太守桓放之、骠骑谘议周勰等皆敬事之，会稽世子元显亦数诣泰求其秘术。

对社会下层，更多的利用了宗教狂热，"诳诱百姓，愚者敬之如神"，因此后来才有孙恩起事时的"戮及婴孩"和母亲弃婴的疯狂之举：

> 于是恩据会稽，自号征东将军，号其党曰"长生人"，宣语令诛杀异己，有不同者戮及婴孩，由是死者十七八。……诸贼皆烧仓廪，焚邑屋，刊木堙井，虏掠财货，相率聚于会稽。其妇女有婴累不能去者，囊簏盛婴儿投于水，而告

之曰："贺汝先登仙堂，我寻后就汝。"①

显然，孙泰仍然沿袭了孙秀时期的传统，利用道教为政治服务，求得自身政治地位和社会地位的改变。与孙秀仍维系西晋政权，从中为自己谋利不同，孙泰已经有了聚众起兵，取司马氏天下的图谋。隆安二年（398年），孙泰煽动徒众，预谋推翻东晋政权，被司马道子所杀，株连六子。其侄孙恩逃亡海岛，在东晋末连续四次率徒众登陆作战，规模最大的一次遍及江南八郡，参加者多达数十万。在此过程中，五斗米道在民间广泛传播，其影响日渐扩大。

道教是中国土生土长的宗教，佛教则是两汉之际才传入中国的异域宗教。由于佛教产生的经济基础、政治环境和文化结构与中国迥异，传入中国后，必不可免地与中国传统的文化观念发生冲突，尤其是其毁弃人伦的宗教伦理观念，生死轮回、因果报应、不敬王者等宗教思想，以及落发出家的宗教仪式，与中国传统的伦理观念、宗教信仰、行为方式格格不入。直到东汉末年，牟融所著最早阐述佛教理论的著作《理惑论》中，还提到当时的"世人学士多讥毁"佛教："视俊士之所规，听儒林之所论，未闻修佛道以为贵，自损容以为上。"②因此，佛教要在中国立足、扎根，免不了会有种种困难和隔阂，而打破这些隔阂的唯一途径是它吸收中国的传统思想，经过一定的改造和更新，完成自身的中国化。从此目的出发，佛教初入中国，便依附于神仙方术，借人们所熟悉的占卜、看病等民间宗教形式，取得了一定的立足点。在此后的发展过程中，佛教为了与中国传统文化相适应，逐步吸收以儒家思想为主的中国传统思想，不断丰富和完善自己的宗教内容。

魏晋时期，玄学清谈盛行，对佛教的传播产生了重要影响。《戒因缘经鼻奈耶序》指出，佛教"经流秦土，有自来矣。……以斯邦人，老庄教行，与方等经兼忘相似，故因风易行也。"③在玄学思潮盛行的魏晋时期，佛教以道家思想为媒介，逐渐被上层士人接受。两晋之际，佛教为争取士族知识阶层的文化认同，推出了与玄学理论最接近的般若学说，并以老庄的哲学术语来解释佛典，使佛教玄学化，极大地扩展了佛教在社会上的影响。

早在西晋元康玄学大盛之时，佛教便借助玄风向上层社会渗透。当时最为流行的是大乘佛教，其般若学的"性空"说与玄学的"贵无"论有某些相似之处，而且佛教的逻辑分析与玄学清谈辩论学风不异，二者在思维方式上极易沟通起来，故佛教很快引起了上层知识分子的注意，他们把般若经看作是和老庄同类的典籍而进行研究，其本意是用以充作玄谈的助资，借般若学说来发挥老庄学说，结果却使佛教

① 《晋书》卷一百《孙恩传》，第2632页。
② 《弘明集》卷一，牟子《理惑论》，石峻主编《中国佛教思想资料选编》第一卷，中华书局，1981年版，第12页。
③ ［清］严可均辑《全上古三代秦汉三国六朝文》，中华书局，1958年版，《全晋文》卷一百六十七《戒因缘经鼻奈耶序》，第2435页。

玄学化，起到了推动与传播佛教的作用。元康年间的清谈辩论中，佛教思想即已出现，名士与名僧之间也开始有往来，桓彝父桓颢与竺潜（竺潜字法深，又称竺法潜、竺道潜）为至交①，阮瞻、庾敳与《放光般若》的首讲僧人支孝龙结为知音之友，并列"八达"。《高僧传》卷四《支孝龙传》记载：

> 支孝龙，淮阳人，……常披味小品，以为心要。陈留阮瞻、颖川庾敳，并结知音之友，世人呼为八达。

阮瞻、庾敳皆为当时著名的玄学名士，支孝龙同样是玄学家，谈锋甚锐。

> 时或嘲之曰："大晋龙兴，天下为家，沙门何不全发肤，去袈裟，释梵服被绫罗？"龙曰："抱一以逍遥，唯寂以致诚。剪发毁容，改服变形，彼谓我辱，我弃彼荣。故无心于贵而愈贵，无心于足而愈足矣。"其机辩适时，皆此类也。②

"抱一"和"逍遥"都是老庄之语，足见他已经非常熟悉道家思想，也正因如此，他才能和阮瞻、庾敳结为知音之友。所谓"八达"，除上文所举的阮瞻、庾敳、支孝龙外，据陶潜《群辅录》记载，另五人是董昶、王澄、谢鲲、胡毋辅之和光逸。此处，即可看到琅邪王氏与佛教的最初联系了。支孝龙既与王澄并列"八达"，当与王澄、王衍交往颇多，王敦、王导虽不在"八达"之中，却与王衍、王澄兄弟关系密切。且王敦的"四友"，除王衍外，王澄、庾敳、胡毋辅之均为"八达"成员。而王导曾"参东海王越军事"③，在司马越尽辟诸名士时，与阮瞻、庾敳、胡毋辅之、谢鲲、光逸等人一起成为司马越的掾属，直至过江后还念念不忘"我与安期（王承）、千里（阮瞻）共游洛水边"④，"王丞相过江，自说昔在洛水边，数与裴成公、阮千里诸贤共谈道。"⑤王导与阮瞻、庾敳等人相互交往及思想影响，是可想而知的。

元康年间，佛教通过上层玄学名士的认可，顺利进入了思想论坛，而西晋灭亡的时代苦难，又成为宗教赖以滋生的最好土壤，同样使佛教得到了长足的发展。

永嘉丧乱后，名流相继避世江东，洛阳玄风也随之南下，相较于西晋玄学仅在洛阳上层士人之间流行，东晋玄学已遍及江南，深入到社会生活的各个领域。上至皇帝，下及士族，兼及僧侣，均手挥麈尾，口吐玄言。玄学再起高潮，成为依附于玄学的佛教发展的文化土壤。由于玄学的理论建设在西晋时期已经由向秀、郭象完成，难有重大发展，故江左名士清谈"不能拔理于郭、向之外。"⑥就在此时，名士们发现佛教的般若思想可以提供玄学无法替代的精神安抚和丰富的思想论题，因而

---

① ［南朝宋］刘义庆著，［南朝梁］刘孝标注，余嘉锡笺疏《世说新语笺疏·德行》："桓常侍闻人道深公者，辄曰：'此公既有宿名，加先达知称，又先人至交，不宜说之。'"第31页。

② ［梁］释慧皎撰，汤用彤校注《高僧传》卷四《支孝龙传》，中华书局，1992年版，第149页。

③ 《晋书》卷六十五《王导传》，第1745页。

④ ［南朝宋］刘义庆著，［南朝梁］刘孝标注，余嘉锡笺疏《世说新语笺疏》，第828页。

⑤ ［南朝宋］刘义庆著，［南朝梁］刘孝标注，余嘉锡笺疏《世说新语笺疏》，第630页。

⑥ ［南朝宋］刘义庆著，［南朝梁］刘孝标注，余嘉锡笺疏《世说新语笺疏》，第220页。

对佛教产生了浓厚的兴趣，名士们以通佛教为高，名词术语也多引自释典。同时，避乱过江的佛教名僧也积极开展传教活动，除阐发般若义理外，大多兼通老庄玄学，并将玄学作为佛教向上攀登的阶梯。高僧们学识渊博、思想深邃，他们为了迎合士大夫的兴趣，也为了将深奥的佛教教义讲得通俗易懂，让人们更易理解和接受佛教，创立了"格义"佛教，即"以经中事数，拟配外书，为生解之例，谓之格义。"① 如慧远：

> 少为诸生，博综六经，尤善《庄》《老》。……尝有客听讲，难实相义，往复移时，弥增疑昧，远乃引《庄子》义为连类，于是惑者晓然。是后安公特听慧远不废俗书。②

高僧们不仅解释佛理尽量借用老庄哲学术语，并在玄学上发展了新义，给处于中衰的玄学注入新的活力，而且言谈举止与当时的名士相同，带有浓厚的玄学色彩，深为名士们钦服。如汤用彤先生所说，名士乐与名僧往还，不因佛法兴隆，而在名僧"理趣符《老》《庄》，风神类谈客。"③ 永嘉之后，高僧们广泛结交东晋王朝的上层人物，与名士频繁往来，相互推重，《世说新语》《高僧传》《晋书》中多有记载。如支道林，《世说新语》（包括刘孝标的注）中有 53 条提到他，同他有交往的王濛、王修、王洽、刘恢、何充、殷融、殷浩、谢安、谢朗、郗超、王羲之、许询、孙绰、李充、袁弘等人，皆为一代名流。当时名士与高僧共谈老庄与般若，禅玄互证，形成了一股玄、佛合流的思潮，佛教在玄学的影响下逐渐形成了般若学派"六家七宗"，而东晋玄学也在很大程度上渗入了佛教教义，对士人的心态产生了潜移默化的影响，不少士大夫以玄学为桥梁，走向佛教。

在佛教南传和发展方面，琅邪王氏的作用是显而易见的。早已信奉佛教的王氏子弟，从不同层面推动了东晋时期佛教在江南的发展和传播。

《高僧传》卷四《竺法潜传》载：

> 竺潜，字法深，姓王，琅邪人，晋丞相武昌郡公敦之弟也。年十八出家，事中州刘元真为师。……
>
> 至年二十四，讲《法华》《大品》，既蕴深解，复能善说。故观风味道者，常数盈五百。晋永嘉初，避乱过江，中宗元皇，及肃祖明帝，丞相王茂弘，太尉庾元规，并钦其风德，友而敬焉。建武太宁中，潜恒著屐至殿内，时人咸谓方外之士，以德重故也。中宗、肃祖升遐，王庾又薨，乃隐迹剡山，以避当世。追踪问道者，已复结旅山门。潜优游讲席三十余载，或畅方等，或释《老》《庄》，投身北面者，莫不内外兼洽。至哀帝好重佛法，频遣两使殷勤征请。潜以诏旨之重，暂游宫阙，即于御筵开讲《大品》，上及朝士并称善焉。于时简

---

① [梁]释慧皎撰，汤用彤校注《高僧传》卷四《竺法雅传》，第 152 页。
② [梁]释慧皎撰，汤用彤校注《高僧传》卷六《释慧远传》，第 211、212 页。
③ 汤用彤：《汉魏两晋南北朝佛教史》，中华书局，1983 年版，第 128 页。

文作相，朝野以为至德。以潜是道俗标领，又先朝友敬，尊重把服，顶戴兼常，迄乎龙飞，虔礼弥笃。

竺潜渡江后，深为晋元帝、晋明帝、丞相王导、太尉庾亮敬重，以"方外之士"的身份在皇宫中自由活动、传法。东晋初，竺潜的社会地位很高，他善于会通老庄的"无"和佛教般若的"空"，并能巧妙地用于清谈，颇受名士们欢迎。通过他的弘扬，佛教得以顺利进入当时的上层社会。① 王导、庾亮死后，庾冰、何充辅政，庾冰代晋成帝作诏令沙门致敬王者，竺潜遂离开建康，隐居剡山三十余年，宣扬佛教及老庄。晋哀帝时，又受邀回京，于御宴开讲《大品》，获朝野上下尊崇，对佛教在东晋上层社会的传播起了较大的作用。总之，竺潜是东晋著名的般若学大师，他的学说，融佛、玄为一体，世称为"本无异"义，在两晋之际佛教发展史上，有承上启下的作用。

王导历辅元、明、成三帝，时士族势盛，皇权衰弱，"晋主虽有南面之尊，无总御之实，宰辅执政，政出多门，权去公家，遂成习俗。"② 东晋诸帝为求得精神慰藉，多崇信佛教。晋元帝、晋明帝都有崇佛倾向，"游心玄虚，托情道味"③，习凿齿给释道安的书信中称，晋明帝"手画如来之容，口味三昧之旨，戒行峻于岩隐，玄祖畅乎无生。"④ 与王导共事的庾亮、卞壶、周颛、周嵩、何充等人，也常与名僧交往。其中周嵩、何充事佛尤力，周嵩"精于事佛"，为王敦所害，"临刑犹于市诵经。"⑤ 何充"性好释典，崇修佛寺，供给沙门以百数，靡费巨亿而不吝也。"⑥ 咸康五年（339年），庾冰代晋成帝诏令"沙门应尽敬王者"，何充力主沙门不敬王者，致使此议搁置。王导虽然奖进僧徒，在一定程度上推动了江东佛教的发展，但他与周嵩、何充不同，《世说新语》中屡屡提及他结交帛尸梨密、康僧渊、竺潜等高僧，但这些交往多是从玄学清谈出发，令王导叹赏不已的是高僧的名士风度与玄言妙语。如王导一见"天姿高朗，风韵遒迈"的帛尸梨密便"奇之，以为吾之徒也。"⑦ "康僧渊目深而鼻高，王丞相每调之。僧渊曰：'鼻者面之山，目者面之渊。山不高则不灵，渊不深则不清。'"⑧ 时人以为名答。王导拜扬州刺史之日，胡僧为座上宾，他甚至不惜屈宰相之尊用胡语与他们交谈。尽管王导并非热心于成佛，但身为开国丞相和琅邪王氏家族的代表人，他与名僧的密切接触及对佛教的支持，不仅在推动琅邪

---

① 罗宏曾：《魏晋南北朝文化史》第三章《佛教》，四川人民出版社，1989年版，第168—169页。
② 《晋书》卷一百十七《姚兴载记》，第2980页。
③ [南朝宋]刘义庆著，[南朝梁]刘孝标注，余嘉锡笺疏《世说新语笺疏》，第323页。
④ [清]严可均辑《全上古三代秦汉三国六朝文》，《全晋文》卷一百三十四，习凿齿《与释道安传》，第2230页。
⑤ 《晋书》卷六十一《周浚传》附《周嵩传》，第1662页。
⑥ 《晋书》卷七十七《何充传》，第2030页。
⑦ [南朝宋]刘义庆著，[南朝梁]刘孝标注，余嘉锡笺疏《世说新语笺疏》，第100页。
⑧ [南朝宋]刘义庆著，[南朝梁]刘孝标注，余嘉锡笺疏《世说新语笺疏》，第799页。

王氏家族的佛教信仰形成方面起了较大作用，也直接或间接扩大了佛教在东晋士族社会中的影响。汤用彤先生在《汉魏两晋南北朝佛教史》第十三章《佛教之南统》"世族与佛教"一节中概括说：

> 晋司徒王导，奖进僧徒，与江东佛法之兴隆颇有关系。[①]

荷兰学者许里和在《佛教征服中国》第三章《建康及东南佛教》"第一阶段"中也指出：

> 南方都城佛教最初的兴盛，与当时由王导、王敦领导的琅邪王氏集团的专权密切相关，没有其他家族对公元4世纪的佛教教团给予如此之多的捐助。在同期的其他家族成员中也没有出现过如此之多的著名居士。
> ……依我们的观点来看，王氏家族支持佛教的态度（开始时是模糊的），连同这个家族在公元4世纪最初几十年间最显赫的地位，构成了在都城和东南地区权贵中传播佛教的成功关键和现实出发点。[②]

王导之后，佛教的思想、信仰日益渗透到王氏家族的文化观念及生活当中，乃至后世子弟多以"僧"字为名，如僧绰、僧虔、僧达、僧祐等。琅邪王氏作为一流大族，在社会上的影响力是不可低估的，王氏家族的佛教信仰，对佛教在江南的传播无疑是起了推波助澜的作用。

五、南北风俗交融

西晋时，南北地域不同，风俗差异极大，如江北士大夫居丧饮酒食肉，江南则坚持礼法。之所以形成此种现象，归根结底还是文化方面的差异。永嘉之乱，大批北方士民南下，他们的一些生活习俗，必然也会与南方习俗交融、影响，在日常习俗中表现出别样的风采。过江之初，以王导为首的北方士族，也竭力沟通南北文化，弥合南北分歧，在这一过程中，北方的文化、风习，借北方士族的政治地位和社会地位优势，开始在江南传播，甚至一度凌驾于江东本土文化之上。

例如，北人的主食面食，逐渐在南方流行开来。面食当中，以饼为多。如蒸饼，《晋书》卷三十三《何曾传》：

> 厨膳滋味，过于王者。每燕见，不食太官所设，帝辄命取其食。蒸饼上不坼作十字不食。

北人南下，将食"饼"的习俗带至江南。《晋书》卷八十《王羲之传》记载了东床快婿的典故：

> 时太尉郗鉴使门生求女婿于导，导令就东厢遍观子弟。门生归，谓鉴曰：

---

① 汤用彤：《汉魏两晋南北朝佛教史》，武汉大学出版社，2008年版，第293页。

② [荷兰]许里和著，李四龙、裴勇译《佛教征服中国》，江苏人民出版社，1998年版，第161页。

"王氏诸少并佳，然闻信至，咸自矜持。惟一人在东床坦腹食，独若不闻。"鉴曰："正此佳婿邪！"访之，乃羲之也，遂以女妻之。

王羲之在"东床坦腹食"，吃的是什么《晋书》没有说明，王隐《晋书》卷七却明确记载为"胡饼"：

> 诸子皆饰容以待客，羲之独坦腹东床啮胡饼，神色自若。①

魏晋时期，玄学盛行，以竹林七贤、元康名士为代表的士人追求潇散自适，更兼服食"五石散"后身体发热，不能穿紧身的衣服，多着大袖宽衫。《晋书》卷二十七《五行上》：

> 孝怀帝永嘉中，士大夫竞服生笺单衣。……晋末皆冠小而衣裳博大，风流相放，舆台成俗。

随着大批北方人南下，他们的服饰逐渐影响到江南，如王导曾与朝臣名士着"练布单衣"，乃至"士人翕然竞服之"②，成为一时风尚。南方人效仿北方服饰打扮，有时甚至无所适从，乃至服饰风格屡变，葛洪所著《抱朴子·讥惑》篇称：

> 丧乱以来，事物屡变，冠履衣服，袖袂财制，日月改易，无复一定。乍长乍短，一广一狭，忽高忽卑，或粗或细，所饰无常，以同为快。其好事者，朝夕放效，所谓"京辇贵大眉，远方皆半额"也。③

原为少数民族坐具的胡床，西晋时流行于北方，《晋书》卷二十七《五行志》载：

> 泰始之后，中国相尚用胡床貊盘，及为羌煮貊炙，贵人富室，必畜其器，吉享嘉会，皆以为先。

关于胡床的形制，《资治通鉴》卷二百四十二，长庆二年，胡三省注释"胡床"：

> 今之交床，制本自房来，始名胡床。隋以谶有故，改名交床。……交床以木交午为足，足前后皆施横木，平其底，使错之地而安；足之上端，其前后亦施横木而平其上，横木列窍以穿绳条，使之可坐。足交午处复为圆穿，贯之以铁，敛之可挟，放之可坐；以其足交，故曰交床。④

根据上述记载和《北齐校书图》等流传下来的古画，所谓"胡床"，类似现代的马扎子。因其携带便利，垂足而坐的方式也比传统的跪坐方式舒适，自传入中原，就逐渐被人们接受，西晋建立后，更流行于京洛一带，"贵人富室，必畜其器"。随着北人南下，胡床流播到南方，史籍中有关胡床的记载，涉及指挥战争、指挥抢劫、狩猎、宴会、待客、清谈、读书、庭院休息、舟车行旅、弹琴、吹笛等等方面。《世说新语·自新》载：

---

① [清]汤球辑，杨朝明校补《九家旧晋书辑本》，中州古籍出版社，1991年版，第273页。
② 《晋书》卷六十五《王导传》，第1751页。
③ [晋]葛洪著，杨明照撰《抱朴子外篇校笺》，中华书局，1997年版，第11页。
④ [宋]司马光著，[元]胡三省注《资治通鉴》卷二百四十二，长庆二年，第7822页。

戴渊少时，游侠不治行检，尝在江、淮间攻掠商旅。陆机赴假还洛，辎重甚盛。渊使少年掠劫，渊在岸上，据胡床，指麾左右，皆得其宜。[①]

《晋书》卷一百《苏峻传》：

（韩）晃独出，带两步靫箭，却据胡床，弯弓射之，伤杀甚众。

《晋书》卷七十三《庾亮传》：

亮在武昌，诸佐吏殷浩之徒，乘秋夜往共登南楼，俄而不觉亮至，诸人将起避之。亮徐曰："诸君少住，老子于此处兴复不浅。"便据胡床与浩等谈咏竟坐。

《晋书》卷六十五《王导传》：

谢万尝造（王）恬，既坐，少顷，恬便入内。万以为必厚待己，殊有喜色。恬久之乃沐头散发而出，据胡床于庭中晒发，神气傲迈，竟无宾主之礼。万怅然而归。

《世说新语·任诞》：

王子猷出都，尚在渚下。旧闻桓子野善吹笛，而不相识。遇桓于岸上过，王在船中，客有识之者，云是桓子野。王便令人与相闻云："闻君善吹笛，试为我一奏。"桓时已贵显，素闻王名，即便回下车，踞胡床，为作三调。弄毕，便上车去。客主不交一言。[②]

由此可见，胡床在江南已经普遍使用，一改此前床、榻既是坐具又是卧具的习俗，坐具自此开始专门化，与卧具区分开。更为重要的是，中国人传统的跪坐方式逐渐为垂足坐所取代，高型家具渐次出现并普及开来，对后世的习俗产生了较大影响。

除了基本的衣食住行等习俗外，随着王导等人努力在江南推广玄学，江东士族逐渐从思想到行为接受了北方文化，受玄学影响的社会生活方式也影响了江南，三吴子弟纷纷效仿北方士族的习俗。《抱朴子·讥惑》篇讥刺吴人强学中原人的书法、语言乃至居丧哭声：

余谓废已习之法，更勤苦以学中国之书，尚可不须也，况于乃有转易其声音以效北语，既不能便良似，可耻可笑，所谓不得邯郸之步，而有匍匐之嗤者。此犹其小者耳。乃有遭丧而学中国哭者，令忽然无复念之情。

即使魏晋以来流行京洛一带的放达生活方式，对江南士族乃至普通百姓也发生了影响。

凡琐小人之有财力者，了不复居于丧位，常在别房，高床重褥，美食大饮，

---

① ［南朝宋］刘义庆著，［南朝梁］刘孝标注，余嘉锡笺疏《世说新语笺疏》，第 628 页。
② ［南朝宋］刘义庆著，［南朝梁］刘孝标注，余嘉锡笺疏《世说新语笺疏》，第 760 页。

或与密客引满投空，至于沈醉，曰："此京洛之法也。"①

总之，东晋一朝，江南士族的心态经历了一个极为曲折的发展过程。如学者所指出的：

> 江南土著大族经历了一个对北方侨姓大族，由仇恨抵制到屈从依附，乃至崇拜模仿的演进程序，并最终以消灭自己的特征而同对方合流。②

这一切都说明，北方士族带来的中原文化在江南广为流行了。

两晋之际，汉族政权南渡，北方进入了十六国时期，各少数民族政权逐鹿中原，战乱不休，百姓大批逃亡，中原的经济、文化遭到极大破坏。此时的东晋政权，虽偏安江南，但基本没有大规模的战乱，南方得以开发，中国经济重心逐步南移。以琅邪王氏为代表的北方士族，不仅将他们累积数百年的家族文化传播到江南，使中原文化得以在江南延续，还在新的环境中进一步推动了南北文化的交融，从整体上提升了江南文化。杜佑《通典》卷一百八十二《州郡十二》曰：

> 永嘉之后，帝室东迁，衣冠避难，多所萃止，艺文儒术，斯之为盛。③

在南渡士族的推动下，江南文化与中原文化互相交融，儒学、玄学、文学、艺术、宗教等不断开创文化新风，中国传统文化的重心也由洛阳转移到了建康。南朝时期，随着南北文化的交流，优秀的南方文化北传，长江文化与黄河文化再度交融，共同构筑了辉煌的隋唐文化。

---

① [晋]葛洪著，杨明照撰《抱朴子外篇校笺》下，第12页。
② 曹文柱：《六朝时期江南社会风气的变迁》，载《历史研究》，1988年第2期。
③ [唐]杜佑著，王文锦点校《通典》，中华书局，1992年版，第4850页。

参考文献

[1] [汉] 司马迁：《史记》，中华书局 1959 年版。

[2] [汉] 班固：《汉书》，中华书局 1962 年版。

[3] [南朝宋] 范晔：《后汉书》，中华书局 1965 年版。

[4] [晋] 陈寿著，[宋] 裴松之注：《三国志》，中华书局 1959 年版。

[5] [唐] 房玄龄等：《晋书》，中华书局 1974 年版。

[6] [梁] 沈约：《宋书》，中华书局 1974 年版。

[7] [梁] 萧子显：《南齐书》，中华书局 1972 年版。

[8] [唐] 姚思廉：《梁书》，中华书局 1973 年版。

[9] [唐] 姚思廉：《陈书》，中华书局 1972 年版。

[10] [北齐] 魏收：《魏书》，中华书局 1974 年版。

[11] [唐] 令狐德棻等：《周书》，中华书局 1971 年版。

[12] [唐] 李百药：《北齐书》，中华书局 1972 年版。

[13] [唐] 李延寿：《南史》，中华书局 1975 年版。

[14] [唐] 李延寿：《北史》，中华书局 1974.

[15] [唐] 魏征等：《隋书》，中华书局 1973.

[16] [后晋] 刘昫等：《旧唐书》，中华书局 1975 年版。

[17] [宋] 欧阳修：《新唐书》，中华书局 1975 年版。

[18] [宋] 司马光著，[元] 胡三省注：《资治通鉴》，中华书局 1956 年版。

[19] [南朝宋] 刘义庆著，[南朝梁] 刘孝标注，余嘉锡笺疏：《世说新语笺疏》，上海古籍出版社 1993 年版。

[20] [清] 严可均辑：《全上古三代秦汉三国六朝文》，中华书局 1958 年版。

[21] [唐] 虞世南：《北堂书钞》，中国书店 1989 年版。

[22] [宋] 郑樵著，王树民点校：《通志二十略》，中华书局 1995 年版。

[23] [清] 钱仪吉：《三国会要》，上海古籍出版社 1991 年版。

[24] [清] 王夫之：《读通鉴论》，中华书局 1975 年版。

[25] [清] 赵翼著，王树民校正：《廿二史札记校正》，中华书局 1984 年版。

[26] 二十五史刊行委员会编：《二十五史补编》，中华书局 1955 年版。

[27] [唐] 徐坚等：《初学记》，中华书局 1982 年版。

[28] 袁珂：《山海经校注》，巴蜀书社 1993 年版。

[29] [东汉] 赵晔著，张觉校注：《吴越春秋校注》，岳麓书社 2006 年版。

[30] [北魏] 郦道元著，陈桥驿注释：《水经注》，浙江古籍出版社 2000 年版。

[31] [汉] 许慎著，[清] 段玉裁注：《说文解字注》，中州古籍出版社 2006 年版。

[32] [唐] 林宝：《元和姓纂》，中华书局 1994 年版。

[33] [汉] 班固著，[清] 陈立疏证：《白虎通疏证》，中华书局 2007 年版。

[34] [清] 顾炎武著，黄汝成集释：《日知录集释》，上海古籍出版社 2014 年版。

[35] [清] 皮锡瑞：《经学历史》，中华书局 1959 年版。

[36] [唐] 张彦远辑：《法书要录》，上海书画出版社 1986 年版。

[37] [北魏] 杨衒之著，杨勇校笺：《洛阳伽蓝记校笺》，中华书局 2006 年版。

[38] [梁] 释慧皎撰，汤用彤校注：《高僧传》，中华书局 1992 年版。

[39] 谭其骧：《中国历史地图集》，中国地图出版社 1987 年版。

[40] 陈寅恪：《金明馆丛稿初编》，生活·读书·新知三联书店 2001 年版。

[41] 陈寅恪：《隋唐制度渊源略论稿》，生活·读书·新知三联书店 2001 年版。

[42] 陈寅恪：《唐代政治史述论稿》，上海古籍出版社 1997 年版。

[43] 唐长孺：《魏晋南北朝史论丛》，生活·读书·新知三联书店 1955 年版。

[44] 唐长孺：《魏晋南北朝史论拾遗》，中华书局 1983 年版。

[45] 汤用彤：《汤用彤学术论文集》，中华书局 1983 年版。

[46] 袁珂：《山海经校注》，巴蜀书社 1993 年版。

[47] 田余庆：《东晋门阀政治》，北京大学出版社 1996 年版。

[48] 王汝涛：《琅邪王氏考信录》，群言出版社 2007 年版。

[49] 赵静：《魏晋南北朝琅邪王氏家族文化研究》，中华书局 2013 年版。

[50] 萧华荣：《簪缨世家》，生活·读书·新知三联书店 1995 年版。

[51] 汲广运：《琅邪诸葛氏家族文化研究》，中华书局 2013 年版。

[52] [北齐] 颜之推撰，王利器集解：《颜氏家训集解》，中华书局 2002 年版。

[53] 孙艳庆：《中古琅邪颜氏家族文化学术研究》，齐鲁书社 2013 年版。

[54] 冯尔康：《中古古代的宗族和祠堂》，商务印书馆 2013 年版。

[55] 王永平：《中古士人迁徙与文化交流》，社会科学文献出版社 2005 年版。

[56] 王永平：《六朝江东世族之家学家风研究》，江苏古籍出版社 2003 年版。

[57] 汤用彤：《汉魏两晋南北朝佛教史》，武汉大学出版社 2008 年版。

[58] 万绳楠整理：《陈寅恪魏晋南北朝史讲演录》，黄山书社 1987 年版。

[59] 郭庆藩：《庄子集释》，中华书局 1982 年版。

[60] 刘英华主编：《沂蒙文化发展研究》，山东人民出版社 1994 年版。

[61] 鲁迅：《鲁迅全集》，人民文学出版社 1981 年版。

[62] 刘师培：《中国中古文学史》，人民文学出版社 1959 年版。

[63] 逯钦立辑校:《先秦汉魏晋南北朝诗》,中华书局 1983 年版。

[64] [梁] 刘勰著,陆侃如、牟世金:《文心雕龙译注下》,齐鲁书社 1982 年版。

[65] 周振甫:《文心雕龙选译》,中华书局 1980 年版。

[66] [梁] 萧统编,[唐] 李善注:《文选》,上海古籍出版社 1986 年版。

[67] 宗白华:《美学散步》,上海人民出版社 2005 年版。

[68] 金开诚主编:《中国书法文化大观》,北京大学出版社 1995 年版。

[69] 马宗霍:《书林藻鉴》,中华书局 1984 年版。

[70] 张旭华:《九品中正制略论稿》,中州古籍出版社 2004 年版。

[71] 杨伯峻:《论语译注》,中华书局 2009 年版。

[72] 陈鼓应:《老子注译及评价》,中华书局 1984 年版。

[73] [晋] 葛洪著,王明校释:《抱朴子内篇校释》,中华书局 1986 年版。

[74] [晋] 葛洪著,杨明照撰:《抱朴子外篇校笺》,中华书局 1997 年版。

[75] 石峻主编:《中国佛教思想资料选编第一卷》,中华书局 1981 年版。

[76] 罗宏曾:《魏晋南北朝文化史》,四川人民出版社 1989 年版。

[77] 赵超:《汉魏南北朝墓志汇编》,天津古籍出版社 1992 年版。